はじめに

私たち東京TSネットは、地域でトラブルに巻き込まれた障害のある人を支援するために、ソーシャルワーカー、弁護士、医師などが集まって、2013年に立ち上げた団体です。2015年4月からは、一般社団法人として活動しています。

障害のある人は、地域で暮らす中で、被害加害を問わず、さまざまなトラブルに直面することがあります。東京TSネットでは、そのようなトラブルの中でも、とくに刑事事件における被疑者被告人となった場合、つまり「罪に問われた障害のある人」への支援に取り組んできました。

具体的には、弁護人からの依頼に応じて、ソーシャルワーカー（社会福祉士等）が障害のある被疑者・被告人と面会し、本人と一緒に生活について考え、必要とされる支援について考えていくという活動を行っています（東京TSネットでは、この活動を「更生支援コーディネート」と呼んでいます）。現在まで、200件弱のケースに対応してきました。

このような障害のある被疑者・被告人を支援する必要性は、司法分野、福祉分野それぞれで注目され、関心が高まっています。しかし、実際にコーディネーターとして活動できるようなソーシャルワーカーは多くはありませんでした。そこで、東京TSネットでは、2016年に、主に実際の支援をするソーシャルワーカー向けに『更生支援計画をつくる―罪に問われた障害のある人への支援』（現代人文社）を出版しました。少しでもこのような活動に協力してくれるソーシャルワーカーが増えれば、というのがその目的でした。この本の影響というわけではありませんが、その後、「罪に問われた障害のある人」の支援に携わるソーシャルワーカーは少しずつですが、確実に増加している傾向にあります。

しかし、一方で、被疑者・被告人に最初に出会うことになるのは、ソーシャルワーカーではなく、弁護人です。弁護人が障害に気づき、支援の必要性を感じなければ、前記のような活動にもつながりません。また、仮にソーシャルワーカーにつながって更生支援計画を作成したとしても、弁護人に十分な理解・力量がなければ、それを適切な量刑に結びつけることができません。

また、なによりも大きな問題は、障害のある人には、その障害特性から取調べ等で誘導されやすく、多くの冤罪事件が発生しているということです。このような冤罪を防ぐ活動をするためには、弁護人が、目の前にいる障害のある人の障害特性を理解し、本人と適切なコミュニケーションをとって重要な権利について伝え、捜査機関に対峙していかなければなりません。

しかし、このような活動を十分にできている弁護士はまだまだ多くない、というのが実情です。そして、障害のある人の刑事事件の多くは、当番や国選であり、ランダムに配点されています。必ずしも、障害について理解があり、この問題に積極的に取り組んでいる弁護士に配点されるとは限りません。

刑事手続の中で障害のある人の権利を守るには、刑事弁護に取り組む弁護士全体に対して、もっと障害についての理解や、支援等につなげる発想を広げる必要があると感じ、本書の企画へと至りました。

今回、障害者刑事弁護をビギナーズシリーズとして出版することは、非常に大きな意味があると考えています。「被疑者被告人に障害がある可能性は高く、障害について一定の理解をもっていることは刑事弁護人として最低限の責務だ」ということがスタンダードになってほしいからです。そのことが結果的に、障害のある人だけでなく、刑事弁護そのものの質を上げることになると信じています。

2021年1月

一般社団法人 東京TSネット
共同代表理事　山田恵太

障害者弁護 Beginners ビギナーズ

目次

第3章
障害のある人の刑事弁護のポイント

大石剛一郎

定型的に対応できない場面でこそ弁護人の意味がある

おおいし・こういちろう
1959年、東京生まれ。弁護士(41期。東京弁護士会)。「湘南ふくしネットワークオンブズマン」の初代オンブズマンの一人。障害者施設のオンブズマン、第三者委員活動に関わる。浅草事件、水戸アカス紙器事件など、主に知的・発達障害のある人の被害・加害事件に取り組む。

インタビュー:中田雅久(第二東京弁護士会)

INTERVIEW

障害がある人の刑事事件との関わり

中田　まず、大石さんが障害がある人の支援や弁護をされるようになったきっかけから教えてください。

大石　最初は、とくに障害者の弁護をしたいとは考えていませんでした。弁護士になって2～3年目に、ボス弁がいた子どもの権利委員会に入り、そこで児玉勇二弁護士と出会いまして、ちょうどその頃、児玉弁護士が副島洋明弁護士（故人）と一緒に障害児者人権弁護団を立ち上げられ、私も関わることになりました。それ以降、副島弁護士にくっついて障害者の事件をするようになりました。

知的障害や発達障害のある方の事件に関わってみると、「意思表示」のところでほとんど「とりあってもらえていない」ことがわかりました。それは法律的な場面では、一人の人間として見ていないことになる、と思うんですよね。そこがものすごく気になり、なんとかしなきゃいけないと思って、知的障害とか発達障害の人の事件によく関わるようになりました。

もっとも、私には身体障害のある弟がいて、物心ついたときから障害のある人が日常生活の中にいるのが普通だったので、その感覚が「ノーマライゼーション」といった言葉よりずっと手前のところで自然に身についていて、だから障害者の事件に対するハードルが低かった、というのはあったかもしれません。

中田　刑事弁護というところで、障害がある人と関わる中でのやりがいはどう感じておられますか。

大石　刑事弁護は、とにかく本人から発信がないとなかなか組み立てができないですよね。でも知的障害とか発達障害のある人は、その発信をキャッチするのがすごく難しい。だからこそ逆にやりがいがある、というか。本人はどういう認識をもって、何をして、何をしなかったのか、ちょっと謎解きみたいなところもあって、そこが面白いと思っています。

障害がある依頼者の情報収集

中田　刑事裁判の中でその障害をどう見るかというところでは、従来は責任能力とか自白調書の任意性といった、法律家の側で設定している枠でしかあまり話をしてこなかったと思うんです。そういう中で、障害がある人の意思表示を具体的に拾い上げるにあたって、心がけておられることはありますか。

大石　本人が普段どういう生活をしているかという、その景色を自分なりに理解することがまずスタートラインかなと思います。「普通こう考えるでしょう」は当てはまらないことのほうが多いので、「普通」ではなくて、「この人」はもともとどういう生活をしているのかというところまで巻き戻して考えるようにしています。そうしないとたぶん、こちらの枠にはめていく作業だけになってしまうので。でも、そもそも枠にはまらない人たちだと思うんです。

中田　刑事事件は、基本的には捕まっていることが多くて彼ら自身が日常から切り離されているのと、接見で本人に話を聞こうとしても正確に言葉でコミュニケートするのが苦手な方が多いので、彼らの生活を知るのは難しいと思うのですが、何か工夫はありますか。

大石　工夫ではないですけど、生活支援のキーになる人たち、要するに日常的にまわりで支援をしている人たちの話をよく聞こうとは思っています。それでまずは客観的な生活パターンが押さえられますよね。それと、その人たちの主観的な評価みたいなものを聞くと、そういうふうに見られていて、そういうふうに扱われていて、実はそのことへのストレスで事件が起きたのかも……、と思えてくることも結構あります。情状弁護への協力だけでなく、情報収集的な意味で支援者にアクセスするのは必須かなと思いますね。

法廷の現状と闘い方

中田　裁判官や検察官が期待するものと、実際の障害がある人の生活にはギャップがあると感じています。障害がある人に対しての裁判官や検察官の見方が変わったと感じられたことはありますか。

大石　裁判官は、障害の一般的な特性についてはだいぶ勉強しているように感じます。ただ、障害のある人がどんな生活をしているかということについて長いスパンで見たりすることはないので、そこはどうしても理解してもらうのが難しい感じがすごくします。

検察官は、「あまり障害の特性に目を向けるべきじゃない」というぐらいに考えているんじゃないかと思うくらい、わからない人が多いです。なおかつ、生活の場面も見ているわけじゃないので、話が平行線になるというか、見ている景色が全然違うなという感じがあります。

中田　意思表示の問題に関して、取調べなどで変わってきたと思われるところはありますか。

大石　可視化も始まりましたが、それで理解をしようとしているとは思えないです。確かにこう言ったという証拠を作っているだけ、という感じがしますね。

中田　逆に、取調べのDVDを見ると相手に伝わっているのかを意識してない発問の仕方だなと感じたりすることがあります。
大石　ありますね。
中田　それは被告人質問でも起こることで、取調べでは弁護人が途中でカットインすることはできないわけですけれども、公判であれば弁護人は必ずその場にいるわけなので、おかしいやりとりが起こりそうになったら異議を言うべきなのかなと思うんですけど、公判廷でのやりとりで、なんだか本人が置いてきぼりになっているように感じることはありませんか。
大石　公判って、「置いてきぼり」くっていますよね。そもそも当事者が手続自体よくわからないまま進んでいる、ということが圧倒的に多いですから。
　本人質問では、「さっきこう答えたけれども、こういう意味なの？」と聞くと全然わかっていなかった、そういうことはよくあります。だから、異議を出して止めてしまうんではなくて、おかしな応答をそのままにして、「意味わかってないでしょう」というところを顕出させるように考えることが多いです。
中田　なるほど。再主尋問で、反対尋問が駄目なのを浮き彫りにするということですね。
大石　でもそれはこちらが、本人がわかってないということをわかっていないといけない。だから結構本人のコミュニケーションの特徴みたいなものをわかってないとできないです。そこをわかっていないときは、異議で止めるしかないかなという感じがします。
中田　私は、限界があるんだろうとはもちろん思うんですが、自分の運命を決める大事な裁判なので、なるべく本人が主体性を持って参加してほしいと思うんですけど、公判の仕組みだとか、たとえ現行のやり方でもう少し合理的配慮ができないでしょうか。
大石　ひとつは、本人とコミュニケーションをとれる人がいるのであれば、接見も、あるいは公判でも、弁護人だけじゃなく支援者も裁判に関われるようにすべきですよね。
中田　通訳的な役割の人ですね。
大石　そうです。そうすれば、さっき言ったような、この人ちょっと違うふうにとっているよということがすぐにわかると思います。
中田　そういうつながりが今までないような人の場合はどうしたらよいんでしょうか。
大石　弁護人がやるしかないですね。弁護人はたくさん接見できるじゃないですか。そこはやはり弁護人の一番の強みで、時間はたくさん共有できますよね。あんまり会話も弾まなかったりとか、要領を得ないやりとりだったりしても、長い時間一緒にいると少しわかってくることがあったりします。
　ただ、無駄な時間はかなり多くなりますけどね。なんか成果の出ない感じで。ある事件では、最初の2カ月ぐらいは接見を2時間して意味のある話が5分くらい、基本的にしゃべらないし、どういう人なのかほとんどわかりませんでした。だけど裁判の終わりのほうでは、よくしゃべるやつだなという感じになっていました。最初は動揺もしているし、警戒もしていたんでしょう。でもやはり最初の無駄とも思える接見を毎日入れ代わり立ち代わりでやったことで、本人と信頼関係ができたのかなと思いました。
中田　それは何かきっかけがあって急にしゃべってくれるようになったんですか。
大石　やはり要素的には「時間の共有」が大きかったと思います。また、合理的でない話でも否定しないで受け入れていたので、あんまりほかで受け入れてもらえないような話もちゃんと聞いてくれるんだな……と感じたときに、じゃあこれも話してみようか……という気になったのかな、という感覚はありました。

障害者刑事弁護を担う中で

中田　一生懸命関わったのに再犯して連絡が来て、落ち込んだりすることはないですか。
大石　最初はやっぱり、ちょっとガッカリしたりもしましたけど、結局、本人に必要な支援がどんなものかを探り当てるのはすごく難しくて、それを組み立てている過程なんだと考えると、別に事件を起こしても当たり前かな……という感じになりましたね。
中田　長いスパンで見るということですよね。
大石　そうですね。できれば刑務所じゃない形で、支援を受けつつ本人の「反省」も深まるようなものがあればいいと思います。刑務所はつらくて、もうあそこには入りたくないって、みんな言うんです。だけど同じことを繰り返す。そのサイクルに入ると、もうブレーキが効かないんです。
　刑事弁護で「責任能力」と言ったときに、「行動制御能力」についてはほとんど語られないですよね。でも、行動制御能力がなくて、わかっていてもそのとおりに行動できないのは、やはり「責任能力なし」なんじゃないのかと思います。そういう主張をしても、ほとんど無視されるんですけど……。でもそこは、これからちょっと問題にしていっていいんじゃないのかなと思うんですよね。だって本当にそこが弱いんですから。

中田　そういうところこそ、まさに彼らが抱えている生きづらさの根本だったりしますよね。合理的に自分の行動をコントロールして、自分が望んだようにできない。
大石　それをどうやって立証するかですよね。
中田　被害者の方に対しては障害をどう伝えますか。
大石　被害者側の方がむしろ知りたがらないことが多いですが、そうじゃなければ伝えますよね。ただ、どうしたら正しく伝えられるのかというのは、やはり相当気をつけないといけない。そこは難しいです。
中田　気をつけて伝えているつもりでも、「障害があれば許されると思ってんのか」みたいなことを言われることもあるし、裁判官や裁判員に伝えるときにもひょっとしたら間違った伝え方になっているんじゃないかなと思ったりします。
大石　副島弁護士は、基本的にとにかく「障害を世に出す（表に出す）」という手法でしたね。何が原因になって、どういう障害があって……というのを全部出す。法廷を見ていれば被害者にも伝わる。それでわからない人がいても、わかる人も何％かはいるので、「伝える」ということをしないといけないというのが、副島弁護士の考え方でした。そのために、マスコミを集めてよくレクチャーをしていましたね。
中田　どこかで目にした副島弁護士の話で、障害がある方の事件では弁護士が通訳的な役割を担って、本人がちゃんと裁判を理解して罪を負ってほしいとあったのが印象に残っています。障害がある方の刑事弁護の中で手続的なところに注力されている方だなと思いました。
大石　でも当たり前の話ですよね。何を言われているかわかんないし、言い分はあるんだけれどなかなかうまく言えないし、言ってもそんなの駄目だって言われるし、という中で裁かれるわけでしょう？　そんなのむちゃくちゃですよね。そのむちゃくちゃな話は誰が止めるかといえば、弁護人しかいないじゃないですか。
　裁判所や検察官はある程度、定型がある中で自分たちの役割を果たすのが本分、というところがあるのに対し、定型的に対応できない場面でこそ弁護人の意味がある。そういう意味では、知的障害や発達障害のある人の刑事事件で、「支援がつかないサイクル」に無関心だったり、それを漫然と放置するというのは、弁護人として罪深いと思いますね。
中田　ただ、あまり支援に乗り気じゃないとか、釈放されて「相談に行きましょうか」という段になって「嫌です」と言われることもよくありますよね。
大石　もちろん、自分から支援を切る人もたくさんいますよね。また、支援につなげさえすればうまくいくという保証なんか何もないです。だけど、どこかに行っちゃって、また事件を起こして戻ってくることになるかもしれないけれども、ベストを尽くすしかないと思うんです。正解に辿り着かないといけないということではなく、やれることをやっているかということだと思います。
中田　あまり正解思考には陥らずに、その段階でやるべきことに集中するということですね。
大石　そう。そもそも正解がすぐに見えることはほとんどなくて、試行錯誤して探っていくというのが実際ですしね。だから、その場面場面でいろんな視点の人に入ってもらって、これやってみたらどうかというのを試してみて、失敗して、そういうことの繰り返しなんです。そういう意味でいうと、成年後見は切りづらい支援なので有用かなと思います。

更生支援計画を超えて

中田　障害がある人の刑事弁護というところでは、最近、社会福祉士や他の専門職の人との連携が語られるようになっています。たとえば、今後の生活支援を組み立てるコーディネートをしてもらう更生支援計画などですけれども、こういった流れに対して何か感じていることはありますか。

大石　要するに「スタートライン」を作る感じになるわけですよね。ただ、社会福祉士さんにしても、まだ本人が生活している場面がないところで絵を描かなきゃいけないわけで、なかなか実態にはそぐわせることができないことが多いだろうと思います。それなのに、無理やりこの人はこういう障害特性で、こうすればこうなるからという計画を立ててそれにしがみつくと、しがみつけばしがみつくほど、検察も裁判官も「なんか信用できないな」というふうに思うんじゃないでしょうか。

中田　更生支援計画は、地域で生活してもらった後にモニタリングして、修正して、また新しいことを考えるという過程が必須だろうと私も思うんですけど、いったん作ったら守れ、みたいな発想にとくに検察はなりがちですね。

大石　「決めたんだから守ってください。それが条件ですよ」という発想なんでしょうけど、そもそもこういうきちんとした支援がない中で起きた事件なので、それをしなかった社会にこそ大きな責任があるでしょう、そして、その社会を形づくるにあたっては、裁判所も検察もかなりの部分を担っているでしょう、というところまで突きつけたいですね。

中田　勉強会などで、若手の弁護士から「せっかくプランニングしたのに、釈放されると守ってくれない。そういうときどうするんですか」といった質問が出され、検察の人たちと意気投合していたりする場面を見聞きすることがあるんですけど、私たち弁護人が立たなきゃいけない視点というのはやっぱりそこじゃないというように思います。

大石　刑事弁護という意味では、いかに無罪を勝ち取るかとか軽い刑にするかというところはひとつの重要な使命だとは思うんですけれど、障害のある人の事件は支援が十分でないために起こることが圧倒的に多いので、どうやってその人に必要な支援をつけていくかを考えない限りは、また起きるんですよね。ですから、今回、無罪になったとか刑が軽くなったといっても、支援が変わらなければ本人の人生はあまり幸せにならない。そこは刑事弁護の中で、長い見通しをもって担うべき分野なのかな、という感じがします。

中田　ただ一方で今おっしゃったように、刑事弁護人としては、その事件における任務もやはりあるので、判決への影響は考えてしまいますよね。それでたとえば、一人暮らしできそうな人だけど、ここはグループホームに入れといたほうが「受け」がいいのかなとか、入所施設のほうがリスクが少ないと見られるのかな、と考えたりします。そういう、本人には今のところこれが一番いいだろうけど、少し良い判決になるような要素も入れなきゃという板挟みに悩んだりすることはないですか。

大石　まずは、その判断を弁護士だけでするというのは、すごく不自然だし不合理だと思うんですよね。だから、刑事弁護人としてはできるだけ刑を軽くしたい、執行猶予を付けたいと思っているけど、生活支援の視点からするとどうでしょう、といったディスカッションを支援者としたいですよね。そして、その結果、入所施設等に入ったほうが早く地域に出て適切な支援に早くつながる可能性があるということになれば、まずは施設への入所を受け入れて可能な限り早めにそこから出す、という作戦をとります。裁判所も検察官も、その事件は見ても、その後もずっとつきあうわけじゃないですから。

判決後の取組み

中田　刑事弁護は基本的には事件単位なので、判決が出たらおしまいです。でも、その人の人生にとっては十分じゃないですよね。大石さんは判決の後に障害がある依頼者との関わりはどうされていますか。

大石　弁護活動からの連続性の中で支援につなげられるときは、やれることはやります。問題は懲役十何年とかの受刑者で、裁判のときに協力しあった人たちがもういなくなってしまっている場合は、できることがありません。出てきたらまたゼロからスタートするしかないので。２、３年で出られる人の場合は、裁判のときのつながりが切れないよう、できるだけそこまで続けられるような支援者に集まってもらったりすることはあります。

中田　そういう人は結構いますか。

大石　これまではあまり司法側から意識的にアプローチしてこなかったと思うんですが、出所後も受け入れてくれるところを積極的に探すようになったことで、支援してくれる人が発掘されてきた感じはありますね。

中田　よく「地域の中で」という言い方をしますが、支援者はいたとしても、たとえば極端な話、グループホームに対する建設反対運動があるところが「地域」だとしたら、必ずしも理解を得られない中で暮らすことになったりしませんか。

大石　もちろん地域で理解が広まればいいんですけど、市民全員に理解をしてもらうのはまず不可能ですよね。ですから、少しでも理解をしてくれる人がいればいい、という感じですね。この人も仲間だと思ってくれる人がいる。そう思ってくれること自体が支援だと思います。そういう人がいる地域で暮らす、という話になるんだろうと思います。

ちなみにグループホームに関しては、ちゃんと障害特性を理解して、あんまり手かせ足かせしない支援者がいて、本人がそこに居ることを望めばいいんだけれど、最近は人手不足のせいか本人にとって居心地が悪いところもあるので、グループホームに入れば「上がり」みたいに考えないようにすべきだとは思いますね。

若手弁護士へのメッセージ

中田　最後に、この分野に取り組もうとする若い弁護士にメッセージをお願いします。

大石　弁護士は法律家だけれど、今ある法律の枠に当てはめて、それで刑を軽くすれば一丁上がりというような仕事をしないでほしい。もう少し広げて、この人が背負ってきたものを含めてこの人を裁けるのか、もっと言うと、被告人が刑事手続を保障されていない中で裁いてもいいのかという気持ちをもって対峙するのが、知的障害とか発達障害の人の事件については正しい形じゃないかと思います。

あとは、自分が面白いと思うことにこだわるっていうんですかね、つまらないけどやっています、という場面はできるだけ小さくしたほうが、力が湧いて自分の持ち味を出せる、それが世のためにもなる、と思います。副島弁護士などはまさにその典型だと思いますけど、上手に仕上げようと考えるより、自分の問題意識に従って面白いと思えることを追求していく、そうしていく中で依頼者に響いていくものがある、と思います。私はそういうのがいいなと思うし、弁護士はそういうことが許される仕事だと思います。

中田　ありがとうございました。

INTERVIEW

辻川圭乃

弁護人は、その人がなぜこういう犯罪をすることになったのかを考えてほしい

つじかわ・たまの
大阪弁護士会所属。大阪市役所職員を経て、1990年に弁護士登録(42期)。日弁連罪に問われた障がい者刑事弁護PT連絡会座長。日本自閉症協会副会長。権利擁護団体プロテクション・アンド・アドボカシー大阪代表。

インタビュー：山田恵太（東京弁護士会）

弁護士会における取組み

山田　今、辻川さんが罪に問われた障害のある人に関して携わってらっしゃる活動にはどんなものがありますか。

辻川　もともとは日弁連の「さべきん」（人権擁護委員会障がいを理由とする差別禁止法制に関する特別部会）というところに所属していたところ、そこから刑事弁護に関することだからと刑事弁護委員会に所属し、障害のある人のことだからと高齢者・障害者権利支援センターにも所属することになって、結局そこの2つの委員会からぶら下がる形で日弁連罪に問われた障害者刑事弁護PTができました。それで、今はそこが一番、中心ですかね。

従前、被疑者・被告人に障害があることは多く見過ごされてきました。その一因として、委員会の縦割りがあったと思います。罪に問われた障害のある人については、刑事手続の面からの支援と障害のある人に対する権利支援との両面からみる必要があります。そこで、委員会を横断するPTを作りました。同PTでは、弁護人となった弁護士が、被疑者・被告人に障害のあることを見逃すことなく、かつ、障害がある場合にはその特性に十分に配慮して弁護活動を行うことが必要であるとの認識に立ち、罪に問われた障害者の刑事弁護に関する取組みを進めるほか、それらの人々が社会で生活できるための環境整備等に関する取組みを進めています。具体的には、罪に問われた障害者等の刑事弁護に関する意見書を作成したり、体制整備をめざして全国にキャラバンに行って研修をしたりしています。

山田　一方で、単位会である大阪弁護士会では、今、福祉関係者との連携の関係でどのような取組みがされているのでしょうか。

辻川　大阪弁護士会では、被疑者・被告人に障害がある場合等に、弁護人からの依頼に応じ、よりスムーズに福祉専門職に関与してもらい、被疑者・被告人の生活の立て直しを支援してもらえる仕組みを立ち上げました。この司法福祉連携モデルが大阪モデルです。

山田　その連携モデルは、いつ頃から始まったんですか。

辻川　地域生活定着支援センターができる前から大阪社会福祉士会との間で連携をし出したんですよね。2013年あたりからですね。その後、大阪府地域生活定着支援センターができたことで2014年6月に三者で協定をして入口支援を行ってきました。ただ、残念なことに2020年に大阪社会福祉士会が抜けて、今は二者協定です。

山田　大阪弁護士会では最近、この分野はとくに進んできている感じがしますよね。主体になってるのは刑事弁護委員会なんですか。

辻川　高齢者・障害者委員会です。愛称「ひまわり」なんですけど、そこに障害者刑事弁護部会をつくってもらったんですね。そこで研修や専門弁護士の派遣をしました。そうしているうち、司法と福祉の連携が始まったので、大阪弁護士会の刑事弁護委員会に司法と福祉の連携PTを作って、大阪モデルの運営をに担ってもらいました。今は、障害者刑事弁護部会とそのPTが合同部会をして連携しています。

シカゴ行きをきっかけに始まった連携

山田　辻川さんが障害のある人の事件に関わるようになったきっかけみたいなお話も聞けたらなと思うんですが。

辻川　もともとは障害のある人たちが社会の中でさまざまな被害に遭っているのをなんとかしたくて、障害に対する理解を広めていく活動をしていたんですね。一方で、弁護士として普段から刑事弁護もしている中で、被疑者・被告人の中に知的障害・発達障害のある人がものすごいたくさんいるということに気づいて、これはなんとかしないといけないと思い、障害がある人の弁護に関する活動をするようになりました。

2001年、当時毎日新聞の論説委員だった野澤和弘さんがシカゴで障害のある人に関して何かやるということで、参加者を募集していました。その前年に、弁護士の大石剛一郎さんや西村武彦さんがシカゴに行かれて、障害のある人の権利擁護についての研修を受けて、成果を持って帰ってきていました。その流れの中で、私としても権利擁護とかそういうことをするのかなと思って期待して参加したんです。そうしたら、ワークショップだったんですけど、主に身体障害の方を対象としたようなもので、私が期待していたのとは違いました。

でも、一緒に行っていた、当時、大阪府の更生相談所の職員をされていた方が、この手法をなんとか知的障害・発達障害の人にも使えないだろうかと提案されて、大阪に持ち帰って知的障害がある人を対象としたワークショップをやり始めました。

また、その後障害者権利擁護の核になる東俊裕さんや白梅学園大学の堀江まゆみさんにもそのシカゴ行きで初めてお会いしました。

山田　つまりシカゴでのご経験は、見聞したのは知的障害・発達障害のテーマではなかったものの、その後につながったということですね。

辻川　そうなんです。とくに、当時、パワーポイントという存在を知れたのは大きな収穫でした(笑)。

山田　20年近く前ですものね。それでワークショップから、どちらかというと権利擁護のアドボカシー的な活動をまず始められたのですか。

辻川　そのときにちょうど堀江さんや野澤さんが警察プロジェクトをやってたので、一緒にやりましょうと声をかけて、大阪で警察プロジェクトをすることになりました。知的障害のある人が、迷子になっても、被害に遭っても、不審者に間違えられても、最初に関わるのが警察官なんですよね。その警察官が障害特性を理解していないことで、障害のある人に適切な支援が届いていないことが非常に多い。そこでまず警察官に理解をしてもらおう！というのが警察プロジェクトです。

それで啓蒙活動をするためにP&A大阪を設立しました。でも、よくいろんな分野で警察学校などに講義に行くじゃないですか。だから、P&A大阪も大阪府警に警察学校で講義をさせてほしいとお願いしたところ、別に外部の人に来てもらわなくても十分、内部で研修してますからって断られたんですよね。

そこで、こちらが行くのがダメなら、向こうから来てもらおうと考えました。たとえば作業所の中で交通安全教室を開くことにして、所轄の警察署から警察官に出向いてもらって、作業所の利用者さんと直に接して理解を深めてもらうという、「ふれあい教室」っていうのをやったりしました。

山田　今もそうだと思うんですけど、当時、警察は理解がないなと思うようなことが多くあったんですか。

辻川　結構ありましたよ。たとえば、迷惑防止条例だったかな、ともかく小さな事件で依頼者が捕まって警察に行ったら、刑事さんが「ちゃんと本人も認めてるし、調書もできてます」って言って見せてくれたことがあるんです。私もその依頼者がそれまであまりしっかりしゃべったのを聞いたことがなかったので、どうやって調書がとれたんだろうと思って見たら、もう明らかに刑事の作文だったんですよね。「こんなこと言えるはずないじゃないですか」って言ったら、その刑事さんが、「私も被害者に言ったんですよ。こんな障害ある人なんやから堪忍してやったらどうや、もうそれぐらいいいやないかって言ったんですよ」と言ったんです。「このおっさん、何言ってるんだ」って思いましたよね。結局、不起訴にはなりましたけど。

障害に気づかれない被疑者・被告人

山田　刑事弁護をする中で、最初に障害があることに気づかれたきっかけとなったような事件はありますか。

辻川　控訴事件で、窃盗を何回も繰り返している人の弁護をしました。被告人は障害者手帳は持っていませんでしたが、身近に彼のことをよく理解して親身になってくれる方がいて、その方から「手帳をとれるくらいの状態の人が、これまで何回も刑務所に入っているのはおかしいと思います」と言われました。たしかに、いくら常習だからって数百円のものを盗って懲役3年は重すぎる、なんとかしないと、と思いました。

ところが、控訴審の途中で、この男性が突然控訴を取り下げてしまったんです。その理由が、雑居房で他の人と一緒にいると必ずトラブルになってしまうので、拘置所の担当者に「1人のところがいい」と言ったところ、「控訴なんか取り下げたらすぐ刑務所に行くし、刑務所に行ったら単独房もあるから」と言われて、「それやったら刑務所に行こう」ということだったんですよ。そんなことでと思って、私は慌てて裁判官に職権で控訴取下げを無効にしてもらうよう上申しました。裁判官が拘置所まで行って本人に聞き取りをしてくれたのですが、本人が「単独房に行きたいというのもあったんだけど、しゃあないかなと思って」と言ったので、「しゃあないかなって言ってるから、(控訴取下げの意味が)わかってるんでしょう？」と言われてしまって、結局、取下げの無効は認めてもらえませんでした。

山田　裁判官が拘置所まで行って話を聞いたということですか。最終的な結論については別としても、裁判官がそこまでやってくれたというのは、ある程度、理解しようという気持ちがあったということなんですかね。

辻川　そうじゃなくて、裁判官が拘置所まで行って話を聞いたということは、控訴取下げの理由が不可解だったので、訴訟能力に疑問をもったということです。それなら、もう一歩踏み込んで理解してほしかったですね。

山田　ほかの裁判官で、もう少し障害について理解してほしいと思われたことはありますか。

辻川　それはもう、山ほどあります。まだ被告人国選の頃ですから、調書を見てから接見に行きます。きれいな調書ができ上がっているけれど、実際に本人に話を聞いたらまともにしゃべれなくて、全然、会話にならない。そんな人は大勢いました。被告人質問で動機を聞いても何も出てこず、会話が成立していないのを目の前で見ていたにもかかわらず、裁判官は、公判廷での供述よりも供述調書のほうが理路整然として信用できると判決に書くわけです。いや、理路整然としてって捜査官の作文やからやないの、と。

でも、当時はそれが当たり前でした。だから、そんな状況を変えなくちゃと思って、2006年に大阪弁護士会で『知的障害者刑事弁護マニュアル――障害者の特性を理解した弁護活動のために』を作りました。そして、刑事事件の裁判官に「こういうマニュアルを作ったんですよ」という話をしたら、「僕はずっと刑事裁判をやってきたけど、障害のある被告人なんて、会ったことがない。あ、聴覚障害の人が1人いたかな」と言われました。でも、それが法曹の多くの認識だったと思います。刑事弁護をやってる有名な弁護士の先生でも、「いや、僕も被告人で知的障害、知的障害なんかやったことない」って堂々と言わはりますから。

それで、高齢者・障害者の委員会で、この問題を取り上げなきゃいけないということでシンポジウムをしたことがありました。でも、まだその当時は刑事弁護委員会のほうは冷たい対応で……。まったく興味がないって感じでした。

山田　当時はそういう状況だったんですね。しかし、現在の大阪モデルは、刑事弁護委員会も関わっているんですよね。

辻川　大阪は取調べ可視化の運動がずっと盛んだったでしょう。検察の在り方検討会の提言（2015年3月31日付「検察の再生に向けて――検察の在り方検討会提言」）の中で、知的障害のある人の取調べについても可視化の対象とすべきである、という形で取り上げられたんです。あれでガラッと潮目が変わって、そこからやっと刑事弁護委員会が歩み寄ってくれるようになりました。

山田　それをきっかけにして、刑事弁護の場面でも障害のある人がたくさんいるということがわかって、取調べ場面で適切な弁護活動をしていく必要性について刑事弁護分野の弁護士も気づいたという形だったんですかね。

辻川　それまでは障害といったら責任能力だけで、そこにスポットが当てられてたんですよね。それが、2010年には大阪府貝塚市での現住建造物等放火事件における取調べ録画の内容が公判整理手続中に新聞に掲載され、問題となりました。その内容は、知的障害がある男性に対して、検察官が最初からすべて誘導しているものだったのです。検察としても、内容を精査して、さすがにこれでは裁判員裁判ができないということで、公訴を取り消すに至りました。

このような流れの中で、刑事弁護委員会も一緒に取り組んでいく土壌ができたのだと思います。

知的障害がある人に関わる人材を増やす取組み

山田　『知的障害者刑事弁護マニュアル』は、具体的にどういった経緯で作ることになったんですか。

辻川　2001年に障害者差別禁止法を作ることをテーマにした人権大会が奈良でありました。それをきっかけに「障害と人権弁護士ネット」という弁護士の任意団体が立ち上がることになって、そこに最初から関わることになりました。その集まりの中で、「刑事弁護をする中で関わる人は障害がある人が多いんだ」っていう話をしたんですね。「そのことをみんなに知ってもらいたい。でもどうしたらいいだろう」と話している中で、どこかの先生が「何かやろうと思ったら、人、金、マニュアルだ。人を育てないといけないし、予算が使えないといけないけど、マニュアルも必要だ」とおっしゃって。それで、マ

ニュアルを作ろうという話になったんです。それまで、大阪弁護士会ではまったく委員会活動をしてなかったんですが、当時の大阪弁護士会の会長が会派で知ってた先生だったので、マニュアル作りたいんですけどって言ってみたんです。そうしたら、刑事弁護委員会の中にマニュアル作成PTを作ってくれたんですよ。そこで、2年ぐらいでマニュアルができました。

マニュアルができたら、それに基づいて研修をして、人を育てていって、最終的には障害者刑事弁護に理解のある弁護士を名簿化して配転してっていうことを考えてたんですね。マニュアルでき上がったら、そういうことをしましょうって。でも、ちょうど裁判員裁判が始まるぐらいの年だったので、刑事弁護委員会はそれどころじゃないということで、話を聞いてもらえなかったんですよね。すると、高齢者・障害者の委員会のほうから声をかけていただいて、ここでもPTを作ってもらって、そちらで研修をやることになりました。

山田　辻川さんがいるところにPTができてるというか、そのたびに作ってくみたいな感じで進んできたっていう感じですね。大阪だと、名簿って何人くらい入ってるんですか。

辻川　今は何人くらいかな。250人ぐらいはいると思いますね。

山田　多いですよね、人数比で考えると。ちなみに東弁は100人弱です。そこはどうやったら増えていくのかというのは、いつも悩ましいところです。

辻川　研修をして、そこでアンケートをとりますよね。そのアンケートのところに、名簿に登載してほしくない人はチェックを付けてくださいと書いておくんです。すると研修を受けた人の大半が名簿に登載されます。もちろん載せませんってチェックする人もいますけどね。

山田　いろんな工夫をされているんですね。そのうえで、障害のある人を弁護して、その後を支えてくれる支援者も重要になってくるかなと思うんですけど、辻川さんは、そういう支援してくれる方との関係はどうやって築いていったのですか。

辻川　個人的に知り合ってた社会福祉士さんとかですね。それこそ、さっき言った更生相談所の人たちとかとシカゴで知り合っていたので、福祉関係の人を知ってたんですよね。その人に頼んでいろんな人、まず１人に言って、そこからさらにつながっていくっていうことをやってて。先ほどのマニュアルとか作って、研修とかしていく過程で、どんどんつながりを増やしていきました。それは社会福祉士さんの方にもニーズがあって、お互いつながれる人がいるといいよねっていう話になって。そこから、連携の話につながっていったんです。大阪社会福祉士会の田村満子さんに、会として連携をしましょうということで声をかけました。

山田　そうやって具体的につながりをつくって、さらに会としての連携という形にもっていかれたんですね。今は他の単位会でもさまざまな連携が行われていますが、大阪は真っ先にこの形をつくられていて、本当にすごいなと思います。

更生支援計画を作るだけで満足してはいけない

山田　この分野は、少しずつ関心が広まっている分野なのかなとは思ってるんですけど、それに対して期待する部分と、あと心配になる部分とかあれば、それぞれ教えていただけると。

辻川　期待は大きいです。どんどん広がっていってほしいとは思うんですけど。でも一方で、安直に、それこそ更生支援計画というのを作ってもらったら執行猶予になるんだと思ってほしくはないですね。とにかく更生支援計画書を作ってくださいって言う。それではだめなんですよね。弁護人にはぜひ、その人がなぜこういう犯罪をすることになったのかっていうことをまず考えてもらって、そこを見てほしいっていうふうに思いますね。そうすると、もう国選で判決出たら終わりっていうことにはなかなかならないのかなっていうふうに思うんですけどね。

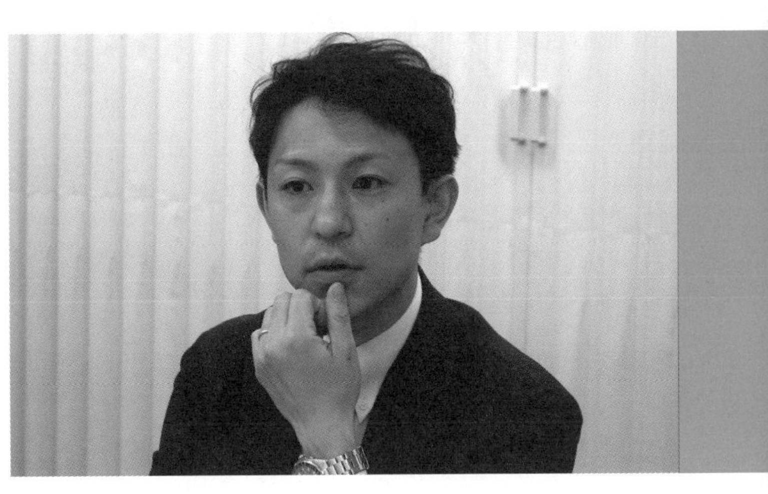

山田　弁護士がソーシャルワーカーに丸投げしてしまって、何も協働しないというケースは散見されますね。とくに判決後については、やはり弁護士としては、弁護人としての役割は判決までと考えるのが一般的で、国選事件などでは金銭的な面からもそこにはハードルがあるのが現状なのかなとも思います。しかし、ソーシャルワーカーと連携して一緒にご本人の生活を考えていくうえでは、全体をみて活動していく姿勢が必要不可欠ですよね。

辻川　刑事事件というのは、その人に生じるいろんなことのひとつなんですよね。虐待を受けたり消費者被害に遭ったりとかする中で刑事事件になってしまったという話なわけで。その人のいろんなトラブルとか困りごととか、そういうのに関わっていくひとつが、刑事事件なんでしょうけどね。今、切れ目のない刑事弁護というか更生支援ができないかを考えています。

山田　刑事弁護自体の捉え方にもなってくるのかもしれませんが、やはり弁護活動に必要なことが何なのか考えたうえで、目の前の人と向き合っていくことが必要ですよね。

判決後の活動などについては、今後一定の予算化がされたりすると、また動きが変わってくるのではないかという感じもします。

辻川　そうですね。そういう話も出ています。兵庫や愛知は寄り添い弁護士制度なども実施していて、ああいう取組みが広がっていくことが重要かなと思っています。

山田　もっともっと広げていきましょう！　ありがとうございました。

西村武彦

にしむら・たけひこ
1956年、小樽市生まれ。1996年、札幌弁護士会登録。23歳から37歳頃まで，青い芝の会で脳性麻痺者の介助活動を行う。旧障害者人権弁護団団員。障害者関連の活動としては、北海道障害者人権ネット事務局長。NPOふくろう成年後見センター代表理事。日弁連障害者差別禁止法調査特別委員会委員。

障害者刑事弁護は一番のプレゼント

インタビュー：野原郭利（千葉県弁護士会）

INTERVIEW

障害者問題に関わるようになったきっかけ

野原　西村さんはなぜ障害者問題に関心をもつようになったのでしょうか。

西村　私は小さい頃、長嶋茂雄や柴田勲のような野球選手になりたかったんですね。それで小中学校ではずっと野球ばかりしていたんだけど、貧しい地域で育ったので、どうしたら貧しさから抜け出せるかと考えて、一念発起して勉強して、静岡大学に進学しました。

そこで脳性まひがある沢井さんという方と知りあったんです。この方は、すごく頭がいいにもかかわらず、字を読めなかった。就学免除で学校に行っていなかったんですね。そのとき、世の中にはスタートラインにすら立てない人がいるということに気づいたんです。

私は、もともとはエリート指向だったと思うんです。努力次第でトップにいけると考えていた。ところが、沢井さんは私よりずっと頭がいいのに、勉強することすら許されなかった。そこではじめて私は、平等ってなんだろうと考えるようになりました。

そこから沢井さんに鍛えられて、障害者支援の活動を続けていました。ただ、それでは食えないので、29歳くらいからまじめに弁護士をめざすようになって、37歳で合格し、今に至っています。

野原　弁護士をめざしたきっかけは何かあったのですか。

西村　私が28歳の頃、静岡市が障害者住宅を造ることになったんです。そこで、全国青い芝の会（脳性麻痺者による問題提起などを目的として組織された障害者団体）を代表して沢井さんが交渉に行くことになり、私もついて行きました。そして、私が担当者に説明したら、「それはあなたの考えであって……」と言って取り合ってくれなかった。

そこで、当時、静岡市内で人権問題の弁護活動をしていた中村順英弁護士（故人）にレクチャーして、彼について行ってもらいました。そうしたら市の担当者は、ヘイコラしながら、弁護士の言葉を「ごもっともです」とか言って聞くわけです。私が言ったことを伝えてもらっているんだから、内容は同じなんですよ。そのとき、弁護士バッジがあれば信頼されるんだと感じたんですね。

野原　沢井さんと活動されていた頃のお話を聞かせてください。

西村　土曜日は必ずカンパ活動をしていました。繁華街まで沢井さんも私もバスで行くんだけど、沢井さんは車いすだから当時は乗せてくれないことがあったんですね。もちろん私は抗議をするんですが、一人では車いすを持ち上げられないものだから、次のバスを待つしかありませんでした。

それから、沢井さんが買い物に行くときに私が車いすを押していると、店員さんが私に向かってしゃべるんです。沢井さん、私より頭いいんですよ？　計算だって私よりできる。それなのに、店員は必ず私に話しかけてくる。沢井さんは脳性まひなので不随意運動があって、勝手に首が動いちゃう。それで、障害者と接する機会がない人には、健常者より能力が低いと思われてしまっているように感じました。

沢井さんではないですが、その頃は座敷牢もありましたね。今よりもっと差別も偏見もある時代でした。

罪を犯した障害がある人との出会い

野原　弁護士になられてから、罪を犯した障害者の支援をされるようになったきっかけは何かありますか。

西村　私が弁護士になった頃は、札幌で刑事弁護をしている弁護士はあまり多くなかったんですね。それで、1年目から私のところに二十数件の刑事事件が来ました。

そうしているうちに、副島洋明弁護士（故人）の講演に行った際、飲み会の席で障害者施設の関係者に、副島弁護士が私のことを「札幌にはこんな元気のいい弁護士がいるから使ってやって」と紹介してくれたんですよね。そこで何人かの施設長さんたちと知り合いになって、施設に入っている人が事件を起こして捕まったから接見に行ってほしいといった連絡がくるようになりました。

弁護士2年目か3年目に受けた事件ですが、暴力団に入れられていた軽度の知的障害者のケースはよく覚えています。本人は入れ墨をして、覚せい剤を打ったりして意気がっていたんだけど、暴力団では本当に下っ端扱いでした。その人が覚せい剤を使用したということで逮捕されました。そこで以前支援をしていた福祉施設の職員が面会に行きました。施設長さんが「なんとかしてあげよう」ということで、私に弁護をしてくれないかと連絡をしてきました。20年以上前なので、法テラスなどの利用はできないのですが、被疑者段階から無償で弁護をしました。覚せい剤の使用は幸運にも初犯扱いだったので、施設長と私は暴力団を抜けることを親分に伝え、施設長には法廷で証言をしてもらい、執行猶予判決となり、今は地域で普通に生活しています。このときは、接見体制をとり、4人〜5人の福祉職がその20代半ばの青年と接見をしています。なお、20年以上前は、今のように保釈のハードルが低くなっていなかったので、保釈はとっていません。

野原　当時は障害者弁護のノウハウはなかったと思いますが、どんなことを意識して活動されていたのでしょうか。

西村　私は弁護士になる前、風俗で働く障害者の保護をしたり、カルト宗教から脱退するためのお手伝いもしていました。あのサリン事件の1年前、静岡で修習していたのですが、オウム真理教に入りたいという16歳の目の見えない少年の保護を依頼されました。麻原彰晃こと松本智津夫・元死刑囚も視覚障害がありましたので、目の見えない少年はシンパシーを感じていたようです。それで、まわりがなんとか思いとどまらせようと動いて、最終的に私が説得することになったんです。弁護修習中にもかかわらず、少年を説得するために1週間休んだんだから、暇人だよね（笑）。

こんなふうに、私は刑事弁護をする前から障害者を説得して保護するという活動はしていたので、私なりのノウハウは持っていたと思います。それに、福祉の人たちともさまざまな形でずっとつきあいがあって、そういう

人たちが協力してくれるというのも大きいですね。不起訴や執行猶予になったら、すぐにつなげられるところがある。

だから私が若い人たちに伝えたいのは、障害者問題は弁護士一人ではできないということを理解してほしいということです。私の場合、福祉関係者から接見要請があった場合、その2〜3日以内に、その福祉関係者、学校関係者に集まってもらって、支援会議を開催します。たとえば、聾者で知的障害も重い60代の窃盗事件（前科10犯程度）の事件を、その男性を支援していたグループホームの職員から依頼されたことがあります。そのときは、すぐ手話通訳者を同行して接見しただけではなく、グループホームの職員、聾者の仲間、手話通訳者、地域の福祉関係者、保護課職員など10人余を集めて、勾留期間の20日の間に3回ほど支援会議を開いています。その障害者を丁寧に知る必要があるからです。その男性は3年の実刑でしたが、今は再犯をすることもなく、市内で福祉の支援を受けてのんびり生きています。

通常の当番弁護で被疑者が障害者とわかったときは、メールを使って市内の仲間に連絡をして、接見体制がとれるか検討します。そして、接見に行けるという福祉職や心理職がいれば、接見してもらいます。

なお、同行支援で気をつけてほしいのは、福祉職は受容というか共感というのがその職業倫理から出てくるので、弁護士的にいうと、誘導尋問と誤導尋問の嵐になるので、弁護士は、事実関係が明白になっている段階でないときには事前にレクチャーをしておくべきでしょう。そのうえで、本当に本人の意思で自白をして反省もしているときは、福祉の方に「もう少し楽な生き方をしませんか」といったアプローチをしてもらうといいと思いますね。

障害者のことをよく理解する、障害の特性を理解することが功を奏したという事件を紹介します。精神科クリニックで、被疑者がケースワーカーの職員に暴力をふるったという事案がありました。彼の障害名はADHD、軽度知的障害です。暴力の理由は交際相手にワーカーがちょっかいを出したという誤解です。そして衝動的に暴行に出ました。彼の主張は正当防衛です。最初の国選弁護人は、接見室で正当防衛は無理だなどと言ったことから、被疑者に「ここを出たら殺すぞ」と脅し、辞任となりました。別の弁護士がついて懲役6月でした。その方も、被告人から悪態をつかれています。私は高裁段階での国選弁護人ですが、被告人の言い分を丁寧に聴き、正当防衛がどうして成立しないかを説明しました。被告人を障害者として扱うことなく、丁寧に説明し、刑法各論のコピーも差し入れました。被告人は私を非常に信用し（これも注意欠陥多動性障害に起因していると思います）、法廷では自分の間違いを認め、障害に向き合うとまで証言したので、なんと原審取消し、懲役5月となり、未決勾留日数の関係で判決と同時に刑期を終え、某精神科病院に入院して、証言どおり治療に専念し、地域生活を楽しんでいます。被告人は何度も手紙をくれ、いい弁護をしていただいたなど、高く評価してくれました。障害を理解したうえで、対等に向き合った結果だと思います。

福祉との連携

野原　福祉の方々とチームになって仕事をされているように思います。どうすればそのような協力体制をつくれますか。

西村　それはやはり、弁護士バッジに頼らず、本音で意見交換をすることですかね。

どういうことかというと、たとえば捕まった人の情報を福祉の人を交えてみんなで精査する。そうすると、見え方が専門職ごと、福祉の方の関わる分野ごとで違うんです。とくに事件に対する向き合い方が違います。端的に言えば、福祉の皆さんは、「起訴にしてください」「実刑でお灸をすえてください」などと言います。他方、弁護士の論理は、不起訴（犯人性なし、責任能力）、執行猶予です。また、最近だと、支援を受ける側の福祉は、「保護観察付の執行猶予にしてください」と言いますが、弁護士は、それだと次回執行猶予の道が閉ざされるとなります。まず、このように刑事裁判の捉え方が違います。簡単に言えば、福祉現場では当該障害者の逸脱行動に手をこまねいていたことがわかります。逸脱行動が刑事事件になった以上、しっかり責任をとらせたいということです。弁護士にはない視点だと思います。

「見え方」という意味では、弁護士は刑事訴訟法と刑法の枠でしか被疑者を見ませんが、福祉職・心理職の仲間は、刑法も刑事訴訟法も知りませんから、彼ら・彼女らが支援の中で必要とする、家族関係・知人関係・就労状況などの情報からアプローチします。だから、被疑者の見え方が全然違います。それだから、福祉職・心理職・民生委員・教員そして弁護士の5つの視点から被疑者のシルエットを描いたほうが、本当の支援を見出せます。私たちは、再犯を阻止するのが義務なのです。

私は刑法の要件事実論とは別に、いつもKJ法（文化人類学者の川喜田二郎東京工業大学名誉教授がデータをまとめるために考案した手法）を使って被疑者の人間関係や教育・療育、家庭問題を考えるんだけど、福祉の人の発想はかなり違います。福祉の方の受容的な見方は人を見るときの参考になるし、この人が裁判を終わってからどう生きるかのヒントをいっぱいもらえる。だから、事件を受けたら、2日目、3日目という早い段階から福祉の人とつながったほうがいいと思います。

野原　先ほどおっしゃったように、弁護士会でも福祉の人を派遣してくれるようになりましたが、個別に福祉の人とつながりをつくるコツは何でしょう。

西村　一番いいのは、やはりこちらから訪問するということですよね。自分の関わる地域にも必ず障害者施設・作業所・就労現場（障害者総合支援法でいえば、就労継続A型とかB型のこと）はあるはずですから、普通に顔を出して話をしてみる。そうしてだんだん自分のケースの悩みなんかも話せるようになると、福祉の人たちは面倒見のいい人が多いから、「私でよければ何か協力しましょうか」と言ってくれます。そのときに弁護士バッジなんか必要ない。でも、福祉の人たちが自身の法的な問題で悩んでいるときは、弁護士として力になれる。そうやってギブアンドテイクの関係が築ければ、信頼関係もできてチームで動くこともできるようになると思います。

野原　現場に足を運ぶ弁護士はあまり多くないですよね。西村さんは、どんなふうに訪問されるのですか。事前に申込みなどをされるのでしょうか。

西村　事前の申込みなど一切しません。弁護士会のイベントでどこかに行けば、そこの地域にある施設をふらっと訪ねてみるし、飛行場のそばにある入所施設を見つけたら、フライトまでの時間を使って「見学させてください」と言います。行った先々でふらっとどこにでも行きますね。今は名刺出すと「ああ」って言われちゃうけど（笑）、最初はどこの馬の骨が来たんだという感じでしたよ。支援施設や就労A、就労B、特別支援学校など、アポなしで訪問しても、断られることを経験したことはありません。施設長や副校長などが、あれこれ説明しながらいろいろ見せてくれます。ぜひ勇気を出して足を運びましょう。むろん、利用者さんが食べられるお土産を持っていけば、利用者さんからも歓迎されます。

弁護人としてどう関わるか

野原　今はかなり障害者弁護や福祉との連携が認知されるようになってきたかと思います。どのような変化を感じられていますか。

西村　福祉につないだらあとはお任せ、といった人は多いですね。でも私たちは弁護士なんだから、仮に自白していても、犯人性、動機、行為態様などはもっと真剣にやったほうがいいと思います。

明らかに執行猶予になる事案でも、福祉の人が更生支援計画を作ってくれても、事件そのものを丁寧に解明し、事件の背景にある彼・彼女の生きづらさを本人の言葉で聞き出して法廷に顕出する、ということをしなければならないと思います。

私は、この間、再度の執行猶予をとりました。80代の女性の窃盗事件です。2年前に執行猶予になって、その1年後にまた同じ事件を起こして実刑になったので、控訴審で私のところに来たわけです。それで記録を全部読んだんだけど、はっきり言って最初の執行猶予のときも2度目の実刑(一審)のときも、もう少しできたことはあるんじゃないかと思いました。最初のときは弁護人は被告人に「もうやりません」と言わせただけ、2度目のときは弁護人は「クレプトマニアの治療をしますね?」と聞いて被告人に「はい」と言わせただけなんです。でも実際に被告人に通院はさせていない。控訴事件を受任した私は、被告人とつれあいの2人を精神科クリニックに数回足を運ばせました。また、被告人には高齢者のデイケアにも行ってもらい、高裁の公判期日には、その経験を法廷で語らせた。それで執行猶予になりました。

弁護人が安易な弁護をしていては、その人を助けられないと思います。「なんでこういう事件を起こしちゃうんだろうね」ということを本人と話して突き詰めれば、クレプトマニアであることに最初に気づいたかもしれない。そうすれば2度目の事件も控訴審もなかったかもしれない。3人も弁護士がついて、お金だってかかってますからね。

野原　最近、マニュアル本も増えてきて、それに従うだけで済ませてしまう人がいるという問題も指摘されています。本書もマニュアル本ではあるのですが、何も考えずに型通りにやればいいというものとは一線を画したいと思っています。西村さんはそういった傾向に対して、どうお考えでしょうか。

西村　マニュアルはたしかに有用だとは思うけど、それだけではなくて、マニュアルのどこかに切れ目をつくって、自分で活動を広げていってほしいよね。そうすれば、人脈も広がって協力してくれる専門職も増えるし、もっと障害がある人に近づくことができると思います。

たしかに、刑事弁護は判決をもらえばそれ以上、関与することはありません。でも、その後もつながっていることがあってもいいと思うんです。実際、私はすごくつながっています。殺人事件の被告人だった方と今もつながっています。医療観察法の対象の方だったり、服役をして地域に戻ったり、今もまだ服役中だったりしていますが、数人はつながっています。相手が嫌がらなければ、つながっていてもいいと思います。そんな中で、こちらからも年賀状を出すと、「頑張っています」と返ってくる。気にしてくれる人がいるというのは、どこか支えになるはずです。法廷で「頑張ります」と言うのはカラ元気ですからね。

それに、本人だけではなく、福祉の人が喜ぶんです。弁護士が背後にいてくれるというのは、信頼感につながります。

野原　だからこそ、次も協力しあえる関係になるんですね。

障害がある人を弁護するためのノウハウ

西村　それから、障害がある被疑者や被告人に本人の言葉で語らせるというのはものすごくたいへんなんだってことを弁護士はわからなくちゃいけない。

たとえば知的障害の人にしても自閉症の人にしても、語彙が圧倒的に少ない。だから自分のことを伝えるのが難しい。それを誘導しないでどうやって彼らの言葉で語らせるか。それは弁護として大事なことですよね。今の状態がどうなのか。規則通りの生活はつらいのか、楽なのか。それによって出たときにどんな状態が望ましいのかが変わる。事件の動機や背景も、定型的に聞くのではなく、本人の言葉を紡いでいくような聞き方をしなければ、本当のところにはたどり着けないと思います。混乱を招くおそれがあるので、ゆっくり話すことも大事ですし、言葉が出てくるのをじっくり待つのも大事です。

法廷での尋問だってそうです。本当に下手な人が多くて、異議を出したいくらい(笑)。「〜しましたよね」「はい」って、ほとんど誘導になってるんです。

そして背景については、事件に直結した背景を聞いておしまいではなく、それよりもっと前からある背景にまでたどり着く聞き方をしなくてはいけません。

野原　障害がある人たちの言葉を引き出すには、具体的にどんなことに気をつければよいでしょうか。

西村　まず、質疑応答というコミュニケーションは、かなりの能力が必要なのだということを理解するべきです。知的障害のある被疑者や自閉症の被疑者の場合、弁護士の言葉による質問や問いかけの意味を正しく理解することは、それほど簡単ではありません。また、バーバル・コミュニケーション、ノンバーバル・コミュニケーションという言葉はご存じだと思いますが、コミュニケーションの8割、9割は、態度、身振り手振り、目線、口調で伝えており、言語のコミュニケーションは1割、せいぜい2割ともいわれていますから、弁護士は、目の前の被疑者の態度・振る舞いを見逃すべきではありません。言葉で表現できない人は、その分、五感を駆使していると理解すべきです。

他人の質問を理解して、質問に回答するということは、そんな簡単なことではないという理解の下で、オープンな質問をすることです。丁寧な言葉で、ゆっくり短く、聞くことです。そうすると、具体的な過去のエピソードが出てきて、本人のことが見えてくることもあります。「小学校のときの運動会は何をした？」などと聞いて出てきたエピソードから見えることがたくさんあります。それはもう、何をどう聞くかは経験なんですが。

また、同じ言葉でも理解が違うことがあるので、こちらの常識で勝手に解釈しないように気をつけなくてはいけません。私が今やっている事件でも、被告人は女性とつきあっていると言っていましたが、それは私らが考えるような男女関係ではありませんでした。必要に応じて、「セックスもしたの？」とか具体的なところを聞いていかないと、間違ってしまうことがあります。

野原　そういったことは、経験を積むことでわかってくるのでしょうか。

西村　障害者の弁護をするためには知識も必要です。しかし、札幌弁護士会では現在、すごく勉強会が少ないんです。だからもっと勉強をする機会をつくる必要があります。自分からいろんなところに行ったほうがいいと思います。そうすれば、福祉や医療関係者にも会えて、またつながりができたりもします。

たとえば、私には知り合いの医者が何人もいます。有名な医者を一人だけ知っているより、医者も福祉もより多くの知り合いがいたほうが助かります。

なぜ障害がある人の弁護をするのか

野原　最後に、西村さんにとって、障害者弁護を続ける意味というのは何でしょうか。

西村　障害者弁護は、障害者に向き合うことで、人間とは何かといったあまり弁護士が考えてこなかったような哲学的な問題を考える機会になるんですよ。刑事弁護そのものは、ある意味、定型的になっていますが、弁護士自身が学んできた中で足りない知識がここにもある、あそこにもあるということが学べます。それは別のことをやるときにも役に立つ。人間を知っていくうえで一つの切り口になると思います。

だから、私は障害者刑事弁護は弁護士になって一番のプレゼントだと思っています。

野原　ありがとうございました。私たちもさらにやる気が出てきました。

第1章　刑事手続における障害のある人

1 現状

本節では、刑事手続において、障害のある人たちがどのような現状に置かれているのかを、統計などから分析したうえで、これに対する制度の状況について説明する。

1　統計からみえる実態

刑事手続において、障害のある人(または疑われる人)はどのくらい存在しているのか。

この点について、よく参照されるのが、矯正施設入所時に行われる精神診断や能力検査値の結果である。

まず、精神診断の結果について、2018年矯正統計によれば、次頁の**図1-1**のようになっている。

この年の新受刑者18,272人のうち、約14%の人に、知的障害や神経症性障害等、何らかの精神診断がついている。なお、これらはあくまでも確定診断を受けた人の数であり、何らかの精神症状を示す人はもっと多いと考えられる。

これに対して、令和元年版障害者白書においては、日本における「精神障害者」は419万3000人、「知的障害児・者」は108万2000人とされている。この数値を前提とすれば、人口当たりの「精神障害者」および「知的障害児・者」は、4%程度となる。

このようにみてみると、矯正施設において精神障害を抱えている人が多いということがわかるだろう。

別の角度からもみてみたい。

懲役刑を科されると、刑務所内では作業をすることが義務づけられる。その際、作業の種類を決定し、また、その他の処遇上の参考とするため、刑務所に収容された人に対してはCAPAS(Correctional Association Psychological Assessment Series)という能力検査が実施される。これは、集団式で実施されるものであり、個別化された心理検査とは異なるが、IQに類似する能力検査値が統計的に算出される。そして、前記と同じ2018年矯正統計によれば、能力検査値の分布は次頁の**図1-2**のようになっている。

知的障害の診断におけるIQの基準値が概ね70とされている(**第2章❷**参照)ところ、このグラフをみると、その基準以下の能力検査値の人が多いことがわかる。具体的にみると、「49以下」「50〜59」「60〜69」とされた人の数は、新受刑者18,272人のうち3,493人であり、その割合は約19%になる。

また、グラフ全体をみても、検査値80〜89が最も数が多くなっていることや、検査値の結果が正規分布ではなく、低いほうに偏っていることがわかる。通常、検査値は100を頂点として正規分布を示すようになっており、全体的に平均よりも能力検査値が低くなっていることが明らかとなっている。

このように、新受刑者の中には、知的な障害のある人も多く存在することがわかる[1]。

以上のように、刑務所に収容される人の中には、精神障害、知的障害のある人が多く存在する。そして、これらの人たちの多くは比較的軽微な罪に問われ、累犯によって刑務所を出たり入ったりすることを繰り返す「回転ドア現象」に陥っている。

ここまで述べてきたのは、あくまでも矯正施設に収容された人についての統計である。刑事司法手続の対象となった人の中で、刑務所に収容される人の割合は、約2%といわれている[2]。そのため、ここで紹介する数字は、あくまでも実態の一部を示しているに過ぎない。

責任能力に問題があって起訴されないケースがあ

1　ただし、①CAPASは、知能検査としての妥当性等が十分に検討されたものではなく、その結果である能力検査値は厳密には知的指数とは異なるものであること、②知的障害の診断は知能指数以外の要素も含めて判断されるものであること、については注意が必要である。

2　正確な資料はないものの、たとえば、令和元年版犯罪白書においては、検察庁における新規受理件数は984,819件、新規受刑者は18,272人とされていることから、このようにいわれている。

図1-1■新受刑者の精神診断

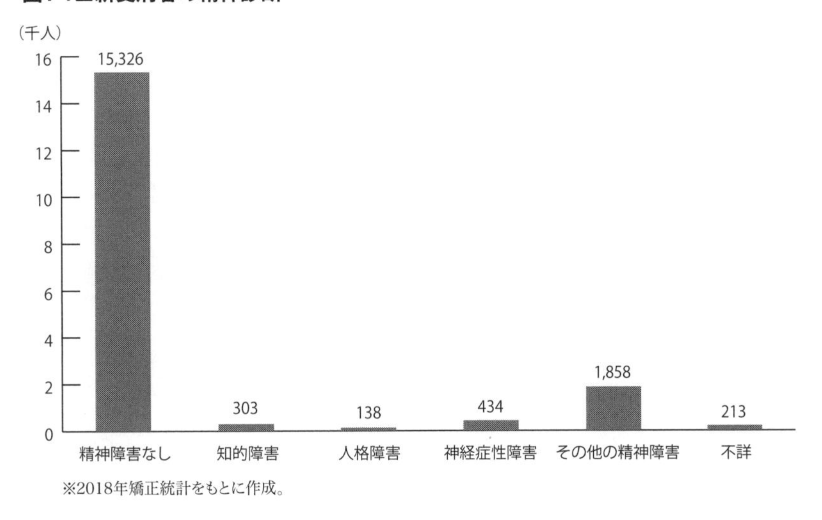

※2018年矯正統計をもとに作成。

図1-2■新受刑者の能力検査値

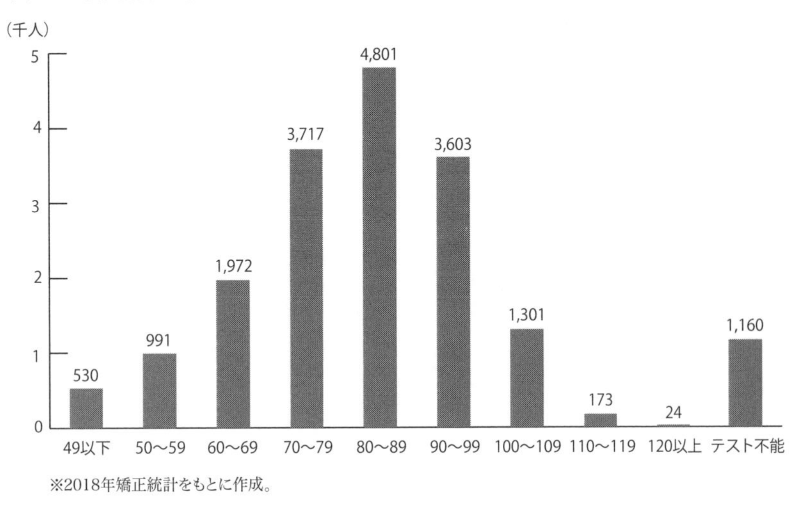

※2018年矯正統計をもとに作成。

ることなどを考えれば、弁護人が関わる捜査・公判段階においては、より多くの障害がある人が存在している可能性が高い。

弁護人としては、多くの障害のある人が刑事手続の中に置かれていることを念頭に、実際の事件で、目の前にいる被疑者・被告人に何らかの障害がないか、常に意識しなければならない。

2　社会の動き

このような問題については、近年、社会内でもさまざまな動きが始まっている。

そのきっかけとなったのは、2003年に山本譲司氏によって発表された『獄窓記』（ポプラ社）である。山本氏は、元国会議員であったが、議員在職中に秘書給与を流用したことによって実刑判決を受け、受刑した。そして、受刑中に刑務所内に障害のある人や高齢者が多く収容されている事実を目の当たりにし、そのことを『獄窓記』の中で示したのである。そして、そのような人たちの多くは、受刑する前に社会福祉による支援を受けてきていないことも指摘した。この本が出版されたことにより、矯正施設内にいる障害のある人や高齢者の問題が注目されるようになった。

その後、2006年から、社会福祉法人南高愛隣会（長崎県）が、厚生労働科学研究として「罪を犯した障がい者の地域生活支援に関する研究」を実施し、その中で、やはり受刑者の中に福祉的支援を必要としている人が多くいて、受刑前も受刑後も支援に結びついていない現状が明らかにされた。

そして、このような研究などを受けて、厚生労働省と法務省により、高齢・障害などの理由があって福祉的支援を必要とする人に対して、矯正施設から出る際に支援につなげていくための政策が始められた。具体的には、①指定された更生保護施設への福祉スタッフの配置、②刑務所等への社会福祉士等の配置、③保護観察所への調整担当官の配置、④各都道府県への「地域生活定着支援センター」の設置などである。これらの制度では、矯正施設から出所する人の中から、福祉サービスを必要とする人を発見し、適切なサービス利用へと仲介することなどが進められている。これらは、矯正施設を出る段階における支援ということから、「出口支援」と呼ばれている。

一方で、出口支援はあくまでも矯正施設出所者を対象としているため、それだけでは足りないのではないか、もっと前の段階から支援をすべきではないかという声が上がるようになった。すなわち、一連の刑事司法手続の中でも、捜査・公判段階において支援をしていく必要性が指摘されるようになった。受刑に至る段階まで待つのではなく、それ以前の段階から支援を開始すれば、本人にとって利益になるし、再度事件を起こしてしまうという社会的なリスクの低下も期待できるのではないかと考えられたのである。そして、この段階の支援は出口支援と対になるものとして、「入口支援」と呼ばれるようになった。

本書では、基本的には捜査・公判段階で、被疑者被告人となった人に障害がある場合の弁護活動のあり方を主に取り扱う。このような弁護活動は、「入口支援」のひとつとも捉えられるだろう。

ただし、弁護人の活動は、社会的リスクの低下を目的にするものではない。この点については注意が必要である。

2 各種の取組み

本節では、前節で紹介した地域生活定着支援センターの活動内容を解説する。そのうえで、各地の弁護士会での取組み、検察庁での取組みについて紹介するとともに、2016年に施行された「再犯の防止等の推進に関する法律」(再犯防止推進法)の若干の解説を行う。

本節の内容に関しては、「罪に問われた障がい者等に対する刑事司法等における手続保障と弁護権保障—切れ目のない支援のために」自由と正義2017年1月号42頁以下が詳しい。

1 地域生活定着支援センターの活動

(1) 業務内容

地域生活定着支援センターにおいては、主に以下の業務を中心としている。

まず、①コーディネート業務である。矯正施設の入所者等を対象として、福祉サービス等に係るニーズの内容の確認等を行い、受入先施設等の斡旋や福祉サービス等に係る申請支援等を行う業務である。

次に、②フォローアップ業務である。矯正施設を退所した後、社会福祉施設等を利用している者に関して、本人を受け入れた施設等に対して必要な助言等を行う業務である。

最後に、③相談支援業務である。矯正施設を退所した者やセンターが福祉的な支援を必要とすると認める者について、本人またはその家族、その他関係者から、本人の福祉サービス等の利用に関する相談を受けたとき、本人と面接を行うなどして、助言その他必要な支援を行う業務である。

(2) 支援の対象となる要件

センターでの支援の主な対象となるのは、「特別調整」対象者とされた人である。特別調整とは、次のいずれの要件も満たす場合をいう。

① 高齢(概ね65歳以上)であり、または身体障害、知的障害もしくは精神障害がある(これら障害の疑い含む)と認められること
② 釈放後の住居がないこと
③ 高齢または身体障害、知的障害もしくは精神障害により、釈放された後に健全な生活態度を保持し自立した生活を営むうえで、公共の衛生福祉に関する機関その他の機関による福祉サービス等を受けることが必要であると認められること
④ 円滑な社会復帰のために、特別調整の対象とすることが相当であると認められること

⑤　特別調整の対象者となることを希望していること
⑥　特別調整を実施するために必要な範囲内で、公共の衛生福祉に関する機関その他の機関に、保護観察所の長が個人情報を提供することについて同意していること

前記要件以外で、福祉サービスを受ける必要があると認められる障害者または高齢者については、「一般調整」対象者とされる。

⑶　特別調整対象者か否かを把握する必要性

矯正施設退所段階において、本人が特別調整対象者の場合には、地域生活定着支援センターが必然的に支援に関わることになる。

そのため、実刑判決が視野に入るような事案の弁護活動においては、前記のようなセンターによる支援が関与するか否かを事前に把握し、方針決定の際にも考慮の中に含めていく必要が生じる。その前提として、特別調整対象者の要件を理解し、自身の担当する依頼者がこれに該当するかについて把握しておくことが重要となる。

実際のケースにおいては、身元引受人や帰住先の有無、そして本人の希望が大きなポイントになってくるだろう。

2　各地の弁護士会の取組み

⑴　入口段階での制度的連携

罪に問われた障害者等に対する支援のため、弁護士会が障害者支援を行う機関や団体と制度的に連携を行えるようなスキームが実践されている地域がある。

これは、大きく分けると、①地域生活定着支援センター、②社会福祉士会、③精神保健福祉士協会、④基幹相談支援センターのいずれかまたは複数と弁護士会が連携する制度づくりが実践されている。

前記のような機関と弁護士会が協定を結び、そのうえで社会福祉士・精神保健福祉士を紹介するしくみや、地域生活定着支援センターに支援依頼を行うしくみ、基幹相談支援センターが起点となり、適切な相談機会を紹介するしくみ等が構築されている。

連携の内容としては、助言やケースの検討等に関するものから、実際に社会福祉士や地域生活定着支援センター職員が接見に同行したり、その中で更生支援計画を作成したりする等の実践的なものまで存在する。

これらの制度に関しては、ソーシャルワーカーの活動に対する経済面でのカバーがなされていない地域が多く、支援者あるいは弁護人の手弁当になっていることが問題点である。

⑵　勉強会・研修会等の実施

全国には、弁護士会や弁護士の有志、法テラス等と、その地域での罪に問われた障害者の支援に熱心な機関とが中心となり、他職種での勉強会や研修を定期的に開催している地域がある。

内容としては、実際の連携事例をもとに事例検討を行い、支援の方法等に関する協議を行っているところが多い。地域によって参加している職種はさまざまだが、ソーシャルワーカーだけでなく、看護師等の医療関係者、大学教授等の教育関係者、検察庁等が参加しているところもある。

このような勉強会自体が連携をさらに進めることにつながるのみならず、異なる分野同士の相互理解を深める契機となっている。

⑶　障害者刑事弁護人の派遣制度

障害者刑事弁護専用の担当者の国選・当番の名簿を編成している弁護士会もある。単位会ごとに若干の制度上の差異はあるものの、障害特性等への配慮や、連携可能な福祉機関等の知識、連携方法等に関する研修受講を名簿登載の要件にしているところが多い。

他方で、単位会ごとに、当該名簿の対象となる被疑者・被告人の範囲をどのように画するか（障害種別を限定したり、いかなる段階より障害と捉えるか、疑い等まで含めるか等）については、運用が分かれている。

加えて、この制度を運用するためには、そもそもの警察・検察・裁判所等、弁護人指名や当番弁護打診の端緒となる機関において、被疑者被告人の障害に関する情報提供が配点担当者に対してなされる必要がある。この際、障害の種別や手帳の有無を問うのか等、捜査機関等の側での線引きの問題も生じ

る。

結局、障害者刑事弁護制度が導入された現在でも、通常の国選・当番名簿の配点において障害を抱えた被疑者被告人は多数存在している。たとえば、手帳を取得していない・失効してしまったというケース、意思疎通が困難で事実確認ができないケース、病識がなく自身では障害の存在を否定している精神障害ケース等があるだろう。

そのため、これらの制度が導入されても、常に担当する被疑者・被告人への障害に対する気づきの視点は変わらず必要となっている。

3 検察庁での取組み

⑴ 社会復帰支援室・検察庁内への社会福祉士の配置

東京地方検察庁をはじめとして、多くの検察庁の中に「社会復帰支援室」などと呼ばれる機関が設置されている。この中には、検察官や事務官のほか、社会復帰アドバイザーといわれる非常勤の社会福祉士が配置され、個別事件において福祉的な支援が必要な被疑者等への支援に関する相談対応を行っている。

対象となるのは、障害者・高齢者や、もともと路上生活状態であった者等で、主に起訴猶予や執行猶予で釈放が見込まれる被疑者・被告人である。

こうした事案において、捜査や公判を担当する検事への助言にとどまらず、実際に、対象となっている被疑者やその家族、従前関わっていた支援者等に面談するなどして、助言を行うケースもある。また、釈放時の生活保護申請の同行を事務官や社会福祉士が行うことなどもある。

さらに、実際に所管する地域の地域生活定着支援センターや福祉機関等とも連携し、釈放後の福祉サービスの受給や居住先確保のための調整を行うなどしている地域も存在する。

⑵ 更生緊急保護事前調整プログラム

一部の保護観察所と対応する地方検察庁が連携し、被疑者の勾留中段階から釈放後の福祉サービスの受給や住居確保のための事前調整を行うプログラムが実施されている。

この取組みは現在さらに広がり、全国の地方検察庁とそれに対応する保護観察所において、更生緊急保護重点実施のための施行がなされている。検察官から保護観察所に対して申入れを行うと、保護観察所が勾留中の被疑者について支援の必要性に関する調査・調整等を行う。そのうえで、重点的な社会復帰支援が必要と判断された場合には、起訴猶予者に対し、生活保護申請支援や居住地確保の調整等について、勾留中からの調査・調整を活かした社会復帰支援を行っている。

⑶ 検察庁主体の入口支援の今後

前記のような入口支援の方向性については、今後もさらに進められていく可能性が高い。検察庁における社会福祉士の雇用もさらに進んでいき、これら社会福祉士等が検察庁における入口支援を担っていくものと思われる。

また、現在、起訴猶予相当の対象者について、福祉的支援を進めるとともに、更生改善のために働きかけが必要な対象者の場合、検察官が遵守事項を設定してその同意を条件に起訴猶予とし、福祉的支援を実施する（「条件付起訴猶予」等と呼ばれている）といった方法も検討されているようである。しかし、検察官が裁判所の判断も経ずにこのような不利益処分を課すしくみには、大きな問題がある。

4 再犯防止推進法

⑴ 法律の制定と背景

2016年12月14日、再犯防止推進法が公布・施行された。

同法制定の背景としては、犯罪検挙の割合として、再犯率が増加していることに鑑みて、罪を犯した人の社会復帰を促進することが再犯の防止、ひいては犯罪減少につながるとの理念に基づいている。

そのため、この法律は、再犯防止に関する施策に関して基本理念を定め、再犯の防止等に関する施策の基本となる事項を定めることで、再犯防止に関する施策を総合的かつ計画的に推進し、国民が犯罪による被害を受けることを防止し、安全で安心して暮らせる社会の実現に寄与することを目的とする法律とされている。

⑵　法律のポイント

再犯防止推進法では、５条において、「国及び地方公共団体は、再犯の防止等に関する施策が円滑に実施されるよう、相互に連携を図らなければならない」とされ、７条１項において、「政府は、再犯の防止等に関する施策の総合的かつ計画的な推進を図るため、再犯の防止等に関する施策の推進に関する計画（以下「再犯防止推進計画」という。）を定めなければならない」こと、８条１項において、「都道府県及び市町村は、再犯防止推進計画を勘案して、当該都道府県又は市町村における再犯の防止等に関する施策の推進に関する計画……を定めるよう努めなければならない」ことが規定された。

また、22条１項においては、「国は、再犯の防止等に関する施策の重要性について、国民の理解を深め、その協力を得られるよう必要な施策を講ずるものとする」と規定されている。そのため、全国では、再犯防止推進法に関するさまざまな実践が行われている。

⑶　各地での取組み

現在、この法律に関する検討や実践が最も進んでいる市のひとつが、兵庫県明石市である。

明石市内で更生支援に関わる団体が集まり、定期的に「明石市更生支援ネットワーク会議」を開催するとともに、更生支援・再犯防止等に関する条例検討会を実施し、当該法律に基づく条例づくりに着手し、2019年4月1日に施行された。明石市の条例の内容は、他地域での条例作成にも参考にされるものと考えられ、今後の動向が注目されている。

また、行政が主体的に入口支援や出口支援にも関わっている。「更生支援コーディネートモデル事業」として、比較的軽微な犯罪を行った高齢者・障害者を対象に、明石市へと帰住する際の支援のアセスメントとコーディネートを弁護士と社会福祉士が協働して取り組んでいる。この中では、入口段階では警察署や検察庁、出口段階では刑務所や保護観察所とも連携・協議を行っており、行政を中心として広範に連携した形での支援が行われている。

5　問題点

前記のような法律制定や、それに伴う検察庁での再犯防止に向けた入口支援等の取組みに関しては、福祉的な支援を必要とする人に対して遍く支援を準備できる環境が整備されつつあるという点については評価できるだろう。

しかし、検察官主導（そこに配置された社会福祉士を含む）での入口支援については、福祉の利用がなければ刑事処分が控えているというような形で引き合いに出され、自由意志に基づかず福祉の利用を強制することにもなりかねないという問題をはらんでいる。罪に問われた障害者に対して、刑務所か福祉施設かというような形での選択を迫ることになってはならない。再犯防止という観点が刑事司法手続の目標のひとつであったとしても、福祉サービスは、決して再犯防止を目的としたものではない。

こうした点で、連携のあり方については、常に注視をしていかなければならない。

また、「再犯防止」という言葉は、社会からの視点で述べられるものであり、本人主体の言葉ではない。「再犯防止」自体を否定するものではないが、本人と向き合う弁護士としては、本人視点で考えていくべきことを忘れてはいけないだろう。

第2章　障害についての基礎知識

本章では、障害を抱えた当事者を弁護するにあたり、最低限知っておくべき障害に関する定義、特性、注意点等と現在ある制度について概説する。

1 障害の定義

そもそも障害とは何か。

従来、障害は、個人の問題であると捉えられてきた。障害は、病気や外傷によって生じるものであり、医療によって克服すべき個人の問題と考えられてきたのである。これを、障害の「医療モデル」という。このような考え方に基づき、措置入院制度や施設入所の推進が図られ、社会保安を目的とした法制度がつくられてきた。本人の思いを尊重しようとするのではなく、障害のある人は画一的に地域社会から除外され、長期的な施設入所や病院での入院生活を余儀なくされてきたのである。そのような中で、障害のある人の声なき声は、まったく社会に反映されてこなかった。

しかし、現在では、障害者の権利に関する条約（障害者権利条約）にも掲げられているように、「障害とは、社会によってつくられた障害のある人の社会参画に関する問題である」という考え方が広がってきている。つまり、従来、障害を個人の問題とする「医療モデル」から、社会全体で改善を図っていくべき問題であるとする「社会モデル」へと変わってきた。

障害の「社会モデル」は、障害による不利益や困難は、障害のないことを前提につくられている社会や、そのしくみに原因があるとする考え方をいう。そして、社会が障害をつくり出している以上、これを解消する義務を社会が負っていることになる。たとえば、車イスに乗っている人が、階段を登ることができずに建物の2階部分に上がることができない、というケースを念頭に置いてもらいたい。この場合、2階に行けないのは、その人が立って歩くことができないという機能障害があるからであり、その障害を解消するためには、立って歩けるようになるためのリハビリ等が必要となると考えるのが「医療モデル」の視点である。障害は個人が克服するものであり、変わるべきはその障害のある人本人となる。これに対して、「社会モデル」で捉えた場合には、エレベーターが設置されていない建物の構造自体が障害を生み出していると考えることになる。そのため、障害を解消するためにはエレベーターを設置すればいいのであり、変わるべきは社会の環境や構造である、ということになる。

このように、現在においては、障害を個人の問題ではなく、社会自体の問題として捉える考え方に変化してきている。そして、このような考え方の変化とともに、障害のある人も、当たり前に地域社会で生活し、その中で必要な福祉的支援を受けられるようなしくみへと移行してきている。

しかし、福祉的な支援を必要としているにもかかわらず、そのニーズが看過されたまま矯正施設へと収容されてしまう障害のある人は、少なからず存在している。その背景には、障害者への理解が未だ十分でないことが挙げられるだろう。実際、2011年の大阪実姉殺害事件（大阪地判平24・7・30。ただし、この判決は控訴審で破棄された〔大阪高判平25・2・26判タ1390号375頁〕）では、被告人の障害特性が量刑上考慮されないどころか、受入先がないという理由から長期の服役が必要であるとの判断が示された。社会が資源を準備されていないことを理由として障害のある人を隔離しようとする考えは、まだまだ根深く存在している。

障害のある人への支援は、前記のような従前の概念からの転換が図られていくほか、司法との連携が重要視されるといった新たな展開の渦中に置かれている。弁護士としては、障害が個人の問題ではなく、社会全体の問題であると捉えたうえで、社会の調整をどう行っていくかを考え、常に本人の権利を中心に据えて活動していくべきである。

表2-1■知的障害の分類とその代表的な特性

軽度知的障害（概ねIQ69~50）	・成人後の精神年齢は９～12歳に相当し、知的障害の約85%を占める。 ・就学までは、発達の遅れに気づかれないことも多い。 ・成人後は、一定の仕事に就くことも十分可能であるが、ストレスがかかったときには自分で対処できなくなることがあり、支援が必要となる。 ・簡単な読み書きはできるが、抽象的な物事の理解や金銭管理、社会的な判断は、年齢に比して未熟であり、他人に操作される危険性（騙されやすさ）がある。
中等度知的障害（概ねIQ49～35）	・精神年齢は６～９歳に相当し、知的障害の約10%を占める。 ・読字、書字、計算および時間や金銭の理解に関する発達、運動機能に遅れがみられる場合がある。 ・日常的な会話はでき、成人後はまわりの支援のもとで簡単な作業をこなすことができる。
重度知的障害（概ねIQ34～20）	・精神年齢は３～６歳に相当し、知的障害の３～４%程度を占める。 ・訓練により自分で身の回りのこと（食事やトイレ等）はできるようになる。 ・言葉については、語彙および文法が限られる。 ・会話およびコミュニケーションは、毎日の出来事のうち、「今この場」に焦点が当てられることが多い。将来のことを想像したり、過去のことを思い起こしたりすることが苦手である。 ・成人後は反復した日常生活の行動をこなすことができるが、日常的に支援が必要である。
最重度知的障害（概ねIQ20未満）	・精神年齢は３歳以下に相当し、知的障害の１～２%程度を占める。 ・会話や身振りによるコミュニケーションの理解は非常に限られているが、喜怒哀楽の表現はできる。 ・運動機能の遅れも著しく、大半は歩行困難である。 ・重い身体障害、てんかん発作などを伴っている場合が多い。

2　知的障害

たとえば、接見の中で、比較的難しい言葉を理解することができない様子であった場合や、何を確認しても安易に同意をしてしまう状況がみられた場合には、知的障害がある可能性を考える必要があるだろう。

1　概要

⑴　定義

知的障害[1]は、①知的機能の有意な遅れがあること、②社会適応能力が低く生活の困難があること、③18歳前の発達期に出現すること、といった基準が満たされる場合に診断がつけられる。

①知的機能の有意な遅れについては、従前から、知能指数（intelligence quotient: IQ）概ね70未満が基準とされてきた。重症度についても、IQをもとに示されていた（**表2-1**参照）。

しかし、IQの数値が必ずしも社会生活上の困難さとイコールにはならない。IQが70以上でも、援助を必要とする人も多い。

そこでDSM–5などによる新しい定義では、IQの目安は示されず、前記②の点、他者とのコミュニケーションや社会生活に対する適応機能といった環境因子や生活能力に焦点を当て、生活における困難さの程度で障害の有無や軽重の判断を行うこととしている。

⑵　知的障害のある人の割合

DSM–5によれば、知的障害のある人は、人口の1%程度だとされている。この1%という数字を前提とした場合、日本の人口を１億2600万人とすると、知的障害のある人の人数は126万人となるはずである。ところが、令和元年版障害者白書によれば、知的障害のある人（療育手帳所持者）の人数は約108万人とされている。この数字は、ここ数年で増加しているものの[2]、未だ前記の数字とは乖離がある。

このことは、知的障害があるにもかかわらず、その

1　「精神遅滞」ともいう。DSM–5では「知的能力障害」とされている。
2　平成26年版障害者白書では、約74万人とされている。

表2-2■知的障害のある人が抱えやすい特性

自己肯定感の低さ	他者に理解・共感してもらう経験の少なさや生活上での失敗体験から、自己肯定感・自己評価が低くなることが多い。このような自己肯定感の低さが、下記のような特性にも影響を及ぼしている。
外的指向性	何らかの課題解決場面で、自己の認知能力の活用でなく、他者を含めた外的手がかりへの依存傾向がある。このため、周囲に流されやすい、自分の意志が弱いといった印象を与えがちとなる。
学習性無力感	多くの失敗を経験することにより、低く目標を定めたりあるいは目標すらももたなくなる。また無力感を学習し、否定的な自己像をもったり、物事に挑戦しようとする意欲を失うことにもつながる。これにより、やる気がない、投げやりであるように見えることがある。
障害の隠蔽	周囲から批判されることを忌避し、仮に困難を経験していても表面化させず、他者に対して障害の存在を隠そうとする傾向にある。このため、本人の能力以上に「できる」という評価を受け、実際の能力との差に周囲が気づけないことがある。
被誘導性・暗示性	話し手の意図の有無にかかわらず、誘導的な質問や雰囲気によって話し手の求めるような返答をしてしまう。話し手が権威的であるほどその傾向は強くなる。 また、誘導の結果話した後、それが真実であったと思い込んでしまうこともある。たとえば、実際には無実であっても、取調官の誘導に従って自白し、その結果、自分が罪を犯したと思い込んでしまうような場合である。
未理解同調性	理解できていないことであっても、あたかも理解したように同意してしまう傾向がある。反射的に行ってしまっている場合もあれば、障害の隠蔽や被誘導性により行ってしまうこともある。

ことに本人や家族、周囲の人々が気づいていないような例が多く存在することを示唆している。知的障害だと気づかれないままに、生きづらさを抱えて過ごしている人たちがいるということは、意識しておくべきだろう。

実際、刑事手続の中で知的障害が疑われ、検査の結果はじめて知的障害があると判明する例は多い。

⑶ 知的障害の分類

知的障害は、その障害の程度から一定の分類がされている。それぞれの分類は、概ね**表2-1**のとおりである。

2 特性

知的障害のある人には、以下のような障害特性がある。

・抽象的概念の理解が困難――知的機能が制限されているために、時間・数量・空間といった事柄の理解が難しく、とくに抽象度が増すにつれて困難度も増していく。現在の事柄は理解できるものの、過去や未来といった漠然としたものを理解・判断することが難しい。

・言語による表現力の乏しさ――自身が抱える困難さを言葉で表現することが困難であり、相手に伝えることが難しい。そのため、他者に自分の状態をしっかりと理解してもらえないことがある。

そして、このような障害特性や、それによる失敗体験などから、さらに、①自己肯定感の低さ、②外的指向性、③学習性無力感、④障害の隠蔽、⑤被誘導性・暗示性、⑥未理解同調性のような特性を抱える人も多い（**表2-2**参照）。

3 刑事事件との関わり

知的障害のある人が違法な行為に及ぶ頻度が高いというデータはなく、むしろ被害者になってしまう機会のほうが多いのではないかと考えられる。

しかし、知的障害のある人が刑事事件の被疑者・被告人となる場面も当然ある。たとえば、①生活に困窮したものの、どのような公的サービスを受けることができるかがわからないまま、食べるものにも困って窃盗をしてしまうようなケース、②騙されて内容がよくわからないまま詐欺の共犯者とされてしまうケース、③仕事や人間関係などがうまくいかないことでストレスを抱えてしまい、それを発散するために放火等に及んでしまうケースなどがある。もちろん、これに限ったものではないが、事件の背景において、前記のような事情がある場合には、知的障害を疑うことも重要だろう。

4　判決において考慮された例（量刑）

⑴　前橋地判平29・6・27（保護責任者遺棄）

内縁関係にあった被告人らが、共謀のうえ、出産したばかりの新生児２名を、いずれも裸のままタオル等でくるんだ状態で児童相談所の玄関前に置き去りにしたとして保護責任者遺棄罪に問われた事案。

「……被告人Y1については、軽度の知的障害があり、行政や福祉の支援を受けるための手続を行う能力が制約されていたことが本件各犯行の背景事情にあったといえ、この点で同被告人への非難を減ずる余地もある。……被告人両名には特別予防の観点から考慮すべき事情が少なくない。……被告人Y1については、被告人両名の国選弁護人、精神保健福祉士、社会福祉士、司法書士らにより被告人Y1を支援するチームが結成され、勾留中の被告人両名と特別面会を行うなどした上で更生支援計画が作成され、今後は同計画に基づき、中間施設として知的障害者自立訓練施設を経つつ、被告人Y2との内縁関係の継続を前提として、住居の確保や障害福祉サービスによる生活支援等の具体的な支援を受けることが見込まれる。……そうすると、被告人両名については、直ちに実刑に処するのではなく、前記更生支援計画に基づき、被告人両名の社会内での改善更生に期待して、それぞれ主文の刑に処した上でその刑の執行を猶予……するのが相当である」。

⑵　大阪高判平28・7・7（窃盗）

被告人が、スーパーで食料品等を万引きしたとして窃盗罪に問われた事案。

「……本件の背景事情として、被告人には知的障害があり、金銭を管理する能力や突発的な事態に対処する能力に制約があること、……本件当時、被告人は生活費がひっ迫していると思い込んでいたことが認められるところ、本件は、このように知的障害があり、金銭管理能力等に制約のある被告人が、転居により生活保護の受給が遅れるという事態に直面

C　O　L　U　M　N

DSMって何？　ICDって何？

現在、精神障害の有無や、どのような精神障害を有しているかの診断は、DSM-5やICD-10のどのコードに当てはまるかという形で示される。

DSM-5やICD-10は、検査結果や診察でみられる現在の精神症状を中心に診断を行うもので、操作的診断基準といわれている（それに対して、伝統的には、病歴、生活歴、既往歴、家族歴等の過去の情報をも重視して診断がなされてきた）。

操作的診断基準による診断は、経験のある精神科医が適切に行えば、診断名の統一性が保たれやすいというメリットがあるとされ、広く採用されている。

そして、現在用いられる操作的診断基準にはDSMとICDの2つの基準があり、いずれについても日本語訳の書籍が出版されている。DSMは、Diagnostic and Statistical Manual of Mental Disordersの頭文字をとった、アメリカ精神医学会が定めたもので、DSM-5は、現在の最新版である第５版という意味である。ICDは、International Classification of Diseaseの頭文字をとったもので、WHOが公表しているものであり、ICD-10は、その第10版という意味である（現在の最新版は第11版のICD-11であるが、日本語版の出版を待っているところである）。

刑事司法における鑑定では、DSMが用いられることが多い。一方で、ICDは、行政の認定等公的機関で用いられることが多い。ICDは、精神障害以外の身体的な疾病等も含むものであり、精神障害の分類の仕方についてもDSMとICDでは違いがある。

操作的診断基準は、前述のように医師による診断名のブレが出にくいのがメリットといわれているが、それにも限界があり、実際には、医師による違いが生じることも少なくない。精神医学の臨床の目的と刑事司法の関心には、解消できないズレもある。

また、DSMやICDには診断の基準が記述されているが、精神科医は、単にこの基準に当てはまるか等を感覚で判断しているのではなく、何らかの心理検査等を実施し、それをもとに判断していることが多い。鑑定医の診断に疑問がある場合、法律家がDSMやICDを一読してそれだけを頼りに直ちに論争を挑むのは無謀であって、鑑定医に診断の根拠や実施した検査等を確認したうえで、協力医に意見を求めるといったことが必要であろう。

して不安を強め、お金を残しておきたいといった思いにとらわれて及んだ犯行とみることができる。

そして、本件のように被告人の知的障害が背景にある万引き窃盗事案にあっては、刑務所での服役を通じての矯正教育のほかに、社会内における福祉的支援を通じて被告人の改善更生を図ることも有益な場合があり得ると考えられるところ、一審段階では、いまだ被告人に対する福祉的支援は準備段階にあり、これに期待できるかどうかを見極めることが困難であったものの、当審における事実取調べの結果によれば、一審判決後、A市の地域生活支援センターにおいて、被告人の発達検査等を行った上で更生支援計画が作成され、既に、被告人を就労支援事業所に通所させるなどして、同計画に沿った具体的な支援が開始されていること、また、同更生支援計画は、被告人の資質能力や生活状況等を踏まえて作成されており、特段不合理な点等も見当たらないのであって、被告人の改善更生を期待し得る内容であることが認められる。

そうすると、被告人に対する福祉的支援の体制が整った現時点においては、被告人の改善更生を図るについて、刑の執行を相当期間猶予し、保護観察に付した上で同福祉的支援を継続させることが相当であり、被告人を実刑に処した原判決を破棄しなければ、正義に反すると認めることができる」。

3 発達障害

たとえば、接見の中で、目を見て話すことができなかったり、会話を文字どおり捉えてしまい会話が噛み合わなかったりする場合、自閉スペクトラム症等の発達障害を抱えている可能性がある。

1　概要

2005年に施行された発達障害者支援法2条では、発達障害について、「自閉症、アスペルガー症候群その他の広汎性発達障害、学習障害、注意欠陥多動性障害その他これに類する脳機能の障害であってその症状が通常低年齢において発現するものとして政令で定めるもの」と定めている（**図2-1**参照）。

図2-1■発達障害の種類と概念図

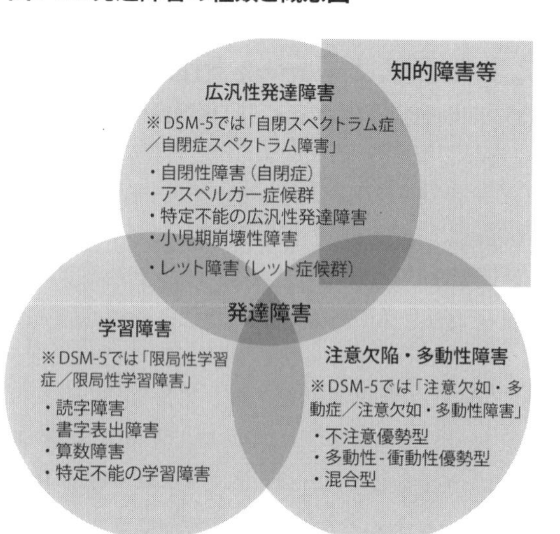

その後DSM−5では、自閉症、アスペルガー症候群、広汎性発達障害を総合して、自閉スペクトラム症／自閉症スペクトラム障害としてまとめた。DSM−5では、「これら各障害の症状は、それぞれがはっきりと区別される障害であるというよりも、社会的コミュニケーションの制限、および反復性の行動と興味、という2つの領域における軽度〜重度の能力低下という1つの連続体を示している」とされている。

つまり、発達障害について、定型的な発達からのグラデーションの差異だという考え方を採用しているものといえる。

2　特性

⑴　自閉スペクトラム症／自閉症スペクトラム障害（Autism Spectrum Disorder: ASD）

従来、広汎性発達障害という概念で説明されていたが、最重度から正常範囲の偏りまでの連続体（スペクトラム）であるとして、このような障害分類へと変更された。

自閉スペクトラム症のある人は、概ね100人に1人、知的障害を伴うのはその半数以下と考えられている。症状の現れ方は個人によって異なり、程度も千差万別だが、根底には**表2-3**のような3つの障害（三つ組みの障害）がある。

また、この3つの障害のほか、感覚刺激への反応に偏りがあることが多く、聴覚・視覚・味覚・臭覚・触覚・痛覚などすべての感覚領域で鈍感さや敏感さ

表2-3■ASDの３つの能力障害

社会性・対人交渉（相互的な対人関係）の障害	・他者と相互的な交流が困難なことが基本的な特性である。たとえば、他人との物理的距離を測ることが難しかったり、人より物に対して強く興味をもったりする。 ・相手の話を理解したり表情や仕草から意図を読み取ることに困難さがあり、言葉を文字どおり受け取ってしまったり、言葉の裏を読むことが苦手といったことがある。 ・しかし、社会性は発達しないわけではなく、ゆっくりと発達し変化していく。また、知的能力の高い人たちは、これまでの経験をもとに自分で特性が目立たないようにカバーしていることも多い。
社会的コミュニケーションの障害	・コミュニケーションの発達の遅れに障害があるのではなく、コミュニケーション方法や表出（話すことや表情・仕草など）に独特さや偏りが現れる。たとえば、視線を合わせることができなかったり、声の抑揚やリズム、早さに偏りがあり話し方が単調であったりすることがある。
イマジネーション（想像力）の障害（こだわり行動）	・行動の結果で何が起こるかを想像しづらく、見通しをもつことができないため同じ行動パターンを行う傾向にある。 ・それゆえに変化を嫌い、特定のものを集めたり執着するといった「こだわり」といわれる行動がみられることもある。

表2-4■ADHDの特性

不注意	・学業や仕事などの活動に対して計画を立てることや、整理整頓、片づけ、時間管理などができないといった困難がある。また、外的な刺激によってすぐ気が散ってしまうといった傾向がみられる。 ・ケアレスミスや忘れ物が多かったり、予定を失念しがちだったりする。
多動性	・しばしば手足を動かしたりするなど落ち着きがなく、席に着いていることが求められる場面で席を離れるなどの傾向がある。
衝動性	・相手が話し終える前に話し始めてしまうなど、自分の順番を待つことに困難さが生じる。目先の問題に思考が囚われ、長期の結果を考えずに判断をしてしまうことがある。

が生じうる。これらの感覚の特異性については、ストレスが高まった際に強く表出することがある。

以下、簡単に具体例を記載する。

・聴覚——ある音には敏感に反応するが別の音には鈍感であるなど、音源の種類によって反応が異なることが多い。工事現場や車のクラクションの音に苦痛を感じ、パニックになってしまう人もいる。

・視覚——特定の視覚刺激を避けるなど、視覚的な刺激に対する独特の感じ方が現れる。たとえば、照明の明かりについて人よりも多くの刺激を感じてしまい、苦痛を感じることがある。

・味覚——味、温度などに過敏であったり、鈍感であったりする。その結果として、極端な偏食となることもある。

・臭覚——香水、体臭など特定の臭いを極端に嫌がることなどがある。

・触覚——人から触られることを嫌がったり、軽く触られただけでも叩かれたように感じる人がいる。

⑵　注意欠如・多動症／注意欠如・多動性障害（attention-deficit/hyperactivity disorder: ADHD）

ADHDは、年齢あるいは発達に不釣り合いな注意力、および／または衝動性、多動性を特徴とする行動の障害で、社会的な活動や学業の機能に支障をきたすものである。不注意、多動性、衝動性の3つが主症状であり、その割合は、学童の5％、成人の2.5％程度とされている。

ADHDの特性は、**表2-4**のとおりである。それぞれ、不注意の特性が優位な人、多動性・衝動性が優位な人、いずれも混合している人などがいる。成長により多動性・衝動性は緩和されるが、不注意は残存しやすいとされている。

⑶　学習障害（learning disorder: LD、限局性学習症／限局性学習障害）

学習障害とは、基本的には全般的な知的発達に遅れはないが、聞く・話す・読む・書く・計算する

表2-5■学習障害の分類とその特性

読字障害 (ディスレクシア) =読みの困難	・形態の似た字である「わ」と「ね」、「シ」と「ツ」などを理解できない。 ・文章を読んでいると、どこを読んでいるのかわからなくなる。 ・音声にするなど耳から情報は理解しやすい場合が多い。
書字表出障害 (ディスグラフィア) =書きの困難	・誤字脱字や書き順の間違いが多い。 ・漢字が苦手で、覚えられない。 ・文字の形や大きさがバラバラになったり、枠からはみ出したりする。
算数障害 (ディスカリキュリア) =算数、推論の困難	・数が数えられない、とばして数えてしまう。 ・時計が読めない、時間がわからない。 ・計算ができない。 ・計算を嫌がる。

または推論する能力のうち特定のものの習得と使用に著しい困難を示す状態を指すものである[3]。DSM-Ⅳ-TR[4]では、学習障害は3つに分類され診断されていたが、最新版であるDSM-5では、すべて「限局性学習症・限局性学習障害」とひとくくりにされ診断されることになった。ここでは、従来のDSM-Ⅳ-TRの分類を記載する(**表2-5**参照)。

学習障害は、特定の分野でできないことを除けば発達の遅れがみられないことから、「頑張ればできる」「努力が足りない」などと言われたりするだけで、見過ごされてしまうことも非常に多い。

3　二次障害

発達障害は本人のわがままや親のしつけの問題と捉えられてしまうことがある。しかし、本人は、成長するにつれ自分自身のもつ不得手な部分に気づき、社会とのすれ違いの中で生きにくさを感じるようになることがある。その結果、場合によっては、社会環境との不適応や自尊心の低下などを原因として、二次障害を引き起こしてしまう。

二次障害は、大きく分けて内在化障害と外在化障害に分類される。

内在化障害は、不安や気分の落ち込み、強迫症状、対人恐怖、引きこもりといった情緒的問題として自己の内的な苦痛を生じさせる。そして、分離不安障害や社会不安障害、気分障害、強迫性障害等の精神障害を併発することもある。

外在化障害は、極端な反抗や暴力、家出、反社会的行為など、他者に向けて表現する形で現れる。

このような二次障害が現れている場合、その行動だけを切り取って、発達障害ではなく、うつ病や双極性障害、パーソナリティ障害と診断されてしまうことも多い。そのため、まずはその行為がなぜ起こったのか、診断名のみに着目せず本人の成育状況から慎重に分析を行うことが望ましい。

4　刑事事件との関わり

発達障害のある人についても、知的障害のある人と同様、決して違法な行為に至る頻度が高いとはいえず、むしろ被害者となってしまうケースが多いと考えられる。

一方で、被疑者・被告人となってしまうパターンとしては、①発達障害の障害特性が直接の動機として関わっているようなケース、②障害特性が犯行の手口やスタイルとして関わっているケース、③障害特性が間接的な動機や背景として関わっているケースの3つに分けられるといわれている[5]。

①は、たとえば、興味の対象の偏りによって、ヒラヒラしたものへの極端な興味をもっている人が、電車に乗っている女性のスカートを触ってしまうようなケースがある。②については、社会性の障害により人との距離感がわからず、好意をもった相手へのアプローチがストーカー行為とされてしまうようなケースがある。③については、人間関係がうまくいかないことから大きなストレスを抱え、これが事件の要因となっているようなケースである。

3　文部科学省「学習障害児に対する指導について(報告)」(1999年7月2日)。
4　2000年に出版された、DSM-Ⅳの「テキスト改訂版(text revision)」。
5　内山登紀夫編『発達障害支援の実際—診療の基本から多様な困難事例への対応まで』(医学書院、2017年)104頁。

このように、発達障害のある人が刑事事件に関わる場合にも、その障害の関与の仕方はさまざまであり、弁護人としてはこの点について慎重に検討する必要があるだろう。

5　判決において考慮された例（量刑）

⑴　岡山地判平30・9・20（殺人）

被告人が、父親をナイフで何度も刺したとして殺人罪に問われた事案。

「……犯行に至る動機・経緯についてみると、被告人は、明日までに家を出て行けという父の発言を引き金として、父を殺害するしかないのではないかと思うようになり、これを実行するに至っている。被告人が、『明日』という父の発言を字義どおりに受け止め、自身の置かれた現状や父との関係を解決するには猶予がないと考え、父を殺すほかないとの心境に陥り、これに囚われて殺害に至ったことには、被告人の自閉症スペクトラム障害の症状が影響していることがうかがわれる。……被告人が本件犯行を決意する過程に、被告人の自閉症スペクトラム障害の影響があることにも照らすと、被告人の意思決定に対する非難の程度は一定程度減じられるべきであるといえる」。

⑵　大分地中津支判平31・1・22（傷害等）

被告人が、こども園に侵入し、児童や職員に対し竹刀で叩くなどして傷害を負わせたなどとして傷害罪に問われた事案。

「……なお、被告人は、被害者らに対する謝罪や配慮の言葉を明確に述べないどころか自己正当化や責任転嫁的発言もしており、真の反省を伴う言動をしているとは言い難いが、アスペルガー症候群が影響している可能性が否定できず、当該言動をもって憎悪ないし復讐の気持ちを依然として有しているとか、再犯のおそれが高いなどと評価することはできない」。

⑶　大阪地判平29・6・22（暴行）

被告人が、駅のホームで電車を待っている被害者の背中を押したとして暴行罪に問われた事案。

「……被告人が、このような思いに駆られるがまま犯行に及び、それを思いとどまることができなかったことについては、被告人が有している軽度の知的障害を伴う広汎性発達障害の特性である強迫的なこだわりと衝動性が影響していると考えられる。このことに照らせば、被告人は、当時、自身の行動を適切に制御する能力が幾分阻害されていたといわざるを得ず、これは、責任非難の度合いを減じさせる事情ということができる」。

4　精神障害

たとえば、接見をする中で、本人が「監視されている」「自分の話が盗み聞きされている」「誰かに操作されている」という話をするなど、妄想と思われる発言があった場合には、精神障害のひとつである統合失調症や妄想性障害を抱えている可能性がある。

1　概要

精神障害については、「精神保健及び精神障害者福祉に関する法律」（精神保健福祉法）において定義が定められている。そこでは、「精神障害者」とは、「統合失調症、精神作用物質による急性中毒又はその依存症、知的障害、精神病質その他の精神疾患を有する者」とされており（同法５条）、その定義に従えば知的障害も精神障害の一領域として含められることになる。しかし、実際の制度・政策では精神障害と知的障害はそれぞれ別の障害類型として取り扱われていることが多い。

精神障害の発症メカニズムについては、未だ明確な答えが出ていないが、個人因子（ストレス脆弱性、神経の過敏さといった、その人がもっている特徴）や環境因子（その人が生活する環境や日常的なストレス）など、複数の要因が重なり合うことで、脳内の神経伝達物質のバランスが崩れた結果引き起こされると考えられている。

ここでは、刑事手続においてとくに関わりが深いと想定される精神障害について説明する。

2　特性

⑴　統合失調症

およそ100人に１人が罹患するといわれ、思春期から40歳くらいまでに発病しやすい疾患である。

症状は、陽性症状・陰性症状・認知機能障害に分類される。

ア　陽性症状

陽性症状は、概ね急性期に現れる症状であり、幻覚や妄想など、以下のような症状がある。

・幻覚――その場にいない人の声が聞こえたり、姿が見えるといった、本来聞こえたり見えたりするはずのないものが現れる症状である。幻聴、その中でも他人の声が聞こえてくるという言語性幻聴が最も多く、内容も悪口や批判など悪意のあるものが多い。ときには、テレパシーや電波などの形で感じることもある。

・妄想――妄想は、非現実的なことやありえないことなどを信じ込むことである。自分の悪口を言っている、見張られている、騙されているといった被害妄想が代表的なものである。また、周囲の些細な出来事、他人の身振りや言葉などを自分に関係づけてしまう関係妄想が現れることも多い。

・自我障害――自分の考えや行動が自分のものであるという意識が障害され、誰かに支配されているなどと感じる症状である。自分の考えが他人に知られてしまうと感じる思考伝播、人に考えや衝動を吹き込まれていると感じる思考吹込もある。

・思考の障害――考えにまとまりがなくなり、1つの話題からまったく別の関連性のない話題へ話が飛んだり、辻褄が合わない会話をしてしまったりすることがある。また、思考の流れが突然止まってしまう思考途絶がみられることもある。

・行動の障害――激しく興奮して大声で叫んだり、逆に周囲からの刺激にまったく反応しなくなったりする緊張病症候群がみられることもある。

イ　陰性症状

陰性症状は、感情の鈍麻・平板化などを含む症状である。陽性症状と比べて周囲に気づかれづらい症状であり、注意が必要である。

・感情の鈍麻・平板化――単なる気分の高揚や落ち込みではなく、感情そのものの表現が乏しくなる。他の人と視線を合わせなくなり、動きのない表情をすることがある。

・意欲や気力の低下――自ら、何らかの目的をもった行動を始めたり、それを根気よく持続することができなくなる。何事に対しても意欲や気力が湧かず、まわりのことに興味や関心を示さなくなる。

・思考力の低下――思考力が低下し、会話の量などが少なくなる。

・自閉――他の人との関わりを避け、自室に引きこもるなどの生活になることがある。

ウ　認知機能障害

認知機能障害としては、記憶力や注意・集中力の低下、物事を計画的に行ったり、自分の行動を予測したりといった判断力の低下が挙げられる。

⑵　双極性障害

およそ1,000人に4～7名が罹患するといわれている。

躁状態（脳の過活動）とうつ状態（脳の疲弊）を繰り返す症状が現れるが、うつ病の一種ではなく、処方薬もうつ病とは異なる。不安障害、依存症、パーソナリティ障害、摂食障害、ADHDとの合併症率が高い。

双極性障害は、躁状態の程度によって、2つに分類される。

ア　双極Ⅰ型障害

双極性障害のうち、重い躁状態とうつ状態を繰り返すものを「双極性障害Ⅰ型」と呼ぶ。

双極Ⅰ型障害の躁状態では、自尊心の肥大や、困った結果につながる可能性が高い活動でもかまわずしてしまうといった過活動、多弁で休む間もなくしゃべり続けようとする切迫感が主な症状として現れる。仕事や勉強には精力的に取り組むが、注意散漫で、1つのことに集中できず何ひとつ達成することができない。高額な買い物をして借金をつくってしまったり、法的なトラブルを起こしてしまう場合もある。その結果、社会的信用を一気に失うケースもしばしば存在する。

イ　双極Ⅱ型障害

軽躁状態とうつ状態を繰り返すものは「双極性障害Ⅱ型」と呼ばれる。この軽躁状態は、軽症ということを示すわけではない。Ⅱ型も、長い期間うつ状態と易怒的な気分の高揚や自尊心の肥大等の軽躁状態を繰り返すことで、就労面など社会機能面で深刻な障害を伴う可能性がある。

表2-6■DSM–5で取り上げられているパーソナリティ障害

A群 （奇妙で風変わりなタイプ）	・猜疑性パーソナリティ障害／妄想性パーソナリティ障害（広範な不信感や猜疑心が特徴） ・シゾイドパーソナリティ障害／スキゾイドパーソナリティ障害（非社交的で他者への関心が乏しいことが特徴） ・統合失調型パーソナリティ障害（会話が風変わりで感情の幅が狭く、しばしば適切さを欠くことが特徴）
B群 （感情的で移り気なタイプ）	・反社会性パーソナリティ障害（反社会的で衝動的、向こうみずの行動が特徴） ・境界性パーソナリティ障害（感情や対人関係の不安定さ、衝動行為が特徴） ・演技性パーソナリティ障害（他者の注目を集める派手な外見や演技的行動が特徴） ・自己愛性パーソナリティ障害（傲慢・尊大な態度を見せ自己評価に強くこだわるのが特徴）
C群 （不安感が強く内向的なタイプ）	・回避性パーソナリティ障害（自己にまつわる不安や緊張が生じやすいことが特徴） ・依存性パーソナリティ障害（他者への過度の依存、孤独に耐えられないことが特徴） ・強迫性パーソナリティ障害（融通性がなく、一定の秩序を保つことへの固執が特徴）

⑶　うつ病

一日中気持ちが沈んで憂鬱になる、意欲の低下、不眠、自責感、希死念慮といった症状が２週間以上続いている場合、うつ病が疑われる。日本における疫学調査では、生涯有病率は６％であるとされている。

うつ病罹患者による自殺率は高く、2007年以降、警察庁が公表している自殺の原因・動機についての統計データでは、うつ病は高い割合を示している。周囲の人間も、表情が暗い、涙もろい、反応が遅い、落ち着かない、飲酒量が増える等の症状を感じることもある。しかし、うつ病の病前性格として完璧主義や几帳面、他者に頼ることができない等が指摘されるように、自分自身の不調を周囲に隠し続けてしまう傾向がある。その結果、周囲の人間が気づく頃には重症化していることも多い。

なお、うつ病からアルコール依存症に発展するケースもあるため、まわりにいる人は、本人の飲酒量に注意しなければならないとされている。

ほかにも、特定のもの（刃物など）に対する恐怖症や、不安や過呼吸が突然発作的に起こるパニック障害、不安な気持ちが消えない全般性不安障害などの精神疾患が現れることがある。

⑷　パーソナリティ障害

認知（ものの捉え方や考え方）や感情、衝動コントロール、対人関係といった広い範囲のパーソナリティ機能の偏りから障害（問題）が生じる。遺伝的要因・生物学的要因・成育環境の要因などが重なり発病するもので、注意すべきは、「性格が悪いこと」を意味するものではないということである。パーソナリティ障害にはいくつかのタイプがあり、DSM–5の診断基準で10種（A～Cの３群に分けられている）、ICD–10で８種が挙げられている。

表2-6は、DSM–5で取り上げられているパーソナリティ障害である。

3　刑事事件との関わり

弁護士の中にも、「精神障害のある人は犯罪を犯しやすい」などというような偏見をもっている人もいるかもしれない。

しかし、このような統計は存在していないことについては注意が必要である。精神障害および知的障害がある人が人口に占める割合が約３％[6]なのに対して、一般刑法犯における精神障害のある人（疑われる人）の割合は約0.6％[7]に過ぎない。このことは、しっかりと心に留めておく必要があるだろう。

一方で、罪名によって、一定の気づきを得ることができる場合もある。令和元年度犯罪白書によれば、検挙人数に占める精神障害のある（または疑われる）人の比率については、一般刑法犯全体における比率に比べ、放火、殺人における比率が高くなっている。

6　令和元年度障害者白書。
7　令和元年度犯罪白書。

表2-7■聴覚障害の種類

伝音性難聴	外耳から中耳の間で、異物などが音の通り道を遮ることで起こる。これらが原因の難聴は一時的なものであり、服薬治療や外科手術により聞こえは改善される。
感音性難聴	耳の奥の内耳と呼ばれる部位に障害がある状態を指す。音を感知する部分に障害が起こっているために、治療や手術によって聞こえを改善できないことがある。そのような場合には、補聴器や人工内耳の装着により聞こえを補うことが必要である。
混合性難聴	伝音性難聴および感音性難聴の２つの難聴が同時に引き起こされる場合をいう。

放火事件や、殺人事件（精神障害のある人の場合には家庭内殺人が多いとされている）を受任した際には、依頼者に精神障害がある可能性について、慎重に検討すべきだろう。

また、窃盗事件の中でも、動機や態様が特異と感じられる場合、たとえば、金銭的に困窮していないのに窃盗をしてしまったような事案（クレプトマニア等が疑われる）、何度もお酒ばかりを盗んでしまっているような事案（アルコール依存症が疑われる）などでは、障害への気づきを得ることができるだろう。罪名から予想される行為に対して動機や態様が通常とは異なる事案の場合には、よりいっそう被疑者等に精神障害がないかについて注意深くなるべきである。

5 身体障害

ここでは、身体障害のうち、とくにコミュニケーションに配慮が必要な、聴覚障害、視覚障害について触れる。

1 聴覚障害

⑴ 定義

聴覚障害には、後天性のものと先天性のものがあり、まったく音が聞こえない状態を全聾（ぜんろう）、音が聞こえにくい状態を難聴という。また、難聴には、伝音性難聴・感音性難聴・混合性難聴という3つの種類がある（**表2-7**参照）。

⑵ 特性

聴覚障害のある人のコミュニケーション方法には、手話、指文字、読話、補聴器、筆談など、多様な方法が存在する。そのため、一人ひとりコミュニケーション方法が異なり、手話だけですべての聴覚障害のある人とコミュニケーションがとれるというわけではない。聴覚障害のある人＝手話と思い込むのではなく、その人の用いるコミュニケーション手段を理解し、尊重することが大切である。

また、補聴器等の装用によってある程度音声を聞き取れる軽度・中等度難聴の人であっても、周囲に雑音がある場合やコンクリートの壁に囲まれた反響の多い場所などでは、話が通じにくくなることがある。手話通訳や要約筆記（話している内容を要約して文字で伝える方法）がつく場合でも、極端な早口で一気に話したり、複数の人が同時に話し始めたりすると、通訳することができなくなってしまうので注意が必要である。話の区切りや発言者が交代する際には適度な間を置き、伝わっているかを確認することが必要である。通訳を介すると、少なからずタイムラグが生じるため、聴覚障害のある人に質問したり、発言を求めたりするのは、通訳者が通訳し終えるまで待つようにする。また、主体はあくまでも聴覚障害のある人であるため、通訳者に話すのではなく本人の顔を見ることが大切である。

聴覚障害のある人とのコミュニケーション方法で心がけたいこととして、以下のことが挙げられる。

- 音声だけで話すことは極力避け、視覚的な情報も併用する。
- 複数の人がいる場では、話す前に、手を上げるなどして居場所を示して、自分の名前を言うようにする。
- 早口にならないようにする。
- 文節で区切りながら、はっきり、ゆっくりと話す。
- できるだけ向かい合った状態で、アイコンタクトをとり、相手が自分の顔を見ているか確認してから

表2-8■視覚障害の種類

等級	内容
１級	・両眼の視力の和が0.01以下のもの
２級	・両眼の視力の和が0.02以上0.04以下のもの ・両眼の視野がそれぞれ10度以内でかつ両眼による視野について視能率による損失率が95％以上のもの
３級	・両眼の視力の和が0.05以上0.08以下のもの ・両眼の視野がそれぞれ10度以内でかつ両眼による視野について視能率による損失率が90％以上のもの
４級	・両眼の視力の和が0.09以上0.12以下のもの ・両眼の視野がそれぞれ10度以内のもの
５級	・両眼の視力の和が0.13以上0.2以下のもの ・両眼による視野の２分の１以上が欠けているもの
６級	・一眼の視力が0.02以下、他眼の視力が0.6以下のもので、両眼の視力の和が0.2を越えるもの

話し（書き）始める。
・濃く、はっきりした読みやすい文字で書く。
・まわりくどい表現、曖昧な表現は避ける。

接見においては、まずは手話通訳派遣を依頼することが必要となるだろう[8]。

手話通訳派遣については、まずは本人の住民票所在地の自治体の制度を確認したほうがよい。自治体によって異なるものの、接見への手話通訳派遣を行うことができることもある。これを利用することができれば、費用面での負担もないだろう。また、このような制度がない場合には、個別に手話通訳派遣を依頼することになる。この場合にも、国選であれば、外国語通訳の場合と同様に通訳費用が支出されることになる。ただし、弁護士が立ち会わない一般面会における通訳費用（ソーシャルワーカーとの面会における手話通訳費用）は支出されないので、面会を依頼する場合などには、なるべく弁護人が一緒に面会に赴くべきだろう。

また、急な接見などで手話通訳が手配できないような場合には、ノート等を使って筆談をするほか、UDトーク（主に聴覚障害のある人とのコミュニケーションをパソコンや携帯電話を使って行うためのソフトウェア）等のアプリを使用することもできるだろう。

2　視覚障害

視力（ものの形がわかる）、視野（目を動かさないで見える範囲）のどちらかまたは両方の機能が十分でないため、眼鏡やコンタクトレンズなどを使用しても一定以上の視力が出ない状態を視覚障害という。視覚障害は、見えにくさの程度によって「身体障害者福祉法」で、１級から６級までの等級が設けられている（**表2-8**参照）。

これらの等級のうち、３級から６級までは大活字（大きな文字）や強度の眼鏡を使用することによって文字を読むことが可能である。1級と2級に該当する人の大部分は、点字または音声によらなければ文字情報を得ることができないという重度の視覚障害のある人である。1級と2級を合わせると、視覚障害者全体の62％、約192,000人になる。

なお、国選事件においては、点字翻訳の費用が法テラスから支出される可能性もあるので、ケースごとに確認を入れるのがよいだろう。

6　その他の障害

1　依存症

世界保健機関（WHO）の定義では、精神に作用する化学物質の摂取や、ある種の快感を伴う特定の行為を繰り返した結果、それらの刺激を求める渇望が生じ、やめたくてもやめられない不健康な習慣に

8　ただし、手話通訳だけですべての問題が解決しないことは前記のとおりである。少なくとも要約筆記については、手話通訳と同様の派遣制度もあるので、適切な方法を選択するべきである。手話通訳派遣に関する記載は要約筆記の場合も同様である。

陥り、その刺激がないと強い不安や精神的・身体的症状が現れる状態のことを指す。

種類としては、概ね物質依存（精神に作用する物質を摂取する）と行為依存（特定の行為や関係にのめり込む）に分類される。物質依存の例として、アルコールや大麻、覚せい剤、市販薬、ニコチン、カフェイン等が挙げられる。行為依存の例として、ギャンブル、買い物、窃盗、食事、自傷行為、セックス、インターネットが挙げられる。同時に複数の依存対象をもつ状態もある。

依存症は、進行性の疾患であり、放置すれば失職や借金、うつ病等他の疾患の併発といった負の連鎖が生じてしまう。

2　高次脳機能障害

(1)　定義

高次脳機能障害自体は疾患名ではなく、医学的には脳損傷や器質性精神障害と診断を受けることが多い。病気や事故により、脳に損傷を受けたことにより発症する認知障害である。

(2)　特性

記憶力・注意力・計画的に物事に取り組む能力・感情のコントロールや意欲の低下等の状態から、生活への適応が難しくなる。

症状として、以下のものが挙げられる。

・遂行機能障害——物事に段取りや優先順位をつけられない。

C O L U M N

依存症について

薬物自己使用や、窃盗、性犯罪等の同種の事件を繰り返している場合、繰り返される行為をアディクション（物質依存や行為依存といった依存症）と捉え、依存症の治療が弁護方針の柱となるケースもある。しかしながら、違法ないし不適切な行為を繰り返すという表面的な情報のみに飛びついて弁護方針を決めるのでは不十分な場合も多い。

まず、刑事事件係属中の弁護人の役割としては、故意の有無や、犯情レベルで主張することがないかを検討する必要がある。依存症という側面があったとしても、並存する精神疾患・疾病の犯行への影響や、依存症になる人の多くが抱えている背景事情（たとえば、被虐待、いじめ、社会的排除の体験、それによってもたらされた思考や認知の歪み）が犯行に影響を与えていないかを検討する必要がある。また、そのような背景事情に、知的障害や発達障害等が影響を与えている場合もある。発達障害のためにコミュニケーションがうまくいかずいじめを受けていたり、社会的に排除されていたりということもありうる。性犯罪を繰り返す原因に、被害者の気持ちに対する共感性の乏しさ、性行為等の意味理解や被害者の承諾についての読み違えがあり、そこに、知的障害や発達障害の障害特性が影響を与えている場合もある。また、責任能力における是非弁別能力は認められる場合であって、知的障害のために、社会的に許容される行為とそうでない行為の識別が不十分である場合や、社会のルールや、性に関する知識を十分にもっていないため、違法行為に出てしまうような場合もある。

次に、再犯可能性の観点での主張立証を考える場合であっても、上記のように違法ないし不適切な行為を繰り返すことに障害が影響を与えている場合、アディクションとしてのアプローチのみで課題を解決することは困難な場合がある。依存症の治療では、認知行動療法をベースにした集団での言葉のやりとり等が中心となる場合が多い。そのため、言葉でのコミュニケーションにおける困難や障害特性を見落としたままグループセラピーを受けても、十分な成果が得られないことはありうる。このような場合には、グループセラピーではなく、個別セッションで、社会のルールや性に関する知識、性的コンセンサスのあり方を丁寧に確認することが必要である。

さらに、依存症治療のために専門病院や依存症回復治療施設へ入所したとしても、その後の生活場所や日中活動を考えるにあたっては、障害特性や生きづらさに対する十分な配慮が必要な場合も多い。そもそも障害の有無にかかわらず、依存症からの回復には、本人が抱えてきた生きづらさを手離すことが重要であり、単に病院や施設に入れたり、依存症回復支援団体につなげてプログラムさえ受けさせれば依存症から回復するというものではない。プログラム偏重ではなく、その人の困り感、生きづらさに着目し、その人の強みを活かせる環境設定が重要であり、その見立てにあたって、障害特性を見極めることは有益である。

・失語——話を理解できない、読み書きができない、言葉が出てこない。
・失認——物が見えただけではわからず、触ることで理解できる。
・注意障害——気が散りやすく集中力が続かない。複数のことを同時にやれない。
・半側空間無視——目では見えているが片側を見落とす。角を曲がるときにぶつかる。
・空間把握障害——地図がよくわからない。
・失算——計算・暗算ができない。
・病識欠落——自分は病気だ、変わったと思わない。
・失行——手は動くのに、日常し慣れたことがうまくできない。
・記憶障害——昔のことは覚えているが、新しい出来事を覚えられない。
・社会的行動の障害——感情や欲求の制御ができない。意欲の低下。人柄が変わってしまう。

⑶　注意点

高次脳機能障害があることは、短時間会ったのみではわからないことも多い。前記のような症状があり、なおかつ本人の生活歴の中に事故や脳に関わる疾患があった場合、専門の医療機関を通じて検査を行うことが望ましい。

⑷　判決において考慮された例——大津地判平27・8・18（窃盗）

被告人が、スーパーで食料品等を万引きしたとして窃盗罪に問われた事案。

「……被告人は、器質的に、脳の機能のうち衝動それ自体を抑える機能と、理性的に衝動を抑制する機能、さらにはそれらを連絡する機能を司る部位が相当程度侵害され、被影響性の亢進や脱抑制といった症状や、意識の変容、行動の自動化といった症状があり、被影響性の亢進により何らかの刺激をきっかけとして意識の変容や習慣化された行動の自動化が起こった場合には、脱抑制の症状から、自力で規範を定立して行動を抑制するということが困難であったと認められるところ、高次脳機能障害の影響により変容した意識の下、習慣化された行動を行った場合については、是非弁別能力ないし行為制御能力が著しく減弱ないしは喪失していたと判断せざるを得ない。

……現在の証拠関係上、本件時、被告人が是非弁別能力ないし行為制御能力を喪失し、心神喪失の状態にあったとの合理的疑いが否定出来ない」。

3　認知症

認知症とは、生後いったん正常に発達した種々の精神機能が慢性的に減退・消失することで、日常生活・社会生活を営めない状態（後天的原因により生じる知能の障害）」をいう。

認知症の大部分は、以下の４種類に分類することができ（「４大認知症」と呼ばれることもある）、それぞれの臨床的特徴がある。なお、詳細については、DSM–5等を参照されたい。

⑴　アルツハイマー病

ア　概要

アルツハイマー病は、認知症の中でも最も多いと考えられている。病因は現時点では不明であるが、認知症の中では唯一、承認された治療薬もある。

イ　臨床的特徴・経過等

以下のような臨床的経過をたどるとされている。

ステージⅠ（前駆期、１～３年間）では、新たな学習の困難や、地誌的失見当識（たとえば、どこにいるかわからなくなる、道に迷う等）、ある属性の言葉のリストアップが困難になる、内容の乏しい繰り返し発言、無関心、悲哀感や妄想等の症状がみられる。

ステージⅡ（２～10年間）では、視空間的失見当識が出現したり、対話も困難となる。また、落ち着かず、うろうろする等の行動がみられる。

ステージⅢ（８～12年間）では、他者が話した言葉を繰り返して発声する（反響言語）、両便失禁等の症状がみられる。

⑵　前頭側頭型認知症

ア　概要

ピック病をはじめとする大脳の前方部に主たる病巣がある認知症は、前方型認知症と通称されており、その中でも多くを占めるのが前頭型認知症（FTD）である。現在では、前頭側頭葉変性症（FTLD）という概念が示され、その下位分類に位置づけられることになった。

前頭側頭葉変性症を構成する疾患は、いずれも前頭葉と側頭葉に病変を生じ、変性症である点で共通している。

前頭側頭型認知症は、40〜50代に発症しやすいとされている。

イ　臨床的特徴・経過等

前頭側頭型認知症の臨床的特徴の要点は、「性格変化と社会的なふるまいの障害はあるが、記憶、道具的機能・視空間能力・日常生活動作は損なわれないか、比較的保たれている」ことである。道に迷うことなく、定刻に同一コースを歩き回ったり（周徊）、放火、窃盗、轢き逃げ、性的脱抑制などの行為がみられることもある。

初期（1〜3年間）は、記憶や地誌的見当識、計算、運動機能はほぼ正常であり、脳波も正常である。もっとも、人格は無関心となり、繰り返し発言がみられる。

中期（3〜6年間）は、記憶や視空間見当識、運動機能は比較的保たれているにもかかわらず、失語や判断力・遂行機能のさらなる低下がみられる。また、脳のCTやMRIでは前頭葉もしくは側頭葉の局所的萎縮がみられ、PETやSPECT等の血流検査では両側前頭葉の血流低下や代謝低下がみられる。

末期（6〜12年間）では、言語面では理解不良や無言となり、記憶や視空間見当識は悪化し、認知機能には重度の障害が生じる。

⑶　レビー小体型認知症

ア　概要

アルツハイマー病とパーキンソン病の特徴を併せもつ疾患である。脳内に多数のレビー小体が出現し、もの忘れや震え、歩きにくさなどの症状が生じる。疾患や手術によって引き起こされることもある。

イ　臨床的特徴・経過等

初期では、もの忘れ、短時間の意識レベルの低下、せん妄等の症状がみられる。

中期では、認知機能障害は固定化し、しばしば幻視や人物誤認を伴う錯乱状態（幻覚）を呈し、地誌的障害（よくわかっているはずの場所で迷子になってしまう等）もみられる。加えて、歩行障害や動作緩慢もみられる。日中の眠気と寝ぼけ、寝言などのレム睡眠関連行動異常が顕著にみられることもある。

後期では、行動異常が激化し、身体面では、頸部や体幹の屈曲拘縮が進行する。

初期から中期にかけては記憶障害が目立たない場合も多く、認知症だとは認識されにくい面がある。前記のような幻視等の症状がみられる場合には、たとえ記憶障害がなくても、認知症の可能性も視野に入れる必要があるだろう。

⑷　血管性認知症

ア　概要

アルツハイマー病に次いで２番目に多い認知症である。日本では、実際には、純粋なアルツハイマー病や血管性認知症ではなく、両者が合併した混合型が最も多いといわれている。

血管性認知症は、多様な病態群からなる概念であるが、その骨子は、①認知症状態、②脳血管疾患、③認知症状態と脳血管疾患発症の時間的関連性にあり、これらの裏づけとなる脳血管障害が画像で確認される必要がある。

イ　臨床的特徴・経過等

神経症候と画像によって確認された病変部位などにより、皮質下性血管性認知症、大脳皮質型血管性認知症、局在性の梗塞による認知症、脳出血による血管性認知症などに分類され臨床経過も異なる。

中核症状は認知障害であるが、周辺症状として、抑うつ、せん妄、興奮などのさまざまな精神症状が出現しやすい。

7　コミュニケーション方法

障害のある人とのコミュニケーション方法においては、以下のような配慮が求められる。

1　信頼関係の形成を重視する

信頼関係が形成されなければ、適切なコミュニケーションをとることはできない。

障害のある人は、急な環境変化に弱いことが多い。そのため、逮捕・勾留され、警察署や拘置所に入れられるという状況に、強い不安感を抱いていることがほとんどである（それが表面上、明らかであるか否かは別として）。このような強い不安感を抱えている

図2-2■表現の例

✕	◯
グループホームに入居している障害のある方に対して、主に夜間において、共同生活住居で入浴、排泄、食事の介護、調理・洗濯・掃除等の家事、生活等に関する相談助言、就労先や関連機関との連絡のほか、必要な日常生活の支援を行います。	グループホームでは、２～10人の障害のある人が一緒に暮らします。 食事やお風呂、生活に関わることを手伝ってもらえます。

依頼者に対しては、本人が話している際に、弁護人が落ち着いて辛抱強く傾聴するという姿勢が極めて重要である。また、自分が理解されていると実感させるような共感的なコメントも、依頼者の信頼感を増す。

また、否定の言葉を極力使わない、ということも重要である。罪に問われた障害のある人には、自己肯定感の低い人が極めて多い。「○○がダメ」というような言い方は、その人の自尊心をさらに低下させてしまう可能性がある。そこで、「○○するといい」などと肯定的な表現を用いるべきである。

さらに、アイメッセージ（「私は」を主語としたメッセージ。たとえば、「私は、……がといいと思います」など）を使い、説教・批判がましくなるのを避けることも重要である。主語を相手にしたユーメッセージ（たとえば、「あなたは……すべきです」など）で話すと、命令形になりがちで、言われた相手にとっては、説教や批判として響き、受け入れにくくなる。同じ内容を話す場合でも、アイメッセージで話すと、説教・批判となることを避けられ、相手にも受け入れやすくなるので、このような工夫をすべきである。また、当然であるが、言葉だけではなく、否定的な態度や表情をとることも、厳に慎むべきである。

2　面接場面に枠組み（ルール）を設ける

発達障害や知的障害のある人の場合、面接において枠組み（ルール）を作ることが重要である。その面談で話す内容や時間を決め、短時間のうちに集中できるよう配慮することで、本人も何を話せばいいのかイメージをもつことができる。そうすることで、面接に対する不安等を払拭することができる。

また、以下のような点を事前に説明しておくことが望ましい。

①　本当のことを話すことは、とても重要である

②　わからないことは「わからない」と言ってよい

③　私が言ったことが間違っていれば、「違う」と言ってよい

④　同じことを何回か聴くことがあるかもしれないが、それは間違ったことを言っているからではない

以上のような枠組み（ルール）を面談開始時に伝えることで、コミュニケーションを円滑に行う手助けとなる。

また、今回の面接において、どのようなことを聞くのかを事前に伝えて、それを紙などに書いて提示して、今何を聞いているのか、この後何を聞く予定なのかを明示することも有用だろう。

3　質問方法を工夫する

障害のある人の認知機能の状態によっては、難しい言葉や複雑な表現方法を使ってしまうと、言葉の意図を理解できずに、本人の思いとずれた返事をしてしまう可能性が高い。

できれば、前もって質問を準備したうえで、誘導的になっていないか（この点については後記**4**で詳しく述べる）、専門的な表現を使っていないか検討することが望ましい。そして、より理解しやすい形へと言換えをすることが求められる（**図2-2**参照）。

以下は、質問における注意点の例である。

①　短い単語と文章を使う

②　抽象的な概念に関する質問はしない（例：「過去／これまでに」→「小学５年生のとき／10歳のとき」）

③　比喩的な表現は使わない

④　二重否定を使わない（例：「可能性がないわけではない」→「可能性がある」）

⑤　専門用語は使わずなるべく一般的な言葉を使う

4　誘導性を意識する

障害のある人には被誘導性があることから、事実を確認するためには、極力誘導せずに質問することが必要となる。

そのため、自分の質問が、どの程度誘導性をもった質問となっているか、意識しながら質問をしなければならない。

より信頼できる自由度の高い質問	①自由再生質問
↕	②焦点化質問
	③選択式質問
	④はい-いいえ質問
より誘導的な自由度の低い質問	⑤誘導質問

① 自由再生質問（例：「そのとき何が起こったか話してください」「A時点からB時点までのことについて話してください」）

面接者の介入がないまま、本人に出来事の詳細を話してもらうための質問である。最も正確で、多くの情報を得られる質問形式である。

自由再生質問は、本人が自分の言葉とペースで話せる、相手がより注意深く話すことを求められる、記憶を刺激する、面接者の思い込みによって回答が汚染される可能性が減る、相手を評価するような質問がなされることがないといったメリットがある。また、本人の知的能力に関して大まかな指針が得られることになり、その後の面接の参考になる。

② 焦点化質問（例：「どこで、それが起こりましたか」「いつ、そこに行ったのですか」）

相手がすでに言及したことについて、さらに詳細な情報を引き出すために用いる質問形式である。「何？　どこ？　いつ？」などの5W1Hを用いたオープンな疑問形式で尋ねる。

この質問は、自由再生質問によって供述が得られた後で使うことが望ましい。具体的には、①の自由再生質問で相手方に自由に話してもらった後、②の焦点化質問でより具体的な情報を得る、その後、また①の質問に戻る、という順序で用いる。

③ 選択式質問（例：「あなたはマッチを使いましたか、ライターを使いましたか、それとも何か他のものを使いましたか？」）

いくつかの選択肢から、1つの回答を選ぶように尋ねる質問形式である。本人が言及していないことに関して、詳細な情報を引き出すために用いる。

一方で、本人の回答の自由度が減ってしまうため、質問の最後にその他の可能性を提示するなど、本人の回答をある特定の回答に強制することを避けるようにすべきである。また、本人の回答傾向に偏りがないか（たとえば、常に最初の選択肢を選んでいないか）を確認し、偏りがあれば質問の順番を変えるなどの工夫をすることが重要となる。

④ はい-いいえ質問（例：「あなたは○○を使いましたか？」「○○を使ったときのことを話してください（自由再生質問の併用）」）

「はい-いいえ」という回答を求める質問。本人の回答を強制するため、本人自らが完全な回答をする気力を失わせる質問形式となる。そのため、多用することは避けるべきである。

一方で、具体的事実を確認する際には有用な場面がある。その場合、はい-いいえ質問をした後に自由再生質問を組み合わせることで、回答の正確性を確保することが重要である。

⑤ 誘導質問（例：「あなたは○○に行ったんですよね？」）

ある回答を期待したり、本人が言及していない詳細な部分をほのめかしたりする質問。話し手が本人の行動を仮定していることが質問に反映されており、質問に本人の回答が影響されてしまう可能性があるため、極力用いるべきではない。

5　非言語的情報によるコミュニケーション

(1)　相手からの情報を得る

対話を通して本人から情報収集を行うことが理想であるが、場合によっては、言語による表現が難しい人もいる。精神状態がかなり悪い人、言語的な能力が低い人などの場合である。

そのような場合でも、本人に関する非言語的な情報（視覚、臭覚）が本人の状態を捉える手がかりになる。本人の洋服、髪型、目線、態度、表情、声の調子、話し方、身振りなどに関して、第一印象を記録しておくことが重要となる。

① 身なり――髪を数日洗っていなかったり、季節感のない洋服を着ていたり、奇抜な髪型をしているなどがある場合、「身なりに無頓着だがその原因は何か？」などの問題提起につながる。

図2-3■精神障害者保健福祉手帳交付までの流れ

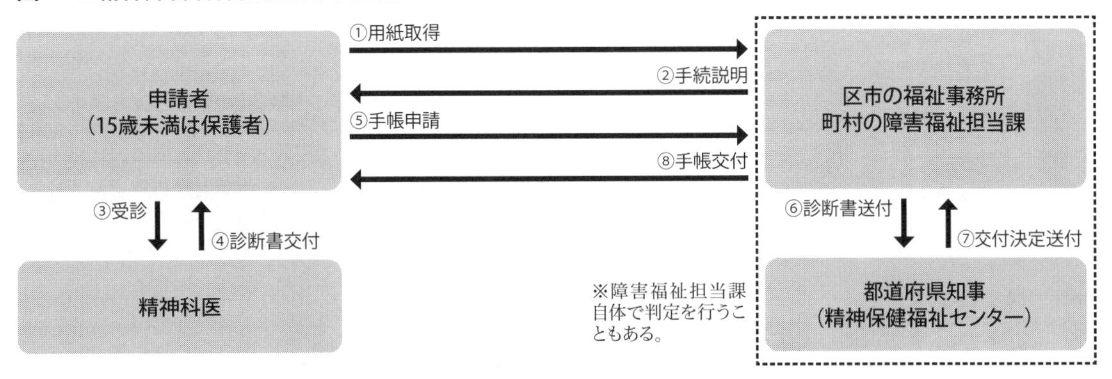

表2-9■それぞれの等級ごとの精神障害の程度（精神障害者保健福祉手帳制度実施要領より）

１級	日常生活の用を弁ずることを不能ならしめる程度のもの
２級	日常生活が著しい制限を受けるか、または日常生活に著しい制限を加えることを必要とする程度のもの
３級	日常生活もしくは社会生活が制限を受けるか、または日常生活もしくは社会生活に制限を加えることを必要とする程度のもの

②　字の書き方――たとえば、自分の名前だけを非常に小さく書く場合、「自己肯定感が非常に低い可能性があるのでは？」などの仮説立てにつながる。また筆力、スピード、書き方（他の文字とのずれがないか確認しながら書いている等）も注意深くうかがうとよい。

⑵　弁護人のふるまい

弁護人の情報を障害のある人に伝える際に、言葉以外の表現方法として、ジェスチャー（身振り手振り）・姿勢・動き（うなずきやふるまい全般）・表情・文字・絵図などを活用することも効果的である。

また、面会時に、腕や足を組んだり、のけぞったり、体を相手に向けなかったりすれば、どんなに傾聴しようと心がけていても本人に伝わることはない。

自分の姿勢・対応が相手からどのように受け取られているのかを意識し、自身の仕草には細心の注意を払うべきである。

⑶　視覚情報の活用

障害のある人の場合、聴覚的な情報よりも、視覚情報のほうが理解しやすい、という人も多い。そのため、必要に応じて、図や写真を利用してコミュニケーションを行うことも必要である。たとえば、質問する内容を紙に書いて示したり、今後の手続について図に書いて説明するなどである。

8　福祉サービス利用の流れ

本節では、障害者手帳制度や、障害福祉サービスの主な種別および内容、サービスを利用する場合の手続や流れについて説明する。

1　障害者手帳の制度

⑴　精神障害者保健福祉手帳

精神障害のため、日常生活や社会生活にハンディキャップをもつ人が申請することにより交付される（**図2-3**参照）。入院・在宅による区別や年齢制限はないが、手帳申請の際の診断書の作成日は、精神障害に関する初診日から６カ月を経過している必要がある。区分は３つに分けられており、１等級から３等級まである（**表2-9**参照）。

精神障害者保健福祉手帳は、他の障害者手帳と異なり、有効期間が設けられている。原則２年間となっており、更新は有効期限の３カ月前から申請できる。

図2-4■療育手帳交付までの流れ

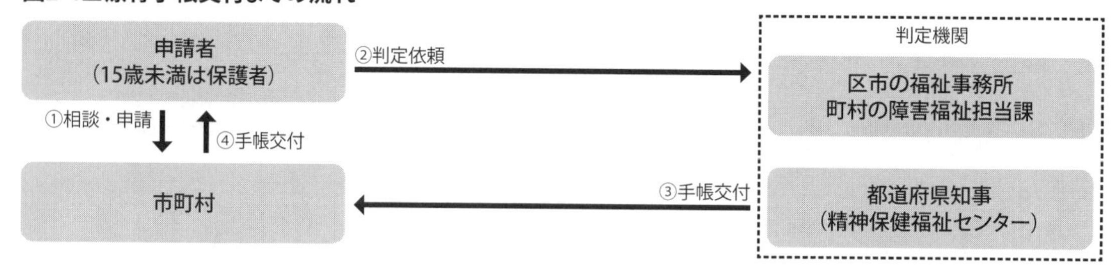

表2-10■主要な都道府県の例

障害の重さ		国の制度上の障害程度	東京都(愛の手帳)	大阪府(療育手帳)	さいたま市(みどりの手帳)
IQ(概ね)	重さの判断				
～20	最重度	A	1	A	マルA
21～35	重度		2		A
36～50	中度	B	3	B1	B
51～75	軽度		4	B2	C

対象となる疾患は、以下のとおりである。

○統合失調症　○非定型精神病
○躁うつ病(双極性障害)　○てんかん
○中毒精神病　○精神遅滞を除く器質精神病
○高次脳機能障害
○精神神経症状を伴う発達障害

知的障害を伴わない発達障害の人の場合、知能指数が判定基準を上回り、後記の療育手帳(知的障害に対応して交付される手帳)の交付が認められない。しかし、発達障害の症状による日常生活の困難度合いが大きい場合には、精神障害者保健福祉手帳を取得できる。

精神障害者保健福祉手帳の交付により受けることができるサービスとして、主に以下のものが実施されている。

① 特別児童扶養手当
② 心身障害者扶養共済
③ 国税、地方税の諸控除および減免税
④ 公営住宅の優先入居
⑤ NHK受信料の免除
⑥ 旅客鉄道株式会社などの旅客運賃の割引
⑦ 生活保護の障害者加算
⑧ 生活福祉資金の貸付
⑨ NTTの無料番号案内
⑩ 携帯電話使用料の割引
⑪ 公共施設の利用料割引

⑵ 療育手帳

療育手帳は、知的障害児・者に対して、一貫した指導・相談等が行われ、各種の援助措置を受けやすくすることを目的として、都道府県・指定都市が独自に要綱を策定して交付している(**図2-4**参照)。正式な名称は療育手帳とされているが、地域によって「愛の手帳」「愛護手帳」「みどりの手帳」等と呼んでいる自治体もある(**表2-10**参照)。

交付の対象となるのは、発達期に何らかの原因により知的発達の遅れが出て、そのために日常生活に相当な不自由を生じ、福祉的な配慮を必要としている人である。主たる障害が発達障害であっても知的障害を伴うと判定された場合には、療育手帳が交付される。他方で知的障害を伴わない場合は、療育手帳の交付対象とはならないため、前記のとおり精神障害者保健福祉手帳の取得を検討することになる。

障害の程度に伴う等級については、その区分の数や呼称は自治体ごとに異なるため、対象となっている当事者の手帳取得を検討する地域の自治体ウェブサイトを参照するべきである。

療育手帳の交付により受けることができるサービ

図2-5■身体障害者手帳交付までの流れ

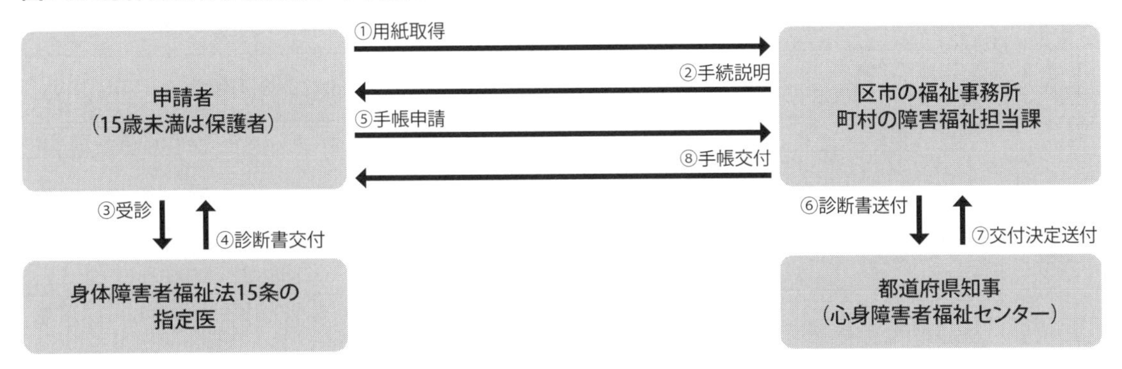

スとして、主に以下のものが実施されている。

① 特別児童扶養手当
② 心身障害者扶養共済
③ 国税、地方税の諸控除および減免税
④ 公営住宅の優先入居
⑤ NHK受信料の免除
⑥ 旅客鉄道株式会社などの旅客運賃の割引
⑦ 生活保護の障害者加算
⑧ 生活福祉資金の貸付
⑨ NTTの無料番号案内
⑩ 携帯電話使用料の割引
⑪ 公共施設の利用料割引

⑶ 身体障害者手帳

身体障害者福祉法に定める身体上の障害がある者に対して、都道府県知事、指定都市市長または中核市市長が交付する（**図2-5**参照）。障害の種類別に重度の側から1級から6級の等級が定められている[9]。

7級の障害は、単独では交付対象とはならないが、7級の障害が2つ以上重複する場合または7級の障害が6級以上の障害と重複する場合は対象となる。

手帳の交付対象となる障害は以下のとおりである（いずれも、一定以上の状態で永続することが要件とされている）。

○視覚障害　○聴覚障害　○平衡機能障害
○音声・言語機能障害　○咀嚼機能障害
○肢体不自由　○心臓機能障害
○腎臓機能障害　○呼吸機能障害
○膀胱または直腸機能障害
○小腸機能障害　○肝臓機能障害
○ヒト免疫不全ウイルスによる免疫機能障害

身体障害者手帳の交付により受けることができるサービスとして、主に以下のものが実施されている。

① 心身障害者扶養年金
② 国税・地方税の諸控除および減免
③ 公営住宅の優先入居
④ NHK受信料の免除
⑤ NTTの電話番号案内料の免除
⑥ 郵便料金の減免
⑦ 公共交通機関、高速道路等の料金の割引

2 障害福祉サービスの種別

⑴ 障害者総合支援法

2006年以前、障害者福祉の施策は、各種の障害や年齢ごとに別異の法律に基づいて行われていた。2006年に障害者自立支援法が制定され、統一的な障害者支援の制度となった。さらに、2012年6月、この法律を改正する形で障害者総合支援法が成立し、2013年4月1日から施行された。現在は、障害者総合支援法が障害者福祉施策の根拠法である。

⑵ 法の対象となる「障害者」

法が対象とする障害者の範囲は、身体障害者、知的障害者、精神障害者（発達障害者を含む）に加え、従前には制度の谷間となっていた難病等も含ま

9　障害の等級および該当する障害の内容については、非常に詳細な基準が定められているため、厚生労働省のウェブサイト等を別途確認されたい。

表2-11■障害者総合支援法の給付体系および給付内容の概要

給付体系				給付内容
自立支援給付	福祉サービス	介護給付	居宅介護（ホームヘルプ）	居宅での入浴、排泄または食事の介護や、家事等の日常生活全般の援助
			重度訪問介護	重度の肢体不自由者で、常に介護が必要な人に対する、自宅で入浴や排泄、食事などの介助や外出時の移動の補助等
			同行援護	視覚障害により移動に著しい困難を有する人に、外出に必要な情報の提供、移動の援護等
			行動援護	知的障害や精神障害により行動が困難で、常に介護が必要な人に対する、行動に必要な介助や外出時の移動の補助等
			療養介護	医療の必要な障害者で常に介護が必要な人に対する、医療機関で機能訓練や療養上の管理、看護、介護および日常生活の世話
			生活介護	常に介護が必要な人に対する、昼間、施設で入浴や排泄、食事の介護、創作的活動などの機会の提供
			短期入所（ショートステイ）	自宅で介護を行う人が病気などの場合における短期間、夜間も含めた施設への入所および施設での入浴、排泄または食事の介護
			重度障害者等包括支援	知的障害や精神障害により行動が困難で、常に介護が必要な人に対する、居宅介護等複数のサービスの包括的な提供
			施設入所支援	施設に入所する人に対する、入浴や排泄、食事の介護等（主に夜間）
		訓練等給付	自立訓練（機能訓練・生活訓練）	自立した日常生活や社会生活ができるよう、一定の期間における身体機能や生活能力向上のために必要な訓練
			就労移行支援	一般企業への就労を希望する人に対する、一定の期間における生産活動やその他の活動の機会の提供、知識や能力の向上のための訓練
			就労継続支援（A型・B型）	一般企業での就労が困難な人に対する、就労の機会の提供や生産活動その他の活動機会の提供、知識や能力の向上のための訓練
			共同生活補助（グループホーム）	共同生活を行う住居における相談や生活上の援助
			就労定着支援	集合に伴う生活面の課題に対応できるよう、事業所・家族との連絡調整等の支援
			自立生活援助	施設入所支援や共同生活援助の利用者等に対する、定期的な居宅訪問や随時の対応により、地域生活に向けた相談・助言等
		地域相談支援給付	地域移行支援	障害者支援施設等の入所者、精神科病院に入院している精神障害者等につき、住宅の確保等の地域での生活に移行するための相談・支援
			地域定着支援	居宅で単身等で生活する障害者について、常時の連絡体制を確保し、障害の特性に起因して生じた緊急事態等に相談等の支援
	自立支援医療			心身の障害を除去・軽減するための医療について、医療費の自己負担額の軽減
	補装具			義肢、装具、車椅子等の給付
地域生活支援事業	理解促進研修･啓発事業、自発的活動支援事業、相談支援事業、成年後見制度利用支援事業、成年後見制度法人後見支援事業、意思疎通支援事業、日常生活用具給付等事業、手話奉仕員養成研修事業、移動支援事業、地域活動支援センター、任意事業			

れる（同法4条1項参照）。より詳しい対象の範囲（たとえば、難病として指定されている疾患には何があるのか等）については、当該法律の解説等を参照されたい。

⑶ 福祉サービスの内容

福祉サービスの内容は多岐にわたるが、大きくは、サービスの性質に応じて、①介護給付、②訓練等給付、③地域相談支援給付、その他に分かれる。詳細は、**表2-11**のとおりである（2020年4月現在）。

3 サービス等利用計画の流れ

⑴ はじめに

障害福祉サービスは、かつては国から与えられるものという考え方だった。しかし、2006年の障害者自立支援法の成立以降、サービスを実施する事業

図2-6■障害福祉サービスの利用開始までの流れ

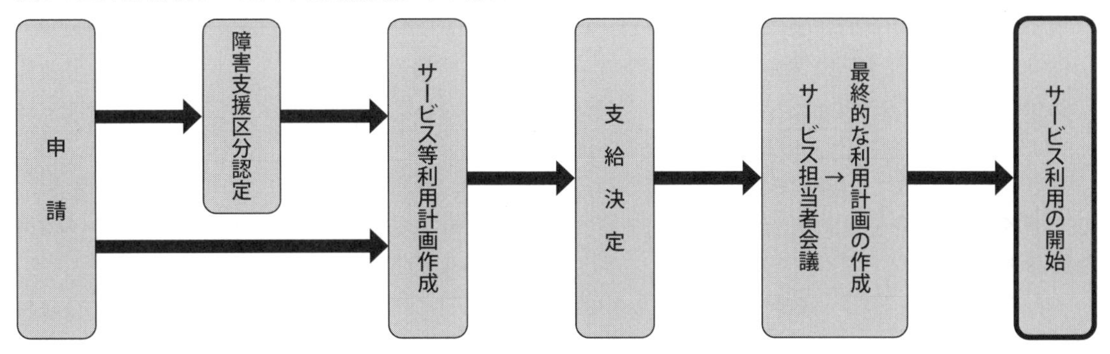

所等との契約により得られるものという考え方へと移行している。

ただし、現在においても単に事業所との間で契約を締結するだけでは足りず、それらのサービスを受けることについて市町村からの決定を受ける必要がある。

⑵　サービス利用開始までの大まかな流れ

ア　申請

まず、サービス利用を希望する場合には、市町村の窓口に申請を行うことになる。この際に、サービス利用を希望する当事者には、障害支援区分の認定がなされる。

障害支援区分とは、障害の特性や心身の状態に応じて、支援の必要な度合いを示す６段階の区分（数字が大きくなるほど、支援の度合いが高い）である。区分を決める際の判断要素としては、①移動や動作、②身のまわりの世話や日常生活、③意思疎通、④行動障害、⑤特別な医療といったものの必要性から判断されることになる。申請を行うことで、市の職員や障害支援区分認定調査員が本人と面談を行い、区分の認定を行うことになる。

イ　サービス等利用計画の作成

申請がなされると、市町村から利用者に対し、サービス等利用計画の提出が求められる。サービス等利用計画は、その利用者が週にどれくらい、どのようなサービスを用いるかということの計画であり、「指定特定相談支援事業者」に作成を依頼することになる。指定特定相談支援事業者は、相談支援事業所という相談を行うことのできる事業所に所属するほか、実際に福祉サービスを提供する施設内に所属していることもある。

ウ　支給決定

市町村は、提出されたサービス等利用計画等を踏まえ、支給の決定を出す。

エ　サービス担当者会議

サービス等利用計画を作成した指定特定相談支援事業者は、サービス担当者会議を開催する。これは、サービス等利用計画にて決められたサービスの担当者を集め、計画の内容をあらためて検討する会議である。

そのうえで、最終的に、実際にサービス利用をするにあたってのサービス等利用計画を作成する。

オ　サービス利用の開始

前記の流れのうえで、障害福祉サービスの利用が開始される（**図2-6**参照）。

なお、支給決定は１年または６カ月の有効期間を定めてなされることになっており、この期間を見据えてモニタリング（サービス等利用計画の見直し）が行われる。

この見直し内容を踏まえて、随時必要なサービスの内容や程度も変更されていくことになる。

4　利用にあたっての留意点

以上のとおり、福祉サービス受給にはさまざまな要件や手続がある。そのため、自身の担当する事件の依頼者が障害を抱えており、障害福祉のサービスにつなげようとする際には、このことを念頭に置かなければならない。

具体的な留意点としては、まず、サービス等利用計画を立てなければサービス利用ができず、実際の利用が実現しないということが挙げられる。また、それに加えて、サービス等利用計画を立てる時点で、利用する予定の事業所等に関しては、ある程度打診を行い、利用に向けた調整を実施する必要がある。

そうすると、障害福祉サービスを利用する際には、まずは当事者の障害サービス利用計画を作成できる支援者（相談支援専門員）や、それらとつなげてくれる支援者との連携を確保することが必要になる（**第3章❶4**参照）。

あわせて、留置施設にいる段階では、面会場所の制限や、見学等が実施できない等の理由により、サービス等利用計画を立てることが困難である場合も多い。逮捕・勾留されている場合には、このことについても、弁護人は念頭に置いておく必要がある。

❾ 経済面での社会保障

本節では、障害を抱えた当事者の経済面での社会保障制度の紹介とともに、その中で可能な弁護士の援助の方法等について説明する。

1　障害年金

⑴　障害年金とは

障害年金とは、病気やケガによって生活や仕事などが制限されるようになった場合に、現役世代も含めて受け取ることができる年金のことである。

障害年金には、「障害基礎年金」および「障害厚生年金」がある。

⑵　年金受給の要件

障害年金受給の要件は、以下のとおりとなっている。

①　初診日（障害の原因となっている病気やケガについて、初めて医師の診療を受けた日）が、以下のいずれかに該当すること

・国民年金に加入している期間

・20歳未満（年金制度に加入していない期間）――無拠出年金といい、例外的に支給されるものである。この場合には、一定の所得がある場合や、刑事施設に収容された場合等、支給停止になる場合がある。

・60歳以上65歳未満（年金制度に加入していない期間）

②　初診日の前日までに、以下の保険料納付要件を満たしていること（ただし、初診日が20歳未満の場合を除く）

・初診日の月の前々月までの公的年金の加入期間の3分の2以上の期間について、保険料が納付または免除されていること

・初診日において65歳未満であり、初診日のある月の前々月までの1年間に保険料の未納がないこと

③　その病気・ケガが、障害の程度を認定する日（障害認定日または裁定請求日）に、法令により定められた障害等級表（1級・2級）による障害の状態にあるとき

障害認定日とは、対象となる傷病が治った日またはその初診日から1年6カ月を経過した日のいずれか早い日のことをいう。

厚生年金の場合には、厚生年金に加入している間に初診日のある病気やケガで障害基礎年金の1級または2級に該当する障害の状態になったときは、障害基礎年金に上乗せして障害厚生年金が支給される。また、障害の状態が2級に該当しない軽い程度の障害のときは3級の障害厚生年金が支給される。

なお、初診日から5年以内に病気やケガが治り、障害厚生年金を受けるよりも軽い障害が残ったときには障害手当金（一時金）が支給される。

⑶　障害年金取得のための方法

年金取得のためには、住民票等の生年月日が明らかになる書類、病歴や就労状況の申立書等に加え、障害年金用の診断書を医師に作成してもらうことになる。

障害認定日から1年以内に障害年金の請求をし（本来請求）、ほどなくして受給を開始しているケースの場合、障害認定日から3カ月以内に作成された診断書を提出することで足りる。

他方で、障害認定日から1年以上の相当期間が経過した後に請求するケースも少なくない（遡及請求）。その場合、請求が認められれば過去5年までは遡及して年金受給が可能である（5年よりも以前

の分については、時効消滅する)。そのため、障害認定日以後3カ月以内の時期に関する診断書[10]を病院から取得し、さらに請求日以前の3カ月以内に作成された現在の障害に関する診断書をともに取得することが必要になる。

(4) 弁護士としての援助

年金用の診断書の記載によって、ある程度認定の可否が変わってくることもある。そのため、弁護士が援助して、主治医等に診断書作成に協力してくれるよう依頼することや、23条照会を活用して過去の受診歴や初診日の調査を行うことが考えられる。

また、認定がなされなかった場合の審査請求、訴訟等を援助することも可能である。障害年金の概要、弁護士としてできる援助の内容等に関しては、日弁連高齢者・障害者権利支援センター編『法律家のための障害年金実務ハンドブック』(民事法研究会、2018年)が詳しい。

なお、弁護人が国選弁護を受任中に、別事件を受任し対価を受領する際には、受任の仕方に注意が必要な場合もある。

すなわち、弁護士職務基本規程49条1項は、「国選弁護人に選任された事件について」、名目を問わず報酬その他の対価を受領することを禁止している。この職務基本規程は、国選弁護人に選任された事件における対価受領を禁止するものであるが、どこまでを刑事弁護として対応すべきかは議論が分かれうるであろう。たとえば、被害者がいる犯罪において示談交渉を行うことは、現在においては国選であっても刑事弁護の当然の範囲と考えられ、別事件として報酬を得て受任することは前記職務基本規程との抵触を生じうる。他方で、国選弁護人に当然民事上の代理権があるわけではなく、民事上の法律効果を発生させるには、別途委任関係が必要と考えられ、対価受領との関係は曖昧である。

同様に、生活再建のための債務整理や生活保護申請同行、福祉サービスの利用調整等についても、情状弁護の一環という側面と、民事上ないし行政法上の法律効果を生じさせるためには国選弁護人の地位とは別の委任関係が必要であるという側面があるし、前記した示談交渉と異なり、国選刑事弁護の報酬のみで当然対応しなければならないものとも考えられていないであろう。

明確な線を引くことは現状では困難であるが、対価を得て別事件として受任するかどうか判断に迷う場合は、地元の弁護士会(刑事弁護委員会)に相談するのがよい。そして、別事件として対価を得て受任する場合には、法テラスや委託援助を利用する等の工夫が必要となるだろう。

2 生活保護

(1) 生活保護とは

最低限度の生活を送ることが困難な収入の場合に、その人の生活費、住居費、医療費等の援助を国が行う制度である。医療については、国民健康保険制度から脱退し、無料で最低限の医療を受けることとなっている。

(2) 生活保護受給のための方法

管轄する地域の行政において、生活保護受給を所管している部署に対して申請を行うことになる[11]。申請後、実際に担当者が自宅等への訪問調査等を行い、要件を満たした要保護状態であると判断された場合には、生活保護の受給が開始される。

生活保護の申請を行った場合、申請から原則14日以内、最長でも30日以内に行政は申請に対する回答を行わなければならないことになっている。つまり、申請によって、行政には生活保護受給の許否を決めなければならない義務が生じる。

そのため、そもそも申請を行おうとしても、それを窓口が申請として受け付けず、相談として処理して回答義務を免れようとする対応(いわゆる「水際対応」)が少なくない。

(3) 弁護士としての援助

刑事事件で関わる依頼者の場合、住居も資金もまったく持たない状態で釈放されることがある。その場合には、生活保護の申請に弁護士が同行すること

10　本書で主に対象となっている知的障害や発達障害、精神障害の場合には、初診後1年6カ月が経過した段階での状況に関する診断書となることが多いものと思われる。

11　東京都では福祉事務所、その他の地域では社会福祉課、保護課、社会援護課等の名称が多い。

が考えられる。

判決後に申請を行うケースで問題になりがちなのは、申請の管轄地[12]、就労の可否[13]等を理由にした申請拒否が考えられる。とりわけ、障害を抱えた本人だけでは、これらの対応がなされた場合に、申請できないままあきらめてしまうケースも危惧される。

また、住居がない場合、そのまま申請を行うと無料低額宿泊所の一覧を渡され、その中のいずれかへの入居を決めてから申請するように指示されることも多い。しかし、このような施設の中には、多額の施設利用料を徴収しつつ、金額と見合わないような共同部屋の劣悪な住居を充てがわれるような、いわゆる「貧困ビジネス」と称されている施設も少なからず存在する。こうした施設に障害を抱えた当事者が搾取され、結果として入所後に逃げ出してしまい再度事件に至るケースも存在する。

そのため、弁護士が援助を行い、可能な限り事前に住居や信頼できる施設等を確保した状態で申請することが望ましい。生活保護受給が見込まれる人に対して、事前に不動産の仮契約を行ってくれて、契約書を申請時に提出することに協力してくれる(生活保護受給後に本契約となる)業者も少ないながら存在する。

なお、前記のような種々の活動が必要になるものの、行政では日中の開庁時間内にしか生活保護の申請はできない。そのため、判決等で釈放が見込まれる事案の場合、午前中の早めの時間に期日指定をしてもらうよう働きかけることが重要である。

⑷ 弁護士の援助に際して利用できる制度

現在、生活保護申請については、日弁連委託援助事業を利用することで、申請同行に一定の報酬が支払われるようになっている[14]。

利用にあたって条件はあるものの、逮捕以前から路上生活状態の人、障害を抱えていて自身で申請が困難な人等であれば、申請援助の対象者とされる要件は満たしているので、積極的な活用を検討すべきである。

⑸ 制度利用に伴う注意点

生活保護受給中は、別途得た収入(人からの援助、就労して得た金銭等。金銭の借入れも収入として認定される)があれば、申告しなければならないことになっている。申告を行った分については、行政に対して返還をしなければならず、これを申告せずに費消してしまうと、不正受給とみなされてしまうケースも少なくない。

障害のある人のケースだと、この点に関してトラブルになってしまうことも多い。たとえば、年金申請後に決定までの間のつなぎとして生活保護を受給するようなケースの場合、年金受給が始まった際に遡及した金銭等を収入として認定され、返還義務が生じることになる。しかし、このことを知らないまま、支払われた年金を費消してしまい、返還ができなくなってしまうようなケースもある。

支給した保護費の返還を求める規定としては、生活保護法63条に基づくものと、生活保護法78条に基づくものが存在する。いずれも破産手続においても免責の対象とならない(破産法97条4号、253条1項1号参照。国税徴収の例により収用できる旨の規定が存在する)ので、注意が必要である。なお、2018年10月1日改正法施行以前の63条債権については、免責の対象となりうる。

3 その他の社会保障関係の制度

⑴ 各種の手当等

ア 子ども手当

0歳から中学校卒業までの児童を養育している人に国から支給される給付金。児童が国内に居住していることや、一定の所得制限等が存在する。

イ 児童扶養手当

父または母の一方からしか養育を受けられない一人親家庭などの児童のために、地方自治体から支給される手当。両親が存在する場合でも、父または母

12 実際には、住居を持たない出所者のケースでは、生活保護法19条1項2号により現在地保護を原則としているため、どこで申請してもよいはずだが、「住民票の住所地で申請しなければならない」等の誤った理由をつけ、申請を受け付けない場合がある。

13 とくに若年の人の場合、「まだ若いから頑張って働けばよい」「まずハローワークに行ってから来なければならない」等の誤った理由で申請を受け付けない場合がある。

14 現在は、生活保護開始決定の段階で、決定書の写しの送付と引替えに5万円の報酬が支払われている。

表2-12■第２のセーフティネット

雇用保険（失業手当）	雇用保険に加入した状態で失業した場合に、雇用保険の基本手当の支給を受けることができる制度。
住宅支援給付	離職して住宅を失ったまたは失うおそれのある場合に、原則３カ月間（一定の条件の下では、最大９カ月間）住宅支援給付を受けることができる制度。
総合支援資金貸付	失業等により生活に困窮している際に、求職活動中等の生活費（単身者：月15万円まで、２人以上の世帯：月20万円まで・最長12カ月）等を借りられる制度。
職業訓練受講給付金	雇用保険を受給できない場合に、ハローワークの支援指示により、職業訓練を受講し、訓練を受けやすくするための給付金（月10万円）が受けられる制度。
臨時特例つなぎ資金貸付	公的給付・貸付制度を申請中で、決定までの間の当面の生活が立ちゆかず住宅もない場合に、10万円までの当座の生活資金の貸付を受けられる制度。生活保護申請後、受給決定までの間の生活費がないような場合にも、この制度を利用できる場合もある。

が政令で定める障害を有している場合は受給可能である。そのため、障害を抱えた当事者に子どもがいる場合には、児童扶養手当の受給を検討することが必要である。

従前、障害年金を受給している場合には、児童扶養手当の併給は認められなかったが、現在は年金のほうが少額の場合[15]には差額を受給できるようになった。

⑵　第２のセーフティネット

雇用の安定を図る雇用保険（最初のセーフティネット）と、最低限度の生活を保障する生活保護（最後のセーフティネット）の間を補完するしくみとして整備された施策を総称して、「第２のセーフティネット」と呼ばれている（**表2-12**参照）。

⑶　社会福祉協議会

社会福祉協議会は、各都道府県や各市町村に存在する民間の福祉団体である。

生活福祉資金の貸付を行っており、生活に困窮した人を対象とした無利息または低利率での貸付等を実施している。前記の総合支援資金貸付や臨時特例つなぎ資金貸付も、社会福祉協議会にて担当している。

また、「日常生活自立支援事業」という、高齢者または障害者を対象とした日常的金銭管理や福祉サービスの利用援助を受けられる契約を結ぶことも可能である。

⑷　更生緊急保護

執行猶予または起訴猶予等で釈放された被疑者・被告人が、親族からの援助や公共機関等からの保護を受けることができない場合などに、緊急的に、必要な援助や保護の措置を実施する制度である。援助の内容としては、宿泊場所の供与（更生保護施設・自立準備ホーム等への宿泊保護委託）、金品の給貸与（食事・衣料の給付等）、宿泊場所への帰住援助（旅費給付）等がある。

更生緊急保護を利用したい場合には、事前に検察官にその旨を説明し、保護カード[16]を発行してもらうことになる。この保護カードを保護観察所にて提出し、更生緊急保護を求める。

更生保護施設等の利用が困難な場合でも、宿泊所までの旅費給付の名目において、数千円程度の金銭を給付してもらえる場合もある。判決や終局処分が午後の遅めの時間になり、夕方に釈放される事案の場合、当日に生活保護申請を行うことが困難な場合もある。その際には、この給付金を活用して１日過ごしてもらい、翌日に申請援助を実施する場合もあるが、事前に釈放の時間を早める等の交渉をし、可能な限り調整しておくべきである。

15　障害基礎年金は、18歳未満の子がいる場合には年金額が加算される。

16　更生緊急保護の要否に関する意見その他参考となる事項を記載した書面。検察官または矯正施設の長が発行できる。

⑸　その他の援助

ア　フードバンク

安全に食べることができるにもかかわらず、包装の破損や過剰在庫、印字ミスなどの理由で流通に出すことができない食品を企業などから寄贈してもらい、必要としている施設や団体、困窮世帯に無償で提供する活動。現在は、生活困窮者支援の窓口と連携しているケースが多い。

イ　シェルター

路上生活者を対象とした支援を行うNPO等も、各地に存在している。その中でシェルターを運営している団体では、急場の生活の本拠を提供してくれる。そのうえで、最終的には生活保護の申請を行い、その後の生活支援も行ってくれるところが多い。

10　障害のある人を取り巻く法制度

本節では、障害のある人に関わる主な法制度について、簡単に説明する。個々の法律等の詳しい内容等については、個別の文献をあたって調べていただきたい。

1　障害に関する法の体系

障害は、日本の法体系の中でどのように扱われているか。

まず、国の最高法規である憲法においては、障害について個別に規定したものはない。しかし、障害との関係では、憲法13条（個人の自立ないし自律）、14条（平等）、25条（生存権保障）などの規定が重要となる。とくに、刑事事件の関係では、手続において14条が問題となる場面が多いだろう。

次に、条約がある（後記**2・3**参照）。条約は、国内法の法源となる（憲法98条2項参照）ところ、障害分野の条約としては、障害者権利条約が最も重要なものとなる。そのほかに、自由権規約、社会権規約、女性差別撤廃条約、子どもの権利条約なども適用されることは当然である。

そして、次に位置するのが法律である（後記**4〜6**参照）。障害がある人に関しては、障害者基本法をはじめ、サービスを定める障害者総合支援法や、障害者虐待防止法など多数の法律が規定されている。とくに、2013年に制定された障害者差別解消法は、刑事事件で用いることも多いため、後記**4⑶**で詳しく述べる。

さらに、政令・省令・告示、条例・規則などで障害について言及されているので、これについてもチェックしたほうがよいだろう。

2　近時の法改正の動き

2006年12月に、国連総会本会議で「障害者の権利に関する条約」（障害者権利条約）が採択された。障害者権利条約は、障害のある人に関する初めての国際約束であり、2008年5月に国際的に発効した。

日本国内では、条約の締結に先立ち、国内法の整備をはじめとする諸改革を進めるべきとの障害当事者団体等の意見が根強くあったことから、政府は、2009年12月、閣議決定により「障がい者制度改革推進本部」を設置し、国内制度改革を進めていくこととした。

その結果、以下のとおり、国内でさまざまな法制度整備が行われた。これらの個別法については、後述する。

2006年12月　国連総会で障害者権利条約が採択
2007年9月　日本が障害者権利条約に署名
2008年5月　障害者権利条約の発効
→条約締結に先立って、国内法令の整備を推進することに
2011年8月　障害者基本法の改正
2012年6月　障害者総合支援法の成立
2013年6月　障害者差別解消法の成立、障害者雇用促進法の改正
→日本国内でも障害者権利条約が発効

そして、これらの法整備等により一定の国内の障害者制度の充実がなされたとして、2013年10月、条約締結に向けた国会での議論が始まり、2014年1月20日に、障害者権利条約の批准書を国連に寄託、同年2月19日に日本国内において発効した。

3　障害者権利条約

前記のとおり、障害者権利条約は、障害のある人

に関する初めての国際約束である。その目的は、「全ての障害者によるあらゆる人権及び基本的自由の完全かつ平等な享有」の促進・保護・確保、とされている（障害者権利条約1条）。ここでいわれているように、障害者権利条約は、既存の人権を完全かつ平等に享受することを目的としており、新しい人権を定めたものではない。障害者には既存の人権が十分に擁護されてこなかった歴史を踏まえて、既存の人権保障を実質化することをめざしたものが権利条約である。逆に言えば、権利条約において取り上げられている権利は、現代社会において障害者が剥奪され、十分な享受ができない問題状況の一覧であるともいえる。

条約は、3条において一般原則を定める。これは、条約の実施および解釈における重要な指針であって、「権利条約が守るべき価値」および「権利条約を支えるべき価値」である。固有の尊厳、個人の自律（autonomy）および自立（independence）の尊重、無差別、社会参加、差異の尊重ならびに人間の多様性の一部および人類の一員として障害者を受け入れること、機会の均等、利用可能な施設およびサービスの整備などが重要だろう。

条約は、全体としてみれば、前文と50条の本文から構成されている。以下では、刑事手続において関わりが想定される権利を中心に紹介する。

⑴　差別禁止

障害者権利条約は、差別禁止を一般原則において定め（3条(b)）、合理的配慮の不提供を含むあらゆる形態の差別を禁止する。

合理的配慮とは、「障害者が他の者との平等を基礎として全ての人権及び基本的自由を享有し、又は行使することを確保するための必要かつ適切な変更及び調整であって、特定の場合において必要とされるものであり、かつ、均衡を失した又は過度の負担を課さないものをいう」（同条約2条）。つまり、障害のある人が直面している不平等な状態を除去するために、障害に応じて措置や取扱いを行うことである。

刑事手続においても、裁判の場面や処遇の場面においても、障害に対する合理的配慮を求めていくことが必要となる。

⑵　司法手続へのアクセス（13条）

障害者権利条約13条は、障害のある人が司法手続を利用する効果的な機会を確保することを求める。すなわち、刑事手続においては防御権が実効的なものとして確保されなければならない。

⑶　法的人格と法的能力（12条）

障害者権利条約12条は、障害者が平等な法的能力を有することを求めている。この点について、日本においては刑事責任能力を定める刑法39条、訴訟能力を定める刑訴法314条が存在するため、当該条文と抵触しているのではないか、という問題が存在する。刑事訴訟法の規定は、障害のある人の「法的能力」である刑事責任能力・訴訟能力を否定しており、これが法的能力の享有を認めた障害者権利条約12条に反するのではないか、ということである。

しかし、弁護人として活動するうえでは、現在の刑法に則って、より「有利な」結論をめざさなければならない。その意味では、現状、責任能力・訴訟能力に疑義がある事案では、その点を争っていくことには変わりはないだろう。

4　差別の禁止に関する法律

⑴　障害者差別禁止法制の概観

権利条約の批准によって差別禁止法制の整備が促進された。

現在、障害を理由とする差別を禁止する法律には、障害者基本法、障害者差別解消法および障害者雇用促進法の3つがある。

以下、それぞれについて簡単に説明する。

⑵　障害者基本法

「障害者基本法」は、障害者の自立および社会参加の支援等の施策に関する基本原則を定めて国や地方公共団体の責務を明らかにしこれらの支援のための政策の基本事項を定める（同法1条）。この法律は具体的権利の根拠を定めたものではないが、障害者差別の問題に関して法律を解釈する際の重要な指針となるものである。

そして、障害者基本法2条、4条は、それぞれ以下のとおり定めている。

> **障害者基本法2条（定義）**
> この法律において、次の各号に掲げる用語の意義は、それぞれ当該各号に定めるところによる。
> (1) 障害者　身体障害、知的障害、精神障害（発達障害を含む。）その他の心身の機能の障害（以下「障害」と総称する。）がある者であつて、障害及び社会的障壁により継続的に日常生活又は社会生活に相当な制限を受ける状態にあるものをいう。
> (2) 社会的障壁　障害がある者にとつて日常生活又は社会生活を営む上で障壁となるような社会における事物、制度、慣行、観念その他一切のものをいう。
>
> **障害者基本法4条（差別の禁止）**
> 1　何人も、障害者に対して、障害を理由として、差別することその他の権利利益を侵害する行為をしてはならない。
> 2　社会的障壁の除去は、それを必要としている障害者が現に存し、かつ、その実施に伴う負担が過重でないときは、それを怠ることによつて前項の規定に違反することとならないよう、その実施について必要かつ合理的な配慮がされなければならない。
> 3　国は、第1項の規定に違反する行為の防止に関する啓発及び知識の普及を図るため、当該行為の防止を図るために必要となる情報の収集、整理及び提供を行うものとする。

このように、そもそも障害自体の概念において、障害が社会的障壁によってもたらされている（障害の「社会モデル」）ことを前提としつつ、このような社会的障壁を除去し、それにあたって必要かつ合理的配慮を提供しなければならないと定めている。

⑶　障害者差別解消法

このような障害者基本法における差別禁止の考えを、より具体的に定めたのが「障害を理由とする差別の解消の推進に関する法律」（障害者差別解消法）である。

この法律は、2013年6月に制定され、2016年4月1日から施行されたものである。「全ての障害者が、障害者でない者と等しく、基本的人権を享有する個人としてその尊厳が重んぜられ、その尊厳にふさわしい生活を保障される権利を有することを踏まえ、障害を理由とする差別の解消の推進に関する基本的な事項、行政機関等及び事業者における障害を理由とする差別を解消するための措置等を定めることにより、障害を理由とする差別の解消を推進し、もって全ての国民が、障害の有無によって分け隔てられることなく、相互に人格と個性を尊重し合いながら共生する社会の実現に資すること」を目的としている（障害者差別解消法1条）。

そのうえで、具体的に差別の禁止として、以下のとおり定めている。

> **障害者差別解消法7条（行政機関等における障害を理由とする差別の禁止）**
> 1　行政機関等は、その事務又は事業を行うに当たり、障害を理由として障害者でない者と不当な差別的取扱いをすることにより、障害者の権利利益を侵害してはならない。
> 2　行政機関等は、その事務又は事業を行うに当たり、障害者から現に社会的障壁の除去を必要としている旨の意思の表明があった場合において、その実施に伴う負担が過重でないときは、障害者の権利利益を侵害することとならないよう、当該障害者の性別、年齢及び障害の状態に応じて、社会的障壁の除去の実施について必要かつ合理的な配慮をしなければならない。

ここで定められている行政機関等とは、国の行政機関、独立行政法人等、地方公共団体および地方独立行政法人のことであり（2条3号）、これら行政機関等は、障害のある人に対して、不当な差別的取扱いをすることが禁止されるうえ、合理的配慮を提供する義務を負っている。

刑事手続との関係でいえば、警察署、検察庁、拘置所等は当然にこの行政機関等に該当することになる。

⑷　障害者雇用促進法

「障害者の雇用の促進等に関する法律」（障害者雇用促進法）においては、雇用の場面における差別禁止について定めている。

刑事手続で直接この法律を使うことは少ないかもしれないが、事件に至ってしまった背景として、職場で合理的配慮を提供されず、それによって多大なストレスを抱えていた等の事情が存在することもある。雇用の場面において、障害のある人に対する合理的配慮の提供が義務づけられていることを覚えておくとよいだろう。

5　発達障害者支援法

「発達障害者支援法」は、「発達障害者の自立及び社会参加のためのその生活全般にわたる支援を図り」、その福祉の増進に寄与すること（同法1条）を目的に、2004年に制定され、2005年に施行された法律である。

その後、2016年に法改正がなされ、司法手続における配慮について、新たな条文が定められた。

発達障害者支援法12条の2（司法手続における配慮）

国及び地方公共団体は、発達障害者が、刑事事件若しくは少年の保護事件に関する手続その他これに準ずる手続の対象となった場合又は裁判所における民事事件、家事事件若しくは行政事件に関する手続の当事者その他の関係人となった場合において、発達障害者がその権利を円滑に行使できるようにするため、個々の発達障害者の特性に応じた意思疎通の手段の確保のための配慮その他の適切な配慮をするものとする。

前記のとおり、障害者差別解消法では、行政機関等についての定めはあるものの、司法機関については定められていない。しかし、発達障害者支援法においては、明確に司法手続における配慮が規定されているのである。

発達障害のある人の事件については、この規定を根拠として、裁判所に配慮を求めていくことができるだろう。

6　精神保健福祉法

「精神保健及び精神障害者福祉に関する法律」（精神保健福祉法）は、①精神障害のある人の医療および保護を行うこと、②障害者総合支援法とともに、精神障害のある人の社会復帰の促進、自立と社会経済活動への参加の促進のために必要な援助を行うこと、③精神疾患の発生の予防や、国民の精神的健康の保持および増進に努めることにより、精神障害のある人の福祉の増進および国民の精神保健の向上を図ることを目的とした法律である（精神保健福祉法1条）。

精神保健福祉法における「精神障害者」とは、「統合失調症、精神作用物質による急性中毒又はその依存症、知的障害、精神病質その他の精神疾患を有する者」と定義づけられており（精神保健福祉法5条）、かなり広く定められている。

刑事手続との関係でとくに重要となるのが、精神保健福祉法が精神障害のある人の強制入院の手続を定めていることである。精神保健福祉法上の入院には、任意入院、措置入院、緊急措置入院、医療保護入院、応急入院の合計5つの形態があるが、任意入院以外の4つの入院については、本人の同意なしに入院を強制することができることになっている。

障害のある人の刑事事件で弁護人として活動している場合、不起訴処分に引き続いて、精神保健福祉法上の措置入院等につながっていくケースに出会うこともあるだろう。この場合にも、本人の利益を一番に考え、このような強制入院を阻止したり、入院後は退院請求を行うなどの活動を行うことが期待される。

なお、具体的な活動については、**第3章❺**に解説があるので、確認していただきたい。

11　参考文献・ウェブサイト

本章の内容に関して参考となる文献やウェブサイトを挙げる。実際の弁護活動にあたっては、ぜひこれらの文献等を読んで、活用していただきたい。

1　それぞれの障害に関して

◉DSM-5精神疾患の診断・統計マニュアル（医学書院）

◉ICD-10精神および行動の障害（医学書院）

◉標準精神医学〔第7版〕（尾崎紀夫／三村將／水野雅文／村井俊哉編、医学書院）

医学生向けの教科書。障害についての精神医学的な側面についての調査は、まずこの本を参照することから始めるのがよい。

◉知的障害のことがよくわかる本（有馬正高監修、講談社）

知的障害のある人の障害特性や、必要となる支援についてわかりやすく書かれた本。福祉的支援の利用なども含めて網羅的に書かれているため、1冊手元にあると安心。

◉発達障害者支援の実際―診療の基本から多様な

困難事例への対応まで（内山登紀夫編、医学書院）

発達障害の診断や支援方法などについて詳しく書かれた本。発達障害の専門医が中心となり書かれている。発達障害と非行・犯罪の関連性についても詳しく書かれており、参考になる。

◉発達障害ベストプラクティス―子どもから大人まで（精神科治療学29巻増刊号、星和書店）

発達障害、知的障害について、詳しく説明されている。索引もついており、辞書的に使うことができる。

◉保護観察のための発達障害者処遇ハンドブック（宮本信也監修、日本更生保護協会）

保護司など更生保護関係者向けに書かれた本。発達障害（知的障害）の理解や、実際の面接場面での工夫などについて書かれており、参考になる。

◉対人援助専門職のための発達障害者支援ハンドブック（柘植雅義／篁倫子／大石幸二／松村京子編、金剛出版）

実際のさまざまな援助場面での支援方法について書かれた本。更生支援計画の作成において、参考になる。

◉LITALICO発達ナビ（https://h-navi.jp）

発達障害に関するポータルサイト。発達障害についての知識や、福祉サービスなどについても調べることができる。

◉援助者必携はじめての精神科〔第3版〕（春日武彦著、医学書院）

クライエントとどうコミュニケーションをとるかについて、具体的なテクニックやアドバイスなどが記載されており、接見等の場面で活用できる。

◉認知症ねっと（https://info.ninchisho.net）

認知症患者とその家族のための情報サイト。認知症に関する基本的な知識や、その症状と治療法等について書かれており、参考になる。

◉パーソナリティ障害―いかに接し、どう克服するか（岡田尊司著、PHP新書）

パーソナリティ障害についての基本的な知識に加え、パーソナリティ障害のタイプ別に「接し方のコツ」が記載されている。

◉難しい依頼者と出会った法律家へ―パーソナリティ障害の理解と支援（岡田裕子編著、日本加除出版）

パーソナリティ障害に関する精神医学の見地からの解説に加え、刑事事件以外での弁護士としての対応法が記載されている。刑事事件以外についての記載ではあるが、接見や尋問等にも応用できる。

◉薬物依存とアディクション精神医学（松本俊彦著、金剛出版）

依存症とは何かという根本問題から回復のための支援まで、丁寧に書かれた本。面接で集めるべき情報なども丁寧に書かれており、接見前に読んでおくとよい。

2　コミュニケーション方法に関して

◉知的障害や発達障害のある人とのコミュニケーションのトリセツ（坂井聡著、エンパワメント研究所）

知的障害・発達障害のある人とのコミュニケーションについて、わかりやすく書かれている。具体的な方法まで記載されており、すぐに実践で活用できる。

◉子どもの面接法―司法手続きにおける子どものケア・ガイド（ミッシェル・アルドリッジ／ジョアン・ウッド著、仲真紀子編訳、斎藤憲一郎／脇中洋訳、北大路書房）

子どもから話を聞く際の注意点について、短い質問例を用いてその問題点が指摘されており、接見の際の聴き取り方や、被告人質問の質問事項を考える際に参考になる。

◉子どもへの司法面接―考え方・進め方とトレーニング（仲真紀子編著、有斐閣）

子どもの面接における課題（記憶や誘導・被暗示性など）、司法面接の基本的な進め方について具体的に記載されている。接見や被告人質問における質問方法を考えるにあたって参考になる。

◉コミック会話―自閉症など発達障害のある子どものためのコミュニケーション支援法（キャロル・グレイ著、門眞一郎訳、明石書店）

コミック会話という、会話の中で情報のやりとりを理解することに苦闘している人向けに、絵によって理解しやすくする手法を紹介したもの。自閉症やその他の発達障害の人とのコミュニケーションの際に活用できる。

◉脇中洋「わからなくても、やりとりはできる―北野事件再審請求の供述・証言分析に見た『未理解

同調性』」（季刊刑事弁護20号139〜144頁）

コミュニケーション特性としての「未理解同調性」について書かれた論文。具体的な事件の分析から未理解同調性を説明しており、参考になる。

◉越智啓太「子供の目撃者からの供述聴取における被誘導性とその対策」（犯罪心理学研究37巻2号29〜46頁）

子どもの供述の被誘導性について書かれた論文。障害のある人についても、取調べ対応の際などに参考になる。

◉テキスト司法・犯罪心理学（越智啓太／桐生正幸編著、北大路書房）

司法・犯罪に関する心理一般について書かれた本。とくに質問方法の誘導性などについて詳しく記載されている。

◉精神疾患をもつ人を、病院でない所で支援するときにまず読む本—"横綱級"困難ケースにしないための技と型（小瀬古伸幸著、医学書院）

精神障害のある人をどのように支援していくか、具体的な事例とともに書かれた本。支援者が身につけるべきテクニックがわかりやすく書かれており、参考になる。

◉知的障害のある人たちと「ことば」—「わかりやすさ」と情報保障・合理的配慮（打浪文子著、生活書院）

知的障害のある人たちへの情報保障としての「わかりやすさ」について書かれた本。「わかりやすさ」とは何なのか、なぜそれが合理的配慮として求められるのか詳しく書かれており、捜査機関や裁判所に合理的配慮の申入れ等の場面で活用できる。

3　福祉サービスに関して

◉WAM-NET（https://www.wam.go.jp/content/wamnet/pcpub/top/）

独立行政法人福祉医療機構が運営する、医療・保健・福祉全般に関するポータルサイト。障害福祉サービスはもちろん、高齢者福祉・児童福祉などについて、幅広い情報が掲載されている。

4　社会保障に関して

◉法律家のための障害年金実務ハンドブック（日弁連高齢者・障害者権利支援センター編、民事法研究会）

障害年金の制度や、実際の請求におけるポイントなども含めて解説された本。

◉障害年金請求援助・実践マニュアル—精神障害者の生活を支えるために（高橋芳樹監編、精神障害年金研究会著、中央法規）

障害年金の請求について詳しく書かれた本。書式等も豊富に掲載されており、請求をする際に参考になる。

◉生活保護手帳／別冊問答集（中央法規）

生活保護の申請時から受給後までの行政運用の基準が記載されたもの。生活保護申請に同行する際など、必ず確認すること。

◉生活保護法的支援ハンドブック〔第2版〕（日本弁護士連合会貧困問題対策本部編、民事法研究会）

生活保護の問題になりやすい点について、弁護士の視点から書かれたもの。弁護士としてどのような活動をすべきか参考になる。

◉改正生活保護法—新版・権利としての生活保護法（森川清著、あけび書房）

生活保護法の変更点について、逐条的に解説したもの。判例や事例が多く記載されており、参考になる。

5　その他

◉更生支援計画をつくる—罪に問われた障害のある人への支援（一般社団法人東京TSネット編／堀江まゆみ・水藤昌彦監修、現代人文社）

更生支援計画を作成するソーシャルワーカー向けの本ながら、刑事裁判の流れから更生支援計画の立て方まで豊富な参考書式をもとにわかりやすく解説してあり、弁護士にとっても有用。

◉精神保健福祉法詳解〔4訂〕（精神保健福祉研究会監修、中央法規）

精神保健福祉法について詳しく解説された本。精神保健福祉法に関して活動する際には、手元においておきたい本。

◉自由を奪われた精神障害者のための弁護士実務—刑事・医療観察法から精神保健福祉法まで（姜文江／辻川圭乃編、現代人文社）

精神保健福祉法、医療観察法、刑事事件について、網羅的にその弁護士実務を解説した本。

第3章 障害のある人の刑事弁護のポイント

1 捜査編

本節では、障害のある人の刑事事件の捜査段階における弁護活動のポイントについて述べる。

1 接見――障害への気づき

(1) 障害に気づくことの重要性

「障害のある人」の刑事弁護は、被疑者・被告人に障害があることに弁護人が気づくことから始まる。

この点、そもそも支援者からの紹介を受けて受任したような事件の場合は障害に気づくことは容易であるが、すべての障害のある人が福祉的な支援につながっているわけではない。たとえば、2006年に行われた厚生労働科学研究における実態調査では、刑務所に収容されている知的障害のある人または知的障害が疑われる人410名のうち、療育手帳を所持していた人は、わずか26名、割合にして6.34%という結果が出ている[1]。

障害がある被疑者・被告人の多くが、それまで障害の存在を見落とされ、必要な福祉的支援を受けられず、生きづらさを抱えたまま犯罪に至っているのが現実である。そのような人の弁護を担当した場合、私たちには、障害に気づいて、必要な福祉的支援につなぎ、生きづらさを解消するための活動が求められている。

(2) 障害に気づくためのポイント

では、被疑者・被告人の障害に気づくためには、どのような点に注意すればよいだろうか。

具体的には、次頁のチェックリストのような観点から、接見時の気づきを得るべきである。

これらに該当する場合、被疑者・被告人に何らかの障害がある可能性がある。ただし、これはあくまでも参考となるポイントをまとめたものであり、「○○個以上該当すれば障害のある可能性が高い」という性質のものではない。1つでも当てはまれば、障害がある可能性があると考えて活動すべきだろう。

また、突然、「精神科へ通院したことはありませんか」、「精神障害者保健福祉手帳を持っていますか」などと直接的に質問することは、信頼関係の構築の観点から望ましいとはいえない。本人の現在の健康状態を聴いたり、今までの生活歴全体を聴き取る中で、チェックリストの項目について、自然に聴き取っていくことが重要である。

たとえば、以下のような方法もあるだろう。

- 読字能力を知るために→接見時に何らかの書類を示して読んでもらう
- 書字能力を知るために→被疑者ノートを書いてもらう、日記をつけてもらう
- 空間把握能力を知るために→自分の部屋の様子や事件現場を絵で描いてもらう
- 計算能力を知るために→月の収入や家賃を確認して、本人に残りの生活費がどのくらいになるか教えてもらう

また、障害のある人の中には、自分に障害があることをほかの人には隠しておきたいと考えている人もいる。そのような人については、本当は手帳を所持していたり、通院歴があるものの、そのことを弁護人には話さないという人もいる。このような場合に、通院歴等が後日判明した場合であっても、嘘をつかれたと受け止めたり、本人を責めるべきではない。なぜすぐに伝えられなかったのか、本人の気持ちに寄り添って考える必要がある。

(3) 障害に気づくための視点

チェックリストの項目のほかにも、注意すべき点は多数ある。

1　田島良昭「罪を犯した障がい者の地域生活支援に関する研究」(厚生労働科学研究費補助金 障害保健福祉総合研究 平成19年度 総括・分担研究報告書、2008年4月)。

事件の経緯、内容等から

□　動機と犯行内容に乖離がある（根本には、不満をもっている、怒りや恨み等のそれなりに納得できる動機があるが、その動機と具体的な犯行の内容、対象、時期等の間には乖離がある場合もある）。
□　犯行が「一方的、マイペース」な対人関係に起因している（相手の気持ちを一切考慮しないまま犯行に及んでいる等）。
□　生じた結果について予測し、あるいは意識した形跡がない（このような結果になるとはまったく思っていなかった等）。
□　事件前後の経緯あるいは事件自体に、強いこだわりが認められる。
□　妄想と考えられる部分がある。
□　健忘（記憶障害）がある。

接見時の言動から

□　視線が合わない。
□　身体のどこかをずっと触り続けている。
□　身体を前後に揺すっている。
□　言葉遣いやイントネーションに違和感がある。
□　言葉を字義どおりに捉えてしまう。
□　文脈や行間を読まない。
□　指示語やたとえ話、比喩等が通じない、ジェスチャーや、曖昧な表現、ニュアンスが理解されない。
□　質問と答えが噛み合わない。
□　自宅の住所や電話番号が答えられない。
□　家族構成を説明できない。
□　簡単な言葉（事件、犯行、動機、経歴、検察官、弁護士等）が理解できない。
□　漢字が読めない。
□　会話が一方的でマイペースである（唐突に話し出したり、質問をしたりする等）。
□　被害者等の気持ちを考えることが極めて難しい（手紙や反省文がまったく書けない等）。
□　独特な表現や言い回しが多い。
□　１つのことに固執する傾向が強い。
□　場違いな発言や表情がみられる。
□　自発的な発言がみられない。
□　質問に対して「はい」としか答えず、矛盾した問いに対しても「はい」と答える。
□　やりとりの中で、こちらの望むような答えをしていることが多い。
□　他人や組織に対する不満等をもつ経緯が一方的である。
□　要求水準が過度に高く、他人に対して「～であるべき」「～すべき」という強い期待をもっており、それに反する行動をとる人への寛容さを欠いている。
□　自己本位になっている。
□　起きた出来事、目撃したことのディティールに及ぶ情報まで詳しく覚えていて、まるで今その場面を見ながら話すように再現する。
□　話しているテーマとは関連性が低いディティールを詳しく話す。
□　繰上げ計算ができない。

成育歴、生活歴から

□　精神障害者保健福祉手帳、療育手帳を持っている。
□　特別支援学級、特別支援学校への通学歴がある。
□　自立支援医療受給者証（精神通院医療）[*1]を持っている。
□　障害年金[*2]を受給している。
□　職場を頻繁に変わっている。
□　もらっている給料が極端に低い（障害者就労継続支援Ｂ型事業所[*3]などで就労している場合には、工賃などの名目で賃金が支払われるが、その金額は最低賃金を下回るものであることがほとんどである）。
□　眠れない日が続くなどの傾向がみられる。
□　精神科や心療内科等の入通院歴がある。
□　向精神薬や睡眠導入剤等を服薬している。または過去にこれらの服薬歴がある。

*1　自立支援医療（精神通院医療）：精神障害で、通院による精神医療を続ける必要がある状態の人に、通院のための医療費の自己負担を軽減する制度。
*2　障害年金：一定の障害の状態にある人に対して支給される公的年金の総称。障害基礎年金、障害厚生年金などがある。
*3　障害者就労継続支援B型事業所：通常の事業所に雇用されることが困難な就労経験のある障害者に対して、生産活動などの機会の提供、知識および能力の向上のために必要な訓練などを行うサービスを提供する事業所。障害者総合支援法における就労系障害福祉サービスとしては、他に、就労移行支援事業、就労継続支援事業A型がある。なお、就労継続支援事業A型については、事業所と利用者が雇用契約を締結し、原則として最低賃金が支払われることとなる。

精神障害、知的障害、発達障害は、障害が可視化されておらず、また、本人や家族等も障害に気づかず、事件まで、特別な教育や医療、心理、福祉のサービスをまったく受けていないことも少なくない。障害の程度が軽い場合は、本人が生きづらさ等を抱えていても、日常生活は大きく破綻せず、なんとかやりくりできていて、チェックリストの項目には当てはまらないことも多い。とくに、幻覚妄想等を伴うわけでもなく、精神の不安定さが言動に直に現れるとも限らない知的障害、発達障害を見逃さないためには、接見でのやりとりを通じて感じた素朴な違和感を大切にすることが重要である。

さらに、一見すると、自分のやったことや事件に向き合っていないとか、「反省」の意識が薄いと感じられる場合でも、なぜ、そういう反応が返ってくるのか、それが障害特性の現れではないかという視点をもつことで、障害に気づくきっかけとなることがある。このような気づきを得るためには、以下のような視点をもつことが重要だろう。

ただし、以下のような特性があるからといって特定の障害があると断定されるわけではない。たとえば、下記の「先のことを見通すことが苦手」という特性は、知的障害があるために知的機能が制限されて未来という漠然としたものを理解することが難しい場合もあれば、発達障害があるために能力に凸凹があり、行動の結果で何が起こるかを想像しづらい場合や、精神障害があるために認知機能障害が生じ自分の行動を予測する判断力が低下している場合もある。弁護人がある1つの特性に当てはまるから特定の障害があると判断するのではなく、気になることがあれば医師等の専門家に意見を仰ぐべきである。

ア　先のことを見通すことが苦手

たとえば、先のことを見通すことが苦手な人は、そのような行為をすればどういう結果になるか、刑務所に入るとどういう生活が待っていて、自分がどんなダメージを受けるか検討できないまま、唐突に犯罪行為をしてしまったりすることがある。また、ホームレス状態で起こした事件で、釈放後の生活を具体的にイメージすることが難しいため、今後の生活について話をしても、「なんとかなる」「以前のように公園で暮らす」という安易な回答が返ってくるようなこともある。

このような場合、先のことを見通すことが苦手な障害特性をもっている可能性がある。

イ　葛藤の処理・言葉での表現が苦手

障害特性により葛藤の処理・言葉での表現が苦手な人の場合、犯行の動機・経緯について、「イライラしてやった」「ムラムラしてやった」等の抽象的で曖昧な説明に終始し、こちらが場面を区切ったり、対象を限定して深めようと質問を重ねても、やりとりが深まらなかったり、一見するとこちらに対して怒っているような言動をとることがある。

ウ　身近のことに興味関心が集中する傾向

自分のしたことの社会的意味や、自らが置かれた立場をうまく理解できないため、興味関心の対象が身近なこと（たとえば、重大な事件を起こしており、自らに対しても重い刑が予想されるのに、いつになったらタバコが吸えるようになるか、いつも読んでいる漫画を読みたいので差し入れてほしいと言うなど）に集中し、事件に向き合っているように見えず、一見すると反省していないように感じることもある。

エ　未理解同調性

わかっていないという方向の特性・傾向とは逆に、話していて相槌のタイミングが異常に早いとか、難しい概念や手続の説明に対して何の留保もなくすぐに「わかります」と言ったり、考えてもらうことを予定しているこちらの提案にためらいなく賛同するような場合は、いわゆる「未理解同調性」の現れである可能性もある。

他の話題のときに比べ、刑事手続上のことになるとやたらと難しい言葉、抽象語を使うような被疑者も、注意が必要である。これも、理解はしていないものの、単に刑事手続に慣れていて、以前の手続で覚えた単語を、意味するところを本当には理解しないまま並べているだけの可能性がある。

オ　まとめ

犯罪行為に及んでしまう人の中には、障害があるわけではないが、刹那的で短絡的な行動をとる人、物事を深く考えず言葉でのコミュニケーションを面倒がる人、自分の利益になることにしか関心がない人もいる。それによって、刑事弁護の経験を重ねれば重ねるほど、「ああ、またこういう人か」と悟ったような気持ちになってしまうこともあるだろう。

しかし、何度も接見でやりとりを重ねていると、そもそも、自分の発している言葉の意味が理解されていないのではないか、前回のやりとりからの上積みがされていないのではないか、という感覚をもつことがある。

このような点からも、障害への気づきを得るためには、上から目線ではなく対等な立場で本人とやりとりをしたうえで、相手が自分をどう見ているか、どう理解しているかといったことをその視線や表情、身振りなどから考えていくことが必要である。

⑷　障害があるかもしれないと感じた場合の対応

障害があるかもしれないと感じた場合、弁護人の素人判断だけに基づいて弁護方針を確定することは危険である。弁護士は、医学の専門家でもなければ、福祉の専門家でもない。

そのため、障害についての専門的知見を有し、障害がある人と関わった経験が豊富な精神科医、臨床心理士、ソーシャルワーカー等の専門家に意見を求めるべきである（後記**4**も参照）。

この点に関して、近年、弁護士会と、社会福祉士会、精神保健福祉士協会等が協定を結ぶなどして、ソーシャルワーカーに接見同行を依頼できるしくみが広がっている。個人的な知り合いに詳しい専門家がいない場合は、所属弁護士会の刑事弁護委員会にそのような制度がないか確認し、使える制度があればその利用を検討するとよい（各地の連携の制度に関しては、**第1章❷**を参照）。

東京では一般社団法人東京TSネットが更生支援コーディネート事業を行っており、全国的にもTS（障害がある人のためのトラブル・シューター）ネットワークが広がりつつあるので、近くに地域のTSネットがある場合には、そこに相談することも考えられる。

そのような形で専門家と連携し、専門家による見立てを参考にすることで、障害に配慮した弁護方針を立てることができる。

また、地域や事業所によって、提供されるサービスやお願いできる協力に違いがあるが、地域生活定着支援センター、発達障害者支援センター、基幹相談支援センター、知的障害者更生相談所、生活困窮者自立相談支援事業の窓口、相談支援事業所、自治体の独自事業で相談支援を行っている部署等に相談すると、障害に詳しい福祉や心理の専門職から障害の見立てについてアドバイスをもらえたり、接見同行をお願いできることもあるので、連絡して相談してみるとよい。

あわせて、専門家に意見を求めるにあたっては、被疑者の家族、知人等からの従前の生活状況等の聴取、生活保護担当者からの聴取、介護等のサービス提供者からの聴取、通院先やかかりつけの薬局の担当者からの聴取等を行うことが必要だろう。これが本人の障害の有無等の判断にあっての重要な資料となることがある（後記**5**参照）。

⑸　接見における工夫

障害への気づきにおいても、弁護方針を決めるにも、接見での情報収集は重要である。ところが、障害がある人はコミュニケーションに困難を抱える人が多く、弁護人の側にそれに対応できる接見スキルがないと十分な情報を取得できず、なにより本人の意思が置き去りにされた弁護となってしまう。

そのため、接見においては、以下のような点に工夫をしていくことが必要である（**第2章❼**も参照）。

ア　接見スケジュールにおける配慮

まず、障害がある人は、集中力が続く時間に限界がある場合が多い。そのため、1回の接見で長時間のやりとりを行うと、集中力が続かず、意味を十分理解できないままやりとりが進んでいったり、事実に反するやりとりが多くなるおそれもある。そのため、1時間の接見を1回するよりは、30分の接見を2回行うほうが、本人にとって負担とならない場合もある。いずれにしても、頻回な接見ができるようにスケジューリングを工夫したい。

また、精神障害がある人などは、夕食後、睡眠導入剤等を服用している場合もあり、夜間の接見は薬の影響で眠気が強く、しっかりしたやりとりができない場合もある。そのような場合は夜間の接見を避けるべきである。

なお、障害がある人の中には、次の予定が決まっていないと不安を覚える人や、予定と違う出来事を受け入れることが難しい人もいる。そこで、接見終了時には次の接見予定を伝え、一度伝えた接見予定は必ず守ることが望ましい。万が一、伝えた予定どおりに接見できなくなった場合、次の接見では、約束を守れなかったことについて事情を説明して理解を求めることに努めるべきである。また、次の接見まで時間が空いてしまう場合は、電報等で事情を説明するなど、被疑者が不安にならないように工夫が必要である。

イ　接し方における配慮

障害がある人とのやりとりでは、否定的な言葉遣いを極力避けて、肯定的な表現を用いるべきである。障害がある人は、これまでの人生の中で、障害があることを理由に他人からバカにされたり見下されたりという経験を繰り返してきている人も多い。そのような経験をもつ人は、否定的な言葉を使われると、自分の存在が否定された、拒否されたと受け止めてしまうこともある。弁護士としては何気ないやりとりでも、相手にとってはネガティブなイメージが残ってしまい、率直な話をしづらくなったり、信頼関係にマイナスの効果をもたらしてしまうこともある。意味としては同じでも、「〜したらダメですよ」というのではなく「○○できるといいですね」、「△△はできません」ではなく「××ならできます」というような置き換えをするだけで、このような行き違いを防ぐことができる。

また、相手が話しているときに、視線を合わさず、無表情でノートパソコンに向かってメモをとったりすると、話をちゃんと聞いてもらえているのか不安にさせてしまったり、怒っているのではないかと思わせてしまうこともある。笑顔を見せたり、うなずきながら聞く場面を増やすなどの工夫も重要である。

さらに、弁護士は、無意識のうちに早口で話をして、相手にもせっかちに答えを求めがちである。障害がある被疑者・被告人に対しては、意識的にゆっくり話をし、間を置いて相手からの答えをじっくり待つようにしたい。その間が、依頼者が自分を中心に考えてくれていること、その主体性を尊重してくれていることを担保し、信頼関係の構築にも資することになる。

ウ　具体的な質問における配慮

具体的な質問においても、配慮が必要である。

当然のことであるが、相手が理解できないような法律専門用語は用いず、日常使う平易な言葉を使うべきである。障害がある人は抽象的思考が苦手な人も多いため、抽象的な聞き方ではなく、場面を区切った具体的事実を聞くほうがよい。複雑な質問も避け、ワンセンテンス・ワンファクト（1つの文章で1つの事実）、ワンセンテンス・ワンミーニング（1つの文章で1つの意味）の質問をする。

また、障害がある人は被誘導性・迎合性が高い人が多く、こちらが誘導尋問をすると事実と異なる答えが返ってくる確率が高まる。可能な限り誘導を避け、対象・場面を限定したうえでのオープンクエスチョンを用いるべきである。

たとえば、「昨日の取調べはどうでしたか？」というのは、オープンクエスチョンではあるが、対象・場面が限定されておらず、何を聞かれているのかわかりづらい。そうではなく、「昨日の取調べでは、刑事さんに何を聞かれましたか」と尋ねれば、聞かれて

C O L U M N

事実を「正確に」聴き取るために

依頼者との接見や関係者との面談等、弁護人の重要な仕事のひとつに、「事実を聴取する」ことがある。もっとも、「誘導しない」「オープンクエスチョン」などの基本的な作法を守っていても、障害等の影響により依頼者等から「正確に」事実を聴取することに困難が伴う場合がある。このような場合に、事実を「正確に」聴き取るためのひとつのアイディアとして、司法面接の手法を取り入れることが考えられる。

司法面接とは、子どもや障害者等を対象に、①聴取りが子ども等に与える負担をできる限り少なくする、②子ども等から聴き取った話の内容が誘導の結果ではないかという疑念をもたれる可能性をできるだけ排除する、③子ども等の関わった事件が虚偽の話ではなく実際にあった出来事であるかを検討するための情報を得る、という3つを目的として行う面接のことである。

具体的な司法面接の方法を紹介したものとして、M・アルドリッジ／J・ウッド（仲真紀子編訳／齋藤健一郎・脇中洋訳）『子どもの面接法―司法手続きにおける子どものケア・ガイド』（北大路書房、2004年）などがある。

いるほうは答えやすい。続けて、「それに対して、あなたは、どう答えましたか」「そう答えると、刑事さんは何と言ってきましたか？」という具合に聴取りを重ねるとよい。

なお、オープンクエスチョンだとどうしても答えにくい、という場合もありうる。そのような場合には、選択式質問（「Ａですか？　Ｂですか？　Ｃですか？それ以外ですか？」などの質問）などを使うことも有用である（**第２章❼４**参照）。

エ　ビジュアルエイドの利用

認知特性は人により異なり、視覚優位な人も、聴覚優位な人も存在する。視覚優位な人の場合、言葉での説明だけでは理解することが難しいことでも、図や表、写真等のビジュアルエイドを使うと理解ができる、ということもある。

そのような場合に備えて、多くの事件で共通して説明することが必要となる刑事手続の流れや権利の告知、弁護士の役割等については、あらかじめ簡単な図面を用意しておき（**書式１**）、それを使って説明すると理解の助けになる。

また、環境調整等を行う場合も、福祉サービスや事業所等に関して、接見で言葉だけで説明するより、パンフレットや写真、ウェブサイトの写し等を見せながら説明するほうが伝わりやすいであろう。

なお、接見で使ったビジュアルエイドは、捜査機関に見られても問題ないものであれば、コピーをとったうえで本人に差し入れておけば、必要に応じて振り返って確認するのに役立つ。

さらに、被疑者ノートについて、日弁連の作成した被疑者ノートは、障害がある人にとっては複雑過ぎるとの指摘もあるので、記載事項を絞った簡易版の被疑者ノート（**書式２**）を用いるなどの工夫も検討すべきである。

オ　弁護人による被疑者の供述、精神状態等の保全

現行犯逮捕された事件や、事件後時間を置かずに逮捕されたような事案では、初回接見や早期の段階で、被疑者の初期供述の内容や精神状態等を保全しておくことも検討すべきである。

事件当時は、幻覚妄想等があったり、強いうつ状態があっても、時間の経過とともにそれらの症状が収まり、後に鑑定を受ける段階では、鑑定人に被疑者の供述や態度からダイレクトにそれらを伝えられないという事態も十分ありうる。そのような場合、後記のように、現在では、捜査機関によって取調べが録音録画される可能性も高く、その場合には、それを鑑定資料とすることができるだろう。しかし、取調べでは出てこない供述が接見でのみ現れることもあるし、被疑者の供述や精神状態を把握するための資料が多くて困ることはない。

また、供述経過等によって被疑者（被告人）供述の信用性を争う場合や、責任能力を争う場面以外でも、被疑者の供述や精神状態等の保全が弁護活動にとって重要な場面がある。すなわち、コミュニケーションや認知の特性等から隠れた障害等、本人の生きづらさ等を把握し、環境調整等につなげるという場面である。

捜査機関は、訴訟能力や責任能力を吟味する観点からの取調べを行うことはあっても、訴訟能力や責任能力に影響を与えない程度の軽度の障害等を把握し、社会復帰後の生活支援に結びつけることを意図した取調べがなされることは、現状では期待できない。そのような観点から、被疑者のコミュニケーションや認知の特性を浮き彫りにするようなやりとりを接見で行い、それを録音録画したものを障害に詳しい専門家に見せ、考えられる障害や生きづらさ等についてアドバイスを求めることは、弁護人にしかできない活動である。

そして、供述内容に関しては、被疑者本人作成の供述書や、弁護人面前調書、接見メモ等でも保全しうるものの（ただし、これらは伝聞証拠であるから、使い方によって証拠能力や証明力に限界があることに留意）、被疑者のコミュニケーションや認知の特性を伝えるためには、やりとりの場面を録音録画し、それを専門家に見せることが必要である。そのため、弁護人は、接見の際には、常にICレコーダーやスマートフォン等を携行すべきだろう。留置係からそれらを預けるように求められても、「刑事収容施設及び被収容者等の処遇に関する法律」75条３項および212条３項が、刑事施設内における所持品検査の対象から弁護人等を除外していることを説明すればよい。

なお、拘置所や留置施設は、面会室内での録画機器・録音機器の使用を禁止しており、使用が発覚した場合には、途中で接見を中止させたり、後から懲戒請求をするなどといった事例も出てきている。

いわゆる竹内国家賠償請求訴訟はそのひとつである。東京拘置所の面会室内において、接見中に被告人の健康状態の異常に気がついた弁護人が、弁護活動の一環として、証拠保全目的で被告人を写真撮影したところ、拘置所職員から写真撮影行為を制止され、接見を中止させられた。これに対して、弁護人が国家賠償請求をしたというものである。

第一審[2]では、10万円の損害賠償請求が認められたものの、高裁[3]では、写真撮影等について接見交通権の保障が及ばないとされ、原告の請求が棄却された。そして、最高裁でも原告による上告および上告受理申立てが退けられた。

しかし、日本弁護士連合会は、2011年1月20日「面会室内における写真撮影（録画を含む）及び録音についての意見書」において、「弁護士が弁護人、弁護人となろうとする者もしくは付添人として、被疑者、被告人もしくは観護措置を受けた少年と接見もしくは面会を行う際に、面会室内において写真撮影（録画を含む）及び録音を行うことは憲法・刑事訴訟法上保障された弁護活動の一環であって、接見・秘密交通権で保障されており、制限なく認められるものであり、刑事施設、留置施設もしくは鑑別所が、制限することや検査することは認められない」としている。また、前記竹内国家賠償請求訴訟に関する2016年6月17日「面会室内での写真撮影に関する国家賠償請求訴訟の最高裁決定についての会長談話」においては、「撮影や録音は被疑者等の言い分の確保をはじめとする確実な証拠保全のための弁護人等のメモやスケッチの作成等に準じるものであり、正に接見交通に不可欠な手段であって、当然に接見交通権の保障が及ぶものである」と述べている。

弁護人としては、裁判所に対して証拠保全の申立て（**書式3**）をすることも考えられる。しかし、裁判所は、容易にはこれを認めず、保全の必要性をめぐって手続が迅速に進まないことなどもあって、弁護人による接見の録音録画には、他に代えがたい利点がある。弁護人としては、後に被疑者の精神状況を立証する場合等に備えて、必要な場合に弁護人が接見の録音録画を行うことを躊躇すべきではない。

2　取調べに対する対応

⑴　供述態度・証拠化に対する態度決定

障害がある人の弁護においても、取調べに対してどのような方針で臨むかの選択は、捜査弁護の重要な位置を占める。弁護人は、初回接見の段階から、事案の概要と被疑者の言い分を聞き、取調べにどのように対応するか、すなわち、そもそも供述するか黙秘するか、供述する場合にはそれを証拠化するか（署名押印をさせるか）の選択を迫られる。

後記のとおり、現在では障害を抱えた当事者の取調べは録音録画されているケースが多い。そのため、署名指印を拒否したとしても、取調べを記録したDVDが実質証拠として証拠調べ請求される可能性もあり、黙秘するかの判断は重要性を増している。

取調べに対する弁護方針の決定にあたっては、事案の見立てや黙秘の効果等の刑事手続に関する専門的判断が必要である。そのため、黙秘するのか、あるいは供述するのかの方針は弁護人が決めるべきであり、本人に判断を丸投げすべきではない。そのうえで弁護人は、その方針を選択することが本人にとってどれだけ利益になるのか、本人にも理解できる形で説明を尽くすことで、対応について了解してもらい、取調べにおいて実践してもらう必要がある。

障害がある人の場合、そもそも、黙秘ができないのではないかとの疑問をもつかもしれない。黙秘権行使後の取調べにおいて、取調官の対応が厳しさを増す可能性もあり、障害のある人の場合、そのことが、本人にとって非常に大きな負担になるのではないか、との懸念もあるだろう。

しかし、黙秘したことを契機として、威圧的な取調べ等がなされるのであれば、それは弁護人からの申入れ等を通して改善を図るべきものといえる。むしろ、黙秘を続けることで、かえって取調べが減少することもありうる。

それに、障害があるというだけで、黙秘ができないと断ずることもできない。たとえば、発達障害のある人の中には、一度決めたルールは頑なに守ること

2　東京地判平26・11・7判タ1409号306頁。
3　東京高判平27・7・9判時2280号16頁。

が得意な人も存在する。その場合、本人が黙秘の方針の意図とアドバイスを十分理解し、弁護人との間でルール化しておけば、そのような特性がない人より黙秘が容易な場合もある。「障害があるから」というだけで、弁護人が黙秘権行使のためのアドバイスをしないことは、障害を理由とした差別とさえいえる。

こうしたことからすれば、障害を抱えている場合でも、以下で述べるとおり、黙秘を原則として考えるべきことに変わりはないものといえる。

障害がある人の捜査弁護においても、黙秘は強力な武器になりうるのであり、黙秘するか供述するか、供述するとしてそれを証拠化するかの判断は、①公判請求必至の事案か、それとも不起訴・略式起訴が狙える事案か、②被疑事実に対する本人の主張、③本人の性格・特性といった要素に照らして行うことになるのは、障害がある人とない人で大きな差はない。

若干敷衍すると、公判請求必至の事案（殺人等の重大事案等）であれば、基本的には、捜査段階で供述するメリットはほとんどなく（起訴後の保釈の許否の判断に影響を与える場合が考えられないではないという程度であろう）、黙秘が原則的な選択となることは、障害がある人の場合であっても異ならない。公判請求が避けられないのであれば、本人の言い分は、情報を整理し、十分打合せをしたうえで、公判の被告人質問で展開すればよいことがほとんどである。

公判廷での供述に加え、供述経過や供述時期が重要となる場合であっても、捜査機関に供述の保全を委ねるべきではない。弁護人において、供述時期を含めた保全手段（たとえば、接見の録音録画、本人の供述書や弁護人面前調書、接見メモ等の作成、それらへの確定日付の取得等）を講じるべきなのである。これらの方法は、弁護人において本人の供述をコントロールできること、後に証拠を検討したうえで、保全した供述を法廷に顕出させるかを選択できる点で、捜査機関に供述するよりはるかに有効な方法である。

また、勾留理由開示期日において、被疑者本人の意見陳述を行う方法によって保全することも考えられる。ただし、この方法の場合には、証拠能力の問題が生じない一方、供述を顕出させるかを弁護人において判断することができなくなるので、どれだけ詳細に意見を述べさせるか、その内容が証拠を検討していない段階でも相当確実なものなのかといった判断が必要になる。

他方、不起訴・略式起訴が狙える事案の場合、供述し供述録取書の作成に応じたほうが、不起訴・略式起訴の決裁が通りやすいということがしばしばいわれる。しかしながら、実際問題として、不起訴・略式起訴相当事件で、黙秘や署名押印拒否をしたからといって、それに対する報復的な公判請求がされるとは考えにくい。もっとも、黙秘を選択した場合、被疑者の供述態度が捜査機関を通じて被害者に伝わり、被害弁償や示談交渉にマイナスの効果を及ぼす可能性はあるので、この部分については示談交渉の際に被害者に説明をするなど手当が必要となることはある。また、黙秘を貫くために連日接見等により本人を励まし、捜査機関に取調べ方法について抗議（**書式４、５**）や申入れを行う必要があるだろう。

なお、障害がある人の弁護においては、福祉等の他領域の支援者と協働する場面も増える。こうした他分野の人の場合、黙秘は卑怯であるとか、自分がしたことに対する説明責任があるとの意識をもつ人がいたり、本人の今後の立ち直りにとって誤学習になる（黙っていれば許されるなどと学んでしまう）等のマイナスの効果が及ぶのではないかといった疑義が呈されることもある。そのような場合、支援者との関係性は重要であるから、支援者に対しても黙秘権の意義や効果等を説明し、理解を得るよう努めるべきだろう。

仮に、理解を得るに至らない場合には、弁護人は、最終的には支援者の側に立つのではなく、被疑者の法的利益を第一に考えて弁護方針を決めるべきである。

⑵　取調べの可視化に関する運用

ア　取調べ可視化の本格実施

今日においては、知的障害を中心とするコミュニケーションに困難がある人の取調べについては、録音録画が実施される場面が急速に広がってきている。検察庁では、法律上の対象事件（①裁判員裁判対象事件、および②検察官独自捜査事件）に加え、

③知的障害者の事件および④精神障害者の事件の4類型を「本格実施」と呼んで、取調べの録音録画を実施している。知的障害者の事件および精神障害者の事件については、最高検「取調べの録音・録画の実施等について（依命通知）」（平成31年4月19日最高検判第5号）が本格実施の根拠となっている。

また、警察での取調べについても、警察庁刑事局長「取調べの録音・録画の試行指針の制定について」（平成31年4月26日警察庁丙刑企発第113号）により可視化の試行がなされている。

イ　刑訴法改正

さらに、2019年6月1日から、刑訴法改正に伴い、取調べの可視化に関する義務化の規定が施行されている。本改正のポイントは、以下のとおりである。

まず、①裁判員裁判対象事件および②検察独自捜査事件（いわゆる特捜事件）において、取調べの全課程の録音録画（可視化）が義務づけられた（刑訴法301条の2第4項）。

そのうえで、公判において被告人の供述調書の任意性が争われた場合には、まずは検察官から、当該調書が作成された取調べまたは弁解の機会の開始から終了に至るまでの間における被告人の供述およびその状況を記録した記録媒体の取調べを請求しなければならない（同条1項）。

そして、法定の除外事由（同条4項各号）に該当する場合を除き、検察官が同条1項に規定する記録媒体の取調べを請求しないときは、裁判所は、決定で、調書の取調べ請求を却下しなければならない（同条2項）。

ウ　弁護実践の重要性

障害のある人の事件においても、裁判員裁判対象事件の場合には、当該規定により、取調べはその全課程が基本的に録音録画されることになる。ただし、それでもなお、法定の除外事由に該当するものとして、録音録画が実施されないケース等はありうるし、対象事件外であれば、可視化がなされなかった場合のサンクションは定められていない。こうしたことからすれば、法改正がされた現在でも、可視化の申入れや取調べへの立会いの申入れを行うことが必要であることに変わりはない（**書式5**）。障害のある人の場合には、その要請はさらに強いものであることは忘れてはならない。

また、可視化が原則とされている以上、常に供述は記録されうることにもなり、黙秘権行使の重要性はさらに高まっていくはずである。依頼者の黙秘権をおざなりにして、いかなることを供述するかを捜査機関に委ねてはならない。黙秘を原則としたうえで、黙秘を解除するのか否か、解除する場合には、いつ、どのような内容を述べるのかといった形で、弁護人が主導権をもつことが重要である。そのためにも、捜査段階における適切な弁護対応と頻回な接見のうえでの助言が必要である。

⑶　取調べ録音録画記録媒体（取調べDVD）についての注意点と弁護実践

ア　記録媒体の証拠採用に関する裁判例

前記のような可視化の浸透に伴い、取調べ録音録画記録媒体（以下、簡便に「取調べDVD」という）が事件において作成されることは、今後さらに増加していくことが想定される。そして、取調べDVDが、事件において証拠調べ請求されることも増加する可能性が高い。

署名押印拒否のみを指示したとしても、供述自体を行えば、供述調書が存在しなくても、その供述を録画した取調べDVDが実質証拠として証拠調べ請求される可能性は否定できない。

この点、東京高判平28・8・10高刑集69巻1号4頁、判タ1429号132頁では、検察官から実質証拠として取調べ請求がされた被告人の自白を内容とする取調べDVDについて、取調べの必要性を否定して請求を却下した原審の証拠決定には合理性があり、同証拠決定が証拠の採否における裁判所の合理的な裁量を逸脱したものとは認められないとした。

同判決は、取調べDVDを実質証拠として利用することについて、次のような判断を示している。裁判所は現在、基本的に同判決の下記判断のとおり、基本的には実質証拠としての利用について消極的な意向を有しているものと思われる。

「我が国の被疑者の取調べ制度やその運用の実情を前提とする限り、公判審理手続が、捜査機関の管理下において行われた長時間にわたる被疑者の取調べを、記録媒体の再生により視聴し、その適否を審査する手続と化すという懸念があり、そのような、直接主義の原則から大きく逸脱し、捜査から独立した手続とはいい難い審理の仕組みを、適正な公判審理手続ということには疑問がある。

また、取調べ中の被疑者の供述態度を見て信用性を判断するために、証拠調べ手続において、記録媒体の視聴に多大な時間と労力を費やすとすれば、客観的な証拠その他の本来重視されるべき証拠の取調べと対比して、審理の在り方が、量的、質的にバランスを失したものとなる可能性も否定できず、改正法の背景にある社会的な要請、すなわち取調べや供述調書に過度に依存した捜査・公判から脱却すべきであるとの要請にもそぐわないように思われる。

したがって、被疑者の取調べ状況に関する録音録画記録媒体を実質証拠として用いることの許容性や仮にこれを許容するとした場合の条件等については、適正な公判審理手続の在り方を見据えながら、慎重に検討する必要があるものと考えられる」。

なお、すでに述べたとおり、実質証拠として請求されない場合も、裁判員対象事件等で自白の任意性を争った場合には、取調べDVDの請求は今後義務的なものとされる。加えて、調書における自白の任意性・信用性判断の補助証拠として、取調べDVDが請求される可能性も否定できない。

この点、東京高判平30・8・3（いわゆる「今市事件」）では、第一審で取調べDVDが自白の信用性の補助証拠として取り調べられたことについて、原判決の判断は同DVDで再現された被告人の供述態度から直接的に被告人の犯人性を認定するものとなっているとした。

また、①取調べDVDを信用性の補助証拠とした場合、それを実質証拠とするのと実際の心証形成は異ならないものとなる可能性があること、②採用する範囲をよく吟味しなければ、本来は判断材料とすることの相当性を慎重に考えるべき場面や事柄（取調官に対して沈黙する際の表情など）から心証形成が行われる危険性もあること、③取調べDVDで再現される取調べ状況等を見て行う信用性の判断は、被告人の自白供述が自発的なものと認められるかどうか、というような単純な観点から結論を導くことにつながる危険性（自発的であっても虚偽供述の可能性があることが見落とされる危険性）があるものと思われること等の問題点を指摘した。

そして、「多くの考慮すべき事柄があるにもかかわらず、疑問のある手続経過によって、本件各記録媒体を供述の信用性の補助証拠として採用し、再現された被告人の供述態度等から直接的に被告人の犯人性に関する事実認定を行った原判決には刑訴法317条の違反が認められ」るとも判断している。

このように、取調べDVDそのものが証拠請求された場合には、それが実質証拠として請求されたものであれ、任意性や信用性判断のための補助証拠として請求されたものであれ、判断者に過度な影響を与える危険性を有していることについては、常に留意しなければならない。

そのため、これら取調べDVDが請求された場合の対応についても、以下のとおり十分に検討しておく必要がある。

イ　実質証拠として証拠調べ請求された場合

実質証拠として請求された場合には、採用を阻止すべく、異議を述べることになる。その際には、次のような根拠が考えられる。

まず、取調べDVDに収められた映像には、被告人の表情や身振り・手振りなども含まれており、そういった供述態度の部分に重きを置いて信用性判断を行うことは、事実認定者が直感的・感情的な判断を行う危険があり、過剰な推認力を与える危険性があることから、法律的関連性を欠くとの意見を述べることがありうる[4]。

また、被告人質問を先行し、質問終了後まで採否を留保してほしい旨の証拠意見を述べることも積極的に検討すべきである。この場合には、被告人質問の場面で、意に反して自白してしまった経緯、その理由等を含めて十分に供述してもらい、終了後に再度、取調べDVDを取り調べる必要性に欠けること等を主張することになる。

ウ　任意性・信用性判断のための補助証拠として請求された場合

取調べDVDが補助証拠として証拠調べ請求された場合にも、弁護人が直ちに同意すべきものかは、検討を要する。前記判決が指摘するように、補助証

4　前記東京高判平28・8・10を参照。

拠として採用されたとしても、映像によるインパクト等からすれば、それを実質証拠として採用するのと同様の心証形成がなされてしまうおそれがあるためである。

弁護人としては、請求された取調べDVDが取り調べられることによって、任意性判断に疑問が生じるような内容のものなのか、当該取調べの前後等、判断に影響を与える場面はほかにもあるのではないか等を検討しなければならない。それと同時に、その中で自白している映像が流されることの事実上の影響力をも考慮して、証拠意見を検討しなければならない。

仮に、証拠採用に対して異議を述べる場合には、理由として、前記裁判例のように、取調べDVDを事実認定者が見てしまうと判断材料とすべきでない事柄（取調官に対して沈黙する際の表情など）から心証形成が行われる危険性や、自発的であっても虚偽供述の可能性があることが見落とされる危険性があること等の問題点を指摘することが考えられる。また、取調べDVDではなく、DVDの録音反訳で足りるとの主張や、DVDを取り調べるにしてもその範囲等（供述者の表情等も含めて流すべきなのか等）についても検討すべきである。

また、供述経過等のみが問題となっている場合など、立証すべき内容によっては、被告人質問を先行し、そこで被告人が説明を十分に行えば、それでDVD取調べの必要性に欠けるとの意見が容れられるケースもあるものと思われる。

エ　その他記録媒体の活用等

弁護人の側でDVDを積極的に活用すべき場面は多くはないものの、以下のような際には活用を検討する余地がある。

第1に、検察官から請求された取調べDVDに対して、その信用性を減殺させるような場面を記録したDVDを、弾劾的な意味合いで請求することが考えられる。

第2に、初期の供述内容や供述態度が重要になる事案である。たとえば、本人が精神障害を抱えていて、逮捕当初は急性期にあり、捜査機関に対しても妄想的な発言を繰り返していたり、供述態度等から精神症状が明白に現れていたりしたものの、その後に服薬により症状が落ち着いていったようなケースがありうる。この場合には、当初段階のDVDにおいては、本人の精神症状等が色濃く現れているようなこともあり、これ自体を証拠として請求することもありうる。

第3に、前記のような本人の症状が色濃く現れたDVDを、医師の鑑定資料や更生支援計画を立てる前提のアセスメントに役立ててもらう資料として活用する場合である。こうしたDVDを、協力医や福祉の支援者に提供して実際に見てもらうことで、本人の状態を適切に把握してもらうこと等が考えられる。

C O L U M N

取調べへの第三者の立会い

イギリスでは、警察の取調べに第三者が立ち会う制度が実施されている。具体的には、少年や知的障害がある人などの「要支援被疑者（vulnerable suspects）」が逮捕・留置された場合に、弁護権の保障に加えて、さらに、弁護人以外の「適切な大人（Appropriate Adult、以下「AA」という）」に出頭を求め、緊急を要する例外的な状況を除いて、原則として取調べへの立会いを求めることのできる制度である。

AAは、被疑者に対する法律的な助言を与えることはできないが、警察官の取調べにあたって、本人を混乱させたり、不必要に同じ質問を繰り返したり、抑圧的な対応をしたりしないように活動する。実際にAAを担っているのはソーシャルワーカーが主であるといわれている。

また、同様の制度は、オーストラリアのビクトリア州でも実施されている。こちらでは、知的障害のある人を刑事事件の被疑者・被害者・証人として事情聴取する場合には、「独立した第三者（Independent Third Person、以下「ITP」という）」が立ち会うことが義務づけられている。ITPは、司法省の関連部局である後見人局に所属している市民ボランティアが担っている。

このような第三者の立会いを、今後日本でも実現していく必要があるだろう。

オ　まとめ

刑訴法の改正に伴い、今後は取調べの録音録画がなされる事案がさらに増加していくものと考えられる。弁護人としては、そのことを前提にして、接見における本人や捜査機関に対する取調べ対応を検討しなければならない。

取調べの録音録画に対する捜査機関の態度や、公判における取調べDVDの利用状況については、今後も変化がありうるため、その時点の最新の実務の状況を確認し、取調べに対する方針決定の際には、それを踏まえた適切な判断をすべきである。

⑷　捜査機関に対する申入れ

ア　警察・検察双方に対する取調べ「全面」可視化申入れ

前記のように、現在、検察庁および警察庁は、被疑者に知的障害等がありコミュニケーションに困難がある場合を、取調べを録音録画すべき場合の一類型として掲げている。検察では全過程の可視化が実現されることも多いが、警察においては、全件で全過程の可視化が実現しているわけではない。

確かに、現状の取調べの録音録画の方法にはカメラ・パースペクティブ・バイアス（CPB）[5]などの問題も残されており、また、我が国の捜査官は、知的障害等がある被疑者から真意に沿った供述を引き出す質問技法を習得していないという現状に照らすと、取調べの全面可視化が、暴力暴言等のわかりやすい違法取調べを防止するという段階の問題を超えて、知的障害等がある被疑者に対する適切な取調べを担保するものでもない。

それでも、取調べが録音録画されることによって取調官に一定の自制が働き、違法ないし不当な取調べが行われることを一定程度は防止しうる。また、取調べDVDが、事後に供述録取書の信用性等を検討する際の有力な材料となることは間違いない。

さらに、障害がある人の事件においては、いずれかの段階で、責任能力等に関する鑑定が行われることも少なくない。その際、取調べの結果作成された供述録取書等は、鑑定の基礎資料となる。この点、最判平20・4・25刑集62巻5号1559号は、「生物学的要素である精神障害の有無及び程度並びにこれが心理学的要素に与えた影響の有無及び程度については、その診断が臨床精神医学の本分であることにかんがみれば、専門家たる精神医学者の意見が鑑定等として証拠となっている場合には、鑑定人の公正さや能力に疑いが生じたり、鑑定の前提条件に問題があったりするなど、これを採用し得ない合理的な事情が認められるのでない限り、その意見を十分尊重して認定すべき」と判示しており、供述録取書等に記載された前提事実は、鑑定の信用性を争う際に重要なファクターとなる。供述録取書等の作成経緯や、被疑者の生の供述を保全しておくことは、供述録取書に記載された誤った事実を発見し、鑑定の前提事実、鑑定の信用性を争う重要な手がかりにもなりうるのである。

取調べに対して、黙秘する方針をとる場合にも、現状の捜査実務は、被疑者に取調べ受忍義務があることを前提にしており、弁護人が包括的に黙秘権を行使するので被疑者の障害に配慮し取調べ自体をしないよう捜査機関に申入れをしたり、被疑者本人に対して取調べのための出房を拒否するようアドバイスしても、「説得」により取調室へ連行され、取調べ自体は行われることがほとんどである。取調べの録音録画は、取調官の違法・不当な取調べを抑制して黙秘権行使を容易にし、仮に不本意な供述調書が作成されてしまった場合にその作成経緯を検討する材料を残すことに資する。したがって、黙秘権行使を選択した場合であっても、取調べの録音録画は有用である。

結論として、現状の取調べの録音録画には問題も残されており、効果には限界があることを自覚しつつも、警察および検察の双方に対して、「全過程」の可視化を積極的に申し入れるべきである（**書式5**）。同時に、捜査機関による取調べの録音録画に限界があることを踏まえ、捜査機関による取調べの録音録画でまかなえない部分については、弁護人において、別途被疑者の供述や取調べで受けた言動による影響を保全する手段を講ずべきである。

5　まったく同一の自白内容を録画したとしても、ビデオカメラに対して被写体〔被疑者〕をどのような位置・角度に置くかによって、自白の任意性判断や推論に系統的な影響を与えるというカメラアングルのもつ効果のこと。自白の任意性の判断は、被疑者の正面だけを撮影した映像を見た場合には高く評価され、取調官単体を撮影した場合には低く評価されるという研究結果がある。

イ　立会い申入れ

障害者権利条約では、合理的配慮を行わないことは差別の一類型とされ、13条１項において、障害のある人が他の者と平等に司法手続を効果的に利用できるように、「全ての法的手続（捜査段階その他予備的な段階を含む。）において」、「手続上の配慮及び年齢に適した配慮が提供されること等」を求めている。また、改正障害者基本法29条には、「国又は地方公共団体は、障害者が、刑事事件若しくは少年の保護事件に関する手続その他これに準ずる手続の対象となった場合又は裁判所における民事事件、家事事件若しくは行政事件に関する手続の当事者その他の関係人となった場合において、障害者がその権利を円滑に行使できるようにするため、個々の障害者の特性に応じた意思疎通の手段を確保するよう配慮するとともに、関係職員に対する研修その他必要な施策を講じなければならない」と規定されている。

しかし、ここまで書いてきたとおり、現状、取調官が、障害の特性を踏まえた適切な取調べ方法に習熟しているとは到底いえない。

この点について、検察での取調べにおいては、知的障害によりコミュニケーション能力に問題がある被疑者等に対する取調べに際しては、心理・福祉関係者を取調べに立会人として同席させることが試行されている[6]が、今後、捜査機関において、どのような取組みをしていくのかについての具体的な言及はなされていない。

また、障害者差別解消法７条１項は、「行政機関等は、その事務又は事業を行うに当たり、障害を理由として障害者でない者と不当な差別的取扱いをすることにより、障害者の権利利益を侵害してはならない」と規定し、行政機関等に対して、合理的配慮の提供を義務づけているが、検察庁や警察庁もここでいう行政機関等に該当するので、検察庁、警察庁は、障害がある被疑者に対して、合理的配慮の提供義務を負っている。

そこで、弁護人において、前記権利条約や障害者基本法の趣旨、障害者差別解消法を踏まえ、心理・福祉関係者や弁護人の立会いを申し入れることを積極的に検討すべきである（**書式５**）。犯罪捜査規範において、「弁護人その他適当な者」の立会いを前提とした規定が置かれていることからも（180条２項）、弁護人のみならず、心理・福祉関係者等の立会いも制度上排除されたものではない。

弁護人と心理・福祉関係者は、専門性が異なるため、それぞれが取調べに立ち会うことで実現されることも当然異なる。弁護人の立会いは、法的アドバイスが中心となることに対して、心理・福祉関係者の立会いはそれとは異なり、障害のある被疑者とのディスコミュニケーションを補う、いわば通訳のような役割を果たすこと、取調官の発問の方法が不適切であり、被疑者が理解できていないまま取調べが進みそうな場合に、それを指摘したり、訂正することが期待される。事案や被疑者の特性に応じて使い分け、併用することが検討されるべきである。

現状では、弁護人からのかかる立会い申入れが実現する可能性は必ずしも高くないが、たとえば在宅事件においては、出頭の申入れと立会い申入れを併用することで、逮捕を誘発することなく取調べの実質拒否を実現することも考えられる。

なお、少年の場合には、「少年警察活動推進上の留意事項について（依命通知）」（平成19年10月31日警察庁乙生発第７号）や各都道府県の少年警察活動規則で保護者等の立会いを原則として認めることとされている。このような立会いが認められるべき理由は、少年の場合と障害のある人で変わることはなく、これをひとつの足がかりとしていくことができるだろう。

ウ　その他の配慮の申入れ

全面可視化や立会い以外にも、取調べにおいて配慮が必要なことはある。

たとえば、障害がある被疑者は、高圧的に質問をされると誘導されやすくなってしまったりすることもある。また、長時間、集中力を持続することが難しく、休憩がないと真意に沿った供述ができなくなる場面が増えることもある。そのような場合に、前者であれば誘導的な質問は控えるように、後者であればたとえば30分ごとに休憩を入れるように、配慮を申し入

6　最高検察庁「検察における取調べの録音・録画についての検証」（2012年7月4日）によれば、東京、横浜、大阪、京都、名古屋の５地検において12件の試行がなされているようである。

れることも必要である（**書式５**）。

また、黙秘を解除し、取調べに応じるとしても、接見で取調べ状況を聴取し、被疑者が特定の用語や概念等について理解できていないことがわかれば、本人に説明するとともに、捜査機関に対しても、被疑者が理解できない用語を用いず、代わりにこういう説明の仕方をするよう申し入れることが必要である。その際、言葉ではなく、図や写真等で説明することが有用な場合であれば、それを捜査機関に提示することも検討してよい。

このような申入れについても、前記権利条約や障害者基本法の趣旨、障害者別解消法を根拠にすべきである。

3　処遇における障害への配慮

障害がある人の弁護に際しては、前記の捜査機関に対する申入れとは別に、留置施設での処遇に対する申入れや、勾留決定自体への準抗告（勾留場所等の条件についても、不服申立てが可能である）を検討することが必要である。

たとえば、従前、薬を服用していた場合、勾留によって服薬が停止されている場合や、今までと違う薬を処方され、それにより被疑者が不安を抱えたり、精神症状が出ている場合もある。そのような場合、検察官を通じて、これまでの処方箋を示す等の情報提供を行い、従前と同じ薬を服用できるよう配慮を求めることを検討すべきである（**書式6-1**）。

また、障害がある人は、雑居房の中で他の収容者からいじめ等の被害に遭うことも少なくない。また、障害がない人にとっても、知らない人と一緒に過ごすことは息苦しさを覚えることがままあるが、障害がある人はいっそう強く過ごしにくさを感じ、１人のほうが落ち着くという人もいる。そのような場合、独居房への移送を要請することもあるだろう。ただし、昼夜間独居には他者とコミュニケーションをとる機会が極端に制限される等、別の問題もあることには注意が必要である。本人の特性や状況、いじめの程度等によっては、別の雑居房への入替えや、留置係等に緩やかな見守りをお願いする等にとどめるべきこともあろう。

さらに、発達障害等で感覚過敏がある人にとっては、勾留中の環境が苛酷になっている場面も少なくない。たとえば、就寝時間後も灯りが完全には消されない、見回りの看守の足音が大きい等の理由で不眠を訴える人もいる。同房者の中に、声が大きかったり物音を立てることが多い人がいたりする場合もある。警備上の必要性から限界はあるが、被疑者・被告人から、内部の構造等について確認したうえで、なるべく灯りの影響が少ない場所や、大きな声や物音を出す人がいない他の房へ変えてもらうよう求めたり、必要以上に大きな足音を立てて歩き回ることがないよう申入れを行うことを検討すべきである（**書式6-2**）。

あわせて、留置施設で貸与される衣服の素材が、

C　O　L　U　M　N

不安だから釈放しない？

依頼者に対して、「釈放されたら、またやってしまわないだろうか」という不安を抱くことがあるかもしれない。しかし、当然ながら、弁護人としては、勾留請求を防ぐ、勾留決定に対する準抗告を申し立てる等、早期の身体拘束からの解放を目指すべきである。そのうえで、依頼者からの希望があれば、周囲の支援者と連携し、釈放後も依頼者の生活に気を配ることができるネットワークをつくり、釈放後の生活の支援をしていくべきである。「釈放後の生活が不安だから身柄解放に向けて積極的に動かない」というのは本末転倒であろう。

釈放後の依頼者の生活を支援する体制が構築されていることは、結果的には、罪証隠滅や逃亡のおそれを低減させることにつながる。このような支援体制が整えられつつあることを疎明資料化し、申立書等に添付することも考えられる。釈放後の依頼者の生活を見据え支援体制を整えることと、早期の身体拘束からの解放を目指すことは矛盾しない。

もっとも、これらの支援はあくまで「本人の意思に基づくこと」が大前提であることを忘れてはならない。

感覚過敏がある依頼者に対して大きな刺激をもたらしている場合もある。そのような場合は、依頼者が落ち着ける肌触りの衣服を差し入れることを検討したり、差入品に関する留置施設の規則を柔軟に運用するよう求めることも有益である。

留置施設は、被収容者にとっては、24時間逃れられない環境であるうえ、施設独自の規則が設定されており、逮捕前の生活環境とは大きな違いがある。障害がある人にとっては、今までの生活から急に切り離されて、独自のルール下での生活を余儀なくされることから受ける影響は、私たちが考える以上に大きい。そして、障害がある人が留置施設での生活での困りごとを自分から話して相談することは、必ずしも期待できない。弁護士は、要件事実的な発想、事件中心の発想になりがちで、それに関連しないことの聴取がおざなりになりがちであるが、それにとどまらず、障害がある人の生活全般に留意し、そのために留置施設で困っていること等がないか注意を払い、丁寧に聞き取ることが必要である。

4　障害に関する専門家との協働

(1)　スケジュール感の共有

被疑者に障害があった場合、それに対応した弁護方針をとることが必要である。その場合、障害に関する専門家との協働が有効となる場合も多い。

もっとも、障害に関する専門家は、法律の専門家である弁護人とは異なり、刑事手続、とくに捜査段階のスケジュール感を共有しているとは限らない。そのため、勾留決定や処分の決定等に影響を与えるためには、いつまでに更生支援計画書や意見書等を提出しなければならないのか等、具体的な活動のスケジュール感について、とくに丁寧な説明が必要であろう。

(2)　できること・やるべきことの見極めと獲得目標

捜査段階では公判段階に比べて時間的制約が厳しい面があることや、捜査機関が収集した証拠にアクセスできないことから、障害が犯行に与えた影響を丁寧に分析・評価して行為責任に関する主張立証を行うことには限界がある。そのため、現実的には、捜査段階で障害に関する専門家と協働する場合、①公判請求が見込まれる事案であれば、起訴後の主張立証に向けた準備が、②不起訴や処分保留釈放が見込める事案であれば、釈放後の生活場所や生活手段の確保が、捜査段階での獲得目標になることが多いであろう。

弁護人としては、捜査段階でできること・やるべきことを早期に見極め、障害に関する専門家に協力を求めることが必要である。

(3)　短期的な目標と中長期的な目標の設定

この点、弁護人は誤解しがちなところであるが、最大23日間の勾留期間中に、これまで利用していなかったグループホームへの入居を決めることはほぼ不可能である。障害福祉サービスの調整といった最終的な帰住先の確保に限定せず、ホームレス支援に取り組むNPO法人等が運営している緊急のシェルターのようなところや、無料低額宿泊所のような中間施設についても視野に入れることで選択肢が広がる[7]。もっとも、そのような場所を調整する場合は、ずっとそこで生活するのではなく、短期的なものとして位置づけ、中長期的な生活場所へつなぐその後のフォローアップも視野に入れることが必要である。

(4)　検察官への報告の方法

捜査段階において、早期の身体拘束からの解放や、起訴猶予等の有利な終局処分を獲得するためには、環境調整の結果等を検察官へ報告する必要がある。障害に関する専門家と協働して環境調整等を行う場合、検察官に対して、勾留満期直前に突然意見書等を提出するのではなく、どのような活動を予定しているのか、何日にどのような資料を提出する予定があるのか、勾留の早い段階であらかじめ伝えておくことも有益である。

もっとも、前記(2)のとおり、捜査段階では公判段階に比べて時間的制約が厳しい面があることや、捜査機関が収集した証拠にアクセスできないことから、障害が犯行に与えた影響を丁寧に分析・評価した

7　なお、無料定額宿泊所については、**第2章❾2**で述べたとおり、居住環境が劣悪で問題のある施設も存在することから、プライバシーに配慮があり、食事の提供が整っている等条件がよいところを検討するべきである。

完璧な形の「更生支援計画」を作成することは困難である。そのため、このような場合には、弁護人作成の報告書（**書式7**）や簡易な更生支援計画書（**書式8**）を作成し、意見書（**書式9**）等とともに検察官に送付するなどして、環境調整の結果を示すことになるだろう。

また、簡易な更生支援計画書を提出して不起訴を申し入れる場合にも、その段階までに調整できたこと、釈放後すぐに予定している活動に加え、中長期的にどのような支援を予定しているか等についても、わかる範囲で記載すべきである。

5　資料・情報の収集

他の専門家と協働する場合、被疑者の障害や障害特性、これまで利用してきた医療や福祉のサービスに関する資料や情報を集めて共有し、それによって見立てを立ててもらい、実際の支援内容を考えることになる。

しかしながら、捜査段階では、時間の制約から、弁護士会照会（**書式10-1、10-2**）や個人情報開示等の方法は、残念ながら間に合わない場合が多い[8]。勾留期間中に得られる資料・情報なのかどうかも見極め、優先順位を考えて収集にあたる必要があろう。

もっとも、文書による正式な回答等は手続を踏まなければできない場合であっても、被疑者が従前利用していた事業所等は、弁護人からの文書や電話等での問合せに対して、比較的緩やかに情報提供をしてくれる場合も多い（**書式11**）。公的な機関であっても、事情を説明すれば、一定の情報を得られることも十分ある。

当然、弁護人にも照会先の機関にも、守秘義務があるので、接見で被疑者から双方に対する守秘義務解除に関する同意を得ておくことは必要である。照会先機関に示すために、同意は、書面で得ておくべきである（**書式12**）。同意書を送付すれば、事業所内にある書面等をFAX等簡易な方法で開示してくれることもありうるし、持参すればその場でコピーさせてもらえることもある。

なお、そもそも罪に問われて勾留されており、弁護人からの問合せであることが関係先に伝わること自体が被疑者には不名誉なことであったり、サービス利用契約の解除といった現実的不利益をもたらすおそれも十分考えられる。本人には、協働・連携の必要性や意義とともに、情報を開示することによる不利益についても丁寧に説明することが必要である。

電話や訪問等によって口頭で得た回答、接見で被疑者から得た情報については、携帯電話等で協力者に伝えたり、弁護人が即時にメモ等を作成しメール添付で送付するのが最も便宜であろう。協働にあたっては、迅速な連絡方法についても、早期に取り決めるべきである。

また、捜査段階では証拠能力等は問われないから、検察官に処分を決める参考となる資料として提供する場合にも、照会先からの正式な回答書等にこだわる必要はなく、得た回答や情報等を弁護人の報告書として提供することで、有利な処分につなげることを優先すべきである。

資料の収集先等については、**表3-1**を参考にしていただきたい。ただし、この表はあくまでも一例に過ぎず、ここに書かれていない資料や情報収集先もありうるので、事案ごとに積極的に探すことが重要である。

6　起訴前の鑑定への対応

障害のある人の事件では、起訴前の鑑定が実施されることも多い。裁判員裁判の施行後、検察庁は、とくに裁判員裁判対象事件においては、起訴前の鑑定を積極的に実施する傾向にある（ただし、地域差はあると思われる）。

この点については、公判編の精神鑑定（後記**❷2**）において記載しているので、参考にしてほしい。

7　被害者対応における注意点

障害のある人の事件においては、被害者対応の場面で、本人の障害のことを伝えるかどうか、伝えるとしてどのように伝えるのか、ということが問題となる。

まず、大前提として、この点については、本人の意向を確認しなければならない。本人が障害をオープンにしたくないと言っているのに、弁護人が勝手にこれを伝えることはできない。

8　起訴前本鑑定が実施される場合には、こうした資料収集も可能となる。

表3-1■資料の収集先（一例）

収集先	収集すべき情報	収集資料	収集方法
医療機関	病歴、通院歴、病名、症状、服薬状況、治療可能性、入通院時の言動	診断書、カルテ、（入院中の）看護記録	事情聴取、カルテ開示、弁護士会照会、個人情報開示
福祉サービス事業所	生活状況、障害特性、トラブルの有無	サービス等利用計画書（介護保険の場合にはケアプラン）、利用状況に関する記録（業務日報等）	事情聴取、事実上の照会、弁護士会照会
行政（保健所・障害福祉担当部署）	生活状況、障害特性、トラブルの有無	訪問記録、相談記録、障害区分認定・介護認定の判定資料	事情聴取、事実上の照会、弁護士会照会、個人情報開示
行政（生活保護担当部署）	生活保護受給の有無、生活状況	ケース記録	事情聴取、事実上の照会、弁護士会照会、個人情報開示
家族	成育歴、病歴、障害特性、トラブルの有無	精神障害者保健福祉手帳、診断書、処方薬の説明書面	事情聴取
勤務先	勤務態度、性格的特徴、トラブルの有無	勤務状況に関する書面	事情聴取
学校	成績、特別支援学校への所属の有無、学校生活の様子、トラブルの有無	指導要録	事情聴取、事実上の照会、弁護士会照会、個人情報開示
保護司	保護観察中の状況、性格的特徴、トラブルの有無、刑務所からの申送り内容		事情聴取、弁護士会照会
民生委員	生活状況、性格的特徴、トラブルの有無		事情聴取
警察	留置場内での言動	留置簿冊	弁護士会照会
刑務所	CAPASの結果、刑務所での言動等		弁護士会照会、公務所照会

そのうえで、本人が障害があることを伝えてもいい、と言っている場合にはどうするか。結局事案ごと、ということになってしまうが、①障害と事件とが密接に関連しており、被害者としてもなぜ事件に巻き込まれたのかの背景を知りたがっているようなケース、②障害があることで就労ができず、本人の資産が少なく、示談金を低額しか準備できていないようなケース、③今後の支援体制が整っていることを伝えることで被害者に安心してもらえる可能性があるケース、などでは、障害があることを伝えることになるだろう。ただし、この場合にも、被害者に、「障害があるから配慮すべき」だとか、「障害があるから仕方ない」などと言われているのではないかというような誤解を与えないよう、慎重に話をするべきである。

8　終局処分に向けた活動

(1)　獲得目標の設定

弁護人としては、当然のことながら、早期の段階で、終局処分でどのような結果を獲得するかの目標を設定することとなる。

この点については、通常の事件と同様に、否認であれば嫌疑なしや嫌疑不十分での不起訴をめざし、自白事件の場合には、可能な限り起訴猶予を求めていくことになる。

障害のある人の事件において特徴的なのは、終局処分に向けた活動の中で、ⓐ訴訟能力・責任能力の問題について検討を要すること、ⓑ起訴猶予をめざした活動の一環として、医療や福祉サービスへつなげることが有益となることがあることである。

また、留意しなければならない点として、不起訴となった場合にも、ⓒ医療観察法審判の申立てがなされて入通院決定がなされたり、ⓓ精神保健福祉法上の措置入院がなされたりする可能性があることが挙げられる。

以下、それぞれの点について詳述する。

(2)　訴訟能力・責任能力に疑問があるケース

障害のある人の刑事事件においては、訴訟能力や責任能力に疑問が生じるケースも多い（ⓐ）。このような場合には、後記の起訴前鑑定の実施を弁護人から求めることもありうる。少なくとも、弁護人として訴訟能力や責任能力に問題があると考え、その点が加味されれば不起訴も十分にありうるというケースでは、弁護人から求めていくことが多いだろう。場合によっては、まずは簡易鑑定を求めるということも選択肢になりうる（**書式13**）。ただし、簡易鑑定には後記**❷2**(1)のとおりの問題があるため、この点については留意する必要がある。

起訴前鑑定については、後記**❷2**(2)のとおり鑑定人の中立性に疑問があるような場合もあること、鑑定留置を経ることで身柄拘束期間が長くなってしまうことなど、注意すべき点もある。そのため、鑑定を求める場合には、本人に十分に説明をし、納得を得るように努めるべきである。

(3)　医療・福祉サービス等とのつながり

自白事件においては、本人の釈放後の生活環境が調整されていることが起訴猶予処分にすべき理由のひとつとなる（ⓑ）。精神障害者の場合には、生活環境の調整にあたって、本人の有する精神障害に対する支援体制を具体的に整え、資料化していく必要がある。また、否認事件の場合であっても、仮に不起訴となれば本人は社会に復帰するのであるから、釈放後の生活環境を調整することは重要となってくる。

このような支援体制を整えるにあたっては、弁護人だけで調整を行うことが困難な場合も多い。そのため、前記**4**のとおり、専門家と協働して活動をすることが求められる。

COLUMN

釈放後にどこに行くか

司法の立場にいる者としては、その人が釈放後、すぐに福祉サービスの利用を開始できないかと考えることも多い。支援が必要な状態にあれば、即時そのような支援を開始したいと考えるのは確かに自然なことだろう。

しかし、すべての福祉サービスが即日利用可能となるかといえばそうではない。とくに障害福祉サービスについては、どうしても一定の期間が必要になってしまうというのが原則である。

この問題が鮮明化するのが、居住についてである。帰住先がない人の場合には、たとえば、釈放後すぐにグループホーム等の居住系のサービスを利用できないかと考えることが多い。しかし、福祉サービスを利用するためには、行政の窓口に申請を行い、調査を経て、支給決定を受けなければならない（**第2章❽**参照）。この期間は、市町村によっても異なるが、当初まったく何も福祉サービスを利用していなかったような場合には、だいたい2カ月から3カ月かかるとされている。

そのため、捜査段階では支給決定が間に合わない場合が多いだろう。また、公判段階でも判決までに支給決定が出ないこともありうる（申請自体は勾留中でも可能である）。このような時間感覚を考えながら、福祉サービスの利用は検討しなければならない。

また、グループホーム等はその人を受け入れるにあたって、何回かの見学や体験入所などをしながら本人に利用するか否かを決めてもらうのが通常である。身柄がとられてしまっている場合には、このような見学・体験を経ることができないため、受け入れるグループホーム等も躊躇をすることがほとんどである。この観点からも、釈放後すぐに居住系のサービスを使うのは難しい。

弁護人としては、このような現状を踏まえつつ、対策を考えていかなければならない。「きっちりした」支援を準備したいと思うがあまり、ソーシャルワーカーに「すぐに入れるグループホームを用意してほしい」などと現実的でないことを一方的にお願いすることは控えるべきだろう。

このような場合に考えられる方向性のひとつは、なるべく早期に福祉サービスの利用申請をしつつ、ソーシャルワーカーとともに協力してくれるグループホームを探し出し、そこの職員に本人との面会を重ねて意思確認をしてもらうことだろう。そして、場合によっては、見学や体験のために勾留の執行停止を検討することもありうる。そして、釈放後、支給決定が出るまでに期間が空いてしまった場合については、体験入所などの形でグループホームに協力をしてもらった例もある。

また、別の方向性として、いったんは別のところに居住場所を定めて、その後グループホーム等に移行していくという方向もある。たとえば、実家、無料低額宿泊所、更生保護施設などである。本人が釈放されれば、上記のような見学・体験もスムーズにいくため、釈放後、利用に向けて動いていけば、比較的短期に利用を開始できる可能性もあるだろう。

⑷ 医療観察法対象事件で不起訴となる場合

医療観察法対象事件で、心神喪失や心神耗弱によって不起訴処分となった場合には、医療観察法当初審判の申立てがなされることを意識する必要がある(ⓒ)。医療観察法については、後記❹を参考にしていただきたいが、捜査段階においても、先の見通しを立てたうえで対応しなければならない。

仮に医療観察法当初審判の申立てがされてしまうと、原則、医療観察法の鑑定入院の決定がなされることになる(原則2カ月)。仮に起訴前鑑定をすでに経ていた場合でも、さらに鑑定入院がなされることとなる。また、審判の結果入院決定となると、そこからさらに入院が継続することとなる。このように、身体拘束期間が長期化する可能性があることには留意しておかなければならない。

また、知的障害や認知症のような、一般に治療反応性がないとされるケースでも申立てがされる場合がある。しかし、弁護人としては、終局処分の段階において、「この法律(医療観察法)による医療を受けさせる必要が明らかにないと認める場合」(医療観察法33条1項)に該当するとして、申立てすべきではない旨、検察官に対して主張していくべきである(**書式14**)。

とくに、対象行為が傷害である場合には、「傷害が軽い場合であって、当該行為の内容、当該対象者による過去の他害行為の有無及び内容並びに当該対象者の現在の病状、性格及び生活環境を考慮し、その必要がないと認めるときは、第1項の申立てをしないことができる」(医療観察法33条3項)とされており、明らかに治療反応性がないような場合に限らず、傷害結果が軽微であって、種々の事情から申立ての必要性がない場合には、申立てしないことができることとなっている。そのため、弁護人としては、傷害が軽微といえる事件の場合には、条文に記載されている種々の事情を整理し、申立ての必要がない旨の意見書を、検察官に提出すべきである。

なお、医療観察法対象事件の場合には、対象行

COLUMN

自立相談支援機関における包括的・総合的な相談

弁護人が、生活上の困難を抱えた依頼者の相談を行おうと考えたとき、どういった機関に相談すべきか悩ましい場合がある。たとえば、高齢者や手帳を持った障害者の場合、担当する行政の部署に相談を行ってみることも考えられる。しかし、若年であったり、本人が手帳を持っていなかったりすると、「この相談はこちらの担当ではない」という形で、支援の対象にならないと回答されてしまうこともありうる。

こうしたときの相談先のひとつとして、「自立相談支援機関」を選択肢に入れてほしい。

自立相談支援機関は、2015年4月1日より施行された生活困窮者自立支援法に基づき設置された相談機関である。特別区や市町村等を単位として、設置がなされている場合が多い。支援の内容としては、生活保護に陥る手前の段階で、生計に関する相談援助、利用できる社会保障制度の検討、利用できる福祉サービス等を行うことが想定されている。

同法上で規定された「生活困窮者」の定義としては、「就労の状況、心身の状況、地域社会との関係性その他の事情により、現に経済的に困窮し、最低限度の生活を維持することができなくなるおそれのある者」(3条1項)と規定されており、明確な資力等の要件は存在しない。そのため、対象となる本人が困窮状態にあると考えて支援を求めている場合には基本的に支援の対象となり、「高齢者」「障害者」「児童」などといった明確な支援の枠にはめようとしなくても、生活上の支援に関わってくれる可能性が高い。そして、刑事手続に問われた人も、こうした種別を問わない要支援者に含まれうるところである。

実際に、各地の自立相談支援機関では、制度の狭間に位置するような困窮者の人たちが、数多く支援を受けている。そして、刑事司法における連携についても、釈放時の生活支援を検討してくれたり、証人出廷を行ってくれたりと、複数のケースでの連携実績が存在する(自立相談支援機関との連携事例として、**第4章❺**参照)。

このように、総合相談を行う自立相談支援機関との連携を通して、本人の生活支援がさらに進んでいくことが期待される。

為に争いがあったとしても、検察官が事実を認定するに足りる証拠があると判断すれば、当初審判の申立てがなされてしまう。後記❹のとおり、医療観察法においては、伝聞法則が適用されないなど、刑事公判よりも緩やかな手続によって事実認定がなされてしまう。そのため、弁護人としては、医療観察法の申立てがされないよう、嫌疑なしや嫌疑不十分で不起訴にすべきであることを申し入れておく必要がある。なお、嫌疑なしや嫌疑不十分で不起訴となり、当初審判の申立てがなされなかった場合でも、精神保健福祉法上の通報がなされる可能性がある（後記⑸参照）。

また、在宅で捜査が進んで不起訴となった場合には、事件からかなり時間が空いているにもかかわらず、医療観察法当初審判の申立てがなされ、鑑定入院させられる可能性があることにも注意が必要である。

⑸　医療観察法非対象事件で不起訴となる場合

医療観察法の対象事件でない場合にも、本人の病状によっては、検察官が通報し（精神保健福祉法24条）、措置入院がなされる可能性がある（ⓓ）。実際、平成30年度衛生行政報告例においては、検察官から通報がなされたケースが2,206件、そのうち診断を受けて措置入院該当症状があると判断されたケースが884件とされており、相当数のケースが措置入院となっている。

このように、弁護人としては、本人の病状が安定していない場合には、措置入院となってしまう可能性も踏まえて活動しなければならない。措置入院となった場合には、自由に外出できないこと、自分で病院を選ぶことができないなどの不利益がある。

そのため、まずは捜査段階において、前記のような支援体制を整え、その中で適切な医療体制も確保されている状況をつくることが、措置入院を防ぐ要素のひとつとなる。たとえば、本人に医療が必要で、本人も医療を受けることに前向きな場合には、任意入院先を準備することで、措置入院や医療保護入院のような強制医療が不要であることを主張することができる。このようなケースでは、終局処分までの間に、入院先を含めた生活環境の調整をしていくことになるであろう。

また、仮に措置入院となってしまった場合にも、早期の退院や処遇の改善をめざし、本人と関わっていくことが望ましい。

❷ 公判編

本節では、公判における障害のある人の刑事弁護活動のポイントについて述べる。

ここでは、公訴事実に争いのあるいわゆる否認事件ではなく、公訴事実に争いのない事件で、どのような弁護活動を行っていくのかについての記述が中心となっている。ただし、仮に否認事件であっても、後記**6**記載の障害への配慮などは当然必要になってくるものであるので、ぜひ参考にしていただきたい。

1　訴訟能力・責任能力

障害のある人の公判にあたっては、まず訴訟能力・責任能力の有無について検討することが必要である。

ここでは、訴訟能力・責任能力の検討にあたっての基礎的な事項について敷衍する。以下で述べる活動の基礎として、本人の捜査段階での障害への気づき、精神症状等の保全が前提となることは意識をすべきである（前記❶**1**を参照）。

詳しい弁護活動は、それぞれ個別の文献等にあたっていただきたい。訴訟能力については、訴訟能力研究会編『訴訟能力を争う刑事弁護』（現代人文社、2016年）、責任能力については、東京弁護士会期成会明るい刑事弁護研究会編『責任能力を争う刑事弁護』（現代人文社、2013年）、日本弁護士連合会刑事弁護センター編『責任能力弁護の手引き』（現代人文社、2015年）、日本弁護士連合会・日弁連刑事弁護センター／日本司法精神医学会・精神鑑定と裁判員制度に関する委員会編『ケース研究　責任能力が問題となった裁判員裁判』（現代人文社、2019年）等の書籍がある。また、鑑定については、別途後記**2**で述べる。

とくに訴訟能力については、今まで意識的に取り上げられることが少なかったという現状がある。しかし、障害のある人の事件においては、まずこの点についての検討を行うことが必要不可欠である。当然であるが、訴訟能力についても、その程度はグラデーションであり、訴訟能力について争わない＝何らの配慮をしなくていい、ということにはならない。本人の能力について十分な検討をすることで、結果として訴訟能力について争わなかったとしても、公判においてどんな配慮が必要か、具体的に検討することができるだろう。

(1) 訴訟能力について

ア 訴訟能力とは

刑訴法314条1項は、「被告人が心神喪失の状態に在るときは、検察官及び弁護人の意見を聴き、決定で、その状態の続いている間公判手続を停止しなければならない」と定めている。

ここでいう「心神喪失の状態」について、最高裁は、「被告人としての重要な利害を弁別し、それに従って相当な防御をすることのできる能力を欠く状態」と判示している（最三小決平7・2・28刑集49巻2号481頁）。

この「重要な利害」については議論があるところであるが、今までの裁判例からすれば、黙秘権や上訴取下げの意味[9]、弁護人や裁判官などの役割などは、これに含まれることが明らかであるといえる。また、裁判例によっては、「検察官の立証内容や訴訟の成り行き等の大筋」の理解を要求しているものもある（最一小判平10・3・12刑集52巻2号17頁）。

また、「相当な防御」については、前記最一小判平10・3・12において、「弁護人及び通訳人からの適切な援助を受け、かつ、裁判所が後見的役割を果たすことにより、これらの能力をなお保持している」とされている点が重要となる。すなわち、本判決を前提とすれば、弁護人の活動や裁判所の後見的役割との兼ね合いで、「相当な防御」が判断されることになるのである。ただし、このような弁護人や裁判所の助力・後見による防御可能性を安易に認めてしまうことは非常に危険である。この点について慎重な判断をしている裁判例[10]もあり、参考にしていただきたい。

イ 訴訟能力を争う場合の手続

裁判所は、訴訟能力に疑問が生じた場合、刑訴法314条4項に基づき、医師の意見を聴いたうえで、訴訟能力の有無について審理を尽くさなければならない（最高裁判所判例解説49巻12号365頁）。そして、訴訟能力がないと判断された場合には、原則として、公判が停止されることとなる。

弁護人としては、前記アの訴訟能力の定義に基づき、接見等であらためて丁寧な聴き取りをして本人の理解の程度を確認し、その様子を証拠化する、協力医等に面会をしてもらうなどの方法で、まずは訴訟能力に疑問があることを示し、公判停止決定を求めていく（またこの時点で、直ちに公訴棄却することを求めていくべき場合もあるだろう）。具体的には、本人の状況を聴取した報告書、本人との接見状況を録音したものを反訳した報告書等（**書式15**）を作成すること、本人の主治医等から本人の現在の判断能力に関する意見書を作成してもらう等して、裁判所に提出することが考えられる。

ウ 公判停止が認められた後の手続

公判が停止されても、裁判は被告人の死亡等によって公訴棄却等で終了するまでは続くことになり、本人は被告人たる地位からは解放されない。

そこで、勾留されている被告人はその後も勾留が続くこととなるため、まずは早期に勾留取消請求を行わなければならない。

また、被告人の心神喪失状態に回復の見込みがまったくない場合には、検察官が公訴の取消し（刑訴法257条）をし、これを受けて裁判所が公訴棄却決定を下して（同法339条1項3号）、訴訟手続を終了させることになる。しかし、これでは検察官が訴訟能力の回復の見込みがあるとして公訴取消しをしなかった場合、その判断がいくら不合理であっても、訴訟が終了しないこととなる。この点について、最一小判平28・12・19刑集70巻8号865頁は、「被告

9　黙秘権に言及したものとして、前記最三小決平7・2・28などがある。また、上訴取下げについて言及したものとして、最二小決平7・6・28刑集49巻6号785頁。

10　広島高岡山支判平3・9・13刑集49巻2号517頁。「弁護人の訴訟活動と裁判所の後見的役割に強く期待せざるを得ないところ、黙秘権告知の制度が重要性を持つことはもとより、その他の各訴訟手続についても、単に解釈によって補うことは被告人の防御権、刑事訴訟手続の中で被告人が固有に有する権利を十分行使し得るか否かについて疑問が多く、結局、立法による解決に期待せざるを得ない」としている。

人に訴訟能力がないために公判手続が停止された後、訴訟能力の回復の見込みがなく公判手続の再開の可能性がないと判断される場合、裁判所は、刑訴法338条４号に準じて、判決で公訴を棄却することができると解するのが相当」であると判示した。すなわち、訴訟能力の回復の見込みがない場合には、検察官の公訴取消しがなくとも、裁判所が自ら公訴棄却によって手続を打ち切ることができるとしたのである。

そのため、弁護人として、本人の訴訟能力の回復可能性がないことを立証（医師の意見書、医学文献等）し、公訴棄却を求めていくという方法をとるべきだろう。

⑵　責任能力について

ア　責任能力とは

刑法39条は、「心神喪失者の行為は、罰しない」（１項）、「心神耗弱者の行為は、その刑を減軽する」（２項）と規定している。

判例は、「心神喪失」について、精神の障害により①事物の理非善悪を弁識する能力（事理弁識能力）または②その弁識に従って行動を制御する能力（行動制御能力）がない状態としている。また、「心神耗弱」については、精神の障害により前記①または②の能力が著しく減退した状態をいう、としている（大判昭６・12・３刑集10巻682頁）。この定義によれば、「心神喪失」や「心神耗弱」の認定は、⑴精神の障害という生物学的要素と、⑵①事理弁識能力と②行動制御能力の欠如という心理学的要素の２つの要素から構成されることになる。

そのため、責任能力の判断にあたっては、まずは、被告人において「精神の障害」があるかどうか（生物学的要素）が問題となる。ここでいう「精神の障害」については、あらゆる精神状態を含むと考えてよい。すなわち、統合失調症や双極性障害といった精神の疾患だけでなく、知的障害や発達障害、パーソナリティ障害等の生来的な障害であっても、「精神の障害」にあたりうる。弁護人としては、起訴前の活動において収集した情報、たとえば本人の通院歴や主治医の診断、起訴前鑑定の結果（起訴後すぐに検察官に任意開示を求める〔**書式16**〕と開示されることが多い）、本人と関わりのある福祉関係者や本人の近しい存在である家族、学校、職場等の聴取を通して、本人の事件時の精神状態を把握しなければならない。

そのうえで、被告人に「精神の障害」が認められるとして、それにより事理弁識能力または行動制御能力が欠如していたか、もしくは著しく減退していたか（心理学的要素）についての考察が必要となる。

イ　責任能力の判断枠組み

㈠　判断主体

責任能力が争われる事件においては、何らかの形で精神鑑定が実施されることがほとんどであるが、精神鑑定と責任能力判断の関係はどのようになっているのか。

最三小決昭58・９・13刑集232号95頁は、「被告人の精神状態が刑法39条にいう心神喪失又は心神耗弱に該当するかどうかは法律判断であつて専ら裁判所に委ねられるべき問題であることはもとより、その前提となる生物学的、心理学的要素についても、右法律判断との関係で究極的には裁判所の評価に委ねられるべき問題である」としており、最終的な判断主体はあくまで裁判所とされている。

もっとも、最二小判平20・４・25刑集62巻５号1559頁は、「生物学的要素である精神障害の有無及び程度並びにこれが心理学的要素に与えた影響の有無及び程度については、その診断が臨床精神医学の本分であることにかんがみれば、専門家たる精神医学者の意見が鑑定等として証拠となっている場合には、鑑定人の公正さや能力に疑いが生じたり、鑑定の前提条件に問題があったりするなど、これを採用し得ない合理的な事情が認められるのでない限り、その意見を十分に尊重して認定すべきものというべきである」とした。この判決により、精神鑑定が存在する場合には、生物学的要素である精神障害の有無および程度やこれが心理学的要素に与えた影響の有無および程度については、究極的には裁判所の評価に委ねられるべき問題ではあるものの、鑑定を採用しえない合理的な事情がない限り、原則として、裁判所は鑑定意見を尊重することが明らかにされた。

㈡　判断方法

最三小決昭59・７・３刑集38巻８号2783頁は、精神の障害が認められるからといって、それだけで心神喪失の状態にあったといえるわけではなく、被告人の犯行当時の病状、犯行前の生活状態、犯行の動機・態様等を総合して判断すべきであるという、いわゆる総合的判断を示している[11]。

加えて、最一小決平21・12・8刑集63巻11号2829号は、総合的判断を行うにあたって、①病的体験の直接支配性と②本来の人格傾向との異質性を重視すべきであるとした。

とりわけ、近時は、後記**2**(6)アの8ステップという考え方の影響もあり、裁判所においては病的体験が犯行にどのように影響しているか（機序）を非常に重視しているといわれている。

責任能力の判断にあたっては、種々の要素が総合的に判断されることを念頭に置きつつ、たとえば統合失調症の事案においては、病的体験が犯行を直接的に支配しているか、本来の人格傾向との異質性があるか、という点にとくに着目しなければならない。一方で、裁判官や検察官は、統合失調症以外の障害についても、この基準を持ち出してくることがある。しかし、他の障害の場合には、その障害特性の現れ方は統合失調症と異なるため、その障害特性に合わせた評価が必要になるだろう。弁護人としては、この点に留意して、主張しなければならない。

なお、前掲最三小決昭59・7・3の総合考慮の要素と類似したものとして、「7つの着眼点」がある。これは、岡田幸之医師が中心になって作成した「刑事責任能力に関する精神鑑定書作成の手引き」において、鑑定人が鑑定書に記載することを提案した着眼点であり、①動機の了解可能性／了解不能性、②行為の計画性、突発性、偶発性、衝動性、③行為の意味・性質、反道徳性、違法性の認識、④精神障害による免責可能性の認識の有／無と犯行の関係、⑤元来ないし平素の人格に対する犯行の異質性、親和性、⑥犯行の一貫性・合目的性／非一貫性・非合目的性、⑦犯行後の自己防御・危険回避的行動の有／無の7つを指す。しかし、この着眼点は責任能力判断の基準ではなく、あくまでも精神鑑定書の記載事項を提案したものである。これを責任能力判断の基準として捉えているような裁判所・検察官に対しては、十分に説明をする必要がある。

ウ　司法研究における起訴前鑑定の有無による区別

司法研修所編『裁判員裁判において公判準備に困難を来した事件に関する実証的研究』（法曹会、2018年）では、裁判員裁判対象事件において、被告人の精神症状が問題となる事案の争点および証拠の整理のあり方について、起訴前に正式な精神鑑定がなされている場合とそうでない場合とに分けて検討をしている。この司法研究は、直接には裁判員裁判対象事件についての研究ではあるが、裁判員裁判非対象事件において鑑定請求をする場合にも参考となるため、その考え方を紹介する。

なお、以下の場合分けのうち、「(ア)起訴前鑑定がある場合」には、「起訴前に簡易鑑定のみが行われている場合」は含まれていない。

(ア)　起訴前鑑定がある場合

前掲最二小判平20・4・25を前提とすると、50条鑑定（「裁判員の参加する刑事裁判に関する法律」50条に基づく鑑定）請求をするにあたって、弁護人は、①鑑定人の公平さに疑いがあること、②鑑定人の判断手法に問題があること（機序が十分説明できておらず、実質的に不可知論に立脚しているとみられるような場合）、③鑑定の前提や基礎資料に誤りがあることなど、起訴前鑑定を尊重しえない事情を主張する必要がある。

そのため、弁護人としては、検察官に対し、起訴後すぐに鑑定書とその基礎資料について任意開示を依頼し、それらの内容を検討することとなる。この際、弁護人は、鑑定書の内容のうち、「生物学的要素である精神障害の有無及び程度並びにこれが心理学

11　本決定の調査官解説においては、「(一)精神分裂病の程度が重症である場合、幻覚、妄想等の病的体験に直接支配された犯行である場合には、通常、心神喪失と認められよう。従って、精神分裂病者の責任能力の有無・程度の判定にあたっては、まずその病状（精神分裂病の種類、程度等）の把握が最も重要であり、この点についての精神医学者等による精神鑑定の結果は大きな役割を果たすものと思われる。(二)精神分裂病の寛解状態にあるからといって直ちに完全責任能力を肯定することはできず、次の(三)の場合と同様の事情を考慮することが必要である。(三)その他の場合には、(1)精神分裂病の種類・程度（病状）、(2)犯行の動機・原因（その了解可能性）、(3)犯行の手段態様（計画性、作為性の有無、犯行後の罪証隠滅工作の有無を含む。）、(4)犯行前後の行動（了解不可能な異常性の有無）、(5)犯行及びその前後の状況についての被告人の記憶の有無・程度、(6)被告人の犯行後の態度（反省の有無）、(7)精神分裂病発症前の性格（犯罪傾向）と犯行との関連性の有無・程度等を総合考察して、被告人の責任能力を判断すべき」としている（最高裁判例解説刑事編昭和59年度）。

的要素に与えた影響の有無及び程度」および「精神障害（の症状）の有無とこれが犯行に影響を与えた機序」について理解・検討する必要がある（弁護人が理解・検討すべきなのは、責任能力の有無・程度という鑑定書の結論部分ではないことに注意）。そのため、弁護人は、鑑定書の判断が前提としている事実関係やその資料を理解し、その前提が正しいのかどうかを検討することとなる。そして、その前提が正しいかどうかを検討するにあたっては、検察官から開示された鑑定の基礎資料や他の開示証拠を検討するほか、被告人やその家族、支援者等から必要な情報を聴き取ったり、弁護人が弁護士会照会等により独自に収集した知的能力に関するテスト結果、入通院歴等の障害に関する資料を検討することなどが考えられる。

⑷　起訴前鑑定がない場合

起訴前鑑定がない場合、被告人の精神障害の有無・内容およびそれが犯行に与えた影響の機序を直接明らかにする証拠がない。そして、被告人の精神障害の有無・内容およびそれが犯行に与えた影響の機序については、精神医学の本分であるから、他の証拠等からそれらの点に関する疑問が生じれば、裁判所としては、その点を解明するため、精神科医の専門的知見を借りるため50条鑑定をすべきこととなる。

そのため、弁護人としては、法律家からみて、被告人に精神障害の疑いがあり、それが犯行に影響を与えた疑いがあるという事情を主張すれば足りる。その際には、7つの着眼点に基づく主張が有用である。そして、7つの着眼点に基づく主張を検討するにあたっては、簡易鑑定書や精神科の入通院記録等の資料、被告人の日頃の性格を明らかにするうえで役立つ家族の供述調書等の証拠の任意開示を検察官に対して求めることに加えて、弁護人が弁護士会照会等により独自に収集した、被告人の知的能力に関するテスト結果、入通院歴等の障害に関する資料を確認することとなる。

エ　責任能力についての主張の検討

弁護人としては、前記**ア**～**ウ**までの一般論を前提に、責任能力についてどんな主張をするかを決めていかなければならない。

基本的には、責任能力に疑義がある以上、心神喪失または心神耗弱の主張していくことになるだろう。

しかし、心神耗弱の場合には、慎重な検討を行うことが必要となる。心神喪失が無罪となるのに比して、心神耗弱はあくまでも減軽事由のひとつとして判断されるに過ぎないからである。

すでに起訴前鑑定等が行われており、検察官も心神耗弱を主張しているような事件であればよいが、そうでない場合には、鑑定請求（再鑑定請求）やその後の鑑定などによって、審理期間が長引くことは避けられなくなってしまう。

さらに、医療観察法対象事件の場合には、心神耗弱が認められることにより、医療観察法に基づく入院または通院処遇の申立てがなされる可能性が高い。医療観察法による入院処遇決定がなされる場合には、半年ごとに入院の更新を行うか否かの判断がなされることになり、厚生労働省のガイドラインに基づいても1年半、現実の平均入院日数では951日[12]の強制入院を余儀なくされる例がほとんどである。そのため、心神耗弱の主張をしなくとも執行猶予であることが確実な事案では、この点を鑑みて、その主張をしないこともありうるだろう。

弁護人としては、このような点も踏まえたうえで、責任能力についての主張を定めていくことになる。

⑶　まとめ

ここでは、訴訟能力・責任能力に関する基本的な事項を確認した。障害のある人の場合には、必ずこの点の検討を行わなければならない。とくに、訴訟能力については、相当数の見落としがあるのではないかとの指摘[13]もあり、弁護人としては気を引き締めなければならない。

2　精神鑑定

障害のある人の刑事弁護においては、訴訟能力・責任能力を争う前提としても、またそもそも障害のあ

12　厚生労働省2017年11月28日医療観察法の医療体制に関する懇談会（第1回）資料参照。
13　前掲『訴訟能力を争う刑事弁護』101頁参照。

ることの立証の観点からしても、精神鑑定がひとつの重要な要素となる。

もちろん、訴訟能力・責任能力を争わない事件で、すでに手帳取得や通院などによって障害の存在が明らかになっている場合には、必ずしも精神鑑定を行わず、別の方法で障害と事件との関係を明らかにしていく方法もある。しかし、そうでない事件の場合には、精神鑑定を行い、その結果を弁護活動に反映させていくことも検討しなければならない。

以下、鑑定の種類ごとに詳述する。なお、ここでは、便宜的に捜査段階で行われる鑑定についても触れる。

(1) 簡易鑑定

簡易鑑定とは、捜査段階において、本人の同意を得たうえで、検察官が医師等に依頼して実施するごく簡易な鑑定で、鑑定留置を伴わずに行われるものである。

簡易鑑定は、本人に対する問診と、知能テストとロールシャッハやバウムテスト等の簡単な心理テスト、そして、その時点で捜査機関によって作成された供述調書などの限られた資料に基づいて行われる。本人に対する問診は、一般的には30分〜1時間程度しかなされず、しかも1回のみであり、家族等関係者からの聴き取りなども通常行われない。実施される検査も限られ、鑑定書作成のための時間的制約(鑑定実施から2〜3日程度、実際の書面作成時間も1〜2時間程度)もある。そのため、鑑定内容の信用性に疑問がある場合も多い。

簡易鑑定で責任能力に問題があることが判明した場合、次に述べる起訴前本鑑定が実施されたり、不起訴の判断がされることがある。

(2) 起訴前本鑑定

起訴前本鑑定も、簡易鑑定と同じく、捜査段階に、検察官の嘱託によって行われるものである。ただし、簡易鑑定とは異なり、裁判所が発付する令状に基づいて、通常は2〜3カ月間、被疑者を留置(鑑定留置)して鑑定が行われる。

簡易鑑定と比較すれば、判断材料となる鑑定資料、実施される検査の種類等は豊富で、本人への問診も数度に及ぶことが多く、家族等関係者からの事情聴取が行われる場合もある。その点で、簡易鑑定に比べれば、その内容の信用性は高まるといえる(ただし、鑑定医の中立性に疑問があるケースもあるので、注意が必要である)。

起訴前本鑑定に際して、まずは、鑑定留置状の謄本請求(**書式17**)をして、その内容を確認すべきである。

また、弁護人として、積極的に鑑定医に働きかけ、本人に有利な資料の提供などをする場合もある。鑑定医については、裁判所や担当検事に問合せをすることで、氏名や所属等を知ることができる。また、鑑定医は、鑑定期間中においても面談に応じてくれる場合も少なくない。鑑定がある程度進んだ段階で面談を行い、鑑定の見通し等を確認することも、その後の弁護方針を定めるうえで非常に参考になる。

もっとも、鑑定医に対して資料を提供すべきかどうかは、事案により慎重に検討すべきである。起訴前鑑定においては、人選はすべて検察官が行っており、鑑定人もあくまでも検察官の嘱託に基づいて鑑定を行う。このように、起訴前鑑定は検察主導で行われるものであり、実際に、検察官が求めていると思われる意見に寄った意見書が作成されてしまう可能性もある。そのため、場合によっては、弁護戦略上、鑑定人に対する資料の提供などをあえてしないこともありうる。たとえば、取調べで完全黙秘を選択しているケースなどでは、鑑定医に対しても黙秘の選択をとることもあるだろう。ただし、この場合には、事案によっては不起訴とならずに公判請求される可能性が高まるなどのデメリットも考えられるため、その判断は慎重に行うべきである。

あわせて、鑑定留置中は、通常の勾留期間に含まれず、鑑定留置終了後に通常の勾留期間に戻ることになる。鑑定中は、本人がすべての期間入院して検査等を受けるケース、短期間のみ入院するケース、入院はせずに留置施設にいたまま鑑定医が面会に来るケース(場合によっては、鑑定人のいる病院に近い別の留置施設や拘置所に身柄を移されることもある)などあるため、本人の居場所を確認する必要がある。

このように鑑定留置となった場合には、処分の決定まである程度長期の期間が与えられることとなる。弁護人としては、漫然とこの期間を過ごすのではなく、処分後の生活環境の調整や情報収集など、積極的に活動をすべきである。勾留期間だけでは難しい精神障害者保健福祉手帳の申請や、弁護士会照会・個人情報開示を利用した情報収集などについても、鑑定留置の期間があれば実行することも十分に可能となる。また、鑑定人が協力的な場合には、処分後の本人に必要な医療について相談することもできる。

あわせて、鑑定留置中の本人の処遇についても注意が必要である。たとえ本人が鑑定留置で病院に入院したとしても、必ずしも適切な治療が行われるとは限らない。場合によっては、なるべく行為時の状態に近づけるためか、あえて投薬をはじめとした治療を行わないという鑑定人も存在する。このような場合には、弁護人としては、本人のために、必要な治療は行うよう申入れをすることも検討しなければならない。

なお、鑑定留置に関しては、本人の身体拘束が長期化してしまうという問題がある。そこで、そもそも鑑定留置が不要と考えられる場合には準抗告を申し立てたり（**書式18**）、すでに鑑定に必要な診察や検査が終わっている状況にもかかわらず鑑定留置が終了しない場合には取消しを求めることなども検討すべきである。

⑶　裁判所による本鑑定

裁判所による本鑑定は、起訴後、裁判所が決定し、証拠調べのひとつとして実施される。

起訴前本鑑定と同じく、裁判所の出す令状に基づき、通常２〜３カ月の期間をかけて鑑定が行われる。

裁判所が職権で実施を決定することもあるものの、大多数は弁護人の請求がきっかけとなっている。鑑定の請求にあたっては、裁判所に鑑定の必要性を理解してもらう必要がある。必要性を説明できなければ、採用されずに却下されてしまうことになる。そのため、鑑定請求にあたっては、弁護側の協力医等に、起訴前鑑定の問題点を指摘する意見書を作成してもらったり、接見時の本人の様子について報告書を作成したり、支援者に障害の疑いや障害特性についての意見書等を作成してもらったりして、鑑定請求書（**書式19-1、19-2**）の添付資料として鑑定が必要であることを訴えることが必要となる（鑑定請求にあたり、いかなる事実を主張すべきかについては、前記**1⑵ウ**も参照）。

なお、通常の事件で、裁判所による本鑑定が採用された場合には、鑑定結果が出るまでの２〜３カ月間、公判審理が中断することになる。しかし、裁判員裁判対象事件の場合は、そのように長期間裁判員を待たせることはできない。そのため、公判前整理手続において裁判所の鑑定決定がされた場合には、公判開始前に、鑑定の経過および結果の報告を除く鑑定の手続を行うことができることとされている（いわゆる「50条鑑定」）。

⑷　当事者鑑定（私的鑑定）

当事者鑑定（私的鑑定）とは、弁護人が独自に精神科医に依頼して、本人の精神状態等について専門的意見を述べてもらうものである。①検察官が起訴前鑑定を実施している場合などに、弁護人として検察側の鑑定医の意見を弾劾するために用いる、②起訴前鑑定などがない場合に責任能力を検討するために実施する、などの場面が考えられる。当事者鑑定の場合には、鑑定事項のみに縛られず、事案に関するさまざまな事情を解明したり、その後の生活環境の調整に使えるような分析をしてもらうなど、多角的な視点で鑑定してもらえるというメリットがある。また、鑑定を通じながら、本人に対する心理的な働きかけをしてもらうことなども考えられるだろう。

しかし、当事者鑑定を行うにあたっては、①当事者鑑定を受けてくれる精神科医をどうやって探すか、②費用について誰がどう負担するのか、③勾留中の場合には面会の制限をどうクリアするのか、という問題がある。

①については、もともと主治医がいれば、その医師に頼むことが考えられるだろう。ただし、この場合には、裁判所から中立性に疑問をもたれる可能性があることには注意が必要である。また、精神鑑定の経験を積んでいる精神科医は多いとはいえず、この点で信用性に疑問をもたれる可能性もあるので、この点をどう手当てするのかは検討しなければならない。もともとの主治医がいない場合などは、他の弁護士に紹介してもらったり、別の事件で関わった精神科医に依頼をするなどの方法で地道に探すしかな

い。また、問題となっている精神疾患について、論文や専門書を執筆している精神科医を調査し[14]、連絡をとってみるというのもひとつの手段だろう。

②については、実際に本人と面会をしてもらい、証言まで依頼する場合には、30万円程度を要することが多い。私選の場合などで資力に余裕があれば問題はないだろう。また、国選事件であっても、親族等から鑑定費用を支出してもらえる場合もある。しかし、このような事件は決して多くはない。鑑定費用の支出が難しい場合には、弁護士会によっては援助制度を用意しているところがあるので、まずは弁護士会に問い合わせてみるのがよい。また、法テラスから診断書作成費用（上限3万円）が出る場合があるので、鑑定内容を調整して、この範囲でお願いをすることなども考えられる。

③については、精神科医であっても、一般面会と同様の扱いをされ、申入れをしても30分程度の時間しか面会できないことも多い。また、アクリル板越しの面会となるため、心理検査などが十分に実施できないという問題もある。結果として、検査や提供を受けた資料、面談の時間の不十分さなどを理由に、私的鑑定自体の信用性が本鑑定より乏しいものと評価されるリスクもある。

ただし、一部で時間制限もアクリル板も立会いもない面会が認められているケースもあるので[15]、積極的に申入れ（**書式20-1、20-2**）をしていただきたい。

⑸ 情状鑑定

責任能力について争わない事案においても、本人の抱える障害が犯情や一般情状に影響を与えた程度やその内容を明らかにするために、鑑定を請求することがある（**書式21**）。一般的に、鑑定自体は責任能力判断に影響が生じうる場合に採用されることが通常であり、責任能力判断に影響のない鑑定については、裁判所において必要性を認めてもらえない場合が多い。

しかし、裁判員裁判においては、本人の抱える障害の特性やそれが事件に与えた動機の理解に資するものとして、情状鑑定が採用されるケースも増えてきている。

後記**3**のとおり、責任能力や事実関係を争わない量刑事件の場合でも、本人の抱える障害の内容や特性、それが事件に与えた影響といったものが、量刑判断に大きな影響を与えたり、それが弁護人の弁論の軸となることも少なくない。そのため、情状鑑定という形式にこだわることなく、本人の障害特性や犯行に与えた影響といったものを専門家に説明してもらい、それを裁判に顕出させる工夫を尽くすべきである。

例を挙げると、①臨床心理士に心理検査を依頼したり、協力医に私的に鑑定を依頼して、その検査結果や診断結果、そこから考えられる見立てを証人として語ってもらう、②責任能力には影響がない旨結論づけている本鑑定が存在する場合に、その鑑定医に証人出廷してもらい、障害特性や犯情への影響の面を重点的に語ってもらう、③もともとの主治医等の意見書等を作成してもらい、それを証拠請求する、などが考えられる。

⑹ 鑑定についての検討の流れ

責任能力を争う方針とした場合、弁護活動としては、**図3-1**のような流れで検討を行うことになるだろう。

なお、本人に病識がなく、責任能力を争うことに抵抗を示すこともありうる。その場合にも、弁護人としては責任能力を争うことについて、まずは本人に十分に説明をしなければならない。そのうえで、最後まで納得が得られない場合にも、責任能力の判断は法的評価なので、弁護人として責任能力を争うべき場合もありうる。この場合には、予想される量刑や、精神障害が事件に与えた影響の程度、従前の通院歴があるか否かなどを考慮して、その判断をすることになるだろう。

ア 簡易鑑定・起訴前本鑑定の内容の精査

起訴前本鑑定が行われている場合（ⓐ）や、起訴前本鑑定はないが簡易鑑定が行われている場合（ⓓ）には、まずはその内容を精査することが重要となる。

---

14 日本語論文を検索する場合には、CiNiiArticles（https://ci.nii.ac.jp）などのサイトを活用されたい。

15 金岡繁裕・安西敦「刑事施設における私的鑑定の環境確保―名古屋拘置所および高松刑務所における実践」季刊刑事弁護55号（2008年）108頁。

図3-1■鑑定についてのフローチャート

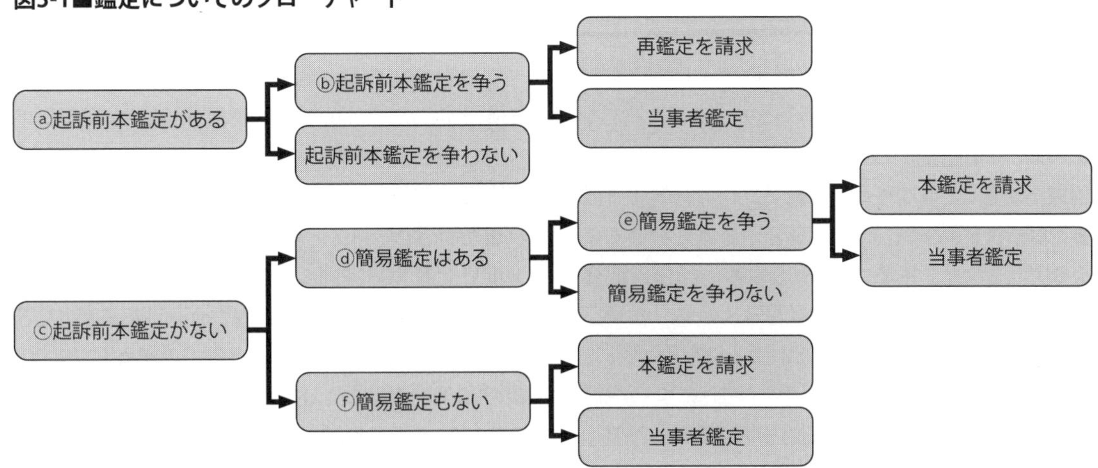

内容の精査にあたっては、公判前整理手続に付されている事件であれば類型証拠開示請求や主張関連証拠開示請求で、公判前整理手続に付されていない事件においては任意開示請求で、鑑定書ならびに鑑定の基礎資料、鑑定資料の一覧表等の開示を検察官に対して求めていくことになるだろう（なお、鑑定書等は任意開示請求で開示されることも多いが、仮に拒まれるような場合には公判前整理手続に付することを請求していくことになるだろう）。

図3-2■刑事責任能力の判断の構造を示す「8ステップ」モデル

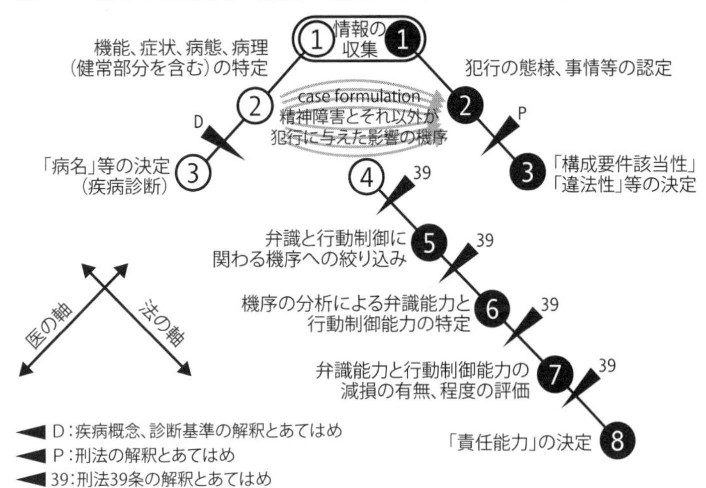

出典：岡田幸之「責任能力判断の構造―8ステップモデルの基本解説」季刊刑事弁護93号（2018年）38頁。

そして、これらの資料が開示された後、その内容を精査しなければならない。このときは、鑑定を担当した鑑定医に面談し、鑑定の判断内容についての理解を深めることが重要である。不明な点等があればそれを質問するなどし、時には疑問を正面からぶつけることが有用な場合もある（事前に反対尋問の意図を伝えることにもなりかねないため、どこまで踏み込んだ質問をするかについては検討を要する）。また、場合によっては、本人の主治医や協力医に意見を求めるなどして、鑑定医の判断の妥当性について検討することも必要であろう。

また、起訴前本鑑定や簡易鑑定を争うとした場合（ⓑⓔ）にも、どのポイントを争うかを検討しなければならない。この際、「責任能力判断の8ステップ」を参考にすべきである（**図3-2**参照）。これは、医学的診断から責任能力に至る構造を、①精神機能や精神症状に関する情報の収集、②精神機能や精神症状（健常部分を含む）の認定、③疾病診断、④精神機能、症状（健常部分を含む）と事件との関連性、⑤弁識と行動制御に関わる機序への絞り込み、⑥機序の分析による弁識能力と行動制御能力の特定、⑦弁識能力と行動制御能力の減損の有無、程度の評価、⑧「責任能力」の決定に分け、一般的には、④までが精神医学の領域として鑑定の対象となり、⑥以降が法的判断となるとしたものである。⑤については、④のうち、法的判断で注目したい箇所を絞り込む作業であり、当事者が、いずれの箇所へ絞り込むべきかを主張するとともに、それに応じた尋問を精神科医に行うことになる[16]。

この考え方に基づき、精神鑑定のいずれの部分を争うべきか、明確にしていくことが必要になるだろう。たとえば、提供された資料の内容といった前提事実を争う（①のステップ）、提供された資料から把握した精神症状の認定を争う（②のステップ）、そこから判断された診断名を争う（③のステップ）、精神症状から事件への影響の仕方（④のステップ）を争うなど、争点設定を意識することが容易になる。仮に、8ステップのうち、⑥以降のポイントのみに争点が絞られるのであれば、それは法的判断の問題であり、鑑定自体を争う必要はないことになる（なお、⑥以降のポイントについて、尋問において鑑定医が意見を述べようとするような場合には、異議を述べるなどの対応をすべきだろう）。

イ　本鑑定・再鑑定を請求するか否か

起訴前本鑑定や簡易鑑定を争うとした場合（ⓑⓔ）には、弁護人の主張を裏づける専門家意見を準備することが必要になる。また、これらの鑑定がない場合（ⓒ）にも、やはり何らかの専門家意見が必要となる。

その場合に、本鑑定・再鑑定を請求するか、当事者鑑定を行うのかを決めなければならない。

再鑑定・本鑑定が採用された場合には、本人に費用負担が生じずに客観的で中立的な鑑定が行われるというメリットがある。しかし、弁護側の主張に沿った鑑定結果が出るとは限らないというデメリットもある。

当事者鑑定は、有利な鑑定結果が出たときだけ証拠請求すればよいという点でメリットがある。しかし、前記のとおり、費用負担の問題や、刑事収容施設内で鑑定を行うことの限界もある。

弁護人としては、これらのメリット・デメリットや、その効果を踏まえつつ、どちらを選択するかを検討しなければならない。

⑺　カンファレンス

とくに裁判員裁判事件において50条鑑定が実施された場合、50条鑑定の鑑定書が提出された後、「カンファレンス」という場が設けられることが多い。

カンファレンスは、鑑定人尋問の順序や方法などを検討するために開かれる。このようなカンファレンスの必要性については議論があるが、実際には50条鑑定が採用された多くの事件で実施されているものと考えられる。

重要なのは、このカンファレンスは、あくまで問題点を整理して、尋問の方法（プレゼンテーションを用いるのか）等を確認するために行われるものであり、鑑定内容の詳細に及ぶことは許されない、ということである[17]。そのため、鑑定内容に立ち入った打合せが必要になる場合には、裁判所に退席を求めるべきである。

最近では、裁判所はあくまで形式面（尋問方法や尋問時間の確認等）についてのみ同席し、その後は当事者それぞれが個別に、相手方当事者も退席した状態で、鑑定人に質問をする時間を設ける形で実施されることが多い。ただ、当然であるが、鑑定人へのアクセスはカンファレンスの場に限られず、尋問に向けて必要な聴取はその後も可能である。

3　障害のある人の量刑事件弁護のケースセオリー

⑴　量刑弁護におけるケースセオリーの構築

次に、訴訟能力・責任能力を争わず、公訴事実についても争いがない場合の弁護活動について述べる。

障害のある人の事件を担当する際、本人の障害の存在を主張するとともに、その障害に対応するような環境調整を行う、ということに目が奪われがちである。しかし、本人が抱えている障害がそもそもどのようなものなのか、その障害が事件に対していかなる影響を及ぼしているのか、なぜそれが刑事責任を軽くするようなものなのかといったことが、きちんと意識される必要がある。そして、弁論の中では、それを裁判官にも受け入れられる形で提示できなければならない。

つまり、障害のある人の量刑弁護をするにあたっ

16　岡田幸之「責任能力判断の構造」論究ジュリスト2号（2012年）103頁、岡田幸之「責任能力判断と裁判員裁判」法律のひろば67巻4号（2014年）41頁等。

17　司法研修所編『難解な法律概念と裁判員裁判』（法曹会、2009年）47頁。

ては、障害の存在を前提に、どうケースセオリー[18]を構築していくかが重要となる。

⑵　ケースセオリーにおける障害の位置づけ

障害のある人のケースセオリーを構築するにあたっては、下記の2つの視点が重要となる。

① 犯罪行為の背景に障害がある場合、障害がない人と同程度の非難はできない（非難可能性の観点）＝犯情・行為責任に関する点

② 障害があることゆえの生きづらさ、そこから派生する心理的・環境的問題が事件の原因のひとつとなっているのであれば、新たな支援が構築されることで、再犯可能性が低下する（再犯可能性の観点）＝一般情状に関する点

これら2つの観点から、事件を分析して、ケースセオリーを組み立てなくてはならない。

たとえば、①の非難可能性の観点の事情としては、以下のようなものが考えられる。

(i) 責任能力が減退していた

・心神耗弱までには至らないけれども、一定程度事理弁識能力ないし行動制御能力が低下していた

(ii) 動機に障害が関係している

・対人関係の難しさによりストレスを抱え、それが事件の動機形成に寄与している

・周囲の対応が障害に対して無理解であることにより、本人がパニックとなりそれによってもたらされた事件である

・犯行の動機のひとつが、障害があるがゆえの被虐体験などによってもたらされたものである

・一般的には理解が困難・身勝手な動機だとしても、本人の障害特性を踏まえれば了解可能である

(iii) 犯行を思いとどまることが困難な状態にあった

・障害があるがゆえの未熟さ・学習の乏しさから、共犯者に利用されて、犯行に加わってしまった

・本人の障害や置かれていた状況から、他の手段を検討することができない精神状態にあった

以上のように、障害があることが事件の背景のひとつとなっているのであれば、その部分について本人の責めに帰すべきではないとか、過度に非難すべきでないという形で、障害の存在を犯情面・行為責任に関する主張の中に位置づけることが考えられる。

他方で、以下のような事情は、②の再犯可能性の観点で把握することが可能である。

・今まで福祉的支援がなかったようなケースで福祉的支援が入るようになる

・今まで福祉的支援があっても、それが適切なものでなかった場合に、新たに適切な支援体制が構築される

・適切な医療機関への受診が期待され、治療の促進や体調の改善が見込まれる

このような環境を構築し、それを説明できれば、事件の前よりも再犯可能性が減少したという一般情状の観点から、有利な情状として主張することができる。

現在の裁判所の量刑判断のプロセスは、

a 動機・行為態様・結果等の主要な犯情事実に着目し、犯罪行為をある程度類型化して捉え、大まかな量刑傾向を把握する

b 重要な犯情の観点から、当該犯罪行為が、aの類型の中でどこに位置づけられるのかを考えて、刑の幅を絞り込む

c 更生可能性等の一般情状も考慮して、bで絞り込まれた量刑の幅のうちどこに位置するかを検討して、最終的な刑を選択する

となっている[19]。

すなわち、まずは犯情・行為責任により刑の大枠を把握し、そのうえで一般情状は最終的な刑を決める際の調整的な要素として理解されている。このことからすれば、量刑の判断において重視されるのは①になるだろう。そのため、まずはこの点について事案を分析して、ケースセオリーを構築していくこととなる。

しかし、①の部分だけ主張することになると、たとえば「障害によって感情コントロールが難しいのであれば、再犯可能性が高いだろう」などと判断され、重い量刑を下されてしまう可能性もある。たとえば、

18　ケースセオリーとは、当事者が求める結論が正しいことを説得する論拠のことである。これは、ストーリーが基礎となって構築されるものであり、そのストーリーは、人の行動の理由を不合理さのない形で説明でき、かつ、すべての証拠を説明できるものでなければならない（岡慎一・神山啓史『刑事弁護の基礎知識〔第2版〕』〔有斐閣、2018年〕41頁）。

19　司法研修所刑事裁判教官室編『プラクティス刑事裁判』（法曹会、2015年）33頁参照。

大阪地判平24・7・30（いわゆる大阪アスペルガー事件判決）は、下記のとおり述べて、検察官の求刑意見を超える懲役20年の判決を言い渡した[20]。

「被告人は、本件犯行を犯していながら、未だ十分な反省に至っていない。確かに、被告人が十分に反省する態度を示すことができないことにはアスペルガー症候群の影響があり、通常人と同様の倫理的非難を加えることはできない。しかし、健全な社会常識という観点からは、いかに精神障害の影響があるとはいえ、十分な反省のないまま被告人が社会に復帰すれば、そのころ被告人と接点を持つ者の中で、被告人の意に沿わない者に対して、被告人が本件と同様の犯行に及ぶことが心配される。被告人の母や次姉が被告人との同居を明確に断り、社会内で被告人のアスペルガー症候群という精神障害に対応できる受け皿が何ら用意されていないし、その見込みもないという現状の下では、再犯のおそれが更に強く心配されるといわざるを得ず、この点も量刑上重視せざるを得ない。被告人に対しては、許される限り長期間刑務所に収容することで内省を深めさせる必要があり、そうすることが、社会秩序の維持にも資する」（傍線筆者）。

当該判決は、一般情状に該当する事情（受け皿の不在）によって、本来的な行為責任を超えた評価をしている点で、非常に問題がある。

しかし、障害があることと事件との関係を強調することにより、かえって社会復帰後の生活環境が本人の抱える障害を受け止めることができるものになっているかについて、厳しい視点で見られることになることは、意識をしなければならない。

とりわけ、行為責任上は実刑も執行猶予もありうるような事件においては、①の主張にて生じた本人の障害特性へのフォローとして、②の主張が十分になされているか、言い換えれば、本人が社会内で生活をしていくだけの環境が準備されているかが、刑の選択の分水嶺になることも少なくない。

さらに、②の主張を行う際には、①の要素をきちんと精査しなければならない。つまり、本人が事件に及んでしまった動機や、障害との関連性が明確に意識されたうえで、その問題点に対応した形での環境調整を行うことが必要になる。この点を具体的に主張することができれば、環境調整によって再犯可能性が大幅に減少したことの指摘が可能となり、量刑上も非常に有利な形で考慮されることがある。

このように、①と②は主張の両輪であり、双方の観点ともに軽視することなく、ケースセオリーを検討することが必要になる。

また、本人に障害があるからといって、必ずしもこれを裁判の中で主張しなければならないわけではない。ケースセオリーの中で、本人の障害を主張することが有利な結論へとつながるものか、障害があることを公判廷で明らかにすることについての本人の認識などに鑑みて、要否について判断をしていかなければならない。

(3) 事案を分析する際の視点

ア 時系列からの分析

時系列ごとに、障害がどのような部分で影響を与えているかを並べてみることも有益である。

たとえば、**図3-3**のようになる。

このように過去から未来まで全体を見渡した場合、それぞれの点について障害の影響があることがわかる。

このうち、「公判」の部分については、公判でどのように本人の障害特性をフォローしていくかが重要となる（この点については、後記**6**参照）。

「過去」「事件」については、基本的に非難可能性に関連する量刑事実となる。対して「未来」については、再犯可能性に影響する量刑事実ということになるだろう。

たとえば、知的障害のある依頼者の場合、「過去」において、同種の窃盗前科が存在するとしても、知的障害に対する適切な支援がなかったことから金銭管理のトラブルが生じ本件窃盗に至っていたとすれば、障害が存在しない場合と同程度の非難はできない。しかし、今後、知的障害に対する適切な支援が

---

20 ただし、控訴審においては、原判決は本件犯行に至った動機や経緯にアスペルガー障害の影響があった点を過小評価し、また社会においてアスペルガー障害の受け皿がなく、このことと被告人の反省が十分でないことと相まって再犯のおそれが強いなどとして、これらを被告人の刑を重くする方向の一事項として考慮したが、それは誤っているとして原判決が破棄され、懲役14年が言い渡されている（大阪高判平25・2・26判タ1390号375頁）。

図3-3■障害が与える影響

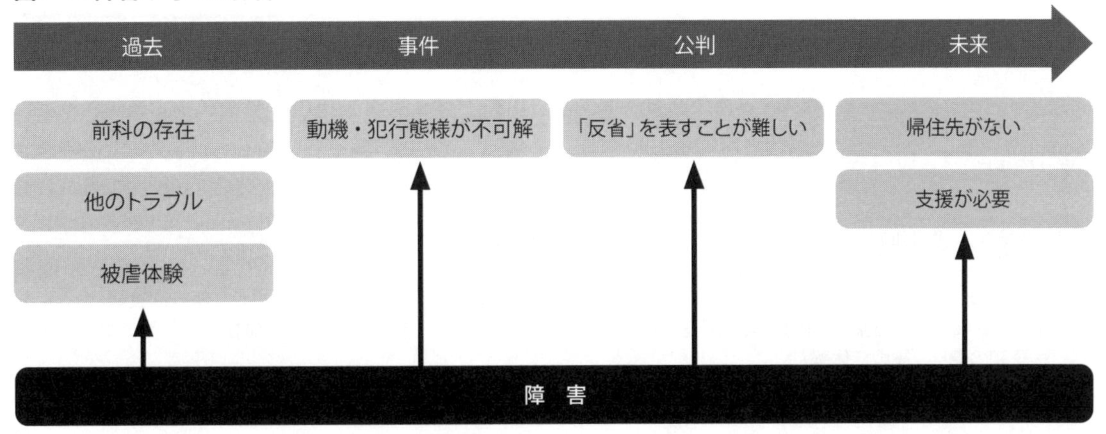

図3-4■生物・心理・社会モデルからの分析

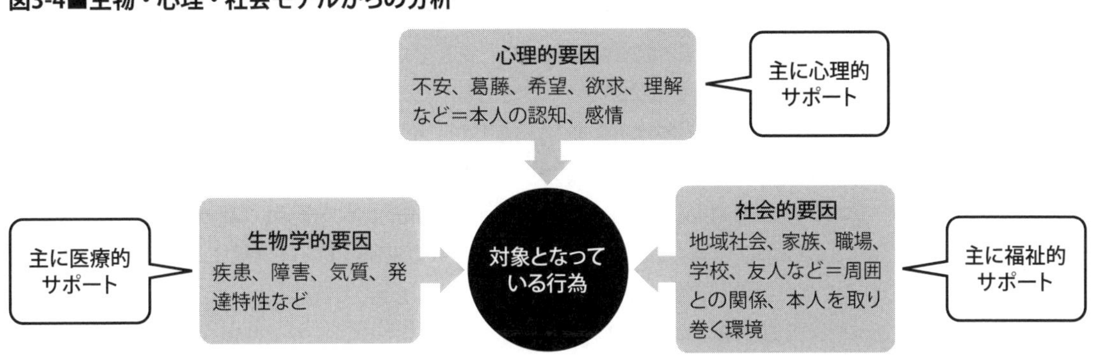

なされなければ、「未来」において、再び金銭管理のトラブルが生じ、再犯のおそれが高いと判断される可能性が高い。そのため、これらに対処するためにも環境調整が必要となる。

このようにして、時系列でブレインストーミングを行っていくことは、障害のある人の刑事弁護におけるケースセオリーの構築において、非常に重要なものとなる。

イ　生物・心理・社会モデルからの分析

この点については、後記**4**の更生支援計画の作成にあたっても重要となってくる点ではあるが、ケースセオリーとも密接に関わるため、ここで述べる。

生物・心理・社会モデル（BPSモデル）とは、そもそも医学の分野で、疾病の原因を単に生物的要因（疾病など）だけに求めるのではなく、心理的・社会的要因も含め、これら3つの要素それぞれが相互に作用し、かつ総合的な性質をもって疾病の原因となっているとする考え方である。

この考え方は、障害のある人の行動（とくにここでは起訴されてしまった事件における行為）についても、同じように用いることができる（**図3-4**参照）。

このように、1つの行為についても、その背景には、生物的、心理的、社会的な要因が複雑に絡み合って影響していると考えられる。事件を分析するにあたっても、これらの要因ごとに分析をすることで、整理していくことができるだろう。また、このように分析することで、今回の事件でどの要因がとくに問題となるのか、そして、それに対応するためにどのようなサポートが必要になるのか、考察することができる。

もちろん、すべての背景にある事実が、3つの要因にきっちり分けられるわけではない（たとえば、「両親からいつも『お前は何もできない』『早く仕事をしろ』などと言われていた」という事実は、親との関係という側面では社会的要因となるし、それによって抑圧された心理状態だったという側面を捉えれば心理的要因となる）。しかし、ここで重要なのは、これらを正確に振り分けることではなく、その作業を通し

図3-5■事件の性質からの分析

環境因子による影響

個人因子による影響

直接介入（医療的・心理的サポート）

間接介入（福祉的サポート）

例：重大な対人加害（放火、殺人等）
繰り返されている犯罪（性犯罪、薬物関連等）
←認知の偏り、被虐待体験

例：微罪の累犯（万引き、無銭飲食等）
←貧困、社会的孤立

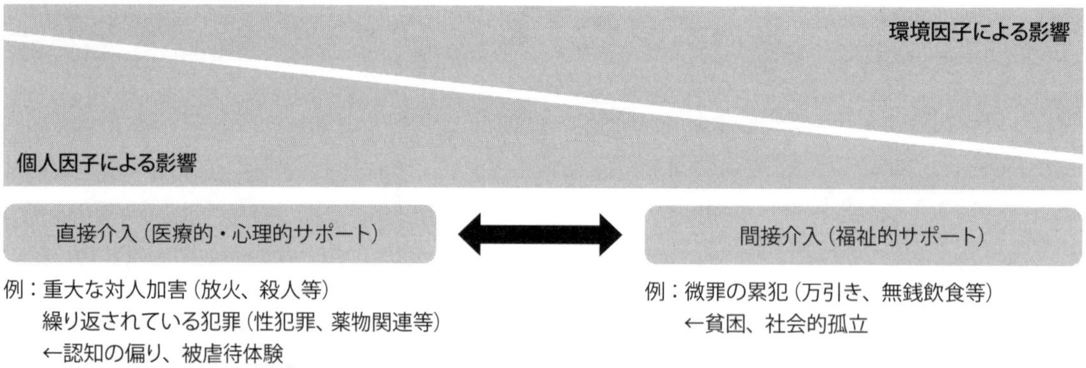

て、事件の構造を明らかにしていくことである。

ウ　事件の性質からの分析

また、**図3-5**のような観点から考えることもできるであろう（ただし、事件の性質というのは多様な要素を含むものであるので、ここで書いているのはあくまでもイメージであることには留意していただきたい）。

放火や殺人などの重大な対人加害行為の場合、その行為に及んでしまった背景には、個人因子の影響が比較的強くみられることが多い。また、性犯罪や薬物関連の犯罪等についても、本人の依存的な傾向が疑われ、そこには個人因子が強く影響していることが想定される。

一方で、お金がないことから万引きや無銭飲食を繰り返しているようなケースの場合には、その貧困の問題等にアプローチする福祉的なサポートが必要となるだろう。

このように、事件の性質から、個人因子の影響の強い事件なのか、環境因子の影響の強い事件なのかということを想定することができるだろう。そして、それによって、必要となるサポートを考えていくこともできる。

エ　小括

このように、事件の中でどのように障害を位置づけるのかを検討しながらケースセオリーを構築していく必要がある。

ただし、この分析を行うにあたっては、本人の障害特性を十分に理解しなければならない。弁護士にとっては専門外の領域であり、これを弁護人のみで行うのは困難である。また、分析を行うにあたっては、多様な視点から意見を出し合っていくことが必要となる。

あわせて、実際に分析を行い、今後必要な支援を考えたとしても、あくまでも選択をするのは本人自身である。そのため、本人と十分な意思疎通を行い、情報を丁寧に伝えていく必要がある。

そのためにも、後記**4**のような福祉専門家との連携が不可欠となってくる。また、分析の前提として、当事者鑑定（前記**2**⑷）を行うことなども積極的に検討していくべきだろう。

⑷　実刑の場合のケースセオリー

障害のある人のケースセオリーを考えるにあたって、実刑、とくに長期の実刑が予想される場合にどうするか、というのは大きな問題である。それは、非難可能性の点は別として、再犯可能性に関するケースセオリーを立てるのが難しいからである。すなわち、支援の開始が出所時となり、実刑期間を経た後のことになってくるため、長期の実刑の場合にその支援を維持できるのかという問題が生じてくるのである。

もちろん、実刑期間にも後記❻で述べるような支援を続け、出所後の生活に結びつけることはできるし、そのような支援があることを立証していくことがひとつの方法になるであろう。

各都道府県に所在する地域生活定着支援センターにおいては、身寄りのない高齢者・障害者が刑務所に収監され、出所する際の出口支援を本来的な業務として行っており、制度上必然的に支援に関わってくれるケースもある（**第１章❷1**参照）。その場合、同センターに支援のチームやプランニングの中に加わってもらうことによって、出所後の支援についても一定の説得力をもたせることができる。

他方で、地域生活定着支援センターが関わらない（特別調整対象者の要件を満たさない）ケースの場合には、矯正施設退所までの間、同センターによる制度的な支援がなくとも、本人のために実効的な支援が継続していくことを説得的に示す必要が生じる。さらに、特別調整の対象となりうるケースでも、たとえば、本人がその支援を拒否しているなど、その支援にはなじまないということもありうる（支援を希望しない場合には特別調整の対象とならない）。このような場合には、別の支援体制を考えていく必要が生じるだろう。

このように、実刑の見込まれる事案におけるケースセオリーを検討する際には、地域生活定着支援センターの関与の有無や要否は、必ず考慮を要する事項といえる。実際のケースにおいては、身元引受人や帰住先がある場合には特別調整の対象とならない可能性が高いため、独自の支援を考えていく必要がある。

ただ、このような支援を構築することが、量刑にどのくらい影響を与えるのか、ということも考えなければならない。かなりの長期の実刑となる事案で支援体制を構築しても、その支援体制が維持されるかどうかもわからないし、そもそもそのような支援体制の存在が量刑に影響を与えるような事情となるのかには疑問も生じうる。事件ごとに、その判断をしっかりとしていかなければならないだろう（この点については、後記**11⑶**を参照にされたい）。

また、実刑の際の刑務所の処遇について、判決で言及させることを獲得目標のひとつに設定することもありうる。判決は、その後に本人が受刑する刑務所等にもその内容は引き継がれ、処遇の決定においてその指針となりうるものだからである。

たとえば、多摩川連続ホームレス襲撃事件[21]の第一審判決[22]においては、自閉症を抱える被告人について、「当裁判所としては、矯正機関に対し、被告人の社会適応能力と精神的安定の向上がなければ、服役が何らの効果もなく、刑期を終了しても依然社会にとり危険な存在となりかねないとの意識をもって、可能な限り被告人の障害に留意した処遇（H医師のいう発達障害を熟知した専門家による処遇方法の検討、T医師のいう治療教育的プログラム、適応支援プログラム等）を工夫して実施されるよう要望する。加えて、釈放時には、地域生活定着支援事業の活用等を考慮されたい」などと、処遇についての言及がなされた。当該判決については、その内容に疑問がある箇所もあるが、参考にしていただきたい。

4　更生支援計画を活かした弁護活動

近年、障害のある人の刑事弁護においては、ソーシャルワーカーに「更生支援計画」と呼ばれる、本人の支援についての計画を作成してもらい、それを証拠として裁判所等に提出するなどの活動が行われるようになっている（**書式22、8**）。

そこで、ここでは、更生支援計画とは何なのか、そして、それを活かした弁護活動とはどのようなものか、について考えていきたい。ただし、更生支援計画という形式に囚われる必要はまったくない。あくまでも目的は、本人に必要な支援を準備し、それを弁護人として法廷に証拠として出すことである。更生支援計画書を準備せずに法廷で支援者に証人に立ってもらうこともあるし、もっと違う形での弁護活動を行うこともあるだろう。更生支援計画は、あくまでもそのひとつの形であることに留意していただきたい。

また、障害のある人の事案だからといって、必ずしも更生支援計画を作成しなければならないわけではない。本人と十分に話したうえで、弁護人自身が事件のケースセオリーの中で更生支援計画をどのように位置づけるかを考えながら活動していくべきである。

⑴　更生支援計画とは

更生支援計画とは、福祉的支援を必要とする被疑者・被告人に対し、その人の障害や疾病を踏まえたうえで、そのほうが同じ行為を繰り返さないで生活するために望ましいと考えられる生活環境や関係性、必要な支援内容について具体的に提案し、裁

21　グループホームに暮らす広汎性発達障害の男性が、多摩川に暮らすホームレス３人を鉄パイプで殴るなどして傷害を負わせたり、死亡させたりしたなどとして、殺人未遂2件、殺人１件で起訴された事件。
22　東京地立川支判平23・5・30LEX/DB。

判所や検察官に提出するもの、である。そして、その目的は、①本人のレジリエンス[23]が正常に機能するような支援を行い、本人が同じような行為に及ばずに、安心してその人らしい生活ができるようにすること、②刑事手続において、適切な支援が用意されており、これによって本人が同じような行為に及ぶ可能性が低くなるということを、検察官や裁判所に納得してもらうこと、にある。

また、更生支援計画をつくるにあたって重要なのは、更生支援計画は本人の同意なしには成立しないものであるという点である。計画は、あくまでも本人が主体的に関与しながら作成されるものであり、本人の「住みたいところ」「やりたいこと」などを中心として形づくられるものである。弁護人は、ともすると「なるべく再犯をしない環境」をめざしてしまいがちである。しかし、そこに本人の意思がなければ、それは絵に描いた餅であり、実効性がない。また、「再犯をしないこと」のみをめざすのであれば、極論してしまえば、ずっと刑務所や病院に閉じ込められているのが究極の「再犯防止」になるはずである。しかし、このような結論が不当であることは明らかであろう。本人の意思を無視した抑圧的な環境を設定することは、本人の自尊感情を低下させ、むしろリスクを高めることになりかねない。この点には十分に注意する必要がある。そこで、更生支援計画を本人にわかりやすく説明し、意思確認をすることが必要不可欠である。その際、たとえば知的な障害のある人の場合には、本人向けの更生支援計画書を作成して差し入れることなども検討すべきである（**書式23**）。

更生支援計画の作成者は、ソーシャルワーカーである。ただし、一口に「ソーシャルワーカー」や「福祉専門職」といっても、その幅は非常に広い。福祉に関する資格としては、下記**(2)**を参照していただきたいが、資格の有無に囚われる必要もない。福祉に関する資格は、業務独占ではないため、有資格ではなくても、長年障害のある人の支援に携わっている人などに作成をお願いすることも考えられるだろう。

⑵ 連携が考えられる福祉専門職等

連携をする福祉専門職として考えられる資格としては、下記の3つがある。

ⓐ　社会福祉士（SW）——専門的知識および技術をもって、身体上もしくは精神上の障害があることまたは環境上の理由により日常生活を営むのに支障がある者の福祉に関する相談に応じ、助言、指導、福祉サービス関係者等との連絡および調整その他の援助を行う（社会福祉士及び介護福祉士法2条1項参照）。刑事弁護との関係では、生活上の困難を抱えた被疑者・被告人の生活環境の調整等を依頼することが考えられる。

ⓑ　精神保健福祉士（PSW）——精神障害者の保健および福祉に関する専門的知識および技術をもって、精神科病院その他の医療施設において精神障害の医療を受け、または精神障害者の社会復帰の促進を図ることを目的とする施設を利用している者の地域相談支援の利用に関する相談その他の社会復帰に関する相談に応じ、助言、指導、日常生活への適応のために必要な訓練その他の援助を行う（精神保健福祉士法2条参照）。刑事弁護との関係では、社会福祉士と同様に、精神障害のある（疑われる）人の生活環境の調整等を依頼することが考えられる。

ⓒ　介護支援専門員（ケアマネージャー）——介護保険法上の要介護者等からの相談に応じ、および要介護者等がその心身の状況等に応じ適切なサービスを利用できるよう市町村、サービス事業者等との連絡調整等を行う（介護保険法7条5項参照）。刑事弁護との関係では、主に高齢で支援を必要とする被疑者・被告人の介護サービスの利用調整等を依頼することが考えられる。

しかし、これはあくまでも例に過ぎない。たとえば、心理的な側面での分析が必要なケースでは、下記のような心理専門職と連携をすることも考えられるだろう。

ⓓ　公認心理師——公認心理師法を根拠とする日本の心理職国家資格、およびその有資格者。心理学を学問的基盤とした心理援助を行う。刑事

23　自己の置かれた困難な状況にさらされ、ネガティブな心理状態に陥っても、それに対して自分自身を修復し、回復できるという、個人の心理面での回復力・弾力性のこと。①内面共有性（悩みを人に話すなど）、②活動実効性（失敗してもあきらめずにもう一度挑戦すること）、③楽観性（困ったことが起きてもよい方向にもっていくこと）、④周囲から援助されている状況、の4つが柱となる。

弁護との関係では、情状鑑定や、心理アセスメントが重要となる事件での支援を依頼することなどが考えられる。

ⓔ　臨床心理士（CP）――公益財団法人日本臨床心理士資格認定協会が認定する民間資格、およびその有資格者。臨床心理学を学問的基盤とした心理援助を行う。刑事弁護との関係では、公認心理師と同じく、情状鑑定等を依頼することが考えられる。

ⓕ　臨床発達心理士――一般社団法人臨床発達心理士認定運営機構が認定する民間資格、およびその有資格者。発達心理学を学問的基盤とした心理援助を行う。刑事弁護との関係では、とくに少年事件や若年の人の事件において、情状鑑定や、心理アセスメントが重要となる事件での支援を依頼することなどが考えられる。

問題は、このような職種の人とどうやってつながっていくのかである。

東京TSネットでは、入口支援を担う人を「更生支援コーディネーター」と呼び、社会福祉士や精神保健福祉士等の資格を持つ人、豊富な福祉的な支援の経験をもつ人などが、その役割を担っている。東京TSネットは、このような活動に特化した団体であるので、相談依頼を受ければ、更生支援コーディネーターを派遣し、個々の事案での支援を開始することとなる。

同じように、民間の団体として、障害のある人の入口支援に専門的に取り組む団体・個人も各地に広がってきている（NPO法人静岡司法福祉ネット明日の空など）。このような団体等を調べて、自分の地域に団体があれば、まずは依頼をしてみるのがよいだろう。また、弁護士会と各地の社会福祉士会等が連携して、実際の事件への協力を進めている例もある（**第1章❷2**参照）。そのため、まずは弁護士会にこのような連携がなされていないか問い合わせてみる方法も考えられる。

しかし、このような窓口がまったく存在しない地域もある。その場合には、まずは下記のような場所に相談してみるのがよいと思われる。あわせて、地域の社会福祉士会、精神保健福祉士協会に問い合わせるという方法もある。

ⓖ　市区町村の障害福祉担当部署――福祉サービスは、原則として、市区町村の障害福祉課、保健所などが窓口となっている（名称は、自治体によって異なる）。どこに連絡すべきかわからない事柄は、まずその人が支援を受けたい市町村に問い合わせ

C O L U M N

保護観察を付けてほしい!?

連携しているソーシャルワーカーから、「執行猶予になるとしても、できれば保護観察を付けてほしい」とお願いされることがある。ソーシャルワーカーの中には、保護観察に付されれば、保護司等が本人の支援者の一人として増えることになり、役割分担をしやすい、と考える人がいる。また、中には、保護観察という一定の強制力が背景にあったほうが、本人を福祉サービス等につなげやすい、と考える人もいる。

こんなお願いをされた場合に、弁護士としてはどうすればよいであろうか。

当然のことながら、保護観察に付されるということは、本人にとって不利益な処分である。遵守事項が設定され、本人はそれに従わなければならない。定期的な保護司との面談等も必要になる。また、最悪の場合には、不良措置として刑の執行猶予が取り消される可能性もある。そして、保護観察期間に再犯をしてしまった場合にも、再度の執行猶予が法律上不可能となる。弁護人としては、基本的には、あえて保護観察に付することを求めていくべきではないだろう。

では、ソーシャルワーカーにはどのような説明をすべきか。まずは、そもそも保護観察に付された場合にも、保護司等が有効な支援者になりうるのか、議論をする必要があるだろう。どのような人物が担当保護司となるのかはわからない。また、強制力を背景にすることを求めている場合には、そもそもそのような強制力を背景にしなければ本人が受け入れられないような支援計画そのものに問題があるということになるだろう。この場合には、支援計画自体を見直す必要があるかもしれない。

そのうえで、弁護人としての立場を説明して、弁論等で保護観察をあえて求めることはできないと伝えるべきだろう。

ると、地域やケースに合った情報を得られる。

ⓗ　相談支援事業所――障害者(児)が自立した地域生活ができるよう、相談・情報の提供、助言、サービス利用、権利擁護などの包括的なサービスを提供する。サービス等利用計画の作成および支給決定後のサービス等利用計画の見直し(モニタリング)などをここで行い、それに沿った支援を受けることになる。

ⓘ地域包括支援センター――地域包括支援センターは、高齢者について、①総合相談支援、②虐待の早期発見・防止などの権利擁護、③包括的・継続的ケアマネジメント支援、④介護予防ケアマネジメントという4つの機能を担う地域の中核機関で、市町村、在宅介護支援センターの運営法人(社会福祉法人、医療法人等)その他市町村から委託を受けた法人が運営している。社会福祉士が在籍しているので、連絡してその人に応じた支援相談ができる。

ⓙ　地域生活定着支援センター――矯正施設(刑務所等)から出所する際に特別調整という制度(本人の同意などの要件がある)の対象になった人が、地域で安定した生活を継続していくための支援を行う。主な支援対象は、矯正施設出所者であるが、都道府県によっては、被疑者・被告人段階の支援を行っているところもある。

ⓚ　病院――治療可能な身体・精神の疾患については、まず病院で治療を行い、体調や心が落ち着いた後で地域生活について前記に相談することもある。この場合には、その人の通院歴や希望から、適切な医療機関を選定する。

また、資格の有無を問わず、長年福祉現場で働いている経験のある人や、本人の支援に長年携わっていた人に更生支援計画を作成してもらうことも可能である。

⑶　更生支援計画の例

更生支援計画についてイメージをもってもらうために、以下に更生支援計画書の一例を載せる。

ここにあるのはあくまでも一例であり、更生支援計画については定まった書式などがあるわけではない。

【事例】

〈本人〉

Aさん。50歳の男性

〈被疑事実〉

○○○○年5月1日、○○書店○○店で漫画5冊を万引きした。

〈逮捕の経緯〉

店から出たところで、警備員に声をかけられ、通報される。臨場した警察官により逮捕。

〈事件までの経緯〉

Aさんは、これまで窃盗で6回逮捕されたことがあり、うち3回については実刑判決を受けている。最後に出所したのは6年前。

出所後、工務店での住み込みの仕事に就くことができ、この6年間は一度も事件を起こしてはいなかった。

ところが、事件の2カ月前、Aさんは現場で腰を痛めてしまい、長時間の作業ができなくなってしまった。しばらくは休み休み仕事をしていたが、不況のあおりを受けて工務店の営業も苦しくなっていたため、Aさんは解雇されてしまった。仕事も家も失ってしまったAさんは、漫画喫茶などを転々として日雇いの仕事を探していたが、ついに所持金も尽きてしまった。

そこで、Aさんは、本を万引きして売却し現金を得ようと思い、今回の事件を起こしてしまった。

支援依頼の経緯：弁護人が接見をしていたところ、意思疎通が難しく、話が噛み合わないことがあった。そのため、知的障害の疑いがあると考え、社会福祉士であるX氏に支援を依頼した。

A氏更生支援計画書

○○○○年　○○月　○○日　作成

氏名　　　　X　　　㊞
所属　　○○社会福祉士事務所
資格　　社会福祉士

第１　はじめに（作成の経過）

１　依頼の経緯

○○○○年５月25日、弁護人であるＹ弁護士から支援の依頼を受けた。そこで、同年５月26日にＹ弁護士と打合せを行ったところ、本人に知的障害のある可能性が高いことなどが確認できたため、支援コーディネートを実施することとなった。

２　支援チームの構成

社会福祉士Ｘ（更生支援コーディネーター）
社会福祉法人「りすの里」代表Ｂ
グループホーム「りすの家」サービス管理責任者Ｃ
就労継続支援Ｂ型事業所「こりすランド」施設長Ｄ
社会福祉法人「りすの里」相談支援専門員Ｅ

３　行った活動

⑴　本人・家族・関係者との面談日時、回数

本人との面会８回

○○○○年５月２日　　○○警察署
○○○○年５月30日　　○○警察署
○○○○年６月７日　　○○警察署
○○○○年６月10日　　○○警察署
○○○○年６月17日　　○○拘置所
○○○○年６月22日　　○○拘置所
○○○○年６月29日　　○○拘置所
○○○○年７月４日　　○○拘置所

以前の雇用主との面談２回

○○○○年５月29日
○○○○年６月10日

りすの里代表Ｂとの面談１回

○○○○年６月15日

りすの家サービス管理責任者Ｃ・こりすランド施設長Ｄ・相談支援専門員Ｅとの面談２回

○○○○年６月９日
○○○○年６月17日

⑵　収集した資料

・社会福祉法人りすの里のパンフレット
・就労継続支援Ｂ型事業所こりすランドのパンフレット
・グループホームりすの家のパンフレット
・刑務所で実施されたCAPASに関する照会回答書
・簡易鑑定書

第2　本人について

1 本人	氏　名	A
	性　別	男性
	生年月日（年齢）	○○○○年○○月○○日生（50歳）
2 障害程度・ 診断	約9年前に刑務所内で実施したCAPAS検査によれば、IQ相当値は65である。また、面会の際のやりとりでも、工務店からの給料から寮の家賃を差し引くという計算に時間がかかったうえに間違っていたことや、複雑かつ抽象的な会話になるとコーディネーターの言葉をそのままオウム返しするなど、意思疎通が困難な場面がみられた。 このことからすれば、Aさんには軽度の知的障害の疑いがあるものと考えられる。	
3 成育歴	誕生	○○市で生まれる（父・母・祖母・妹の5人家族）。
	16歳	○○市立中学校を卒業。 地元の自動車修理工場に就職、3年で退職（いじめが原因）。
	19歳	単身、東京に上京。塗装工の見習いとして仕事を始めるが、半年後に退職。 なお、この頃から家族との連絡はとっていない。
	20歳	食料品店でパンなどを盗み、窃盗で逮捕。起訴猶予。 釈放後は、再び塗装工の仕事を得るが、覚えが悪いと言われ、3カ月で解雇。紹介された内装業の会社に就職。
	22歳	その後、内装関係の職場を転々とする。 会社の同僚にそそのかされ（賭け麻雀の借金回収のため）、本を万引き。当時の親方が身元引受人となり、略式罰金で釈放。 釈放後も雇ってもらえたが、罰金の立替分の返済で給与がほとんどなくなり、生活苦で電化製品の万引きをしてしまう。執行猶予付判決を受ける。 内装工としての働き口を見つけるも、仕事が遅いという理由で2カ月で解雇され、その後ホームレスに。 本の万引きで逮捕。実刑判決を受ける。
	26歳	出所。解体業や内装業の仕事を転々とする。
	30歳	ホームセンターで電化製品を万引きして、逮捕。実刑判決を受ける。
	33歳	出所。建築関係の仕事を転々とする。
	40歳	仕事での失敗を責められ、仕事に行くのが嫌になり、職場に行かなくなる。 収入が底をつき、生活費を得るために、電化製品の万引きを複数回行う。窃盗で逮捕。懲役3年の実刑判決。
	44歳	出所。日雇いの仕事を転々とする。
	45歳	飲み屋で意気投合した人の紹介で、現在の工務店で働くことになる。
4 事件時の 生活環境	〈仕事および住居〉 　Aさんは、事件の2カ月前まで工務店に勤務し、月20万円程度の収入を得ていた。工務店の隣に従業員用の寮があり（従業員は食費の負担のみ）、その一室で生活をしていた。朝・晩の食事は、寮の食堂でとっていた。 　事件の2カ月前、作業中に腰を痛めてしまった。2〜3週間ほど寮で休養していたが、今までの仕事を再開するのは難しい状況であった。工務店側も、Aさんの仕事を事務仕事に変更したうえ、別途現場作業員を雇うだけの余裕がなかったため、話し合いのうえ、Aさんは工務店を退職した（実態として、解雇なのか自主退職なのかは、聴き取りからは判然としない）。 　工務店を辞めたため、寮にいられなくなり、Aさんは寮を出て、漫画喫茶などを転々とするようになった。 　事件当時は、所持金が底をつき、いよいよ野宿するしかないという状態であった。 〈余暇および社会活動〉 　趣味は麻雀で、同じ寮の仕事仲間と毎晩のように打っていた。お酒を飲むのも好きで、就寝前の一杯と、週末なじみの居酒屋に行くのが楽しみであった。 　交友関係としては、職場関係と、居酒屋で会う飲み仲間が中心で、家族や地元の友人等のつながりはほとんどない。仕事を失ったり、お金がないときは、ほとんど人と会わずに一日を過ごしていた。人見知りではあるが、集団生活が苦手なわけではなく、ホームレスをしていたときも、仲間を見つけて行動をともにしていた。 　もっとも、いじめられた経験から、悪口等を言われると、すぐに心を閉ざして集団から離れてしまう傾向にあった。	

5 現在の本人の状況	今まで刑務所に入ったことが何度かあったことから、当初は、再び刑務所に行かなければならないだろう、とあきらめている様子であった。 また、毎回やり直そうと決意するも、なかなかうまくいかなかった経験から、自分自身を責めるような言動がみられた（「俺はどうせ続かないんです」「俺みたいなやつは、お国の世話になるしかないんですよ。情けないですよね」など）。 知的障害の可能性が高い、という話を聞いた際も、当初は、「そんなはずはない」「今までそんなことを言われたことはない」と抵抗感を示していた。しかし、更生支援コーディネーターとの面会を重ねる中で、徐々に、自分がぶつかっている課題と障害のつながりを認識するに至り、「自分が障害者だというのは、やっぱりすぐには認められないけれど、自分が今まで悩んできたことの説明にはなっていると思う」と話すようになった。また、手帳の取得を拒否していたことについても、「確かに支援してもらえたらありがたいけれど、手帳なんて持ったら、障害者だっていじめられると思った」と話すようになった。 その後、りすの家の写真を見せたり、ブログの記事を紹介したり、施設長に面会に来てもらい、直接話をしてもらう中で、Aさんは、「そこでもう一回やり直したい。そのために必要なら、手帳もとりたい」と話すようになった。就労についても、「まだ腰が痛くて、今までのような仕事はできないけど、仕事自体は好きだから、その作業所ってところで頑張りたい」と話している。
6 アセスメント結果	〈事件と就労の関係〉 Aさんは、中学校卒業後、自動車の修理工や塗装工、内装業などの仕事を点々としているが、最初の職場を除き、どの仕事も１年以上続いていない。本人いわく、「仕事の覚えが悪く、辞めさせられるか、悪口がつらくて自分から辞めることがほとんどだった」とのこと。 仕事に行くのが嫌でさぼっていたときや、仕事を辞めて収入がなくなったときに万引きをしていたようである。 他方、最後に出所してから６年間は、万引きはしていない。事件の直前まで働いていた工務店が６年間続いた理由について聞くと、「親方がすごく優しかった。作業にどれだけ時間がかかっても、『お前はのんびり屋だな』とは言うけれど、ちゃんと仕事を教えてくれた。仕事を覚えられたから、あの工務店で働いていたときは楽しかった」と話している。 以上のことから、今後安心した生活を送るためには、就労できる環境を確保することが必要であり、その就労についても、Aさんの特性を理解してくれる職場でなければ、これまでの繰り返しになってしまう可能性がある。 〈本人の障害と事件の関係〉 前記のとおり、Aさんは軽度の知的障害である可能性が高い。 Aさんの障害と今回の事件が直結するわけではない。しかし、前記のとおり、Aさんは、職場でのつまずきが原因で、経済的にも精神的にも安定せず、収入を得るために窃盗をしていたという事情がある。このことを考えると、Aさんの障害が、事件の遠因になっていたものといえる。 〈必要な支援〉 前記のとおり、Aさんは仕事を覚えるのにどうしても時間がかかってしまうが、Aさんのこの特性に配慮してくれた前雇用主のもとでは、長期間仕事を続けることができ、この間、事件を起こすこともなかった。また、Aさん自身も、前雇用主のもとで仕事をしていたときは、仕事を楽しいと思い、生きがいを感じていた。このことは、Aさんは、Aさんの得意なこと不得意なことをよく理解している人の見守りの中では、十分能力を発揮し、問題なく社会生活を送ることができるということを意味している。 そこで、Aさんのことを理解している人の支援のもと就労し、経済的にも精神的にも安定を図ることが重要である。 一般就労であっても、前雇用主のように、Aさんの得意なこと苦手なことを理解し、向き合ってくれる雇用主がいないわけではないと思われるが、残念なことに、なかなかAさんのことを理解してもらえない可能性が高い。したがって、Aさんの生活を安定させるためには、福祉の専門家による支援が必要といえる。具体的には、療育手帳を取得し、福祉サービスを利用することが考えられる。 〈利用できる社会資源〉 Aさんは、自身の家族とは30年以上没交渉であり、連絡先もわからない状態である。また、ほとんど関わりのなかった家族を社会資源とすること自体、有効性に疑問がある。 そこで、Aさんが長年暮らしてきた町から電車で約20分のところにあるグループホーム「りすの家」の施設長にAさんのことを紹介し、同ホームで生活することができないか打診したところ、本人との複数回の面会を経て、入居につき内諾を得ることができた。同ホームは、過去にも前科のある知的障害者の方を受け入れた実績があり、Aさんのサポートも十分行えるものと考えられる。 現時点ではまだ療育手帳は取得していないが、釈放後速やかに手続を行う予定である。なお、入居費用については、生活保護を利用して当面の生活費に充てる。

	また、「りすの家」を運営する社会福祉士法人りすの里は、就労継続支援B型事業所(こりすランド)も運営している。こりすランドの施設長は、Aさんが「りすの家」に入居後、まずは体験通所をしてもらい、将来的には受給者証を取得して正式に通所してもらうのがよいと考えている。

第3　支援について

1 支援方針	住居および仕事の確保を通し、まずは生活の基盤を安定させることが、Aさんが再び同じ行為を繰り返さないために最も重要である。もっとも、一般就労では精神的な安定を図ることは難しく、まずは福祉的就労から始める必要がある。
2 具体的 支援	短期(釈放〜1カ月) ・社会福祉法人りすの里が運営する住居(シェルター)に入居し(1カ月程度)、療育手帳および受給者証の申請手続を行う ・こりすランドに体験通所 ・本人と福祉事務所に行き、生活保護申請をする
	中期(1〜6カ月) ・受給者証取得後、りすの家に入所 ・受給者証取得後、こりすランドに通所
	長期(6カ月〜) ・(本人の希望を踏まえ)就労継続支援A型事業所や一般就労への移行 ・趣味などを通して、社会とのつながりをもつ
3 支援体制	社会福祉士X(更生支援コーディネーター) 社会福祉法人「りすの里」代表B グループホーム「りすの家」サービス管理責任者C 就労継続支援B型事業所「こりすランド」施設長D 社会福祉法人「りすの里」相談支援専門員E
4 まとめ	本人は、軽度知的障害を抱えながら、50歳になる現在まで福祉的な支援を受けることができないままに、経済的に困窮し、窃盗などを繰り返してしまっていた。今後、同じような行為に及ばないためには、社会の中で適切な支援を受け、経済的にも精神的にも安定した生活を送ることがなによりも重要である。 本人も、福祉的支援を受けることについて前向きに考えることができるようになってきており、この段階で支援につなげていくことが必要である。

支援コーディネーター	社会福祉士　X　　※緊急連絡先　○○−○○○−○○○○

添付資料
・社会福祉法人りすの里のパンフレット
・就労継続支援B型事業所こりすランドのパンフレット
・グループホームりすの家のパンフレット
・刑務所で実施されたCAPASに関する照会回答書

図3-6■更生支援計画策定の流れ

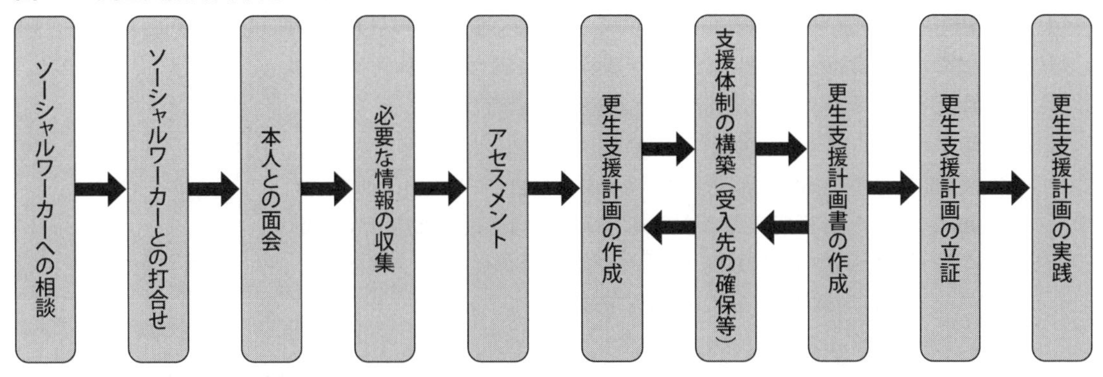

(4)　障害の診断について

障害のある人の事件において、訴訟能力・責任能力を争わない場合でも、障害に関する事項をケースセオリーの軸とする場合に、障害の診断を得る必要があるかが問題となる。

ア　事件前に診断を得ている場合

仮にもともと手帳を取得していたり、通院して服薬をしていたようなケースであれば、その情報を取得すればよい。しかし、事件前から診断を受けているようなケースは多くない。

イ　事件前に診断を得ていない場合

過去に診断がないケースで、本人に障害があることを立証するためには、刑事手続の中で、障害に関する情報を獲得していくしかない。

では、障害に関する情報は、どういう方法で獲得できるか。

最初に考えうる方法は、起訴前に実施された簡易鑑定や起訴前本鑑定の結果を取得することである。これらの鑑定の中で、障害について診断がなされていれば、それを本人に障害があることの証拠として使うことができるだろう。

また、このような鑑定がない場合には、鑑定請求をするか、当事者鑑定を行うことを検討することになる。しかし、前記のとおり、当事者鑑定は費用の問題があり、実施が難しいこともある。また、ケースセオリーによって、鑑定を実施して確定診断を得ることまでが必要かも変わりうる。

そこで、鑑定の実施が難しい場合には、下記のような資料を集めて、本人に障害がある疑いがあることを示していくことも考えられるだろう。資料の収集方法については、前記**表3-1**（80頁）も参照されたい。

・（刑務所に入ったことのある場合）刑務所でのCAPASの結果等
・（少年審判を受けたことのある場合）少年事件の社会記録
・学校での成績表等
・（生活保護受給中の場合）ケース記録

あわせて、鑑定の実施は難しいが、どうしても医師による診断が必要な場合には、勾留執行停止などを利用して診察へ行き診断を得る方法なども考えられる。弁護人としては、さまざまな方法を駆使し、事案に応じて必要な立証手段を尽くすべきだろう。

なお、一部の地域においては、弁護士の要望に応じて、少年鑑別所の技官が拘置所等で本人と面会し、心理検査等を実施してくれる例があるようである。このような制度についても、積極的に利用することができる。

(5)　更生支援計画作成の流れ

更生支援計画は、主に以下のような流れで作成される（**図3-6**参照）。

ア　ソーシャルワーカーへの相談

まずは、弁護士からソーシャルワーカーに相談をするということが多いだろう。

たとえば、東京TSネットでは、相談フォームをウェブサイトに公開している。ほかにも、それぞれの団体によって相談依頼票等が用意されたりしているので、それを利用して申込みなどをしてもらいたい。

また、逆にソーシャルワーカーから依頼があり、当初から連携しながら動くケースもあるだろう。

イ　ソーシャルワーカーとの打合せ

担当してくれるソーシャルワーカーが決まったら、一緒に打合せを行う。なるべく早期に打合せをすることが必要だろう。

打合せでは、その時点で弁護人が把握している情報について、可能な範囲で共有することが望ましい。また、刑事記録についても、その内容を見てもらうことも必要だろう。なお、後記(6)アのとおり、記録を見せることが「目的外」（刑訴法281条の4第1項）に当たらないことは当然である。

ウ　本人との面会

次に、ソーシャルワーカーに、本人と警察署などで面会してもらう。この際の注意点などについては、後記(6)イのとおりである。

エ　必要な情報の収集

本人との面会後、更生支援計画作成のために必要な情報を収集することとなる。これについては、弁護人も最大限の協力をしなければならない（後記(6)ア）。

オ　アセスメント

十分な情報が集まった段階で、本人がなぜ今回の行為に及んでしまったのかについて、アセスメントを行ってもらう。

カ　更生支援計画案の検討

アセスメントの結果を受けて、今回の行為に至ってしまった要因を取り除くためにどのような福祉的支援が考えられるのかを具体的に考えてもらうことになる。

この際、具体的に支援体制を構築しつつ、その都度、本人と面会してどのような支援がよいかを相談し、計画を見直していくことになる。

キ　支援体制の構築——受入先の確保など

立案した更生支援計画に合わせて、実際に支援体制を構築する（**図3-7**参照）。

たとえば、帰る場所がない本人について、グループホームでの居住を計画したのであれば、実際に入ることのできるグループホームを探すことになる。また、支援体制の構築状況をみて、更生支援計画自体を組み立て直していく必要もある。

ク　更生支援計画書の作成

前記のような活動を通じて更生支援計画の中身が確定したら、それを書面として構成する。この書面が「更生支援計画書」といわれる。

ケ　更生支援計画の立証

その後、裁判などにおいて、実際に更生支援計画書を書証として提出したり、ソーシャルワーカーを証人として請求することで、福祉的支援があることを立証していく。

コ　更生支援計画の実践

最後に、判決後、速やかに更生支援計画を実行に移す。

(6)　更生支援計画の作成における弁護人の役割

前記のとおり、更生支援計画の作成者はソーシャルワーカーである。ただし、作成にあたっては、弁護人もできる限りの協力をしていかなければならない。

ア　情報の収集

情報収集について、弁護人の果たす役割は大きい。

本人に関する情報は、弁護人であれば、当然、更生支援計画の作成の有無にかかわらず集めているはずのものである。

とはいえ、弁護士とソーシャルワーカーでは、視点の違いがあり、求める情報も違ってくる。そのため、ソーシャルワーカーが更生支援計画をつくるにあたって、新たな資料がないかと指摘されてはじめてその存在に気づくこともあるだろう。

この場合、弁護人は、積極的に情報の収集をすべきである。さまざまな情報を集めることは、更生支援計画の精度を高めるだけでなく、当然、弁護人の弁護活動自体にも役立つことになる。

また、単に資料を集めるだけでなく、関係者等に積極的に聴き取りを行うことも肝要だろう。

ただし、情報を収集する場合には、本人の個人情報について、どこまで開示するのかについては、細心の注意を払っていただきたい。

取得の方法としては、証拠開示で多くの資料を取得することとともに、捜査の段階から、なるべく弁護人が調査し、多くの情報を獲得しておくことが重要である。具体的な収集先等については、前記**表3-1**（80頁）を参照されたい。

なお、謄写した証拠について、ソーシャルワーカーに交付することは、当該事件の審理に資する目的で

図3-7■支援の全体の流れ

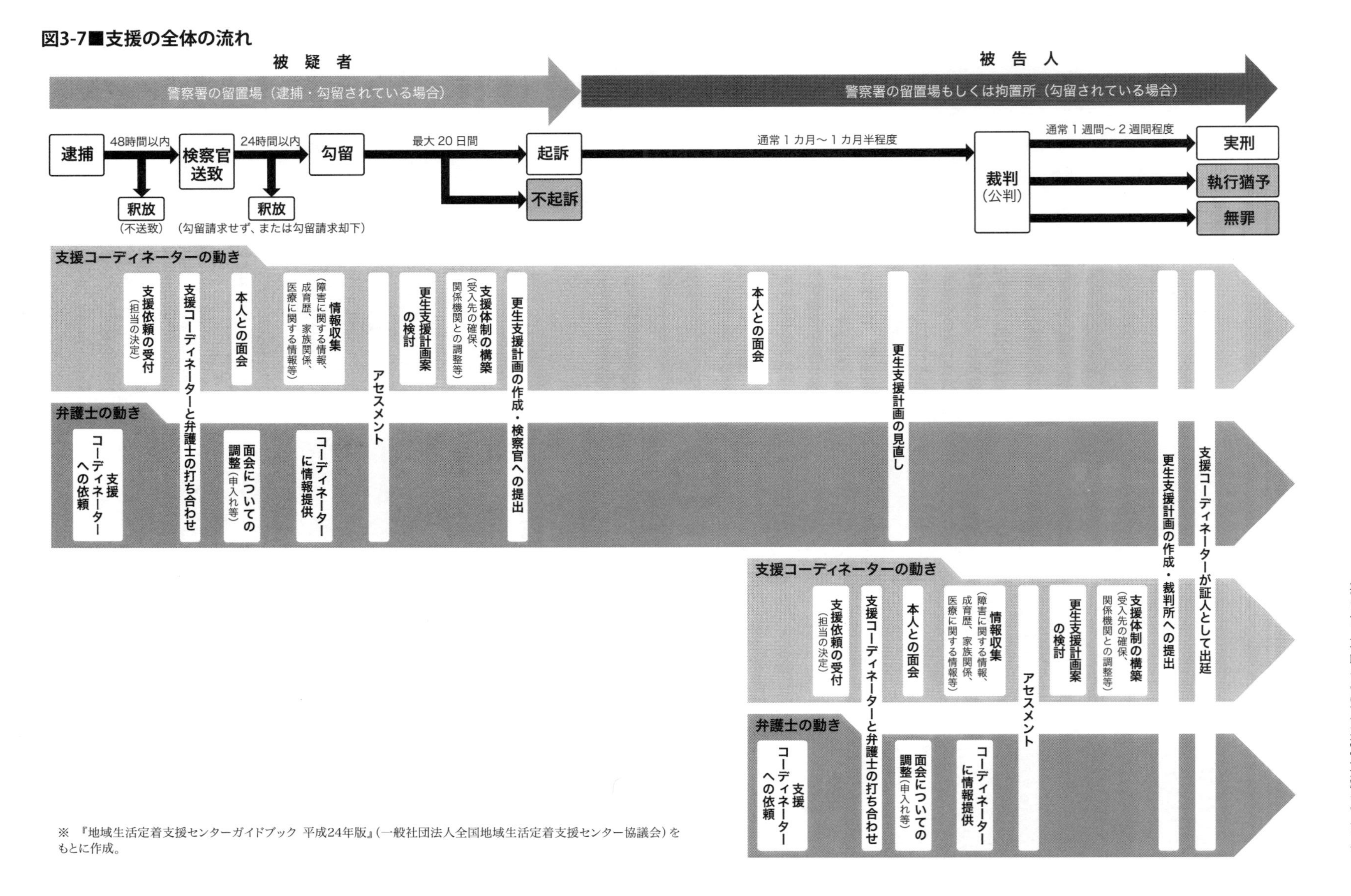

※『地域生活定着支援センターガイドブック 平成24年版』（一般社団法人全国地域生活定着支援センター協議会）をもとに作成。

行うことであり、目的外使用（刑訴法281条の4第1項）に該当しないことは明らかである。ただし、その取扱いについては、十分に注意すべきことを伝えなければならない。

イ　面会の調整

ソーシャルワーカーが更生支援計画をつくるにあたっては、何度も本人と面会をして信頼関係を構築し、今後の生活について一緒に考えていくことが必要である。

そのために、弁護人としては、まず、ソーシャルワーカーと本人が面会をする前の時点で、そのソーシャルワーカーがどんな立場の人なのか、何をしてくれる人なのか、本人に丁寧に説明をする必要がある。単に「福祉的支援をしてくれる」と言われても、福祉サービスを受けたことのない人などは、それがどんなことを意味するのかわからない。そのため、この部分については、とくに丁寧な説明が求められる。また、事案にはよるものの、基本的には最初の面会には弁護人も同行して、あらためて紹介をすべきだろう。

ソーシャルワーカーとともに接見を実施する場合には、弁護士が面会する場合でも一般面会の扱いになることに注意すべきである。また、初回以降の面会においても、ソーシャルワーカーが十分な面会をできるように調整することが求められる。

刑事収容施設においては、専門家であっても、本人との面会については一般面会の扱いとなり、立会いがつく、面会時間が制限されるなどするし、弁護人と同様、アクリル板越しでの面会を行うことになる。

立会いについては、「刑事収容施設及び被収容者等の処遇に関する法律」（刑事収容施設法）で以下のように定められている。

> **刑事収容施設法116条１項**
> 刑事施設の長は、その指名する職員に、未決拘禁者の弁護人等以外の者との面会に立ち会わせ、又はその面会の状況を録音させ、若しくは録画させるものとする。ただし、刑事施設の規律及び秩序を害する結果並びに罪証の隠滅の結果を生ずるおそれがないと認める場合には、その立会い並びに録音及び録画（次項において「立会い等」という。）をさせないことができる。

そのため、専門家との面会については、「刑事施設の規律及び秩序を害する結果並びに罪証の隠滅の結果を生ずるおそれがないと認める場合」に該当するものであるとして、立会いなしの面会を求めていくべきだろう。

また、面会時間の制限については、刑事収容施設法118条4項、114条に基づいて制限されていることになる。一般的には、以下の規則に基づき、15～20分程度で面会時間が定められていることが多い。

> **刑事施設及び被収容者の処遇に関する規則73条**
> 被収容者の面会の時間について制限をするときは、その時間は、30分を下回ってはならない。ただし、面会の申出の状況、面会の場所として指定する室の数その他の事情に照らしてやむを得ないと認めるときは、５分を下回らない範囲内で、30分を下回る時間に制限することができる。

しかし、専門家の場合、十分な接見時間が確保されなければ、本人からの十分な聴取ができず、結果として適切な分析ができないことにもつながる。そこで、具体的に必要な接見時間を明示して、面会時間を確保するように申入れをする。

さらに、心理検査などを行う場合には、心理検査用具を用いることが必要になり、アクリル板越しの面会では目的を達成できないこともある。面会場所の制限については、前記と同様に刑事収容施設法118条4項、114条に基づいて制限されることになる。そして、刑事施設及び被収容者の処遇に関する規則70条2項では、以下のとおり定めている。

> **刑事施設及び被収容者の処遇に関する規則70条２項**
> 被収容者の面会の場所は、被収容者と面会の相手方との間を仕切る設備を有する室（以下「仕切り室」という。）とする。ただし、次に掲げる場合（受刑者（未決拘禁者としての地位を有するものを除く。）以外の被収容者の面会にあっては、第１号に掲げる場合に限る。）において、刑事施設の規律及び秩序の維持に支障を生ずるおそれがないときは、この限りでない。
> 一　被収容者が病室に収容されている場合その他の法務大臣が定める場合
> 二　親族と面会する場合その他の仕切り室以外の場所で面会することを適当とする事情がある場合

また、被収容者の外部交通に関する訓令（法務省矯成訓第3359号）5条においては、下記のとおり定められている。

> **被収容者の外部交通に関する訓令５条**
> 規則第70条第２項第１号（規則第96条及び第97条第１項において準用する場合を含む。）に規定する法務大臣が定める場合は、次に掲げる場合とする。
> ⑴　被収容者が病室に収容されている場合
> ⑵　前号に掲げる場合のほか、被収容者の心身の状況に照らして、仕切り室を面会の場所とすることが相当でないと認めるべきやむを得ない事情がある場合

そこで、この点について言及をして、やむをえない事情があることを具体的に述べていくべきであろう。

これらの事情については、特別面会依頼書という形式で、拘置所等に対して書面で申し入れるべきだろう（**書式20-1**）。その際、接見時間が長時間必要であることや立会いなしでの接見は、合理的配慮のひとつであることにも言及し、その提供が義務づけられていることを伝えるべきである（**第２章⑩4**参照）。

また、この点について、ソーシャルワーカーを特別弁護人として選任することで（刑訴法31条２項）、立会いや時間等の制限のない面会を実現する方法もある。この場合には、特別弁護人として専門職を選任することの許可を裁判所に求めることになる（**書式24**）。また、「通常、特別弁護人の選任が許されるのは、事実関係などに関し特殊専門的な知識を要し、法律専門家である弁護士としてもその面で補佐する者が欲しいような場合」（条解刑事訴訟法〔第４版増補版〕）とされているため、この点について、必要性を十分に伝えることが重要であろう。

実際にソーシャルワーカー等がこの制度を利用して特別弁護人に選任され、接見した例も複数報告されている。前記のような制限が現状でさまざまなされていることを考えれば、この方法をとることも考えられるだろう。

しかし、ソーシャルワーカーが弁護人となると、実際に公判において更生支援計画などを立証する際、その内容について中立性等に疑問をもたれる可能性もある。この点を踏まえたうえで、選任については慎重に判断すべきである。

ウ　更生支援計画の内容についての協議

更生支援計画の内容について、協議を行うことも重要である。

まず、アセスメントの結果・内容は、弁護人がケースセオリーを立てるうえで重要になる。アセスメントの結果をケースセオリーに反映するためにも、更生支援計画の作成過程で、逐次弁護人がその状況をソーシャルワーカーから確認していくことが必要である。たとえば、以下のような場合である。

> **弁護人の当初のケースセオリー**
> 統合失調症の影響で、窃盗をしてしまった（責任能力には問題がないが、犯情的に大きな影響を及ぼしている）。そのため、医療的な手立てがあれば症状が落ち着き、再犯の可能性はなくなるのではないか。
> ※　障害特性自体が事件に深く関与していることを前提としたケースセオリー

> **アセスメント結果**
> 統合失調症そのものの影響により窃盗をしてしまったとは考えづらい。むしろ、統合失調症で入院をして以降、うまく支援につながらないまま、生活に困窮していったことが要因であると考えられる。この点について、今後の支援が必要となるだろう。

> **ケースセオリーの修正**
> 障害特性そのものからの影響よりも、環境的な要因が大きかった。この点について、すでに今後の支援が計画されており、金銭的にも安定した生活を送ることができる状況であるから、再度生活に困窮して窃盗をしてしまうことはない。
> ※　障害特性よりも、環境要因に焦点化したケースセオリー

以上は非常に簡潔な例であるが、このようにアセスメントの結果を受けて、ケースセオリーを見直しつつ、弁護活動を組み立てていく。ただし、一人のソーシャルワーカーのアセスメント結果が絶対なわけではないし、それによって必ずしもケースセオリーを修正しなければならないわけではない。アセスメント結果に疑問を感じる場合には、別のソーシャルワーカーに意見を求めることなどを検討してもよい。

次に、実際に更生支援計画を書面化するにあたっ

ても、弁護人は協議を重ねなければならない。

とくに気をつけなければならないことは、

・捜査機関に発覚していない余罪等が書面に書かれている場合
・書面に記載されている事実が証拠と矛盾する場合
・医学的判断に踏み込んでいる場合（確定診断は医師のみが行えるものであり、ソーシャルワーカーの専門領域ではない）

などである。このような場合には、更生支援計画をそのまま証拠として提出することが困難となったり、更生支援計画の信用性が低下する理由となったりしかねない。

そこで、更生支援計画については、確定前にソーシャルワーカーと弁護人で協議していくことが求められる。ただし、ソーシャルワーカーは、その専門的知見から計画を立てているので、その計画の根本自体を弁護人が変えることは許されない。あくまでも前記のように形式面での問題や、前提となっている事実関係等の成否について協議を行う、ということを忘れてはならない。

エ　手続への協力

弁護士が、環境調整のための手続について協力することも重要である。環境調整についてすべて専門職に委ねて丸投げするのではなく、弁護士でもできることについては積極的に行っていきたい。

更生支援計画の作成や実行において、弁護士が関与することが考えられるケースとしては、以下のようなものがある。これ以外にも弁護士ができることはさまざま考えられるので、ケースごとに専門職と話をしながら役割分担していただきたい。

㈠　障害者手帳の取得（**第２章❽１**参照）

障害について今まで診断を受けていなかったり、受けていてもその後の福祉サービスを利用していなかったような場合、本人が療育手帳や精神障害者保健福祉手帳を取得していないケースもある。

この場合には、その取得に向けた手続について、弁護人が協力することができる。

療育手帳は法で定められたものではなく、あくまでも都道府県の条例によって定められている。そのため手続の方法も各地で異なるので、まずはその手続について調査をすることが必要である。基本的には、成人の場合には、市区町村の障害福祉担当窓口（福祉事務所や福祉担当課）に問い合わせてみるのがよい。申請後、心理検査等を受けたうえで取得することになるので、拘置所内で検査を実行してもらえるのか等を確認する必要がある（これができない場合には、検査日について勾留執行停止〔**書式25**〕を行うことも検討する）。また、大都市圏では申請が混み合っており、実際の手続までに時間を要することも多いので、早めに動き出すことが重要である。

精神障害者保健福祉手帳については、市区町村の担当窓口（保健所・保健センター、市役所・町村役場障害福祉担当窓口等）に申請書と診断書を提出することによって行う。療育手帳と異なり、基本的に書面での審査となるため、身体拘束中でも、すでに主治医がいて診断書を書いてもらえるようなケースであれば、申請がしやすい。

㈡　障害福祉サービスの受給手続（**第２章❽２**参照）

障害福祉サービスの流れは、**第２章❽３**のとおりとなる。弁護人としては、申請書類の準備等について担当し、受給に向けた手続を手伝うことなどが考えられるだろう。

㈢　障害年金の申請（**第２章❾１**参照）

本人の経済的な生活基盤を整えるために、障害年金の受給も、弁護人が手伝うことができる。

障害年金の受給に際しては、日弁連高齢者・障害者権利支援センター編『法律家のための障害年金実務ハンドブック』（民事法研究会、2018年）などを参考にしていただきたい。

㈣　生活保護申請の同行（**第２章❾２**参照）

更生支援計画で生活保護申請を予定しているような場合には、申請前から、窓口に連絡をして事情を話しておくことも有用である。申請前ということで拒否されることもあるが、スムーズに手続を進めるためには、事前に話をしておいたほうがよい。

そして、釈放後には、弁護人も生活保護申請に同行すべきである。本人だけでは窓口でどんな説明をすればいいかわからないまま、申請に至らずに終わってしまう可能性がある。また、ソーシャルワーカーのみが同行しても、刑事手続等の説明をしなければならない場面に直面することもある。このような点について、弁護士が同行すれば、より確実に生活保護の受給につなげることができるだろう。なお、費用については、日弁連委託援助事業などを利用することができる場面もあるため、確認すべきである。

(オ)　その他の法的問題の解決

更生支援計画をつくるうえで、本人の法的問題が課題として浮き上がるときもある。たとえば、多額の借金を背負っていたり、知らない人と養子縁組を組まれていたりするケースも存在する。

この場合には、弁護人が、刑事手続後も（もちろん刑事事件受任中から手続を履行することも考えられるが）法的問題の解決のために関与し続けることも検討すべきである。そして、このことが、更生支援計画の内容のひとつとして、再犯可能性がないことの立証へつながることも考えられるだろう。

(7)　公判での立証

このようにしてソーシャルワーカーに更生支援計画を作成してもらったら、弁護人としては、それを公判において立証していくことになる。

更生支援計画は、「更生支援計画書」という書面で作成されることが多い。これは、本人への説明や関係者間での情報共有のために、書面に記す必要があるからである。ただ、前記(3)のとおり、書式に決まった形式があるわけではない。

弁護人としては、この書面を証拠として請求することが考えられるだろう。更生支援計画には、福祉の専門用語や、受入先等の具体的な情報が記載されており、これを証人尋問だけで引き出すことは困難である場合もある。そのため、やはり書面として証拠調べしてもらいたいという場面も存在する。

一方で、更生支援計画書が証拠採用されるためには、検察官の同意を得る必要がある。また、直接主義の観点からは、書面よりも証人尋問で取り調べる必要性も高い。そのため、いずれにしても、更生支援計画の作成者であるソーシャルワーカーの証人尋問を行うことは不可欠であろう。

証人尋問においては、前記のような専門用語なども含まれるため、プレゼンテーション方式で行うことなどもありうるだろう。

尋問を行う場合には、尋問事項についても、よく考える必要がある。基本的には、専門家証人の主尋問を行うことと同様であり、①証人自身の専門性や立場の説明（語る資格があること）、②本人のアセスメントのために行った活動（語る内容に信用性がある程度の情報を得ていること）、③本人の抱える障害特性や困難、それに対する必要な支援の見立て、④③を踏まえた福祉的支援のプランニングの内容といった構成で語ってもらうことが多い。③および④が尋問の肝となる部分であり、そこで語ってもらう内容は、前記**3**で述べたようなケースセオリーが明確に表れるよう尋問するべきである。

(8)　ソーシャルワーカーへの尋問例

前記の更生支援計画書が作成された事例の場合には、以下のような尋問が考えられる。以下はあくまでも例であるので、実際にはケースに合わせて尋問事項は自由に考えていただきたい（弁：弁護人、X：ソーシャルワーカー）。

ア　証人自身の専門性や立場の説明

弁　まず、Xさん自身のことについて伺いたいと思います。今回、どのような立場でお話をされますか？

X　私は、社会福祉士という資格を持っており、Aさんの今後の生活に関する支援を考えたコーディネーターとして、証言をします。

弁　社会福祉士とは、どのような資格でしょうか？

X　社会福祉の国家資格です。身体・精神・知的に障害がある方やその家族から相談を受け、日常生活をスムーズに営めるように支援を行います。

弁　どのような経緯で協力をすることになりましたか？

X　Aさんの担当弁護人であるY弁護士から、私の所属する一般社団法人東京TSネットに支援の依頼をいただきました。そして、私が担当支援員として関わることになりました。

弁　東京TSネットとは、どのような団体ですか？

X　罪に問われた障害のある方について、面談等を行って本人にとって適切な環境や支援を見立て、今後社会の中で更生していくために必要と思われる社会資源との調整を行う団体です。

弁　Xさんのこれまでの支援の実績を教えてください。

X　今までに、Aさんと同じように罪に問われた障害のある方について、延べ20名の方について面談や社会資源との調整を行ってきました。

イ　実際に行ったアセスメントのための活動

弁　それでは、Xさんの今までのAさんとの関わりについて伺います。これまで、どのような形でAさんと関わりましたか？

X　Aさんとは、○○拘置所での面会を重ねながら関わりを続けてきました。

弁　今までに、何回面会に行かれましたか？

X　8回の面会を実施しました。

弁　面会では、どのような話をしましたか？

X　Aさんの今までの生活のことやその中での悩みのことなど、Aさんのことを知るための話を聴きました。また、今後の生活の希望などを聴き、Aさんの生活を支えていくうえで必要と思われる福祉サービスの紹介なども行ってきました。

弁　そのほかに、Aさんのことを知るために、お話を聴きに行った人はいますか？

X　Aさんが以前に働いていた工務店の雇用主の方に、2回ほどお会いして話を聴きました。

弁　どのような話がありましたか？

X　Aさんの会社での働きぶりであったり、会社の中での様子、他の従業員や上司の方との関係などについてお話を伺いました。

弁　それ以外に、Aさんのことを知るために行ったことがあれば教えてください。

X　Aさんが過去に服役されたときに実施されたCAPASという心理検査の結果や、今回実施された簡易鑑定書、あとは刑事裁判の証拠などに目を通しています。

ウ　障害の見立て

弁　次に、実際にAさんが抱えている課題などについて伺います。今お話された活動を踏まえて、Xさんとしては、Aさんはどのような障害を抱えていると考えていますか？

X　Aさんには、軽度の知的障害がある疑いがあると考えました。

弁　なぜ、そのように言えるのでしょうか？

X　Aさんの刑務所で行われた検査によれば、IQ相当値は65という数値が出ています。実際のIQを正確に測る指標として十分なものかという疑問はありますが、一般的にIQ69以下の場合に知的障害と判断されることからしても、その疑いをもつ事情にはなります。また、簡易鑑定の結果としても、担当した医師が知的障害の疑いをもっていることを指摘しています。

弁　Xさん自身の関わりの中で、知的障害を疑わせる事情はありましたか？

X　Aさんとの面会中の会話で、工務店の給料から家賃を差し引くといった内容のやりとりがあったのですが、計算については時間がかかったうえに間違いがみられました。ほかにも、難しい言葉や抽象的な内容の会話については、私の話のオウム返しになってしまい、理解が難しい様子もみられました。

弁　Aさんには、とくにどういった障害特性が認められるのでしょうか？

X　なかなか仕事が覚えられなかったり、人との関わりがうまくいかなかったりといったことがあるものと思われます。実際に今までにも、Aさんは複数の会社で働いていますが、最後の工務店を除いては1年以上続いた仕事がありませんでした。会社を辞めてしまったのも、いずれも会社での仕事の覚えが遅くてやめさせられたり、そのことを会社や同僚から非難されていられなくなったりした結果のようです。

弁　Aさんの障害特性は、事件にどのように影響しているものと考えられますか？

X　障害それ自体が事件に直結するものとは考えていません。ですが、Aさんが事件を起こすのは、仕事をやめてしまい、お金に困ったときのようでした。そして、その背景には、知的障害があることで、仕事上でミスをしてしまい、辞めさせられてしまうことがあります。そのため、障害の存在が遠因になっていたと考えられます。

エ　必要な支援

弁　そうすると、Aさんの今後にとって、どのような支援が必要なのでしょうか？

X　Aさんは、自分を理解してくれる就労先があれば、仕事を続け、経済的にも、また精神的にも安定した生活を続けていけるのではないかと思います。

弁　Aさんを理解してくれるとは、どういったことでしょうか？

X　実際に、Aさんが最後に働いていた工務店では、雇用主の方はAさんが仕事を覚えるまできちんと待ってくれていたようです。その結果、6年間も仕事を続けることができていました。そして、その間にはトラブルも起こしていません。Aさん自身も、きちんと理解を得られる環境であれば、自分の力を発揮して、まじめにこつこつ働いていける強みをもった方だと思います。

弁　Aさんを理解してくれる就労先は、どうしたら見つけられるのでしょうか？

X　今まで働いていた工務店のように、Aさんの特性にきちんと配慮してくれる職場は、通常の会社では多くないように思います。むしろ、Aさんの特性に配慮できる専門性をもっている福祉サービスを利用しつつ、まずは福祉事業所での就労を行っていくことがよいと思われました。

オ　具体的なプランニングの内容

弁　それでは、予定している具体的な支援について伺います。先ほどの話を踏まえて、Aさんの支援としてどんなことを予定していますか？

X　生活の場や活動の場について、社会福祉法人「りすの里」の障害福祉サービスを活用しながら、最終的には一般就労などの自立をめざしていくことを予定しています。とはいえ、すべてをいきなり変えていくことは難しいですので、段階的に支援を行っていく予定です。

弁　具体的な内容を伺っていきますが、まず、短期的にはどのようなことを予定していますか？

X　Aさんは、今まで療育手帳を取得しておらず、障害福祉のサービスも行政での利用決定を得ていませんので、すぐに使えるようになるわけではありません。そのため、最初の1カ月程度を目処にして、生活保護の申請や障害福祉サービスの受給手続を行うとともに、「りすの里」で運営しているシェルターを利用することを考えています。また、福祉サービスの利用自体が初めてですので、日中活動の場として「こりすランド」に体験通所をして慣れてもらうことがよいと考えています。

弁　「こりすランド」とは、どのようなところなのでしょうか？

X　就労継続支援B型事業所という福祉サービスになります。これは、福祉的な就労を通して、将来的に一般就労や最低賃金が保障されるような福祉的就労を行うためのトレーニングを行うところになります。

弁　パンフレットを示します。こちらは何でしょうか？

X　これが、ただいま説明した「こりすランド」のパンフレットになります。Aさんには、こちらで働くことに向けたトレーニングや、日常生活のトレーニングなどを行ってもらうことになります。また、ここで行った作業に応じて、工賃をもらうことにもなります。

弁　それでは、中期的にはどうでしょうか？

X　障害福祉サービスの受給者証を得たところからだいたい半年くらいを目標にして、正式に「りすの里」のサービスを利用していく期間になります。日中活動の場としては、先ほどの「こりすランド」の利用を始め、生活の場としては、グループホームの「りすの家」に入所します。

弁　グループホームとは、どのようなところでしょうか？

X　グループホームは、障害を抱えた方が、複数人で1棟の建物で生活するようなサービスになります。ホームには世話人と呼ばれる人がいて、食事や生活の援助を行いつつ、本人が自立した生活を行うためのトレーニングを行うことになります。

弁　パンフレットを示します。こちらは何でしょうか？

X　これが、「りすの家」のパンフレットになります。今までAさんが生活していた地域からは、電車で20分ほどのところにあるホームです。

弁　「りすの家」や「こりすランド」については、すぐに利用が可能な状態ですか？

X　「りすの家」や「こりすランド」については、施設長とすでに話をし、Aさんの現状を説明したうえで、受入れが可能かも打診しています。施設長からは、今までにも罪に問われた障害のある人を受け入れたことがありますので、受入れは十分に可能との回答をもらっています。

弁　長期的にはどうでしょうか？

X　長期的には、本人とも相談しながらですが、最低賃金が保障される形での福祉的な就労や一般企業での就労をめざします。最終的には、収入がきちんと得られるようになれば、経済的にも自立できるようになるものと思います。また、趣味の活動を通してAさんと社会との接点をできるだけ増やして、Aさんが良い仲間を増やしていけるようにしたいとも考えています。

カ　まとめ

弁　最後になりますが、Aさんへの支援の結果として、同じようなことを繰り返してしまうリスクについてはどのようにお考えでしょうか？

X　Aさんは、今まで知的障害を抱えていることに気づかれないままに、日々の困難に直面してきました。その結果、仕事を失うなどして、経済的にも追い詰められて事件に及んでしまったものと思います。今後、Aさんの障害を踏まえた適切な環境が整えられていくことで、Aさん自身、より安定した日々を過ごしていけるようになるはずです。その結果、Aさんは、今までのようなトラブルを起こすこともなくなるものと考えています。

⑼　証人であるソーシャルワーカーの傍聴

ソーシャルワーカーに証人として出廷してもらう場合、その証言の前に公判を傍聴してもらうことが多いだろう。証言の前提として、公判中の本人の様子を見てもらいたいという場合もある。たとえば、公判中の本人を観察してもらい、障害特性が現れている言動があれば、それを証人尋問の中で話してもらうことなどが考えられる。

ただし、刑訴規則123条２項は、「後に尋問すべき証人が在廷するときは、退廷を命じなければならない」と定めている。そのため、他の証人尋問（たとえば、家族や医師など）を行う際、検事からソーシャルワーカーの傍聴について異議が出る可能性もあるし、実際そのような対応をされたケースも報告されている。この場合、裁判所としては、規則に基づき、退廷を命ずるほかなくなってしまう。

このような例はほとんどなく、通常は傍聴が認められていることが多い。しかし、事前に、ソーシャルワーカーの傍聴について裁判所や検察庁に伝えておくことも考えられるだろう。

⑽　専門職との連携における注意点

専門職との連携においては、互いの視点の違いがあることを踏まえなければならない。

司法の視点は、「抽象化、過去志向、逆算的発想、事件単位的思考」であるのに対して、福祉の視点は、「個別化、未来志向、仮説の繰り返し、人単位的思考である」という違いがある[24]。また、弁護人は、事件を起こしてしまった背景にある本人のできないことや苦手なことなど、本人の「弱み」に着目する傾向にある。これに対して、福祉では、近年「ストレングスモデル」といわれる個人の長所や「強み」に着目して支援を組み立てていこうとする考えが広まっている。

以上のとおり、専門職との連携においては、それぞれのもつ専門性により、本人や事件に対する視点が異なる。違う視点であることは当然であり、だからこそ、専門職と連携して、本人や事件を多角的に分析することができることになる。

ただ、弁護人が自らの視点に固執してしまっていてはいけない。それぞれの視点の違いを尊重しつつ、最終的な支援等を考える際にはそれを擦り合わせていくことが必要になるだろう。

24　木下大生ほか「第２分科会 司法と福祉の支援のギャップを洗い出す―罪に問われた障害がある人の支援に焦点化して（日本司法福祉学会第17回大会 司法福祉学のこれから）」司法福祉学研究17号（2017年）94頁。

5　資料・情報の収集

公判段階において、依頼者に障害がある場合であっても、資料や情報の収集方法に変わりはない。そのため、資料・情報の収集の詳しい手続等については、『情状弁護アドバンス』（現代人文社、2019年）、大阪弁護側立証研究会編『実践！弁護側立証』（成文堂、2017年）等を参考にされたい。

また、更生支援計画作成にあたって必要となる情報収集については、前記**4**(6)アに記載がある。

以下では、一般的な資料・情報の収集法法について敷衍する。

(1)　捜査機関を通じた証拠収集

ア　証拠開示請求

公判前整理手続に付されている事件については、証拠一覧表の交付を受けたり、類型証拠開示請求・主張関連証拠開示請求によって、捜査機関が収集した証拠の開示を受けることができる。

一方、公判前整理手続に付されていない事件については、検察官に対して証拠の任意開示を請求することとなる。

イ　確定記録の閲覧・謄写請求

刑事事件の確定記録は、第一審の裁判をした裁判所に対応する検察庁の検察官が保管しているため、保管検察官に対して確定記録の閲覧・謄写を請求することが考えられる。

ウ　押収物の入手

押収物の還付請求（刑訴法222条１項、123条１項）をすることにより、押収物を入手することが考えられる。

(2)　裁判所を通じた証拠収集

ア　記録の取寄せ請求

被告人の少年事件の社会記録等、他の裁判所が保管する記録については、取寄せを請求し、閲覧・謄写を行うことができる（刑訴法40条１項）。被告人に何らかの障害が疑われる場合等には、少年事件の社会記録が有用なことも多い（**書式26**）。

イ　証拠保全

第一審の第１回公判期日前においては、裁判官に対して、証拠保全（押収・捜索・検証・証人尋問・鑑定）を請求することができる（刑訴法179条１項）（**書式３**）。

ウ　公務所照会

公務所または公私の団体に対して、裁判所から照会を行うことができる（刑訴法279条）（**書式27**）。事実上の照会や弁護士会照会で回答を得られなかった場合でも、公務所照会による場合であれば回答を得られることもある。

もっとも、弁護士会照会による場合と異なり、公務所照会による場合には、回答の内容を裁判所や検察官に知られてしまうことには注意しなければならない。

エ　差押え・提出命令

裁判所は、必要があるときは、証拠物または没収すべき物と思料するものを差し押さえることができる（刑訴法99条１項本文）。また、裁判所は、差し押さえるべき物を指定し、所有者、所持者または保管者にその物の提出を命じることができる（刑訴法99条３項）。

実務上、裁判所による差押え・提出命令が行われた例は少ないが、裁判所に対して差押え・提出命令を請求することも検討する余地はある。

オ　検証の請求

においや音等、報告書等では裁判官に認識させることが困難な場合には、検証を請求することが考えられる（刑訴法128条）。

6　公判手続における障害への配慮

公判手続においては、それぞれの抱える障害に対して、合理的配慮を求めることも重要である。

障害者差別解消法では、行政機関に合理的配慮の提供義務の主体を「行政機関等」としており、検察庁においては、合理的配慮の提供義務が課されていることになる。ただし、裁判所は司法機関であり、この規定の範囲外になってしまう。しかし、障害者権利条約13条１項は、「締約国は、障害者が全ての法的手続（捜査段階その他予備的な段階を含む。）において直接及び間接の参加者（証人を含む。）として効果的な役割を果たすことを容易にするため、手続上の配慮及び年齢に適した配慮が提供されること等により、障害者が他の者との平等を基礎として司法手続を利用する効果的な機会を有することを確保する」として、障害のある人が、障害のない人と同じように司法手続を効果的に利用できることを求めている。そのため、裁判所においても、行政機関と同様に、合理的配慮を提供することが求められているといえるだろう。

また、発達障害については、発達障害者支援法12条の2において、「国及び地方公共団体は、発達障害者が、刑事事件若しくは少年の保護事件に関する手続その他これに準ずる手続の対象となった場合又は裁判所における民事事件、家事事件若しくは行政事件に関する手続の当事者その他の関係人となった場合において、発達障害者がその権利を円滑に行使できるようにするため、個々の発達障害者の特性に応じた意思疎通の手段の確保のための配慮その他の適切な配慮をするものとする」と明記されている。

弁護人としては、必要となる合理的配慮について、前記障害者権利条約や発達障害者支援法の規定を引用したうえで、申入書を裁判所と公判担当検事宛てに提出し、配慮の申入れを行う（**書式28**）。

必要となる合理的配慮の内容としては、以下のようなものが考えられるだろう。

- ゆっくりと平易な言葉遣いで話をすること――早口であったり、難解な言葉遣いでは、内容を理解できない場合がある。場合によっては、専門用語の言い換え例などを事前に協議することも考えられる。
- 書面についてすべてルビをふること――ルビがないと文章を理解できない場合がある。
- 着席位置を弁護人の横にすること――証言の内容や裁判の進行について、都度簡単な説明を入れなければいけない場合があり、その際に着席位置を弁護人の横とすることで説明をできる状況をつくらなければならない。
- こまめに休廷を入れること――長時間にわたって法廷にいることで、傍聴席からの視線等により過度にストレスがかかってしまう場合がある。

また、本人の供述特性についても、事前に裁判所に理解してもらったほうがよい場合もある。たとえば、本人が、その障害特性から言葉を字義どおりにしか受け取ることができず、尋ね方によっては、真意を汲み取るのが難しい回答しか得られず、誤解を招く場合もある。このような供述特性については、ソーシャルワーカーや医師等に公判で説明をしてもらう方法も考えられるが、公判の進行状況等に鑑みて、事前に裁判所に説明をしておいたほうがよいこともある。前記の申入書は、このような説明を兼ねて出すことも考えられるだろう。

加えて、本人に視覚障害や聴覚障害がある場合には、手話通訳の立ち位置の確認や補聴器の準備をしてもらうことなどについて、事前に裁判所へ連絡し、調整する必要がある。

7　供述調書の任意性・信用性

取調べ段階で供述調書が作成されている場合、検察官は、この供述証拠を証拠として請求する場合がほとんどである。

弁護人としては、本人の供述調書に安易に同意をすることは避けなければならない。むしろ、本人の供述調書に同意すべき場面というのは、非常に限られていると考えられる。とくに、現在は被告人質問先行型で審理が行われることも多くなっており、裁判所としても、供述調書の採用は被告人質問の後に検討を行うようになってきている。

とくに、障害のある人の場合、障害特性から、捜査官による誘導によって供述調書が作成され、それが本人の真意に基づかないものであることも多い。そのため、供述調書の任意性・信用性を争うことを検討しなければならない。

この点に関して、大津地判令2・3・31裁判所ウェブサイトは、軽度知的障害、発達障害（注意欠如・多動症）、気分循環性障害および愛着障害を有する被告人の自白の任意性に関して、一般的には、「知的障害者は、権威者に依存する傾向があるほか、回答方法や範囲が限定された質問に対して誘導されやすい特性があるとされるところ、被告人にも同様の特性が認められる」こと、被告人固有の特性としては、「性格的な特徴として、愛着障害がある。生来の知的・発達障害のために目の前の出来事に捉われ、自分の言動がどのような結果を招来するのかに考えが及びにくい中、長年持ち続けていた劣等感と表裏一体をなす愛着障害に基づく強い承認欲求と相まって、迎合的な供述をする傾向がある」ことを認定したうえで、「防御権侵害及び捜査手続の不当・不適切性の有無、程度等の捜査機関側の事情に加え、知的障害・愛着障害等の特性や恋愛感情等、供述者たる被告人側の事情をも含む、前記供述がなされた経緯、過程に関わる諸事情を総合すると……『任意にされたものでない疑』があるというべきである」とした。

任意性・信用性を争う場合には、まずは証拠請求されている供述調書以外の供述録取書等すべての開示を受け、その内容を検討すべきである。そのうえで、取調べDVDを視聴し、取調べでの様子をチェックすることが必要となる。その際には、本人が質問の意図を理解できているのか、受け答えが暗に誘導的になっていないかなど詳細に検討する必要があるだろう。場合によっては、ソーシャルワーカーや心理専門職、医師などに取調べDVDを見てもらい、意見をもらうことも検討すべきだろう。

そして、任意性を争う場合には、具体的な主張が求められる。たとえば、「○○氏は、言語理解の能力が乏しい状態にあり、『はい』か『いいえ』で答えられるような質問しか理解することができない。また、○○氏は、障害を理由に他人から否定的な評価を受けることを長年にわたって経験することで、他人から質問を受けることに大きな精神的プレッシャーを抱いており、早く質問を終わらせようとして、質問者に対して迎合する傾向がある。一方で、供述調書は、○○氏が複雑な質問に対しても理路整然と回答しているかのような内容となっている。よって、この供述調書は任意によるものでない疑いが高く、任意性が認められない」などと主張することが考えられるだろう。

また、任意性を争うことが困難な場合でも、供述調書では本人の本来的な能力からはるかに乖離した整理された内容が出てきたり、意図的に不利な内容が強調された記載になっていることも少なくない。その際には、信用性を争い、公判での被告人質問で本人の供述をきちんと顕出させ、調書を採用させないようにする活動が必要である。不利益な部分（ただし重要なもの）についても本人の言葉で供述をすることで、供述調書を取り調べる必要性がないといえるようにしなければならない。

この場合、証拠意見の例としては、「信用性を争う。また、被告人質問を先行し、そのうえで必要性について判断されたい」などの意見を述べることが考えられる。そして、被告人質問の中で、本人なりの言葉で、十分に弁護人のケースセオリーを立証するための供述を述べる。その後、乙号証の採否の処理の段階において、もともとの供述調書の必要性が失われたものとして、あらためて却下を求めることになる。

8　被告人質問における注意点

被告人質問においても、いくつかの注意点がある。

⑴　準備について

法廷の雰囲気は、多くの人にとってプレッシャーを感じるものであるが、とくに障害のある人にとっては、より大きなプレッシャーを感じる可能性が高い。そこで、事前に法廷の写真などを見せて、法廷の雰囲気を説明しておくことが必要である。

また、質問の準備についても、より丁寧に行う必要がある。後記⑵のとおり、質問事項には工夫をしなければならないが、質問においてどの程度の言葉を使えば理解してもらえるかは、その人それぞれで異なる。事前に本人と話をする中で、この点を確認しておかなければならない。

また、被告人質問に備え、裁判所や検察官に事前に知らせておくべきことは、前記**6**の申入れの形で行っておいたほうがよい。たとえば、質問に対する応答に相当程度の時間がかかる人の場合には、その場合にも途中で回答を遮ることのないよう、事前に知らせておくべきだろう。また、反対尋問でも、誘導尋問を使用することで供述が歪められてしまうおそれがある場合には、選択式質問（**第2章❼4参照**）などの方法をとってほしい旨を事前に申入れしておくという方法もある。

⑵　質問事項について

質問の方法については、主に接見について述べた部分と共通する。

わかりやすい言葉を使用することを心がけ、回答に対しても十分な時間をとって待たなければならない。

また、障害のある人の事件では、書面等の提示が必要となる場合も多い。時間が経って本人の記憶が曖昧になっていることなどはよくあることである。そこで、記憶喚起のために書面等の提示（刑訴規則199

条の11）や、供述の明確化のための図面等を利用しての尋問（同規則199条の12）を行うため、示すべき書面等は事前の準備をしておいたほうがよい（同規則199条の11第3項、199条の12第2項が準用する199条の10第2項により、検察官への事前の開示も行っておくべきである）。

さらに、発達障害のある人などの場合には、質問がいつまで続くのか、何を聞かれるのかがわからないと、見通しを持てずに大きなストレスを感じる人もいる。そのような場合には、以下のように、質問の最初に、大まかな質問の概要と、質問時間を伝えることもありうるだろう。

> これから、○○さんの今までの生活、今回の事件のこと、今回の事件の後のこと、それからこれからの○○さんの生活について聞いていきます。質問は30分くらいです。

⑶　反対質問・補充質問に対して

検察官の反対質問や、裁判官の補充質問の際には、障害のない被告人の場合以上に、威嚇的または侮辱的な質問（刑訴規則199条の13第2項1号）や抽象的で複雑な質問（同規則199条の13第1項参照）に対して注意を払わなければならない。このような質問がなされた場合には、的確に異議を申し立てるべきである。

また、規則に違反していないとしても、本人が理解できないような言葉などが用いられている場合には、そのことを知らせることも必要となる。

⑷　障害特性を明らかにする

被告人質問は、とくに障害特性が明らかになる場面である。

このことを量刑上主張していくのであれば、本人の抱える困難さを示すためにも、そのことを被告人質問で明らかにすることもひとつの方法である。たとえば、知的障害があることを示すために、あえて「○○という言葉はわかりますか？」というような問いかけをするなどが考えられる。ただし、このような質問をして「わかりません」と答えることには、本人にとって多大なストレスとなる可能性もあるだろう。そのため、このような質問をする場合には、事前に十分に趣旨を説明しておくべきだと考える。

その反面、障害特性からくる言動に対する説明も、どこかで加える必要がある。単に奇異な言動だけが残ってしまえば、「反省していない」「自己をコントロールできない」などの不利な事実だけが残ってしまう。ソーシャルワーカーの尋問等で、このような言動が本人の障害特性からくるものであることなどを説明してもらうことが必要となる。

とくに多いのが、被害者への謝罪の弁についてである。自閉スペクトラム症の人の場合など、被害者のことについては、下記のようなやりとりがなされることがある。

> **弁護人**　被害者の方に対して、今どう思っていますか？
> **被告人**　申し訳ないと思っています。
> **弁護人**　それはなぜですか？
> **被告人**　……。
> **弁護人**　被害者の人はこの事件でどんな気持ちになっていると思いますか？
> **被告人**　わかりません。
> **弁護人**　それはなぜですか？
> **被告人**　私はその人ではないからです。

自閉スペクトラム症の特徴が非常に現れているやりとりである。もちろん、このようなやりとりにならないよう、事前に質問事項を工夫することも重要である。しかし、検察官の反対質問の中で、結局このようなやりとりがなされてしまう可能性もある。その場合には、被告人質問後にソーシャルワーカーの尋問を行い、その中で、下記のような説明をしてもらうことも考えていいだろう。

> **弁護人**　○○さんの抱えている自閉スペクトラム症について、どのようなものか簡単に説明してください。
> **証　人**　（省略）
> **弁護人**　今日の公判の中で、自閉スペクトラム症の特性が現れているところはありましたか。
> **証　人**　先ほどの尋問の中で、自分は被害者じゃないからその気持ちがわからないとおっしゃっ

ていて、質問を字義どおりに捉えている部分は、自閉スペクトラム症の特性がまさに現れていました。

9　補佐人について

障害がある人の場合には、補佐人制度を活用することも考えられる。

刑訴法42条は、「被告人の法定代理人、保佐人、配偶者、直系の親族及び兄弟姉妹は、何時でも補佐人となることができる」と定め（１項）、「補佐人は、被告人の明示した意思に反しない限り、被告人がすることのできる訴訟行為をすることができる」としている（３項）。この制度を活用し、本人の家族などに法廷に入ってもらい、本人が公判中にも安心して過ごせるように場面設定することもありうるだろう。また、本人に対する通訳のような役割を補佐人に期待することもできるかもしれない。

しかし、そもそも補佐人が本人の代わりに訴訟行為をしなければならないほど、本人の障害が重いということであれば、まずは訴訟能力を争うべきである場面が多いと考えられる。

そのため、実際に補佐人を活用した例はあまり報告されていない。

10　裁判員裁判の場合

裁判員裁判の場合においても、今まで述べてきた弁護活動のポイントはいずれも当てはまるものである。

そのうえで、主に公判前整理手続における注意点や立証活動のポイント等について、以下で指摘する。公判前整理手続については、裁判員裁判対象事件に限らず、公判前整理手続に付された事件の場合には当然に当てはまるものであるので、参考にしていただきたい。

(1)　予定主張

公判前整理手続期日では、弁護人から公判において予定している主張があるときには、予定主張記載書面を提出しなければならないと定められている。障害特性が事件に影響を与えていたこと等を公判において主張する場合には、そのことについて、一定程度は予定主張で明らかにする必要がある。

証拠請求を行う場合にも、立証趣旨において、予定主張との関連性を示す必要が生じる。そのため、ソーシャルワーカー等について、その証言で立証したい事項がどのようなものであるかを明らかにして、証人としての採用を求める必要がある。たとえば、社会福祉士と臨床心理士等、複数の専門家を証人請求するような場合には、それぞれの専門家の証言が証拠としてどのような関係にあるのかについて説明し、いずれの専門家も採用されるようにしなければならない。また、鑑定が存在する場合に、重ねて独自に行った心理検査の結果等を請求する場合には、鑑定医の証言との位置づけの違いを説明する必要があるだろう。

一方で、予定主張において、主張を過分に記載することは、その後の公判審理における活動を制約することにもつながる。そのため、予定主張においては、証拠採用を求めるため、障害が主張のいずれに位置づけられるか明らかにする必要があるといった、明確な目的意識をもって事実記載を行うべきである。

(2)　更生支援計画と公判前整理手続におけるスケジュール管理

公判前整理手続に付されている事件の場合、ソーシャルワーカーとの連携にあたっても気をつけるべき点として、スケジュール管理の点が挙げられる。

前記のとおり、公判前整理手続期日においては、障害特性等について、一定程度予定主張で明らかにする必要がある。そのため、予定主張を出すまでの段階で、資料や証拠の収集を行い、一定のアセスメントをしてもらい、そのうえでケースセオリーを考えておく必要がある。この間には、当然、ソーシャルワーカーとの協議が必要になるだろう。

ソーシャルワーカーは、通常、公判前整理手続の進行や、手続の中のどのタイミングでアセスメントが必要になるか、どのタイミングまでに更生支援計画書を作成しておく必要があるかについて知識を有してはいない。そのため、ソーシャルワーカーとはこまめに協議をして、こうしたスケジュールについて共有すべきである。

⑶　立証における工夫

裁判員公判においては、ソーシャルワーカーに更生支援計画を作成してもらった場合でも、書面としては証拠請求せず、実際に作成したソーシャルワーカーに証人尋問で語ってもらうことが多い。そのため、裁判員にも伝わりやすい形で、尋問準備を十分に行う必要がある。

とりわけ、ビジュアルエイド等を活用し、本人が利用する事業所のパンフレットや本人に対して行った心理検査結果等を書画カメラで写す、パワーポイントでプレゼンを作成してもらい、先行して説明してもらう等、立証方法についても工夫を行うことが有益である。

ソーシャルワーカーの尋問を行う例として、次のような方法が考えられる。

まず、専門家証人の経歴や、更生支援計画作成に至った経緯、支援計画立案のために行った調査、参照した資料等の前提事項について一問一答形式での尋問を行う。その後、アセスメント、支援計画の中身等についてプレゼン形式で説明してもらい、とくに強調すべき部分について、再度一問一答式で補うといったものである。

ただし、専門家証人であるからといって、一問一答式の尋問が常にわかりにくいとは限らず、尋問者の発問の工夫や、事前の証人との打合せによって、わかりやすい内容になることは十分に考えられる。

専門家証人のキャラクターや経験、語ってもらう内容等を考慮しながら、どのような聞き方・答え方をしてもらえば、裁判員に障害特性や環境調整の内容が理解されやすいのか、受け入れられるかを考えて、尋問準備を行うことが重要である。

11 FAQ

⑴　本人が診断を受けること自体を拒否している場合にどうすればよいか

障害がある疑いに弁護人が気がついたとしても、それを明確にするためには医師による確定診断が必要となる。しかし、医者が嫌い、診断を受けるのが怖いなど、さまざまな理由でこれを拒否する人もいる。

責任能力や訴訟能力に疑問がある場合には、弁護人の責務として、この点を明らかにしていかなければならないだろう。そのため、可能な限り本人に対する説明を尽くしたうえで、鑑定請求等を行うこととなるだろう。

責任能力や訴訟能力に問題はない場合もある。その場合に、本人の意思を無視してまで、診断等につなげることがよいとはいえない。そのため、弁護人は、なぜ診断を拒否しているのかについて丁寧な聴き取りを行うべきである。

たとえば、

・友人に障害のある人がいるが、その友人が周囲からひどい扱いを受けており、自分も精神障害等と診断されてしまったら、同じような扱いを受けてしまうのではないかという不安がある
・薬を飲むのが嫌い
・診断を受けたら、入院させられてしまうのではないかと思う

などという理由がみえてくることもあるだろう。これらに対して、弁護人は、さらに丁寧にその誤解を解いたり、不安要素をなくしていく作業を行っていくべきである。

⑵　支援を拒否している場合にはどうしたらよいか

診断等はあるが、支援は拒否しているというケースもある。この場合にはどうしたらよいか。

これも、まずは、前記⑴と同じく、なぜ拒否をしているのか理由を丁寧に探ることが必要だろう。

たとえば、

・以前に福祉的支援を受けていて、嫌な思い出がある
・障害があることが明らかになることで、人から差別されるのではないかと考えている
・イメージが湧かなくて怖い

などの理由があるのかもしれない。このような理由を知ることができれば、弁護人としてこれらの不安に対応していくことができるだろう。たとえば、イメージが湧かないということであれば、実際の福祉の事業所の様子を写真や動画などで説明してイメージをもってもらうこともできる。また、福祉的支援について嫌な思い出があるのであれば、それがどんな思い出なのかを傾聴したうえで、そのような思いをしないで済む支援環境を一緒に考えていきたいということを伝えていけばいい。

しかし、このような話をしてみても本人が支援を拒否しているのであれば、支援を押しつけることはできない。福祉の支援は基本的に契約締結に基づいて提供されるものであり、本人の意思に反した支援は絵に描いた餅に過ぎない。この場合には、福祉的支援ではない他の方法で、本人がどう生活していくかをあらためて一緒に考えていくことになるだろう。

⑶　確実に実刑となる事案の場合に支援を活用できるのか

累犯や重大事件など、確実に実刑が見込まれる事案の場合に、更生支援計画を活用することは可能なのか。

この点について、短期実刑が見込まれる場合には、その後の支援が準備されていることは、量刑上も重要な情状事実のひとつとなるだろう。そして、実際に釈放時期も近いため、具体的な支援を計画することが可能であることも多い。ただし、この場合には、実刑中にどう支援をしていくかも含めた計画が必要になるだろう。また、支援を提供するのが判決から離れた時点となるため、その間の費用についても問題が生じる（国選の場合などは、更生支援計画を作成したソーシャルワーカーの自己負担になってしまうことも少なくない）。この点については、計画を考える時点で、十分に検討をしておく必要があるだろう。

一方、相当程度長期の実刑が見込まれる場合にはどうだろうか。この場合、いくら現時点で支援を準備していても、その間に福祉サービスが変わったり、受入れを予定していた事業所がなくなったりすることも考えられる。また、長期になればなるほど、実刑中も継続して支援していくことは難しくなるだろう。このような場合には、むしろ犯情の面に絞ってケースセオリーを組み立てることも考えるべきである。たとえば、情状鑑定などを行うことで、障害と事件との関係を検討したり、事件時に本来は必要であった支援が行われていなかったことなどを主張していくことなどが考えられるだろう。

この点については、ケースセオリーの構築（前記**3**

C　O　L　U　M　N

「若年」「女性」「ひきこもり」の支援

障害という枠組み以外にも、相談の窓口がある場合がある。たとえば、「若年」の人や「女性」「ひきこもり」状態の人などについては、それぞれの以下のような支援機関も利用することができる。

<u>若者に対する支援</u>

・地域若者サポートステーション（通称「サポステ」）

15～39歳までの若者に対し、キャリアコンサルタントなどによる専門的な相談、コミュニケーション訓練や協力企業への就労体験等の就労に向けた支援を行う。すべての都道府県に必ず設置されている。

・若年者のためのワンストップサービスセンター（通称「ジョブカフェ」）

若者が自分に合った仕事を見つけるためのさまざまなサービスを1カ所で受けられる。現在、46の都道府県が設置している。多くは県庁所在地にあるが、地域によってはサテライトという出張所を作ってサービスを行っているところもある。就職セミナーや職場体験、カウンセリングや職業相談、職業紹介等のサービスを行う。また、保護者向けのセミナーも実施している。

<u>女性に対する支援</u>

・婦人相談員

婦人相談所（都道府県に必置）で電話相談や来所相談に応じている。相談や一時保護への対応、新たな生活の再建に向けて関係機関と連携した自立支援等を行う。配偶者暴力相談支援センターと異なり、支援対象はDV被害者に限られない。

・女性センター

都道府県、市町村等が自主的に設置している女性のための総合施設で、「女性センター」「男女共同参画センター」など名称はさまざまである。女性が抱える問題全般の情報提供、相談等を実施している。

<u>ひきこもりに対する支援</u>

・ひきこもり地域支援センター

ひきこもりに特化した専門的な第一次相談窓口である。都道府県、指定都市に設置されている。社会福祉士、精神保健福祉士、臨床心理士等ひきこもり支援コーディネーターを中心に、地域における関係機関とのネットワークの構築や、ひきこもり対策にとって必要な情報を広く提供している。

参照）の際に、丁寧に検討をすべきである。

⑷　ソーシャルワーカーとの間で方針が対立した場合はどうしたらよいか

支援方針をめぐって、弁護人とソーシャルワーカーで食い違いが出ることがありうる。たとえば、以下のような場面があるだろう。

弁護人は、帰住先について、受入れを約束してくれている家族のもとに帰すのが適切と考えている。家族はしっかりしているし、情状証人としても出廷してもらう予定であり、量刑への影響を考えれば、家族が実家で本人を見守るというのが最もよいのではないか。しかし、今のところ、本人は、実家へ帰ることには乗り気ではなく、1人暮らしをしたいと話している。

一方、ソーシャルワーカーは、本人の希望に従って、1人暮らしをしたうえで福祉サービスを利用することを計画している。ただ、今のところ、本人は障害者手帳を持っているわけではなく（取得できる可能性は高いが）、釈放後、サービス受給までの間にはタイムラグが生じる。

さて、どのような方針をとるべきか。

このような場面においては、まずは、弁護人とソーシャルワーカーの間で協議を尽くすべきだろう。前記の例の場合、どちらが正解と判断できるものではないが、たとえば、本人の希望を中心に据えて、サービス受給までの間の生活をどうするか（その間だけでも実家に帰るのか、他の方法をとるのか）等を検討していくことになるだろう。

しかし、協議を尽くしても、なお溝がある場合には、どう考えるべきであろうか。

この点、木下論文（本書156頁）にもあるとおり、福祉は減軽を直接の目的とするものではなく、その目的は本人の生活支援にある。また、更生支援計画は、ソーシャルワーカーが福祉の専門的知見を活用し、独立の立場で作成するものだからこそ証拠価値がある。ソーシャルワーカーは弁護人の下請けをするわけではない。また、弁護人は自らその後の福祉的支援を行うわけではない。弁護人が自らの見立てを押しつけたとしても、それは結局継続的で有効な支援にはつながらず、結局は、更生支援計画の実現可能性・信用性に疑問が生じることとなる。

そのようなことを考えれば、弁護人が、福祉的支援や更生支援計画の方向性について、自らの意見を押しつけることは慎むべきであろう。

他方で、弁護人は、依頼者の社会復帰後の地域生活に目を配るべきとしても、刑事手続で最良の結果を得ることから逃げることは許されない。

ケースセオリーの策定等、刑事弁護の方針決定や法廷での立証活動は、当然、弁護人が責任を負うべき事柄であるし、ソーシャルワーカーには証拠の評価や量刑を予想する専門性はない。更生支援計画書や予想されるソーシャルワーカーの証言に含まれる不利益な事実がケースセオリー全体にとってマイナスであると判断すれば、更生支援計画書やソーシャルワーカーの証拠請求を断念するということも、弁護人の責任において決断すべきである。

3　少年事件

1　少年事件における司法と福祉の連携

少年事件でも、依頼者である少年の今後の生活のために、福祉との連携が必要となる場面は多い。幼少期から非行を繰り返してきた少年は、学校からも地域社会からもこぼれ落ち、ときには児童福祉の現場から見放されていることさえある。

他方、障害が非行の背景要因となっているにもかかわらず、障害福祉にまったくつながっていない少年も多い。加えて、少年の家族も、貧困や障害、DVなどの課題を抱えているなど、家族全体に対する支援が必要となることも少なくない。

本節では、まず、少年審判手続について簡単に説明したうえで、少年事件における司法と福祉の連携のあり方について述べたい。

2　少年事件の概要

まず、少年法が適用される場合の手続の概要について述べる（**図3-8**参照）。

⑴　目的

少年法の目的は、少年の健全な育成を期し、非行のある少年に対して性格の矯正および環境の調整

図3-8■少年審判手続の流れ

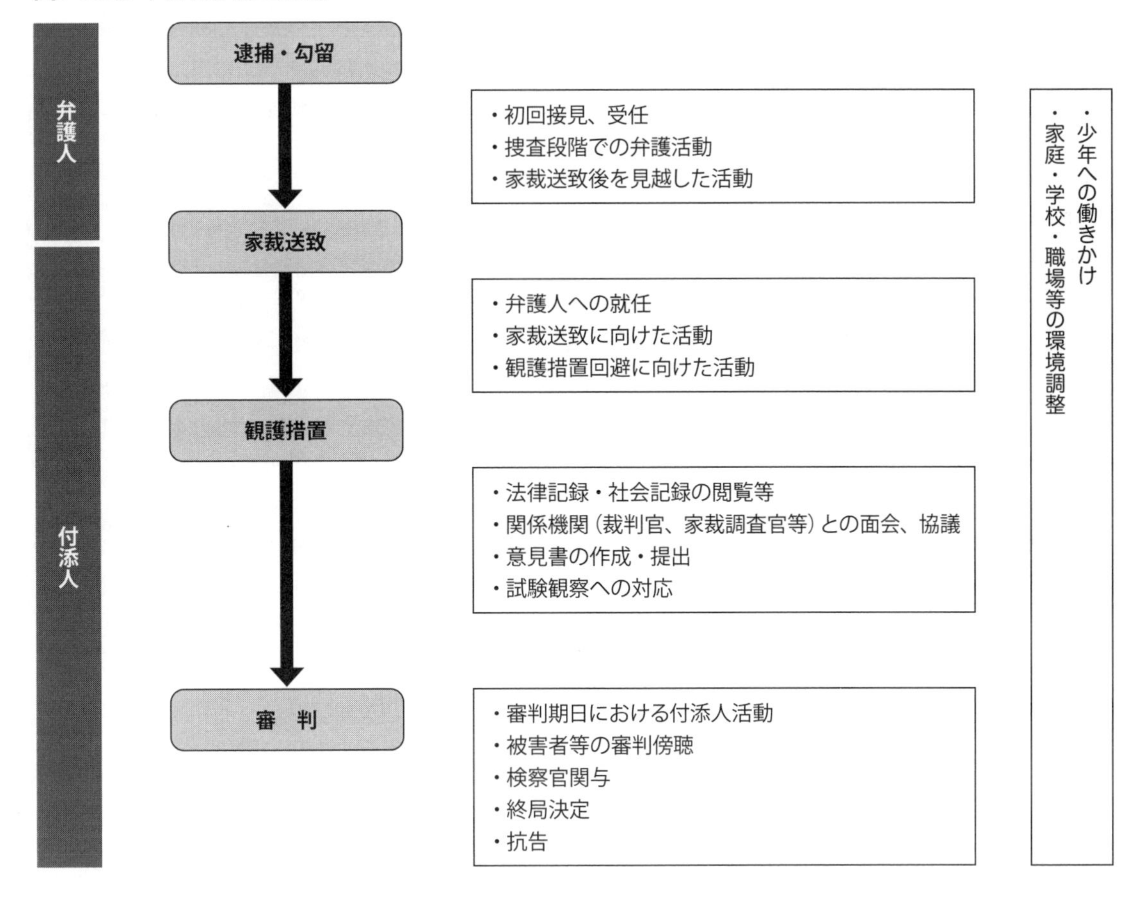

に関する保護処分を行うとともに、少年の刑事事件について特別の措置を講ずること（1条）である。

一般に、可塑性のある少年については、刑罰を科すのではなく、少年の健全育成のために保護処分に付するというこの少年法の理念は「保護主義」と呼ばれており、少年法の根幹をなすものである。この保護主義の考え方が、後記の刑事手続との制度の違いに影響している。

⑵　対象

少年法の適用対象は、以下の３類型である。

① 犯罪少年（少年法３条１号「罪を犯した少年」）

② 触法少年（少年法３条２号「14歳に満たないで刑罰法令に触れる行為をした少年」）

③ 虞犯少年（少年法３条３号「次に掲げる事由があって、その性格又は環境に照して、将来、罪を犯し、又は刑罰法令に触れる行為をする虞のある少年」）

なお、少年とは、20歳に満たない者を指す（少年法２条１項）。後記の保護処分を言い渡すためには、審判時に20歳未満であることを要する。

⑶　審判対象

検察官および司法警察員は、少年の被疑事件につき、犯罪の嫌疑があると判断した場合には、事件を家庭裁判所に送致しなければいけない（少年法41条、42条）。これを全件送致主義と呼び、少年の被疑事件はすべて家庭裁判所に送られることになっている。

家庭裁判所に送致された事件は、審判不開始決定がなされない限り、審判が開かれることとなる。

この審判における審理の対象となるのは、①非行事実と②要保護性である。

① 非行事実は、成人の公訴事実に相当するものである。

② 要保護性とは、ⓐ少年の性格や環境に照らして

将来再び非行に陥る危険性があること(犯罪的危険性)に加えて、ⓑ保護処分による矯正教育を施すことによって再非行の危険性を除去できる可能性(矯正可能性)とⓒ保護処分による保護がもっとも有効かつ適切な処遇であること(保護相当性)が認められることをいうと解されている[25]。

要保護性が審判対象とされていることが、成人との最大の違いである。少年事件であっても、非行事実の軽重は当然考慮されるが、軽い罪であっても要保護性が高ければ、少年院送致がなされることもある。

3 手続の流れ

(1) 逮捕・勾留

少年事件についても、捜査段階の流れは成人の刑事事件と基本的には変わらない。

もっとも、少年の身体拘束について、勾留は、「やむを得ない場合」でなければできないと定められた例外的なものであり(少年法43条3項、48条)、原則は、「勾留に代わる観護措置」(少年法43条1項)として、少年を少年鑑別所に収容することとされている。障害がある少年にとっては、警察の留置場より、少年鑑別所のほうが落ち着いて生活できる場合が多いと考えられる。そのため、地域によって運用には差があるものの、勾留が回避できない場合であっても、勾留に代わる観護措置をとるよう申し入れることが考えられる。

また、犯罪捜査規範202条以下や、少年警察活動規則(平成14年国家公安委員会規則第20号)、「少年警察活動推進上の留意事項について(依命通達)」(平成19年10月31日警察庁乙生第7号)においては、少年事件における捜査についての配慮が定められており、これらを遵守するよう、申入れ等を行うことも検討すべきである。

とりわけ、前記依命通達においては、「少年の被疑者の取調べを行う場合においては、やむを得ない場合を除き、少年と同道した保護者その他適切な者を立ち会わせることに留意するものとする」として、取調べに際しての保護者等の立会いを許容している。障害をもった少年の場合には、すでに述べてきたような取調べにおける捜査官の誘導等により受ける弊害は、より大きいものと考えられる。そのため、前記依命通達も引き合いに出しつつ、弁護人やソーシャルワーカー等の立会いを含めて、積極的に求めていくべきである。

(2) 観護措置

通常は、勾留満期(勾留満期が土日祝日の場合は、その直前の平日)に家裁送致の手続がとられ、少年本人の身柄が家庭裁判所に送られる。そして、家庭裁判所が審判を行うために必要と考えた場合は、観護措置がとられることになる(少年法17条1項)。かかる観護措置は、鑑別所での身体拘束を伴うものとそうでないものの2種類があるが、ほとんどの事案では鑑別所に少年を拘束する方法がとられる。

観護措置の期間は原則2週間であるが(少年法17条3項本文)、実際には多くの事案で1回更新されて4週間となっている。また、一定の重大事件については、観護措置を最大8週間まで延長されることがある(少年法17条4項・9項)。

そして、4週間の観護措置の場合、観護措置の期間終了前に審判が開かれるため、観護措置がとられてから審判までの準備期間は3週間程度となる。後記の環境調整を行うにあたって、この3週間という期間は、非常に短く感じられるだろう。この準備期間の短さは成人の事件との大きな違いなので、協力してもらうソーシャルワーカーにも事前に十分説明しておく必要がある。

対して、観護措置がとられず在宅事件となった場合は、審判まで期間が空くことが多い。この場合には、環境調整に充てる期間は十分に確保できる一方、期間の区切りがないために審判までの期間が長期化してしまい、かえって環境調整のための活動が遅滞したり、少年自身の置かれた不安定な状況が続いてしまうおそれもある。早急に環境調整を行う必要がある場合も少なくないことから、徒に期間が延びないよう裁判所に働きかける必要がある。

観護措置がとられた場合、鑑別所において、技官との面接や各種検査等による資質鑑別と、鑑別所内での行動観察が行われる。これらの資質鑑別や行動

25 田宮裕・廣瀬健二編『注釈少年法〔第4版〕』(有斐閣、2017年)。

観察の結果は、審判の３～７日前に鑑別結果通知書にまとめられ、家庭裁判所の社会記録に綴られる。

また、観護措置の有無にかかわらず、家裁に事件が送致された場合、家庭裁判所は家庭裁判所調査官に必要な調査を命じることが通常である（少年法８条２項）。

家庭裁判所調査官は、少年や保護者、学校や職場、被害者などの参考人から話を聴くなどして、非行原因の分析等を行い、少年に必要な処遇についての意見を述べる。この調査官の意見は、審判の１～３日前に少年調査票という形でまとめられ、家庭裁判所の社会記録に綴られる。

審判期日は、観護措置の満期（４週間目）より数日余裕をもって指定されることが通常である。

⑶　記録の閲覧

家庭裁判所に送致された少年の記録については、①法律記録と②社会記録の２つに分けられる。

家庭裁判所に事件が送致された場合、原則として、捜査記録はすべて家庭裁判所に送られる。法律記録とは、家庭裁判所が管理する、これらの送致を受けた捜査記録や手続関係の記録のことである。

法律記録を謄写する場合には裁判所の許可が必要であるが（少年審判規則７条１項）、付添人が法律記録および証拠を閲覧する際には裁判所の許可は不要である（同規則７条２項。なお、一部の事項については、裁判所が閲覧を制限することが可能となっている）。

他方で、社会記録とは、少年の社会調査に関する記録である。社会記録には、学校に対する照会の回答書や少年の通信簿、保護者や被害者に対する照会の回答書、鑑別結果通知書、少年調査票などが綴られる。過去に家裁送致されたことがある少年については、前件の社会記録も綴られる。

社会記録については、閲覧は可能であるが、謄写をすることはできない。したがって、閲覧時にメモをとるなどして、内容を控える必要がある。

後記の検察官送致決定が出た場合、当該少年の社会記録については、起訴後に係属した裁判所に対し取寄せを申し入れることができる。社会記録は、少年の成育歴等を知るうえでも有用な資料であり、鑑定請求を行う際の資料としたり、ソーシャルワーカーに提供することでアセスメントの助けになることなども多い。検察官送致後の刑事裁判に備えて、積極的に取寄せを検討すべきである。

⑷　審判

少年審判は、原則として非公開の手続である（少年法22条２項。ただし、少年法22条の４で被害者等の傍聴が認められている）。また、審判の指揮は裁判長が行うものとされており（少年法22条３項）、少年に対する質問は基本的には裁判官が行い、その後に付添人から質問することになる（なお、付添人に証拠調べ請求権はない）。

非行事実に争いがない事件については、審判期日は１回のみ開かれることが通常であり、期日の中で決定の言渡しまで行われる。なお、証人尋問や鑑定などが行われることもあり、その場合には複数回期日が開かれる。

少年事件は、成人と異なり、法律記録および社会記録をすべて裁判官が精査したうえで審判に臨む。そのため、審判の時点ではすでに裁判官の心証が決まっているのが通常である。

したがって、成人の場合は公判期日で弁論という形で弁護人の意見を述べるが、少年の場合は、審判期日より前に、意見書という形で付添人の意見を述べておく必要がある。意見書の提出時期に法律上の定めはなく、必要に応じていつでも、何通でも提出することができる。

さらに、前記のように少年事件では、証拠調べ請求権はないが、資料の提出について制限はなく、家裁送致後であれば、時期を問わず、自由に何度でも資料を提出することができる。事案に応じて、準備ができたものから順次出したり、途中経過を報告することで、調査官や裁判官に付添人活動の状況を理解させることができる。

⑸　処分

審判で言い渡される終局処分は、大きく分けると、「不処分」「保護処分」「検察官送致」の３つである。

「不処分」は、少年法上の処分を課さないという決定である。非行事実が不存在であると判断された場合や、非行事実の存在は認定できるが要保護性が低いないし解消されたと判断された場合にも選択される。

「保護処分」は、少年法上の処分を課すという判断であり、具体的には、①少年院送致、②保護観察、③児童自立支援施設・児童養護施設送致の3種類がある。

このうち①少年院送致は、強制的に矯正施設に入れるという処分であり、少年院の中で矯正教育を受けることとなる。②保護観察は、保護観察所の保護観察を受けながら、社会内で生活することとなる。③児童自立支援施設・児童養護施設送致は、児童福祉法上の施設に送致するというものであり、少年院のように身体拘束を伴う施設収容とは異なる。一般に、年少少年に対して言い渡されることが多い。

「検察官送致」は、事件を検察官に送致するというものである。検察官に事件を送り返すという判断であるため、逆送決定とも呼ばれている。当該少年に対しては保護処分ではなく刑事処分が相当であると判断して送致する場合（少年法20条）と、審判時に少年が20歳を超過していた場合（少年法19条2項）の2種類がある。送致を受けた検察官は、原則として事件を起訴しなければならない（少年法45条5号）。起訴された後は、原則として、成人と同様の手続で刑事裁判が進行するが、事実審理の結果、少年の被告人を保護処分に付するのが相当であると裁判所が認めるときは、刑事罰を科すのではなく、事件を家庭裁判所に移送することになる（少年法55条）。この場合、同一の事件に対し、2度目の審判が開かれ、審判時に20歳未満であれば、保護処分が言い渡されることになる（なお、法律上、再び検察官送致決定をすることも否定されていない）。

これらの決定のほかに、試験観察という中間処分がある（少年法25条1項）。試験観察は、少年に対する終局処分を一定期間留保し、その期間の少年の行動等を調査官が観察するというものであり、観護措置をとられていた少年も、いったん社会内に戻されることになる。試験観察には、自宅で生活したまま行う在宅試験観察と、補導委託先に生活の場所を移して行う補導委託の2種類がある。家庭裁判所に登録されている補導委託先以外の施設や寮を生活の場所として用意し、在宅試験観察扱いで試験観察を実施する場合もある。一般的には、少年院送致にすべきか判断に迷うケースで試験観察が選択されることが多い。

(6) 抗告

審判に対して不服がある場合には、言渡しから2週間以内に、抗告を申し立てることができる（少年法32条）。抗告の申立ては決定の効力に影響を与えないため、たとえば、少年院送致決定となった少年については、抗告を申し立てても少年院に送致されることとなる。

また、抗告の申立ては理由を付して行わなければならない。単に「抗告する」というだけの申立書では足りないという点に留意が必要である。

4 付添人による環境調整活動と福祉との連携

(1) 環境調整活動における連携の必要性

少年の場合、比較的軽微な事案であっても、それだけで処分が決せられるわけではなく、「要保護性」の要件が重視されている。要保護性が高いと判断されれば、少年院送致等の重い処分になってしまうことがある。他方、重い事案であっても、十分な環境調整ができれば、保護観察等の処分となることも十分に考えられる。

つまり、事案の軽重にかかわらず、環境調整活動は、付添人の重要な活動のひとつであり、少年事件における結論を左右しうる。とくに、少年に障害等の存在が疑われ、それが本件非行事実に影響していると考えられる場合、少年の抱える障害への対応策を整えられなければ、要保護性が高いと判断されてしまうおそれがある。

そのため、障害を抱えた少年の付添人を担当する場合、ソーシャルワーカーとの連携が環境調整において必要となる場面は少なくない。

なお、連携の際、付添人がソーシャルワーカーに対して支援を依頼するという方法のみならず、ソーシャルワーカーが2人目の付添人となるという方法もある。少年法上、裁判所の許可があれば、弁護士ではなくても、付添人となることができる（少年法10条）。この場合、弁護士が付添人として主に刑事手続に関する部分を担当し、ソーシャルワーカーが環境調整を担当するといった役割分担の余地もありうる（**書式29**）。

⑵　情報収集の場面

ア　少年本人からの聴き取り

要保護性を検討する前提として、まず、少年がどのような環境で生活してきたのかを知る必要がある。そのため、当然のことではあるが、少年の話を付添人自身がよく聴取するとともに、ソーシャルワーカーにも、本人と会ってもらうことが有用である。

少年の場合、被疑者段階の面会場所は成人と同様、警察署の留置施設となるが、家裁送致後は少年鑑別所の面会室での面会となる。ソーシャルワーカーが面会をする場合、付添人から、職員の立会いがなく、かつ、アセスメントに十分な時間を確保できるよう、特別面会の申入れを行うべきである（**書式30**）。

イ　親からの聴き取り

少年の成育歴やエピソードは、少年自身よりも、少年の親のほうが情報を把握していることも多い。学校の成績表など、少年の資質上の課題を知るうえで有益な情報も、親から提供を受けることができる。障害福祉サービスなどの利用歴があるかどうか、普段相談している支援機関があるかといった情報も、今後の環境調整活動で有用な情報である。これらの情報についても、できる限り親から情報収集し、ソーシャルワーカーと共有を図ることが有用である。

ウ　調査記録等からの情報収集

前述のとおり、調査官が行った社会調査に関する記録は、社会記録として裁判所で保管される。

前件がある場合、前件の社会記録は、家裁送致後早い段階から記録に綴られる。鑑別所で実施された資質鑑別の結果等が載っているので、参照することで少年に障害があることがわかるケースも多い。また、少年調査票には、前件の非行原因や少年の課題について、調査官の分析結果が記載されている。これらの情報は、本件非行を理解するうえで重要であり、早期に把握することに役立つ。そのため、前件があるケースでは、これらを早期に閲覧する。

本件の鑑別結果通知書や少年調査票は、審判の数日前に社会記録に綴られ、裁判官は審判の際にこの情報を重視する。そのため、調査票が出る前に調査官等とカンファレンスを行い、調査官が事件をどのようにみているかを知り、調査結果に対して働きかける必要がある。この際には、少年に障害等が存在する疑いをもっていることやその根拠となる事実、障害等が存在することを前提にどのような環境調整を行う予定であるか等について、情報提供しておくことを検討すべきである。

なお、鑑別結果通知書や少年調査票は、前記のとおり審判期日の数日前に完成することが多く、これらの完成を待っているのでは十分な環境調整活動を行うことはできない。そこで付添人は、社会記録を閲覧後、家族や学校、主治医等から事情聴取する等の方法も駆使して、早期に情報を収集する必要がある。

⑶　具体的な環境調整活動

少年自身や非行事実に関する情報が得られたら、それを分析し、要保護性を解消するための手段を検討することになる。

たとえば、少年の障害特性が誤解され、学校生活になじめていないことが非行の背景にあるのだとすれば、学校側と協議を行い、授業での配慮を求めたり、場合によっては転校する方向で調整を行うなどして、要保護性の解消を図ることが考えられる。

事案により、新しく住む場所を探さなければいけないなど、調整に時間がかかるケースもあるため、環境調整活動には素早さが求められる。ただし、環境調整活動は、今後、少年がどういう環境で生活していくかを決めていく作業であるから、少年と相談しながら、少年の意思に基づいて決めていくことを忘れてはならない。

これらの障害特性に関わる見立てや、本人にとって望ましい環境を考える活動、それらを踏まえた新たな生活の場所を探す活動の際等において、ソーシャルワーカーに協力してもらうことが考えられる。

こうして得られた少年自身のアセスメントや実際に行った環境調整について、これを裁判所に対して伝える方法としては、①更生支援計画書を作成してもらって裁判所に提出する、②カンファレンスに同席し、調整状況等を調査官に伝えてもらう、③少年審判に出廷してもらい、尋問を実施するといった方法が考えられる。

まず、成人同様、更生支援計画書を作成してもらうことも検討すべきである。ただし、少年審判では、少年鑑別所技官や家庭裁判所調査官といった非行分析の専門家がいることから、これらの専門家の判断と相反するような内容の場合に、非行分析の専門家の判断が尊重されてしまうことも少なくないものと思われる。そのため、支援計画の内容を、非行分析の専門家の判断との関係でどのように位置づけるかは悩ましい問題である。

また、ソーシャルワーカーにカンファレンスや審判への出廷・同席を求めたり、ソーシャルワーカーの尋問を求める場合には、事前に裁判所の許可を得ておく必要がある（**書式31、32**）。

⑷ 内省について

裁判所は、審判において、少年の「内省」を重視しがちであり、そこでの「内省」は、調査官との面談内容や審判での受け答えで判断されているのが現実である。そのため、要保護性判断との兼ね合いの中で、少年に働きかけて内省を促すことも検討せざるをえない。もっとも、少年の有する障害特性ゆえ、内省ということ自体が難しい場合や、少年なりの内省を深めているもののそれが周囲には伝わりにくい場合等がある。

付添人等としては、少年の障害特性に応じて、内省を深めたり、内省を表現するための工夫をすることを検討すべきである。たとえば、少年が知的障害を有する場合であれば、非行事実について、なぜ行ってはいけないのか、被害者はどのように感じるのか等を、文字だけではなく、絵などを用いて説明することが有効なこともある。

さらに、本人の障害特性を裁判官等に十分に伝え、審判における言葉やふるまいだけが「内省」を示すのか、そもそも「内省」を表現することが必要なことなのかなどの疑問を投げかけていくことが重要だろう。

⑸ 審判後の活動

少年審判が終わったあとも、とりわけ少年院送致になったケースなどでは、少年が社会復帰するための体制づくりが重要となる。

少年が、スムーズに社会に戻ってくることができるよう、少年院在院中からカンファレンスを行うなどして、準備を行うことが必要となる。近年、少年院の中にも社会福祉士の資格がある職員が配置されるようになったものの、それでも人数は少ないままである。そのため、ソーシャルワーカーと協働しながら、出所後の生活を組み立てていくことなども検討すべきだろう。

なお、このような審判後の活動については、日弁連の委託援助の「子どもに対する法律援助」を使えることもある。

4 医療観察事件

本節では、捜査段階あるいは公判段階において関わった障害のある人が心神喪失または心身耗弱を理由に釈放されるに至り、医療観察手続に移行した場合の、付添人としての活動のポイントについて述べる。その前提として、医療観察法審判手続の制度についても、簡単な解説を行う。

詳しくは、日本弁護士連合会刑事法制委員会編『Q&A心神喪失等医療観察法解説〔第２版補訂版〕』（三省堂、2020年）などを参照されたい。

1 医療観察法の概要

⑴ 医療観察法とは

「心神喪失等の状態で重大な他害行為を行った者の医療及び観察に関する法律」（医療観察法）は、2003年に成立し、2005年7月より施行された。

この法律は、心神喪失または心神耗弱の状態で重大な他害行為を行った者に対して、それらの行為を行った際の精神状態を改善し、社会復帰を促進することを目的として、本人の意思に反しても、医療観察法による医療を実施する制度である。

法律の制定過程において、当初の政府案では強制医療実施の要件として、「再犯のおそれ」が定められていた。しかし、このような要件は法的に無限定であるうえ、現代の科学でも予測不可能なものであり、人権保障の観点から問題があるとの厳しい批判にさらされることとなった。その結果、当該要件は削除され、これに代えて「この法律による医療を受けさせる必要」を要件とするように修正された。このような経緯を踏まえれば、医療観察法は、保安処分的な制度ではなく、社会復帰をめざす制度として理解されなければならない。しかし、現実には、保安処分的な運用もなされうる（この法律による入院決定においては、入院期間の期限はない。実際に、入院決定を受けた対象者は平均２年以上もの長期にわたり入院を余儀なくされている）。弁護士としては、このような運用がなされないような活動をしていかなければならない。

⑵　対象者・対象行為

医療観察手続の対象となるのは、心神喪失または心神耗弱の状態で重大な他害行為（＝対象行為）を行った人である。

対象行為は、

①　放火系（現住、非現住、建造物等以外、各未遂）※放火予備は含まない

②　わいせつ系（〔準〕強制わいせつ・〔準〕強制性交、各致死傷、各未遂）※公然わいせつは含まない

③　殺人系（殺人、自殺関与、同意殺人、各未遂）※殺人予備は含まない

④　強盗系（強盗・事後強盗、各致死傷、各未遂）

⑤　傷害（ただし裁量的申立て）※暴行は含まない

となっている。

そのうえで、対象者は、

①　対象行為を行い、心神喪失または心神耗弱で不起訴処分となった者（医療観察法２条２項１号）

②　対象行為を行い、心神喪失を理由として無罪の裁判が確定した者（医療観察法２条２項２号）

③　対象行為を行い、心神耗弱を理由として刑が減軽され執行猶予の裁判が確定した者（医療観察法２条２項２号）

である。要するに、「対象行為を行ったが、刑務所等に収容されない人」について、医療観察法の対象となる可能性があるといえる。

⑶　医療観察法審判での登場人物

ア　裁判所

医療観察法審判で関わる裁判所は、裁判官と精神保健審判員（裁判所が選任する精神科医）の２名の合議体で構成する。

裁判官は、合議体の裁判長を務め、評議の開催・整理を行い、「この法律による医療を受けさせる必要」があるかの判断、対象行為の存否、責任能力の有無・程度などの判断を行う。

精神保健審判員は、精神障害者の医療に関する知識に基づいて、意見を述べ、この法律による医療を受けさせる必要の有無に関する意見を述べることが、主な役割である。

イ　検察官

裁判所に対し、対象者について処遇決定をするように申立てを行うため、医療観察法審判の端緒を担っている。そして、審判での意見申述、必要書類の提出、審判期日への出席を行う。

ウ　精神保健参与員

精神保健参与員とは、裁判所が選任する精神保健福祉士等である。精神保健福祉分野の専門的立場から、精神障害者の社会復帰についての助言を行う役割である。

エ　保護観察所・社会復帰調整官

保護観察所が対象者の社会復帰促進のために対象者の生活環境の調査と裁判所の報告、生活環境の調整を行う。保護観察所は、地方裁判所に対応して全国に53カ所設置されており、対象者の社会復帰を支援する関係機関のひとつである（医療観察法19条ないし23条）。

保護観察所は、当初審判における生活環境の調査から、入院中における生活環境の調整、地域社会における処遇に至るまで、医療観察法による処遇に一貫して関与する立場にあり、「ケア会議」を通じ、対象者を中心として、処遇に携わる関係機関相互の緊密な連携が確保されるよう、処遇のコーディネーター役を果たすことが求められている。ケア会議では、保護観察所と指定通院医療機関、自治体の精神保健福祉関係機関の担当者によって、処遇を実施するうえで必要となる情報を共有するとともに、対象者に対する処遇方針の統一を図っていく。

保護観察所の中で、医療観察法のために創設されたのが社会復帰調整官である。社会復帰調整官は、これらの保護観察所の活動の実働を行うとともに、審判時の対象者の生活環境等についての報告を行う役割を担っている。

オ　保護者

保護者は、①対象者の後見人または保佐人、②配偶者、③親権を行う者、④扶養義務者の順番で定められるが、①を除いては、家庭裁判所の手続に

図3-9■医療観察法審判の手続の流れ

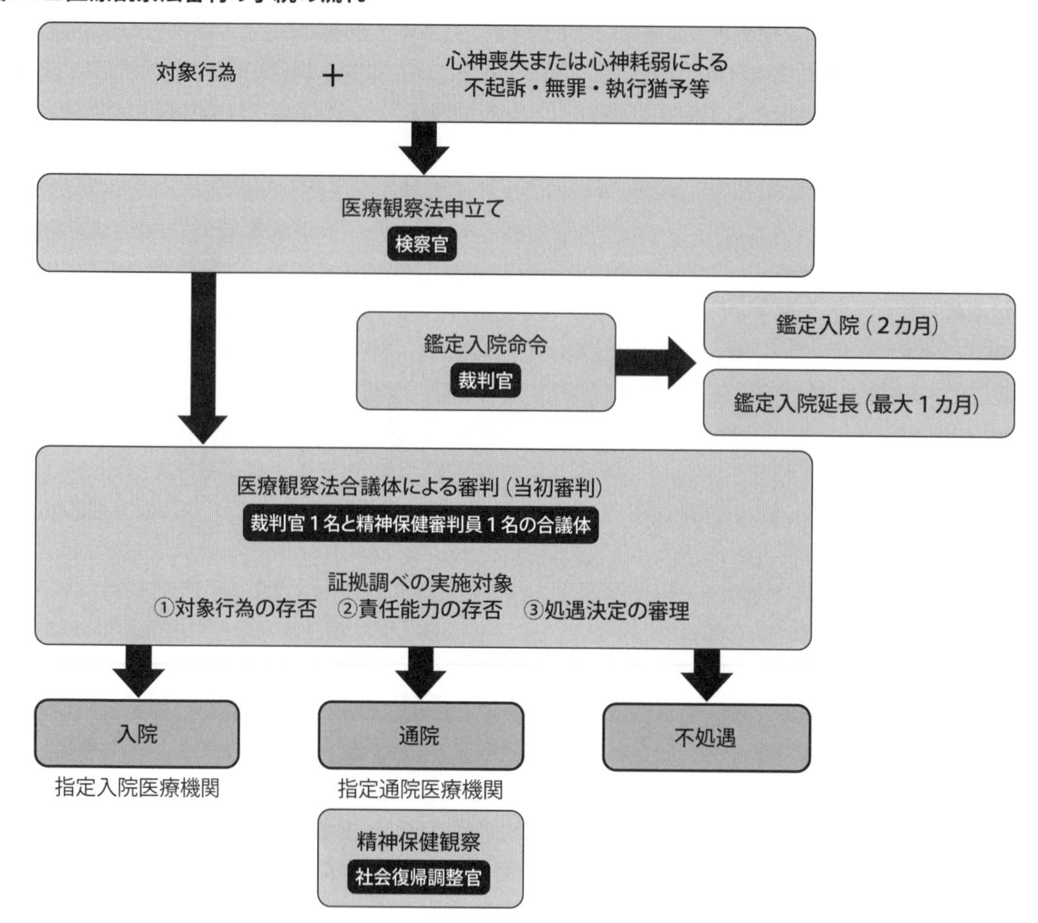

より順位を変更する審判を行うことができる。①～④のいずれもいない場合や権限行使ができない場合には、対象者の居住地を管轄する市町村長が保護者となる。

保護者の権限として、審判期日に出席し、そこで意見を述べ資料を提出すること、抗告すること等が認められている。

2　手続の流れ

大まかな手続の流れは**図3-9**のとおりである。

⑴　申立時の手続

ア　申立て

申立権者は、検察官である。検察官は、対象者について「この法律による医療を受けさせる必要が明らかにないと認める場合を除き」、地方裁判所に対し、対象者を入院等させる旨の決定を求める申立てをしなければならない（医療観察法33条1項）。

もっとも、検察官は、傷害罪に該当する行為を行った対象者については、傷害が軽い場合であって、当該行為の内容、当該対象者による過去の他害行為の有無・内容、当該対象者の現在の病状、性格、生活環境を考慮し、その必要がないと認めるときは、申立てをしないことができるとされている（医療観察法33条3項）。

検察官による申立ては、対象者の住所、居所、もしくは現在地または行為地を管轄する地方裁判所に対してなされる（医療観察法3条）。申立てを受けた地方裁判所の裁判官は、速やかに、申立てがあった旨を対象者および付添人（付添人がない場合は保護者）に通知する（医療観察法審判手続規則50条）。

なお、申立時に、処遇の決定に必要な資料が裁判所に対して提出される（捜査記録、簡易鑑定書、起訴前鑑定書等）。ここで、検察官が送付する記録は、検察官の手持ち証拠一切であることが通常である。しかし、法律の規定上は、「必要な資料」（医療観察法25条１項）とされており、一切の証拠を開示することは義務づけられていない。ここでの証拠開示等の付添人としての活動については、後記(2)イを参照のこと。

イ　鑑定入院質問

裁判官は、呼出状（医療観察法26条１項）または裁判所内に24時間以内の身体拘束が可能となる同行状（同法26条２項・３項、27条）を発付して対象者を出頭させる。鑑定入院質問の場所は、裁判所の勾留質問室である場合が多いが、対象者が措置入院中などの場合には、裁判官が入院先の病院に出向くこともある。

その後、鑑定入院質問が行われ、対象者には黙秘権・付添人選任権が説明され、申立ての要旨の告知がなされ、陳述の機会が与えられ（医療観察法34条２項）、裁判官によって鑑定入院命令が発令される（同法34条１項）。鑑定入院命令が発令された場合、速やかに付添人および保護者に通知がなされる（医療観察法審判手続規則52条１項）。

ウ　鑑定入院命令

検察官による申立てを受けた裁判官は、対象者について、対象行為を行った際の精神障害を改善し、これに伴って同様の行為を行うことなく、社会に復帰することを促進するためにこの法律による医療を受けさせる必要が明らかにないと認める場合を除き、鑑定その他医療的観察のため、対象者を入院させ、処遇決定等があるまでの間在院させる旨を命じなければならない（医療観察法34条１項）。

鑑定入院期間は、原則として当該命令が執行された日から起算して２カ月を超えることができない。ただし、裁判所が必要と認めるときは、１カ月を超えない範囲で延長決定ができるので、最長３カ月となる（医療観察法34条３項）。

対象者について、この法律による医療を受けさせる必要が明らかにないといえる場合には、鑑定入院命令はなされるべきではない。鑑定入院が必要ないことについて、裁判官と面談し意見を述べたり、意見書等を提出したりすべきである。この場合、選任前の場合には（国選の場合にはこの時点では選任がされていないことがほとんどである）、元弁護人の立場で意見を述べることになるだろう。

対象者、保護者または付添人は、鑑定入院命令に不服がある場合には、その命令の取消しを請求することができる（医療観察法72条１項本文）。もっとも、取消請求は、対象者が対象行為を行わなかったこと、心神喪失者および心神耗弱者のいずれでもないこと、または対象行為を行った際の精神障害を改善し、これに伴って同様の行為を行うことなく、社会に復帰することを促進するためにこの法律による医療を受けさせる必要がないことを理由として行うことはできない（医療観察法72条２項）。

この点について、最三小決平21・8・7刑集63巻６号776頁は、「裁判所は、鑑定人の意見を聴くなどして鑑定入院命令が発せられた後に法による医療を受けさせる必要が明らかにないことが判明したときなど、鑑定入院の必要がないと判断した場合には、職権で鑑定入院命令を取り消すことができ」ると判断している。

なお、入院期間の延長決定がなされた場合には、対象者、保護者または付添人は、これに対し裁判所に異議申立てをすることができる（医療観察法73条。この場合にも、前条２項の制限が課されることは同様である）。

エ　鑑定命令

裁判所は、原則として、対象者がこの法律に定める処遇要件を満たすか否かについて、医師に鑑定を命じなければならないとされている（医療観察法37条）。

裁判所によって選任された鑑定人は、処遇事件の記録を精読し、鑑定入院先の医療施設において対象者の精神・身体状態を検診するほか、主治医や看護師、臨床心理士、作業療法士などの医療スタッフから情報の提供を受けるとともに診療録等を見聞して鑑定を行う。鑑定命令においては、鑑定書の提出期限を約１カ月とすることが多い。

鑑定事項は、①対象者が精神障害者であるか否か、②対象行為を行った際の精神障害を改善し、これに伴って同様の行為を行うことなく、社会に復帰することを促進するためにこの法律による医療を受けさせる必要があるか否か、である（医療観察法37条１項）。

鑑定人は、鑑定結果において、対象者の病状に基づいて、「この法律による入院による医療の必要性に関する意見」を付す（医療観察法37条3項）。

オ　鑑定入院中の対象者の処遇

鑑定入院命令において、鑑定入院先として指定された医療施設は、「鑑定その他医療的観察のため」（医療観察法34条1項）に必要な限度において、対象者に一定の医療行為等を行うはずである。

しかし、この期間の治療については法の規定が欠けており、実際、意図的に治療が実施されなかったようなケースも報告されている。鑑定入院は対象行為に近い時期に行われることが多く、その分、治療の必要性が高いことが想定される。付添人は、鑑定入院先における対象者の処遇に問題がないか本人から聴取したり、医師や病院に確認したりするなどして、問題があれば直ちに入院先の病院に対して改善申入れをすべきである。

(2)　審判までの付添人の活動

ア　付添人選任

私選付添人の場合、対象者および保護者（医療観察法23条の2、23条の3）は、いつでも弁護士を付添人に選任することができる（同法30条1項）。私選付添人として活動する場合には、あらかじめ付添人選任届を用意しておく（医療観察法審判手続規則35条1項）。申立てがなされたら速やかに付添人選任届を裁判所に提出する。

国選付添人の場合、付添人の選任は、検察官から医療決定の申立てがあった場合で、対象者に付添人がないときは、裁判所は、弁護士である付添人を付さなければならない（医療観察法35条。必要的付添人）。従前、国選弁護人であった者は、他の者が国選付添人に選任される前に連絡しておけば国選付添人に指名してもらえるのが一般的である（ただし、複数弁護人体制であったとしても、複数付添人が認められるとは限らない。一方で、複数選任が認められた例も報告されていることから、必要があれば積極的に複数選任を求めてみることも考えられる）。したがって、国選付添人として選任を受け活動しようという場合には、裁判所および弁護士会にその旨を速やかに連絡し、選任を受ける。

イ　裁判所での記録閲覧・謄写

付添人は、申立てがあった後、当該申立てに対する決定が確定するまでの間、処遇事件の記録または証拠物を閲覧することができる（医療観察法32条2項）。謄写については、裁判所の許可が必要とされている（医療観察法32条1項）。

なお、法文上は、検察官は、医療決定の申立てをした場合、「必要な資料」を提出しなければならないとされているのみであるため（医療観察法25条1項）、すべての刑事記録が裁判所に提出されているわけではない。必要に応じて、裁判所を通じる等して（医療観察法24条3項、医療観察法審判手続規則24条）、追加の開示を求める必要がある。

ウ　本人との面会、鑑定入院機関の関係者との面談、カルテ等開示

付添人は、対象者本人に面会して、現時点でどのような病状なのか、急性期症状は早期に治まる見込みがあるのかなどを見極めたうえで、不処遇決定や通院決定に持ち込める見通しを立てる必要がある。

また、対象者からは、支援者等の事情や希望等を聴き取るとともに、今後の手続の流れや意味等について十分に説明し、可能な限り理解を得たうえで手続を進められるようにする。

鑑定入院先での対象者との接見交通権、秘密交通権について明文の定めはないが、付添人が鑑定入院先で対象者と接見できること、立会人なしに接見できることは当然である。

エ　対象行為の存否に争いがある場合

そもそも、対象行為があったのかにつき争いがある場合には、対象行為の存否に関する審理および裁判を、当該対象者の刑事事件を審理した合議体とは別の合議体で行う旨の決定（医療観察法41条1項）を求め、職権発動を促すべきである。この決定をするに際し必要がある場合は、裁判所は、事実の取調べをすることができる（医療観察法24条1項）。実務上は、証人尋問ではなく審尋の形式で行われることが多い。

別の合議体による決定は、処遇裁判所を拘束する（医療観察法41条9項）。

オ　鑑定医との面会

鑑定医の鑑定結果は、処遇決定に際して非常に重要な意味をもつ。医学的知識を補充したうえで、鑑定書が提出される前に積極的に鑑定医と面談し、対象者にとってより有利な事情等が十分に考慮された適切な鑑定書を書いてもらうよう働きかけるべきである。たとえば、医療観察制度による入院・通院決定がされるべきでないとする要素（地域内での適切な医療を受けられる態勢があり、医療観察制度による必要がないことなど）がある場合はその情報を提供し、鑑定書に反映させるように努力することが必要である。

また、専門家たる鑑定医との面談に際しては、一定の医学的知識・情報を持った状態で臨まなければ意味が希薄化する。そのため、あらかじめ従前の主治医からの情報収集を行ったり、対象者本人が抱える精神障害について解説した文献を調査したりするなどの準備が必要である。その際には、協力医の助力を得るということも考えられる。被疑者・被告人弁護活動における鑑定についての協力医に関する名簿はなくとも、医療観察制度における協力医の名簿は備わっている弁護士会もある。協力医の心当たりがない場合には、弁護士会等に相談したり、メーリングリストで聞いてみるなどすることが考えられる。

鑑定書が提出されれば、速やかにこれを閲覧謄写し、問題点の把握に努めるとともに、必要があれば協力医に検討・分析を依頼し、場合により意見書の作成も検討する必要がある。

カ　社会復帰調整官との面談

社会復帰調整官は、調査にあたり、対象者本人や家族等の面談のほか、関係機関への照会などを行う。付添人としても、対象者や親族等との面談等により、本人の生活環境調査、今後の受入れ態勢の整備をしつつ、担当の社会復帰調整官とも面談しておくのがよい。

キ　精神保健参与員との面談

付添人としては、必要に応じて、精神保健参与員と面談し、今後の社会復帰に向けた準備状況について報告をすることも検討すべきである。

ク　入院受入先の調整、保護者との調整

環境調整活動としては、保護者の確立、住む場所の確保（グループホーム等の事業所、医療機関等）、経済基盤の確保、継続的な精神科医療の確保等がポイントとなる。

対象者の家族等にも面談し、事件前の対象者の生活状況や、今後の帰住先等に関する事情を聴き取る。なお、医療観察法における「保護者」とは、医療観察法23条の2に規定されている者である。具体的には対象者の後見人・保佐人、配偶者などである。これらの者が不存在の場合などには、対象者の居住地を管轄する市町村長が保護者となる（医療観察法23条の3）。

もっとも、医療観察制度の対象となる事件は重大事件が多い一方で、対象者と同居していた家族が対象行為の被害者であることも少なくない。その場合は、支援を期待することは困難になる。そして、精神障害により対象行為を行ったことが認定され、その精神障害についての治療可能性も認められる場合には、指定入院医療機関（医療観察法2条4項。国、都道府県または特定〔地方〕独立行政法人が開設する医療機関のうちから厚生労働大臣が指定する病院）への入院以外の具体的な医療措置を付添人側で用意しなければ、入院の回避は困難になる。

そこで、通院先や居住場所を確保したうえで、障害年金や生活保護等を利用して生活費を準備し、障害福祉サービスの利用を開始するなど、環境調整を行う必要がある。この部分については、後記**3**のとおり、付添人だけでできないことも多く、ソーシャルワーカーとの連携が必要になることも多いだろう。

ケ　カンファレンス

カンファレンスは、審判の準備（医療観察法審判手続規則40条）の一形態として、裁判官、審判員、参与員、検察官、付添人、鑑定人、社会復帰調整官などが一堂に会し、自由な意見交換をする場である。なお、医療観察法における裁判所は、1人の裁判官と1人の精神保健審判員（厚生労働大臣がその職務を行うのに必要な学識経験を有する医師を名簿に登載し、その名簿に基づいて地方裁判所が選任）との合議体で構成される（医療観察法11条1項）。

カンファレンスの回数は、地域や事案によって異なるが、2、3回程度実施されることが多い。付添人としては、積極的にカンファレンスを利用して情報収集や説得を行うべきである。

第1回のカンファレンス（入院または通院処遇申立受理から1週間後頃）では、予想される事案の問題点につき意見交換をし、今後の進行について協議することが主な目的とされることが多い。鑑定人に対し、とくに考慮すべき資料の範囲や事実関係に争いがある場合の前提とすべき事実関係等を示す（医療観察法37条4項）こともある。

第2回のカンファレンス（申立受理から約1カ月前後頃の鑑定書提出前）は、鑑定人から、その時点における鑑定の経過や結論の方向性について説明を受け、よりよい処遇選択のために参加者全員で討議することが主な目的とされることが多い。付添人からは、この時点で、対象者と面会した結果等に基づく意見を述べるのがよいだろう。

第3回のカンファレンス（鑑定書提出から1週間後頃）では、鑑定書を踏まえ、その記載内容等につき鑑定人から口頭での追加説明や質疑応答が行われ、最終的な処遇方針につき意見交換をするとともに、審判期日の進行などを打ち合わせる。

⑶ 審判の流れ

ア 審判の概要

審判が開かれる場所は、通常の法廷、ラウンドテーブル法廷、少年審判廷、鑑定入院先の病院の会議室の場合など、裁判所や事案による。審判期日においては、職権的に審理が行われるが、検察官（等）は意見陳述・資料提出義務（医療観察法25条1項）を負っている。対象者、保護者および付添人には意見陳述・資料提出権（医療観察法25条2項）がある。

審判期日は非公開で行われる。ただし、裁判所は、被害者や遺族に対し、審判期日の傍聴を許可できる（医療観察法47条）。

なお、審判期日は、93％の事件で1期日のみである[26]。審判期日は、鑑定期間満了の1週間前から10日前頃に指定されることが多い。

イ 手続の内容

① 人定質問、対象者に対する黙秘権の告知、対象者が医療観察法2条2項に該当するとされる理由の要旨および検察官からの申立て（同法33条1項）があったことの告知、対象者・付添人意見の聴取（同法39条3項）

これらの手続は刑事訴訟の冒頭手続と類似している。

そこで付添人は、対象行為の存否についての意見（事実の認否）、責任能力の有無、程度、「対象行為を行った際の精神障害」の改善・消失等の事実やこの法律による処遇（医療）の要否等についての意見を述べることになる。あらかじめ意見書や資料等を用意し、準備ができ次第、提出しておくとよい。

② 事実の取調べ（医療観察法24条）

裁判所が、証人尋問、鑑定、検証等の手続を行うことや、官公署・医療施設等に対する資料提出等を求めることが予定されている（医療観察法24条3項）。事実の取調べについては、「処遇事件の性質に反しない限り」、刑訴法の規定が準用される（医療観察法24条4項）。なお、書証の取調べについては刑事訴訟法の準用がなく、伝聞法則（刑訴法320条以下）の適用がないので注意が必要である。

③ 裁判官、付添人、検察官、審判員、保護観察官による対象者本人や保護者に対する質問

対象者に対する質問については、何も求めない場合には、裁判所、付添人、検察官の順で行われることが多い。しかし、付添人から質問を行うことで、対象者も安心して質問に答えられ、また付添人が求める結論を基礎づける事情について、十分に引き出すことができる。そのため、事前のカンファレンスで、付添人から質問を開始するよう求めるべきだろう。

質問においては、対象者が緊張せずに質問を受けられる工夫（口調や話し方など）ができるとよい。この点は、公判弁護における尋問技術と共通である（前記❷8参照）。

なお、保護者については、審判への出廷は権利として認められているものの、出廷する場合には、事前に裁判所に申し出ておく必要がある。

④ 検察官、付添人の処遇等に対する意見陳述

⑤ 対象者の最終陳述

⑷ 裁判所の決定

ア 申立ての却下決定等

裁判所は、不起訴処分から医療決定の申立てを受けた対象者について、次のいずれかの事由に該当するときは、決定をもって申立てを却下しなければならない。

① 対象行為を行ったと認められない場合（医療観察法40条1項1号）

この決定が確定したときは、当該決定にかかる対

---

26 下村義之ほか「医療観察法施行後2年の処遇事件の処理状況について」判例タイムズ1261号（2008年）22頁参照。

象行為について公訴を提起し、または当該決定にかかる対象行為に関し、再び医療決定の申立てをすることはできない（医療観察法46条1項）。

② 心神喪失者および心神耗弱者のいずれでもないと認める場合（医療観察法40条1項2号）

この決定が確定したときは、当該決定にかかる対象行為に関し、再び医療決定の申立てをすることはできない（医療観察法46条2項）。ただし、検察官により起訴がなされる可能性がある。実際、そのような経緯を経て起訴されているケースも存在する。そして、この起訴にかかる刑事裁判において、心神喪失であることを理由とする無罪判決、心神耗弱であることを理由とする執行猶予判決等がなされた場合には、再度、本法の手続に乗ることもありうる（医療観察法46条2項ただし書）。

裁判所は、検察官が心神喪失と認めて不起訴処分をした対象者について、心神耗弱と認めた場合には、その旨の決定をしなければならない。そして、この場合、検察官は、当該決定の告知を受けた日から2週間以内に、裁判所に対し、当該申立てを取り下げるか否かを通知しなければならない（医療観察法40条2項）。これは、検察官に対し、医療決定の申立てを維持するか、刑事手続に移行させるかを考慮する機会を与えたものである。

裁判所は、申立てが不適法であると認める場合は、決定をもって当該申立てを却下しなければならない（医療観察法42条2項）。

なお、医療観察法の手続における責任能力の判断は、その後の刑事裁判に対しては拘束力がない（これに対し、刑事裁判の確定判決後に医療観察法の

C O L U M N

「どうしても入院したくない」という依頼者

統合失調症に基づく精神症状の圧倒的な影響で他害に及んだようなケースの場合、医療観察手続の段階でも対象者に病識がなく、通院処遇等を求めることが難しいケースもある。急性状態の対象者を受け入れる通院先や事業所、支援者や家族等は少なく、入院を避ける材料も乏しいためである。

このような場合、カンファレンスの段階でも、裁判所や手続に関わる参与員や社会復帰調整官等の意見として、入院処遇が対象者にとって一番良いという方向でまとまりつつあることもある。さらには、従前から関わっていた福祉の支援者からも、入院処遇やむなしという意見が出ることさえある。

他方で、対象者には病識がないため、入院を望まず、ときには強く拒む。このようなケースは、決して少なくない。

このとき、付添人からどのような意見を述べるかは悩ましい問題である。上記のような事情の中では、付添人としても、対象者にとっては入院処遇が望ましいと考えるかもしれない。

しかし、医療観察法上の入院処遇では、6カ月ごとに入院の必要性についての見直しがなされるとはいえ、実際には入院期間は長期に及んでいる（近時の統計では平均の入院期間は2年半を超えている）。長期間にわたり、本人の自由を強く制限する処遇であることを考えると、対象者の権利を擁護する付添人の立場性からして、安易に入院相当意見を述べることは難しい。

また、付添人には、本人の代弁者としての立場もあることにも留意しなければならない。本人が入院を拒む意見を有しているときに、そのことを代弁できる立場にあるのは、付添人だけである。

さらに、実務上の問題としても、入院先はすべての都道府県に設置されているものではなく、全国でも限られた場所にしか所在していない。そのため、対象者の生活の本拠から離れた場所に長期間入院しなければならないこともある。その結果として、対象者の社会復帰が遠のいてしまう可能性もある。

こうしたことから、入院相当と考えられる場合であっても、医療観察法に基づかない入院（医療保護入院等。精神保健福祉法に基づく各種入院等の詳細は後記❺を参照）についても検討することが必要である。実際に、この法律に基づく医療については不処遇としたうえで、環境調整が完了するまでのつなぎとして医療保護入院が実施された事案等もある（この場合、医療観察によらないものでも入院することを希望するかについて、対象者の意向を確認しなければならないことは当然である）。

以上のように、付添人と福祉・医療とは本人の利益の捉え方について意見が異なる可能性があることや、その立場性の違いについては留意すべきである。そして、他の手続や制度をも視野に入れて、対象者の意向を実現するために活動することが必要になる。

手続に付された場合には、刑事裁判の責任能力の判断が拘束する)。不起訴処分後に本法に基づく検察官による申立てがなされた対象者につき心神耗弱決定が出された場合、検察官はあらためて公訴提起が可能であるが、その場合も刑事裁判で責任能力の有無について争う余地は残る。

イ　処遇の決定等

裁判所は、鑑定を基礎とし、かつ、鑑定結果に付されたこの法律による入院による医療の必要性に関する意見および対象者の生活環境を考慮し、以下のいずれかの決定をしなければならないとされている(医療観察法42条1項)。

合議体の意思決定は、裁判官・精神保健審判員の意見の一致した範囲での決定となる。たとえば、一方が入院決定、もう一方が通院決定との意見の場合には、一致した範囲である通院決定が終局決定となる。ただし、対象行為や責任能力の存否については、裁判官の専権的判断事項であるため、裁判官の意見が優先されることになる。

①　入院決定

「対象行為を行った際の精神障害を改善し、これに伴って同様の行為を行うことなく、社会に復帰することを促進するため、入院をさせてこの法律による医療を受けさせる必要があると認める場合」には、医療を受けさせるために入院をさせる旨の決定がなされる。

「この法律による医療が必要」であるかを判断するうえで考慮すべき要素として、一般に、疾病性、治療可能性(治療反応性)、社会復帰(阻害)要因の3つが挙げられている(医療観察法37条1項参照)。

まず、疾病性とは、対象者の精神医学的診断とその重症度、および対象者の精神障害と当該対象行為との関連性を意味する。医療観察法の鑑定書では、ICD-10やDSM-5に即して、精神障害の類型について判断が示されていることが多い。

治療可能性(治療反応性)とは、精神医学的医療を行うことで精神障害の症状が改善する余地があるかどうかである。その判断にあたっては、可能性の存否だけでなく、可能性の大小、投薬等の医療や心理教育、作業療法、認知行動療法による影響、強制医療によることの適合性などが考慮される。たとえば、パーソナリティ障害や知的障害などにおいては判断が分かれうるであろう。

社会復帰(阻害)要因とは、対象者をそのまま治療しないで社会に戻すと、再び同様の他害行為に及んでしまい、結局のところ対象者の社会復帰が阻害されることになるかということである。ここにおいて再犯リスクが考慮されることになり、対象者本人の病識や受け入れてくれる家族環境や社会環境の有無が結論を左右することになる。もっとも、ここで注意しなければならないのは、当該要件において考慮されるべきはあくまでも「この法律による医療の必要性」であって、一般的な「将来の再犯のおそれ」ではないことである。「同様の行為を行うことなく」(医療観察法33条、34条、37条、42条、49条等)の文言の誤った解釈・運用により、治安維持を目的とした「保安処分」として利用されることのないようにしなければならない

入院決定について、最二小決平19・7・25刑集61巻5号563頁は、「医療観察法の目的、その制定経緯等に照らせば、同法は、同法2条3項所定の対象者で医療の必要があるもののうち、対象行為を行った際の精神障害の改善に伴って同様の行為を行うことなく社会に復帰できるようにすることが必要な者を同法による医療の対象とする趣旨であって、同法33条1項の申立てがあった場合に、裁判所は、前記必要が認められる者については、同法42条1項1号の医療を受けさせるために入院をさせる旨の決定、又は同項2号の入院によらない医療を受けさせる旨の決定をしなければならず、前記必要を認めながら、精神保健及び精神障害者福祉に関する法律による措置入院等の医療で足りるとして医療観察法42条1項3号の同法による医療を行わない旨の決定をすることは許されないものと解するのが相当であ」ると判断している。すなわち、この法律による医療を受けさせるべき要件を満たす場合には、他の手段を検討することの裁判所の裁量的判断を否定している。

しかし、この決定については、批判も多いところである。指定入院医療機関の病床数はなお不足し、また場所も偏在している。入院できる施設がないにもかかわらず医療観察法による入院を命じることは、将来社会復帰する予定の地域から遠く離れた地域で入院をすることにつながるものであり、必ずしも妥

当といえない。そのような場合には、「社会に復帰することを促進するため、入院させてこの法律による医療を受けさせる必要があると認める場合」という入院決定の要件を満たしていないものとして、入院決定をすべきでないことを訴えるべきである。

なお、医療観察法の施行後2016年12月末までの約10年間で入院処遇の決定を受けた者の数は2,739人である。2018年7月1日現在、入院による医療を受けている者の数は753人で、その入院決定時における主病名は統合失調症圏（統合失調症、統合失調型障害および妄想性障害）が81.2%と大部分を占める[27]。

2016年7月15日までの時点で2,614人が退院をしているが、その平均在院日数は951日であった[28]。

②　通院決定

「前号の場合を除き、対象行為を行った際の精神障害を改善し、これに伴って同様の行為を行うことなく、社会に復帰することを促進するため、この法律による医療を受けさせる必要があると認める場合」には、入院によらない医療を受けさせる旨の決定、すなわち通院決定がなされる。

③　医療観察法による医療を行わない旨の決定

前記①②の要件にあたらないときには、医療観察法による医療を行わない旨の決定がなされる。

ウ　決定に伴う付添人の活動

終局決定は、審判期日に告知されず、審判期日の1週間から10日後に、対象者および付添人に連絡されることが多い。入院決定では、地方厚生局の職員が決定謄本を鑑定入院先で対象者本人に送達することとなる。当初審判による決定は、対象者への送達後、14日以内に抗告がなければ確定する（医療観察法64条）。

決定内容が「入院決定」の場合は、その言渡しの日のうちに指定入院医療機関に移送される。言渡し前に対象者と面会して、審判の内容、不服申立手続を説明しておく必要がある。事前に裁判所に対しても、いつ言渡しをするか確認しておくとよい。また、対象者には、今後の処遇・手続（将来の退院許可申立手続等）も説明し、将来の各種手続でも弁護士の助力を受けられることを伝えておく。

なお、抗告には執行停止効がないことに注意しよう。審判期日後に入院決定の連絡を受けたときには、対象者がすでに遠隔地の指定入院医療機関に移っている事態もありうる。対象者や保護者には、入院決定が出た場合の手続の流れ等をあらかじめ説明しておくことが必要である。

決定が「通院決定」の場合は、対象者は言渡日に鑑定入院先の病院を退院する。帰住地が定まっている場合は、言渡しの日を裁判所に確認し、対象者が帰住先に戻れるよう家族等に連絡しておくのがよい。

⑸　抗告手続

ア　抗告

入院決定に対しては、対象者のほか、保護者や付添人が抗告できる。抗告期間は2週間である。

抗告理由は、①決定に影響を及ぼす法令の違反、②重大な事実誤認、③処分の著しい不当に制限されている。付添人が保護者により選任されている場合は、選任者である保護者の明示した意思に反して抗告することはできない（医療観察法64条2項）。

抗告申立ては、抗告申立書を原裁判所に提出する（医療観察法審判手続規則89条1項）。抗告申立書には、抗告趣意を簡潔に明示しなければならない（医療観察法審判手続規則89条2項）。

医療観察法42条の決定に対する抗告事件は、必要的付添人事件となる（医療観察法67条）。

抗告裁判所（高等裁判所）は、抗告の趣意に含まれている事項に限り、調査をするものとされている。しかし、抗告の趣意に含まれていない事項であっても、抗告の理由となる事由に関しては職権で調査ができる（医療観察法66条）。なお、審判前の事情のみが抗告事由となることに注意しなければならない。

抗告審においても、原審と同様に事実の取調べができるが、原則として書面審理である。そのため、原決定の不服点については、積極的に意見書や書証を提出する必要がある。

イ　再抗告

さらに、抗告裁判所の決定に対しては、最高裁判

27　「心神喪失等医療観察法による入院対象者の状況」厚生労働省ウェブサイト。
28　厚生労働省2017年11月28日医療観察法の医療体制に関する懇談会（第1回）資料。

所に対して再抗告をすることができる。

再抗告の期間は2週間である。再抗告の理由は、①憲法違反もしくは憲法の解釈に誤りがあること、②最高裁判所もしくは高等裁判所の判例と相反する判断をしたこと、に制限されている（医療観察法70条）。

しかし、最一小決平29・12・25裁判所ウェブサイトは、「同法70条1項所定の理由が認められない場合であっても、原決定に同法64条所定の抗告理由が認められ、これを取り消さなければ著しく正義に反すると認められるときは、職権により原判決を取り消すことができる」と判示している。事実誤認や法令違反など違法・不当な抗告審決定に対しては、あきらめずに再抗告を検討すべきである。

3　医療観察法審判の中での付添人と福祉との連携

⑴　付添人の活動の視点――弁護人との違い

付添人の役割としては、対象行為の存否があるのかを記録等から検討し、対象者の防御権を実現する側面、求める処遇に向けて環境調整を行う側面の両面がある。

弁護人の視点と同様に、記録を精査し、本当に対象行為が存在するのか、必要以上に対象行為を過大に捉えられていないかといった、前者の防御権実現の側面を疎かにしてはいけないことは当然である。

ただしそれだけではなく、本人の疾患等がこの法律による医療になじむものなのかといった医療的な観点での検討や、環境調整を行いつつ裁判所にも早期に働きかけていくような少年審判の付添人類似の観点からの活動といった、後者の側面も必要となる手続である。そして、こうした病状等の把握や環境調整に関する専門的な知見を得るうえで、福祉分野の支援者や医療機関等との連携は不可欠である。

なお、こうした活動を通して、付添人自身が仮に対象者には入院処遇がやむをえないのではないかと考えたとしても、それを受けて付添人が入院処遇相当の意見を述べることについては、慎重になるべきだろう。

⑵　福祉との連携の必要性

医療観察法審判において更生支援計画を立てることは、社会復帰阻害要因を除去することに資する。

本人がこの法律による医療上の処遇を望まず、社会での生活を望む場合でも、社会での生活環境や服薬等の管理を危惧され、最終的にこの法律による医療を受けさせる必要を認められてしまうことは少なくない。そのため、本人を医療・福祉の観点から援助してくれる支援者を確保し、本人の帰住先（もともと生活していた住居の家族との関係調整、あるいは新たに生活を行うことの可能なアパートやグループホーム等の打診）の調整を行うこと、本人の服薬管理等についてもこの法律による医療を行わなくとも十分に実施できること（ヘルパー等の福祉サービスの導入等を通した援助）などについて、具体的な支援の計画を提示することが、大きな意味をもつ。

なお、審理においては、社会復帰阻害要因について、社会復帰調整官の意見が重視される。実際にも、当該調整官が通院処遇とする場合の指定通院医療機関を確保することになっており、それが決まっていなければ入院処遇と結論づけられてしまうため、調整官との連携は不可欠である。そのため、早期に社会復帰調整官へ検討している支援内容や生活のプランを伝えて説得し、協力を得られるように働きかけることが必要である。

また、ソーシャルワーカーに協力してもらった場合の費用については、日弁連の委託援助事業での費用援助の対象となっている（国選付添人に選任されている場合でも、当該援助部分に関してのみ申込みが可能）。積極的に活用するべきである。

⑶　想定される活動

ソーシャルワーカー等に協力してもらう場合には、実際に本人の帰住先や福祉サービスを調整してもらったうえで、更生支援計画等を作成してもらうことが考えられる。刑事公判の場合と異なり、実際の計画等を意見書の資料として添付し、事前に裁判所へと提出することになる。この場合、刑事訴訟法における証拠法上の制限はないことから、実際に本人の利用するサービスの内容等に関しては、比較的自由な立証が可能である。

他方で、審理にソーシャルワーカーが出廷し、支援計画の内容を述べることも可能であるが、出廷は権利として認められているものではない。そのため、必要がある場合、事前に裁判所に対して、ソーシャルワーカーの証人尋問や参考人聴取を実施するように求めるべきである。

4　審判後の活動

(1)　処遇

ア　入院処遇

(ア)　入院

入院決定がなされると、原則として指定入院医療機関に入院して、医療を受けることになる。

入院期間は、法律上は無制限である。対象者が入院決定を受けると、対象者は「対象行為を行った際の精神障害を改善し、これに伴って同様の行為を行うことなく、社会に復帰することを促進するために入院を継続させてこの法律による医療を行う必要」がなくなるまで退院することはできない。また、入院医療の必要性が認められるときは原則として6カ月ごとに、前記管理者は、保護観察所長の意見を付して、地方裁判所に対し、入院継続確認の申立てをしなければならない（医療観察法49条2項）。保護観察所長の意見を付するのは、同所長には対象者の退院後の生活環境の調整を行う義務があるからである（医療観察法101条1項）。

医療機関の現場では、入院期間を「急性期（3カ月）」「回復期（9カ月）」「社会復帰期（6カ月）」の3期に分けてそれぞれ目標を設定し、概ね18カ月以内での退院をめざしている。その目標のために、入院処遇ガイドラインに沿って医療が行われている。

しかし、実際には、入院継続確認の申立てが何回も繰り返され、入院期間が無制限に続くことが懸念される。そこで、入院継続確認の申立てがなされるごとに、対象者の病状の改善や生活環境の整備状況などをもとに、不当な入院継続がなされないように活動することが求められる。

(イ)　退院

退院させるかどうかの最終判断をするのは、指定入院医療機関の管理者や主治医ではなく、裁判所である。

指定入院医療機関の管理者は、精神保健指定医による診察の結果、対象者について入院医療の必要性がなくなったとき、保護観察所長の意見を付して、地方裁判所に対し、退院許可の申立てをしなければならない（医療観察法49条1項）。

また、対象者、保護者または付添人も、いつでも、地方裁判所に対し、退院許可または処遇終了（医療終了）の申立てをすることができる（医療観察法50条）（**書式33**）。付添人は、この退院許可申立てを積極的に利用し、対象者の退院に向けた活動を行う。

裁判所は、これらの申立てを受けたときは、審判の通則（医療観察法2章1節）の規定により、事実の取調べをすることができる（同法24条1項）。裁判所は、従前同様の3つの基準に従い、決定を行う（医療観察法51条1項）。退院許可または処遇終了の申立ては、必要的国選付添人事件ではないが、必要があるときには、裁判所が職権で国選付添人を付することができる（医療観察法30条3項）。付添人は、この審判においても、意見を陳述し、資料を提出する権利がある（医療観察法25条2項）。国選付添人が選任されなかった場合にも、日弁連の委託援助制度を用いることができるので確認してほしい。

付添人は、主治医から対象者の病状を聴取したり、家族や地域の受け皿の環境調整を行ったりして、対象者の病状が改善していること、対象者の生活環境が整備されて社会での安定した生活が可能であることを主張立証して、対象者が退院できるように支援する必要がある。

なお、退院許可決定後に入院医療の必要性が生じた場合には、再入院の申立てがなされることがある（医療観察法59条1項。後記**イ**(イ)参照）。

(ウ)　処遇改善要求

弁護士は代理人として本人に面会し（国選代理人制度はない）、本人の訴えを聴き取り、カルテ等を検討し、処遇の問題点を明らかにして、厚生労働大臣宛ての処遇改善請求書を提出できる（医療観察法95条）（**書式34**）。

こちらについても、退院許可申立て等と同様、日弁連の委託援助制度を利用することが可能である。

イ　通院処遇

(ア)　精神保健観察

対象者が通院決定を受けたとき、対象者は精神保健観察に付される（医療観察法106条1項）。

精神保健観察とは、対象者と適当な接触を保ち、その者が必要な通院医療を受けているかどうか、およびその生活の状況を見守り、医療を受けさせるために必要な指導等を行うことである(医療観察法106条2項)。通院決定を受けて精神保健観察に付された対象者は、保護観察所長に居住地を届け出し、かつ、一定の遵守事項を守らなければならない(医療観察法107条)。このようにして、対象者は、指定通院医療機関(医療観察法2条5項)への通院を強制されるとともに、定められた遵守事項を守らなくてはならないことになる。社会復帰調整官が対象者本人と面談して治療状況および生活状況を見守り、継続的な医療を受けさせるための必要な指導をする方法により行われる。

指定入院医療機関では、通院期間を「通院前期(通院開始後6カ月まで)」「通院中期(通院開始後6カ月以降24カ月まで)」「通院後期(通院開始後24カ月以降)」の3期に分けて目標を設定し、3年(36カ月)以内に一般精神医療への移行をめざしており、通院処遇ガイドラインに沿って医療がなされている。

なお、通院決定または退院許可決定を受けて地域社会における処遇を受けている期間中は、原則として医療観察法および精神保健福祉法の双方が適用される。

(イ) 再入院

対象者の病状が悪化し、保護観察所長が「入院医療の必要性」があると認めたときには、入院の申立て(再入院申立て)がなされる(医療観察法59条1項)。また、指定通院医療機関への通院を怠ったり、遵守事項に違反したりしたときも、同様に、保護観察所長から入院の申立てを受けることがある(医療観察法59条2項)。

しかし、通院中に病状が悪化した場合には、対象者は、精神保健福祉法に基づく任意入院や医療保護入院等により、指定入院医療機関ではない一般の精神病院に入院することもできる(医療観察法115条)。したがって、病状が悪化したときには、保護観察所長による入院の申立てを避けるため、一般の精神病院に任意入院をする方法もある。

(ウ) 入院によらない医療

入院によらない医療は原則として3年である(医療観察法44条本文)。保護観察所の長は期間満了前にこの法律による医療の必要があると認められなくなったときは、処遇終了の申立てをしなければならない(医療観察法54条1項)。これに対し、入院によらない医療の期間を延長する必要があると認める場合は、2年間に限り延長を申し立てることができる(医療観察法54条2項、44条但書)。

対象者、保護者または付添人は、処遇終了の申立てを行うことができる(医療観察法55条)。

(2) 審判後に関わることのできる場面

審判が確定した後には、付添人としての職務は終了する。

しかし、審判において入院決定がなされた場合、その後の入院中に身体拘束がなされる等の事態が生じた際には、処遇改善請求を行うことが考えられる。また、一定の時期には退院許可申立てや処遇終了申立て等を付添人として行っていくことが考えられる。処遇改善申立てや退院許可申立てについては、日弁連委託援助事業を利用することで、本人に資力がない場合でも援助が可能である(入院している人の場合には、病院へ赴いての出張相談も認められている)。

医療観察法上の処遇自体に関わる手続の援助以外にも、本人が対象行為を行う以前から金銭的なトラブルを抱えていたり、親族からの搾取を受けていたりといった法的課題があり、それらが解消されていないケースも存在する。こうした医療観察法上の処遇を受ける当事者への法的援助(債務整理や成年後見申立て等)についても、ニーズが存在する。入院中の対象者が十分な資力を有さない場合には、法テラスの法律相談援助による無料法律相談、民事法律扶助制度の利用による弁護士費用の立替援助を利用することも可能である(入院している人の場合には、委託援助事業と同様、病院へ赴いての出張相談も認められている)。

(3) 福祉との連携の必要性

退院許可申立てにおいては、なによりも環境調整が重要となる。その際には、福祉との連携が不可欠である。

退院許可申立ての際には、付添人としては、①記録の入手検討、②指定入院医療機関との情報交換、さらに③帰住地における環境調整といったことが活動として想定される。付添人としては、②情報交換を通して退院における不安要素等を確認するとともに、③そうした課題をも改善可能な環境調整を実施することが活動の中心となる。

ここで、環境調整の際には、家族等との環境調整や居宅の確保、年金や手帳の申請等の福祉制度・給付の利用等を進めることが考えられる。これらを進める際には、医療・福祉の観点から本人の支援を検討・調整し、退院後の生活をコーディネートしてくれる支援者が存在することが、本人の退院の促進や早期退院の実現にとって重要になる。これらの支援の内容を伝える等して、社会復帰調整官への事前の交渉が重要になることは、当初審判段階と同様である。

また、退院に近い時期の場合に、本人に債務があること等が、退院の阻害事由になっていることもある。このような場合に、当該病院の医療ソーシャルワーカーや社会復帰調整官とも連携のうえ、法的支援を進めていくことが、最終的な本人の早期退院につながる場合もある。

医療観察法上の処遇を受けているケースでは、定期的に関係者を集めて会議を行い、今後の方針を検討している。この場に弁護士が参加し、債務整理の進捗を報告したり、本人について後見申立てを実施するといった計画を立てて説明することにより、社会復帰を阻害する要因が除去されたとして、退院が早まったケースもある。

5　精神保健福祉法

1　精神保健福祉法とは

「精神保健及び精神障害者福祉に関する法律」（精神保健福祉法）は、「治療と予防」という保健医療法規の側面と、精神障害のある人の「自立と社会参加の促進」という障害福祉法規の側面という、複合的な性格をもつ法律である。この法律は、「総則」「精神保健福祉センター」「地方精神保健福祉審議会及び精神医療審査会」「精神保健指定医、登録研修機関、精神科病院及び精神科救急医療体制」「医療及び保護」「保健及び福祉」「精神障害者社会復帰促進センター」「雑則」「罰則」の９章から構成され、その内容は多岐に及ぶ。

刑事事件との関係でとくに重要となるのは、「医療及び保護」に定められている入院に関する規定だろう。この法律においては、強制入院の制度が定められている。そして、この制度に基づき、刑事手続が終了した後にも、強制的に精神科病院に入院させられている人が多く存在する。

後記のとおり、日本は世界的にみても入院患者が多く、また入院期間も長期化している。また、そもそもこの強制入院の制度自体が、障害者権利条約に反しているのではないかとの指摘もある。弁護士としては、依頼者の権利を守るため、不当な強制入院を防ぐよう活動しなければならない。

詳しくは、姜文江・辻川圭乃編『自由を奪われた精神障害者のための弁護士実務―刑事・医療観察法から精神保健福祉法まで』（現代人文社、2017年）などを参照されたい。

2　刑事手続からの流れ

前記のとおり、障害のある人の刑事事件を担当した場合、精神保健福祉法上の入院に関わることも多い。精神保健福祉法では、以下のような通報制度を設けている（これ以外にも通報や申請に関する規定は存在するが、ここでは割愛する）。

①　警察官：いわゆる「23条通報」

精神保健福祉法23条

警察官は、職務を執行するに当たり、異常な挙動その他周囲の事情から判断して、精神障害のために自身を傷つけ又は他人に害を及ぼすおそれがあると認められる者を発見したときは、直ちに、その旨を、最寄りの保健所長を経て都道府県知事に通報しなければならない。

②　検察官：いわゆる「24条通報」

精神保健福祉法24条

1　検察官は、精神障害者又はその疑いのある被疑者又は被告人について、不起訴処分をしたとき、又は裁判（懲役若しくは禁錮の刑を言い渡し、その刑の全部の執行猶予の言渡しをせず、又は拘留の刑を言い渡す裁判を除く。）が確定したときは、速やかに、その旨を都道府県知事に通報しなければならない。ただし、当該不起訴処分をされ、又は裁判を受けた者について、心神喪失等の状態で重大な他害行為を行った者の医療及び観察等に関する法律（平成15年法律第110号）第33条第１項の申立てをしたときは、この限りでない。
2　検察官は、前項本文に規定する場合のほか、精神障害者若しくはその疑いのある被疑者若しくは被告人又は心神喪失等の状態で重大な他害行為を行った者の医療及び観察等に関する法律の対象者（同法第2条第2項に規定する対象者をいう。第26条の3及び第44条第1項において同じ。）について、特に必要があると認めたときは、速やかに、都道府県知事に通報しなければならない。

③　保護観察所の長

精神保健福祉法25条
保護観察所の長は、保護観察に付されている者が精神障害者又はその疑いのある者であることを知つたときは、速やかに、その旨を都道府県知事に通報しなければならない。

④　矯正施設の長

精神保健福祉法26条
矯正施設（拘置所、刑務所、少年刑務所、少年院、少年鑑別所及び婦人補導院をいう。以下同じ。）の長は、精神障害者又はその疑のある収容者を釈放、退院又は退所させようとするときは、あらかじめ、左の事項を本人の帰住地（帰住地がない場合は当該矯正施設の所在地）の都道府県知事に通報しなければならない。
一　本人の帰住地、氏名、性別及び生年月日
二　症状の概要
三　釈放、退院又は退所の年月日
四　引取人の住所及び氏名

このように、警察や検察などの捜査機関はもちろん、刑務所等の強制施設からも通報がなされることになる。そして、通報を受けた都道府県知事は、調査のうえで必要があると認めるときは指定医に診察をさせなければならないとされる（精神保健福祉法27条）。

実際の運用においては、精神障害がある（または疑われる人）について、多くの通報がなされ、そこから措置入院等への強制入院へとつながっている。たとえば、平成30年度衛生行政報告例によれば、当該年度の警察官からの通報は17,489件であり、そのうち診察で措置入院の要件を満たすと判断されたのは6,002件であった。また、同じく、検察官からの通報は2,206件であり、884件が措置入院の要件を満たすものと判断されている。

そのため、弁護人としては、何らかの形で刑事手続が終了した後に、通報、そして強制入院の制度が待ち受けていることを意識しなければならない。そのうえで、精神保健福祉法上の入院に関する手続についても、代理人として活動をしていくべきだろう。

また、場合によっては、弁護人が積極的に精神保健福祉法上の入院を利用することもあるかもしれない。たとえば、精神障害のある人について、医療保護入院をすることを前提に、精神科病院を制限住居として保釈請求を行う場合などである。しかし、本人からすれば、刑事訴訟法に基づく身体拘束から、精神保健福祉法に基づく身体拘束に変わるだけで、そこで与えられる精神的苦痛は変わらない（場合によっては苦痛が増す可能性も十分にある）。安易に強制入院を利用することは、厳に慎まなければならない。また、仮に強制入院を利用する場合には、入院後の生活や退院の見込み等について本人と十分に話をしたうえで判断をしていくことが重要だろう。

3　精神保健福祉法における入院

⑴　対象

精神保健福祉法における入院の対象は、「精神障害者」である。

精神保健福祉法における「精神障害者」とは、「統合失調症、精神作用物質による急性中毒又はその依存症、知的障害、精神病質その他の精神疾患を有する者」と定義されている（精神保健福祉法5条）。このように、その定義は幅広く、発達障害や知的障害、認知症のある人なども、その範囲に含まれることとなる。

⑵　入院形態

精神保健福祉法には、精神障害者の入院形態として、任意入院、措置入院、緊急措置入院、医療保護入院、応急入院の合計5つの形態が定められている。これらの入院形態には、それぞれ、決定主体、要件、時間的制限の有無の点で違いがある。主な違いは、**表3**のとおりである。

以下、それぞれの入院について詳しく説明する。

表3■精神保健福祉法による入院形態の違い

入院形態	決定主体	本人の同意の有無	要件のポイント	入院期間	費用負担
任意	本人	必要	書面による本人の同意	制限なし	本人負担
措置	都道府県知事（政令市の場合には市長）	不要	自傷他害のおそれ	制限なし	公費負担
医療保護	精神科病院の管理者	不要（ただし家族等による同意が必要）	家族等による同意	制限なし	本人負担
緊急措置	都道府県知事（政令市の場合には市長）	不要	自傷他害のおそれ、措置入院の手続をとることができない場合	72時間	公費負担
応急	精神科病院の管理者	不要	家族等による同意を得ることができない場合	72時間	本人負担

ア　任意入院

決定主体：本人
要件：①書面による本人の同意
　　　②書面による権利告知
期間：入院期間に制限はなく、いつでも退院を申し出ることができる。ただし、入院継続の必要があると認められると、72時間以内に限って退院が制限される。

任意入院は本人の同意に基づく入院であり、精神保健福祉法は、人権保護の観点からこれを原則的な入院形態としている（精神保健福祉法20条）。

「本人の同意」については、昭和63年5月13日厚生省保健医療局精神保健課長通知16号で、「民法上の法律行為としての同意と必ずしも一致するものではなく、患者が自らの入院について積極的に拒んではいない状態をいうものである」と、かなり広く解釈されている。しかし、入院時に書面による権利告知を受けたうえで、書面で確認されなければならない（精神保健福祉法21条1項）。

任意入院した人（任意入院者）は、原則として、いつでも退院を申し出て退院できる（精神保健福祉法21条2項）。しかし、例外として、精神科病院の管理者は、指定医の診察の結果、医療および保護のため入院を継続する必要があると認められた場合に、退院の申出のときから72時間以下に限って退院を制限することができるとされている（精神保健福祉法21条3項）。この場合も、病院管理者は、72時間以内に医療保護入院等所定の手続をとらなければ、患者を退院させなければならない。また、緊急その他やむをえない理由があるときは、指定医がいなくとも、特定医師の診察に基づき、12時間以内であれば退院制限を行うことができる（精神保健福祉法21条4項）。

このように、任意入院は基本的に本人の同意に基づく入院であるが、実際には、閉鎖病棟（鍵がかかっていて自由に外に出られない病棟）に入院させられていることが非常に多い。また、仮に本人が退院したいと言っても、事実上退院させてもらえないことがほとんどである。そのため、退院をしたいという場合には、弁護士が介入して、精神医療審査会（後記(5)ア参照）に対して退院請求をしていくことが考えられる。

この点について、任意入院の場合に退院請求ができるかについては解釈が分かれており、退院請求を受理しない精神医療審査会もあると思われる。しかし、退院請求等に関する精神保健福祉法38条の4は、入院形態を問わず、すべての「精神科病院に入院中の者又はその家族等」について、退院請求ができる旨規定しているうえ、任意入院に関する同法21条1項は、精神科病院の管理者に対し、入院に際して、当該任意入院者に同法38条の4の規定による退院等の請求に関することを書面で知らせるよう義務づけている。そして、前記のような退院制限およびそれに引き続く医療保護入院等の可能性がある以上、退院請求を認めるべき必要性もある。よって、任意入院についても退院請求は認められるべきである。

なお、精神医療審査会による審査はないが、一部の任意入院者について、条例に基づき、精神科病院から都道府県知事に対する定期病状報告がなされている（精神保健福祉法38条の2第3項）。

イ　措置入院

> 決定主体：都道府県知事（政令市の場合には市長）
> 要件：①精神障害者であること
> ②医療および保護のために入院の必要があること
> ③自傷他害のおそれのあること
> ④①～③について2名以上の指定医の診察の結果が一致すること（指定医が1名の場合は緊急措置入院となる）
> ⑤書面による権利告知
> 手続：①診察への都道府県職員の立会い
> ②診察にあたり現に精神障害者の保護の任に当たっている者がいれば、その者に対する診察日時場所の通知
> 期間：入院期間に制限はないが、入院後最初の3カ月目、6カ月目、以後6カ月ごとに定期病状報告が行われる。

措置入院は、都道府県知事（政令市の場合には市長。以下、単に「知事」とする）の入院措置決定（精神保健福祉法29条1項）によって、事実行為たる行政処分としてなされる強制入院である。入院費用は公費負担である。

精神障害者またはその疑いのある者を知った者は、誰でも、その者について指定医の診察および必要な保護を知事に申請することができる（精神保健福祉法22条）が、措置入院は、通常、前記の通報を契機に行われる。

通報があると、措置診察が行われ、都道府県職員の立会い（精神保健福祉法27条3項）、診察日時場所の通知（同法28条1項）がなされる。後見人または保佐人、親権者、配偶者その他現に本人の保護の任に当たっている者は、この診察に立ち会うことができる（精神保健福祉法28条2項）。

措置入院の実体要件としては、前記枠中の①～③である。

①について、精神保健福祉法上の精神障害者の定義は広く（5条）、通常はこの要件は満たされることになるが、②医療のための入院の必要性が要求されていることに鑑みれば、知的障害など治療可能性がない場合には、措置入院は許されないと解すべきである。また、②については、この制度が行動の自由を剥奪する制度である以上、地域生活を維持し入院を回避するための合理的配慮を尽くしたうえで、入院以外に医療および保護を図るための手段がない場合を意味すると解するべきだろう。

③について、「精神保健及び精神障害者福祉に関する法律第28条の2の規定に基づき厚生労働大臣の定める基準」（昭和63年4月8日厚生省告示第125号）によると、「他害」行為には、「他の者の生命、身体、貞操」だけでなく「名誉、財産等又は社会的法益等」に害を及ぼす場合も含まれている。また、この要件は自傷他害の「おそれ」で足りるとしているが、「精神障害者の保護及びメンタルヘルスケア改善のための原則」（1991年国連決議）の基準（「即時のまたは差し迫った危険」）に鑑みれば、現在の切迫した危険と解すべきである。

措置入院の措置がとられると、患者に対して告知され、病院管理者は定期に病状報告を行う。

知事は、措置入院者が自傷他害のおそれがないと認められるに至った場合は、入院者を直ちに退院させなければならない（精神保健福祉法29条の4第1項）。

ウ　医療保護入院

> 決定主体：精神科病院の管理者
> 要件：①精神障害者であること
> ②医療および保護のために入院の必要があること
> ③任意入院が行われる状態にないこと
> ④①～③について指定医による判定
> ⑤家族等の同意
> ⑥書面による権利告知
> 期間：入院期間に制限はないが、入院後1年ごとに定期病状報告が行われる。

医療保護入院は、一定の要件を満たす場合に、家族等の同意があれば、本人の同意がなくとも入院させることを認めるものである。

医療保護入院は、指定医の診察の結果、精神障害者であり、その医療および保護のため入院が必要であって、当該精神障害のために本人の同意に基づく入院を行える状態にないと判定された場合に、「家族等」のうちいずれかの者の同意があれば認められる（精神保健福祉法33条1項）。

①および②の要件は措置入院と同じであるが、医

療保護入院については、入院医療の必要がないにもかかわらず「保護」のためだけに漫然と入院をさせられていないか、注意しなければならない。

③の要件は、単に入院に同意しないというだけでなく、入院についての判断能力が低下しているために入院医療の必要性について説明を尽くしても理解できず、任意入院できる状態にないことと解すべきである。そもそも、人には医療についての自己決定権が保障されているのであるから、障害のために自己決定できる状態にない場合には、まずは自己決定できるよう支援し、支援を尽くしてもなおできない場合にはじめて介入が許されると考えるべきである。

⑤の要件における「家族等」とは、「当該精神障害者の配偶者、親権を行う者、扶養義務者及び後見人又は保佐人」である（精神保健福祉法33条２項）。法律上、「家族等」の中で優先順位はないが、「医療保護入院における家族等の同意の運用について」（平成26年１月24日障精発0124第１号厚生労働省社会・援護局障害保健福祉部精神・障害保健課長通知）では、後見人または保佐人の存在を把握した場合であって、これらの者が同意に反対している場合には、その意見は十分配慮されるべきものであるとされている。また、入院する人が未成年である場合において、家族間の意見が不一致であるときには、親権者の判断が尊重されるべきものであるとされている。なお、本人に対して訴訟をしている者など、欠格事由も定められている。家族等がない場合またはその全員が意思を表示することができない場合には、患者居住地を管轄する市町村長の同意をもって医療保護入院とすることができる。裏を返せば、１人でも家族等がいて意思表示できるにもかかわらず関わりを拒んで入院に同意しないような場合は、市町村長の同意によって医療保護入院させることはできない。

緊急その他やむをえない理由があるときは、指定医に代えて特定医師に診察を行わせることができる。この場合に④以外の要件が満たされれば、12時間に限り入院させることができるとされている（精神保健福祉法33条４項）。

医療保護入院をするにあたっては、患者に対し権利告知がなされ、病院管理者は10日以内に同意書を添えて入院届を知事に提出する。

同意した「家族等」が後日同意を撤回したり、退院を要求しても、医療保護入院患者は当然に退院にはならず、指定医の判断として退院にならない限り、退院請求手続を行うことになる[29]。

なお、医療保護入院は、1987年以前は、「同意入院」との呼称で呼ばれていたことがある。そのため、本人の入院歴等を見ていると、「同意入院」という文言が記載されていることがあるが、任意入院ではなく医療保護入院を指すので、注意が必要である。

エ　緊急措置入院

診察への職員の立会い、保護者に対する通知、２人以上の指定医の診察という手続（前記措置入院の要件①②④）がなくても、急速を要し、直ちに入院させなければその精神障害のために自身を傷つけ、または他人を害するおそれが著しいと指定医１名が認めたときに、72時間に限って行うことのできる知事の措置に基づく強制入院である（精神保健福祉法29条の２）。

オ　応急入院

家族等の同意を得ることができなくても、急速を要し、直ちに入院させなければその者の医療および保護を図るうえで著しく支障があると指定医が認めたときに、72時間に限って行うことのできる強制入院である（精神保健福祉法33条の７第１項）。

さらに、緊急その他やむをえない理由がある場合は、12時間に限り、指定医に代えて特定医師による診察で入院させることができる（精神保健福祉法33条の７第２項）。

(3)　現状

厚生労働省社会・援護局障害保健福祉部精神・障害保健課が作成している精神保健福祉資料によれば、2019年６月30日現在の日本の入院形態別入院患者数は、任意入院141,817人（52.1%）、措置入院1,585人（0.5%）、医療保護入院127,426人（46.8%）、その他の入院形態860人、不明404人

29　平成26年３月20日厚労省事務連絡「『精神保健及び精神障害者福祉に関する法律の一部を改正する法律等の施行に伴うQ＆A』の送付について」。

の合計272,092人となっている。

このように、日本においては、多くの人が精神科病院に入院している。これは世界的にみても特異な状況である。たとえば、2013年のOECDの統計によると、人口10万人当たりの精神病床数において、日本は267床となっている。これは2位のベルギー（174床）を大きく引き離しており、OECD平均である70床の4倍近い数字となっている。

また、人数だけの問題ではない。日本の精神病床の平均在院日数は、約9カ月であり、20年以上入院している人も約3万人いる。平均在院日数についても、2010年のOECD調査で、日本が突出して長いという結果が出ている。

⑷ 処遇

ア 処遇の内容

精神保健福祉法上は、入院中の者について、その行動について必要な制限を行うことができるとされており、これを処遇という（36条）。具体的には、通信・面会の制限、隔離、身体的拘束、任意入院者の開放処遇の制限などがあり、これらについては厚労省により基準[30]が定められている（精神保健福祉法37条）。

なお、実際の相談では、相談内容が多岐にわたるため、前記の例示以外にどこまでを「処遇」として精神医療審査会に改善請求すべきか迷う場合もある。しかし、病院職員に伝えるだけで改善される場合もあるため、まずは医師等病院職員と交渉するのがよいであろう。

イ 弁護士等との連絡について

このように精神科病院管理者は一定の処遇を行うことができるとされているが、以下の行動に関しては制限することができない[31]。

① 信書の発受
② 患者の代理人である弁護士との電話
③ 患者の代理人である弁護士および患者またはその家族等その他の関係者の依頼により患者の代理人となろうとする弁護士との面会

ウ 隔離・身体拘束について

12時間を超える患者の隔離および身体的拘束については、指定医が必要と認める場合でなければ行えず[32]、12時間を超えない隔離についても、その要否の判断は医師によって行われなければならないものとされている 。

隔離や身体拘束は任意入院患者も含むすべての入院患者に対して行われうるが、これらが行われた場合は、診療録に記載される。また、隔離が行われている場合は「原則として少なくとも毎日1回」、身体拘束が行われている場合は「頻回に」診察を行うものとされている。

なお、精神保健福祉資料によれば、以下のように隔離や身体拘束が激増している状況にある。

	2004年度	2016年度
隔離	7,673人	10,411人
身体拘束	5,242人	10,933人

このような安易な隔離や身体拘束の利用が問題となっており、弁護士としては厚労省基準が適切に守られているか確認する必要がある。また、建前としては隔離や身体拘束中も弁護士との連絡（電話、手紙、面会等）は制限できないことになっているが、事実上連絡できない状態下に置かれている可能性は高いため、注意を要する。

⑸ 人権保障のための制度

精神保健福祉法は前記のとおり強制入院制度を有しており、またその閉鎖的な構造ゆえに過去に病院の不祥事件が多発したことから、精神障害者の人権を保障するために以下の制度が設けられている。

もっとも、これらの制度のうち、形骸化してしまっているものも多いのが現状である。しかし、弁護士としては、積極的にこれらの制度を活用していくべきだろう。

---

30 昭和63年4月8日厚生省告示第130号「精神保健及び精神障害者福祉に関する法律第37条第1項の規定に基づき厚生労働大臣が定める基準」。

31 昭和63年4月8日厚生省告示第128号「精神保健及び精神障害者福祉に関する法律第36条第2項の規定に基づき厚生労働大臣が定める行動の制限」。

32 昭和63年4月8日厚生省告示第129号「精神保健及び精神障害者福祉に関する法律第36条第3項の規定に基づき厚生労働大臣が定める行動の制限」。

図3-10■精神医療審査会における審査の流れ

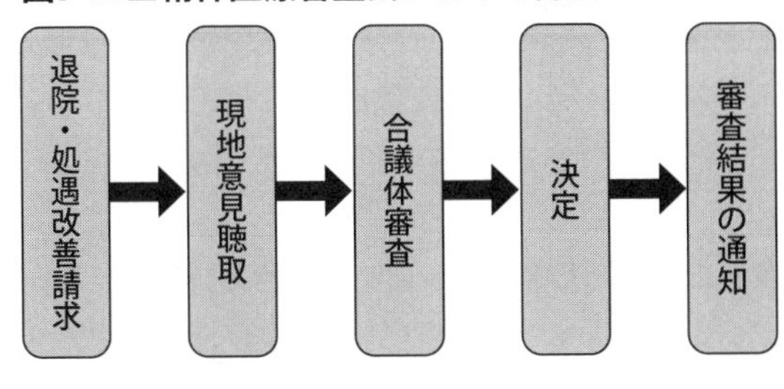

ア　精神医療審査会

(ア)　概要

精神医療審査会は、都道府県（政令市の場合は市。以下同じ）に設置され、次に述べる審査を行うこととされている。

精神医療審査会の委員は、精神障害者の医療に関し学識経験を有する者（精神保健指定医である者に限る。以下「医療委員」という）、精神障害者の保健または福祉に関し学識経験を有する者（精神保健福祉士等。以下「保健福祉有識者委員」という）および法律に関し学識経験を有する者（弁護士会から推薦された弁護士が多いが、検察官や裁判官である場合もある。以下「法律家委員」という）の中から任命され、５名で１合議体を構成する。法律上は、医療委員２名以上、保健福祉有識者委員１名以上、法律家委員１名以上としか定められていないが、医療委員が３名で合議体の過半数を占めている審査会が多い。

精神医療審査会の事務局は、都道府県に設置された精神保健福祉センターが担っている。

(イ)　退院・処遇改善請求とこれに対する審査

精神科病院に入院中の者またはその家族等は、都道府県知事（政令市では市長。以下同じ）に対し当該入院中の者を退院させ（措置入院の場合）、または精神科病院の管理者に対しその者を退院させることを命じ（医療保護入院の場合）、もしくはその者の処遇の改善のために必要な措置をとることを命じることを求めることができ（精神保健福祉法38条の４）、精神医療審査会は、このような退院・処遇改善の請求についての審査を行う（同法38条の５第２項）。

精神医療審査会における審査は、通常、**図3-10**の流れで行われる。

もっとも、現在の精神医療審査会は、退院請求については約４％、処遇改善請求については約５％しか認容されておらず（2017年衛生行政報告例）、権利擁護機能が果たされているとはいえない。しかし、たとえば代理人活動が活発な福岡県では認容率も高く（退院請求が約10％認められている）、代理人がつくことで十分な主張が可能になると考えられる。また、審査の前に代理人が病院と交渉することにより退院に結びついたり入院形態変更になるケースも多い。

退院請求の基本的な流れは、裁判手続に類似しており、本人の主張を法的に整理し（法律上のどの要件が問題であるか指摘する）、証拠を提出し、合議体審査において意見を述べるなど、弁護士でなければ困難なことも多く、弁護士が代理人として活動すべき必要性は高いといえる。弁護士は、退院を求める人について積極的に関わり、代理人として活動することが期待されている。

(ウ)　定期病状報告と審査

精神保健福祉法は、措置入院および医療保護入院の患者について、精神科病院の管理者に定期の報告義務を課している（38条の２。なお、任意入院患者の一部についても条例に基づき報告されている）。

措置入院者を入院させている精神科病院の管理者は、都道府県知事に、入院日から６カ月以内の間は３カ月ごとに、それ以降は６カ月ごとに報告を行うこととなっている。

また、医療保護入院者を入院させている精神科病院の管理者は、入院の措置がとられた日の属する月の翌月を初月として、12カ月ごとに報告を行うこととなっている。

これらの報告の中では、診断名、病状または状態像の経過の概要、処遇に関する事項や今後の治療方針の記載がなされ、この報告書は精神医療審査会において審査される（精神保健福祉法38条の３第３項）。なお、医療保護入院については、2013年改正により、医療保護入院者退院支援委員会の直近の審議記録が定期病状報告書に添付されることになっている。

定期病状報告をしても99.9％以上はそのまま認められているため、権利擁護機能を果たしているとはいえないが、定期病状報告書（厚労省のウェブサイトから書式などを確認できる）は入院を争う際の資料になりうる。取得をする場合には、個人情報開示請求を行う。

(エ)　医療保護入院届に対する審査

医療保護入院については、精神科病院管理者が入院を届け出ることになっており、精神医療審査会がこれを審査する。この書類に、同意した患者の同意書や権限証書（成年後見人の場合は後見登記事項証明書である等）が添付されているはずであるので、これによって同意が適法になされているかを確認することができる。

医療保護入院届に対する審査も、99.9％以上はそのまま認められており、権利擁護機能を果たしているとはいいがたい。

なお、医療保護入院患者からの退院の相談に対しては、通常は精神医療審査会に退院請求をして対処するが、入院時の要件充足に問題があり、入院直後でまだ入院届に対する審査がなされていない段階であれば、入院届に対する審査において代理人として争うことも考えられる（審査会が患者から意見聴取することも法律上可能であるため、代理人として積極的に意見を述べ、患者本人への意見聴取を求めることも考えられる。精神保健福祉法38条の3）。

イ　精神保健指定医と指定病院

医療保護入院や措置入院に関しては、精神保健指定医による診察を受け、その判定に基づくことになっている。これは、これらの強制入院が本人の意思に反して自由を制限するものであるというその重要性に鑑み、その判定を一定の臨床経験や研修等を受けた者に限定し、慎重に行わせる趣旨である。もっとも、その資格の取得の仕方について社会問題となるなど、問題は多い。

また、措置入院患者を受け入れられるのは国等の設置した公立病院と指定病院だけとされている。これは、公権力による強制入院であるから、受入先を公立病院とそれに準じて一定の水準・条件を満たした病院のみに限定したものである。

ウ　報告徴収、改善命令等

厚生労働大臣または知事は、必要があると認めるときは、病院管理者に対し、入院患者の症状または処遇に関し報告を求めたり、立ち入って検査等することもできる（精神保健福祉法38条の6）。また、処遇が法に違反しているなどと認めるときは、その処遇の改善のために必要な措置をとることを命ずるなどすることができる（精神保健福祉法38条の7）。

4　弁護人として関わっていた場合の動き

ここからは、すでに刑事事件の弁護人として関わっている人について、精神保健福祉法上の通報がなされ、措置入院へとつなげられてしまった場合に、弁護人としてどのような動きをすることになるか述べていく。措置入院だけでなく、医療保護入院のときにもほぼ同様の動きとなっていくので、参考にしていただきたい。

(1)　診察への立会い

知事は、通報があった場合などは、「調査の上必要があると認めるとき」は指定医に診察をさせなければならない（精神保健福祉法27条）。診察は15分から30分程度行われることが多い。

弁護士は、本人の委任を受けたうえで、診察に立ち会うことができる。そして、その場で、本人について措置入院の要件を満たしていないことを伝えていくべきだろう。しかし、実際には、立会いはできても発言をすることは制限されてしまうことが多い。それでも、診察の前後のタイミングで担当している自治体職員等に内容を伝えることで、事実上指定医の判断に影響を及ぼすことができる可能性がある。

(2)　本人との面会

措置入院となってしまった場合には、すぐに本人と連絡をとり、面会に行くことが必要だろう。入院先については、本人から連絡をもらったり、検事に確認をしてもらうなどの方法で把握することになるだろう。

なお、本人から弁護士への連絡については、前記**3**(4)イのとおり制限することができない。しかし、病院によっては、事実上弁護士への電話等を制限しようとすることも考えられる。本人がしっかりと連絡をとることができるよう、弁護士と連絡をする権利があることは、事前に十分に伝えておくべきだろう。

本人と面会する際に、病院関係者が立ち会おうとする場合もある。このような立会いがあると、本人が病院関係者に遠慮するなどして自由に話ができないことも考えられるため、立会人がない状態で面会するべきだろう。また、本人が保護室に隔離され、または身体拘束を受けている場合があるが、そのような状態下で相談することは適切とはいえないし、患者の尊厳を損なうこともあるので、できるだけ当該行動制限を解くよう求め、面会も面会室などで行うようにすべきである。

本人との面会の中では、刑事事件で聴取している内容に変更がないかという観点を含めて詳細に聴取をする。とくに、初めて何らかの診断を受けた人の場合には、その診断について自分としてはどう思うか、今後の治療等をどうしていきたいと考えるか、などの意向について確認することが重要となるだろう。

そのうえで、後記⑶の受任について確認をして、必要な書類の作成などを行う。

このような流れをスムーズに行うため、最初の面会には以下のような持ち物を持っていくとよい。

□日弁連委託援助申込書（資産がない場合）
□契約書（資産がある場合）
□委任状（審査請求、退院請求、処遇改善請求）
□同意書（診療録その他看護記録、入院届等行政提出文書等医療情報の開示について）

⑶　受任

面会において本人の意向を確認したうえで、退院請求や処遇改善請求について代理人としての委任を受けることとなる。

精神保健福祉法上の退院等請求手続等の代理人については、刑事訴訟法の国選弁護人等と異なり公費負担制度がない。そこで、あくまでも私選の代理人という建て付けとなる。

しかし、入院している人には資力のないことも多いため、日弁連は退院等請求手続の代理人活動を援助する制度を設けている。具体的には、日弁連が日本司法支援センター（法テラス）に委託して行っている事業で、「精神障害者に対する法律援助事業」と呼ばれている。退院・処遇改善請求手続の相談・代理人活動に使うことができ、精神障害等のために入院している依頼者が退院請求や処遇改善を求めて弁護士に相談する費用や、依頼者の代理人として活動する弁護士に、依頼者に代わって弁護士費用を日弁連が立て替える制度である。この委託援助事業には、法律相談と代理援助があり、受任に至らない時点の法律相談には法律相談援助の申込みを、退院請求等の代理人活動を行う場合にはその旨の申込みを行うこととなる。

申込みの窓口は、所属弁護士会の地域を管轄する法テラスになる。申込書等必要書式は日弁連会員専用ページからダウンロードできる。

なお、受任する場合には、本人に対して退院請求の流れや、精神医療審査会の審査結果が出されるまでの見込期間を説明する。精神医療審査会の審査結果が出されるまでの期間は概ね請求書を提出してから1〜2カ月程度である。

⑷　主治医との面談

受任することが決まったら、主治医との面談を行う。遠隔地の病院などに入院している場合には、本人の面会後に、そのまま主治医や精神科ソーシャルワーカーとの面談を行うことも考えられる。この場合には、事前に病院に連絡を入れ、調整をしておくことが必要だろう。

主治医との面談においては、本人から聴取した事情を確認するとともに、以下のような事情について確認する。

□診断の内容
□治療の状況
□退院の見込み
〈退院請求の場合〉
□強制入院の各要件の存否
□主治医が考える問題点
例）・病識病感の欠如およびそれに基づく怠薬のおそれ
・現実検討能力（現状に即して退院後の生活についての現実的に可能かつ相当な検討をする能力）の欠如
・家族の反対、退院後の生活環境の未整備といった患者の社会環境に関連するもの
→この点のみを理由として本人の意に反する入院（いわゆる「社会的入院」）を継続するのは問題である
〈処遇改善の場合〉
□行動制限の内容
□行動制限に至った理由・原因

また、事情を聴取する一方で、こちらの意見を伝えることも重要だろう。

精神医療審査会の審査においては、主治医の治療方針が重視される傾向にあるので、主治医には本人の要望を伝え、これを考慮してもらうよう努めなければならない。面談の際の主治医との意見交換により、精神医療審査会への請求を経ることなく、本人の要望が実現することもある。そのような結果こそが最良といえるため、それを念頭に主治医との面談に臨むべきである。

なお、主治医が精神保健指定医でない場合は、最終的には指定医である上司の判断を仰がなければならないので、退院についての実質的な判断権が誰にあるのかについては、留意する必要がある。

⑸ 精神科ソーシャルワーカーとの面談

精神科ソーシャルワーカーは、精神障害者の社会復帰のために助言・指導・訓練等の援助を行う。とくに患者の入院形態が医療保護入院の場合は、精神保健福祉士その他の一定の要件を備えた医療従事者が退院後生活環境相談員に選任されている。病院によっては「相談員」「ワーカー」などと呼ばれ、精神保健福祉士等の資格を有していない者もいる。

精神科ソーシャルワーカーは、退院支援の中心的役割を果たし、必要に応じて院外の機関との調整を行っている。そのため、精神科ソーシャルワーカーが、本人と家族との関係、退院に向けた取組み状況、退院阻害要因等患者の社会環境を具体的に把握していることとなる。面談においては、そのことを念頭に、事情を聴くことになるだろう。

精神科ソーシャルワーカーに対する事情聴取で把握できた退院阻害要因の中には、病院側の人員体制上の問題で手つかずになっているものや、主治医の方針によって調整が困難になっているものなどが存在する。このような場合には、弁護士が調整することが可能で、かつ適当なことも多いだろう。

⑹ 家族等関係者との面談

家族等関係者とは、刑事手続の段階ですでに連絡をとっている場合が多いと考えられるが、入院になった後にもあらためて連絡をとり、状況を確認すべきである。

家族の中には、刑事手続からは早期に抜け出すことを希望していても、入院となった途端、「本人にはできる限り長く入院してほしい」などと述べる人もいる。このような発言の背景には、今までの生活歴の中で、長年本人の病状に対応してきており、疲弊してしまっていることなどの事情があることが多い。このような場合、第三者である弁護士が無理に説得を重ねても、奏功しないどころか、かえって本人と家族との関係を損ねることにもなりかねない。家族等の気持ちを否定するのではなく、なぜそのように考えるのか、丁寧な聴き取りをして、今後どうしていくべきか一緒に考えていく、という姿勢が重要だろう。

C O L U M N

入院中の人のための支援制度

精神保健福祉法上の措置入院や医療保護入院など、強制入院中の人等を対象にした支援が全国の弁護士会に広がりつつある。そのひとつが、福岡県弁護士会等が取り組んでいる「精神保健当番弁護士」の活動である。

精神保健当番弁護士活動は、精神科病院に入院している人を対象に、精神保健福祉法に基づく退院や処遇改善等の請求の代理人として援助活動をすることを主たる目的としている。具体的には、入院中の人に対する出張法律相談、精神医療審査会に対する退院、処遇改善請求等の手続の代理等の活動を行っている。このような精神保健当番弁護士の活動は、近年全国に広まりつつあり、2015年の時点で、13の弁護士会に設置されている。

また、弁護士の側から、定期または不定期に、精神科病院に赴き、一般の民事事件や家事事件、医療観察法上の相談などの法律相談を行う取組みも増えつつある。2015年時点で、9の弁護士会が定期的に、4の弁護士会が不定期に、精神科病院での法律相談を行っている。

⑺　環境調整

退院請求にあたっては、環境調整が重要となってくる。

まずは、本人と十分に協議して、帰住候補先を検討する。本人が家族との同居を希望する場合には、受入れの可否および時期等について家族と協議する。家族が拒否的で受入れが困難な場合は、再度本人と協議をして、別居も視野に入れて検討していくこととなる。

別居を検討する場合や帰住先の候補となる家族がいない場合には、帰住先についてはグループホーム等を利用したり、自分でアパートを借りたうえで訪問看護やヘルパー等を利用することが考えられる。

その他、障害年金、生活保護等の公的給付の受給手続等が必要な場合は、精神科ソーシャルワーカーと協議をして、入院中からそのような手続をとる場合もある。精神科ソーシャルワーカーが非協力的な場合には、たとえば刑事事件の段階で更生支援計画を立ててくれたソーシャルワーカー等と連携しながら環境を調整していくということもあるだろう。

弁護士からは本人の病状が軽くないようにみえても、適切な医療福祉サービス等の支援を受け、前記のような環境調整をすることによって退院に結びつく場合がある。弁護士は、本人の希望を実現するよう邁進していかなければならない。

なお、環境調整は、その内容によっては長期間を要することもある。そのため、たとえば先に退院請求をしつつ、並行して環境調整を行っていくことなども考えられるだろう。迅速な審査を受けることのできる利益との関係で本人とも十分に協議したうえで、見通しを立てるべきである。

⑻　退院請求等

前記のような活動を受けて、実際に退院請求等を行う。

ア　請求の手続

退院請求等は、知事等に対して行う。たとえば、東京都においては、東京都知事宛ての請求書を、東京都立中部総合精神保健福祉センターの精神医療審査担当に提出することになる。

請求は、本人が口頭（電話を含む）で請求することも認められるが、代理人として活動している事案では、原則として代理人が書面で行うべきだろう。

請求書には、①患者の住所・氏名・生年月日、②請求者が患者本人でない場合にあっては、その者の住所・氏名および患者との続柄、③患者が入院している精神科病院の名称、④請求の趣旨および理由、⑤請求年月日を記載する（精神保健福祉法施行規則22条）。

④の請求の趣旨には、審査会として判断ができる4類型（入院継続、条件付き入院継続、退院および処遇改善）のいずれかを記載し、それ以外の判断を求めることはできない。

④の請求の理由としては、精神医療の必要性の有無、保護の必要性の有無、通院治療での代替可能性、退院後の生活の見通し（環境調整の状況）などを記載する。

退院請求については、一部の審査会事務局では、所定の書式を用いないと請求として受け付けないという取扱いをしているところもある。本来は請求にあたって必要な事項が記載されていればそれで受け付けられるべきであるが、念のため、事前にこのような書式がないかは確認をすべきだろう。そのうえで、請求書の中に理由についても詳細に書く方法もあるし、請求書の「請求の理由」として「別紙意見書のとおり」と記載して、別途意見書を作成する方法もある（**書式35、36**）。

なお、当然のことであるが、代理人が請求する場合には、委任状を添付する。

イ　請求書の内容

請求書等を記載するに際しては、根拠となる強制入院の要件該当性を中心に検討する。具体的には、①入院者に精神疾患（精神障害）があるか、②入院形態に応じた入院要件は満たされているか、という点が挙げられるだろう。代理人としては、本人の病状に関する事情および本人を取り巻く社会・生活環境に関する事情をできるだけ詳細かつ具体的に記載することにより、精神医療審査会の委員を説得できるよう努める。この際、診療録等の開示を受け、客観的な状況について把握すれば説得的になる（診療録等の開示方法については、刑事事件の際と同様である）。

前記ポイントのうち、①については、精神保健福祉法による強制入院が認められる大前提であり、もしもこの点にわずかでも疑問があるのならば、本人の精神疾患の内容や診断根拠について、入念な確認をしなければならない。そのうえで、たとえば、「妄想」かどうかに慎重な判断を要するケースでは、妄想と認定した根拠に対する反対事実を提示するなどすることが考えられるだろう。

また、②については、各入院形態に応じ、当該入院形態の根拠となっている具体的要件を明らかにし、当該患者について本当に各入院形態の法的な要件を満たしているといえるかを検討しなければならない。あわせて、仮に本人に精神疾患があるとしても、これについて治療を受ける意思がある場合には、通院や任意入院で足りるとして、退院や任意入院への形態変更が認められることもある。

前記の環境調整ができていれば、通院治療の前提状況が整っていることになるので、その見通しについて記載する。本人の社会復帰に際して必要な事項のうち代理人がしようとしていること（たとえば、債務整理、公的給付の受給手続の援助等）を記載することも有用である。また、刑事手続中に更生支援計画を立てていた場合には、本人およびソーシャルワーカーとともにその内容を再検討し改訂したものを、請求書の添付資料として提出することも考えられる。

なお、後記(9)のとおり、現地意見聴取の際に代理人は出頭して意見を述べることができるため、請求書等の提出の際には日程調整要望を記載しておくとよい（ただし、自治体によっては積極的に代理人との日程調整をしない場合がある）。

(9) 意見聴取への立会い

現地意見聴取が開催される場合には事前に日時が指定される。現地意見聴取には精神医療審査会から医療委員1名および非医療委員1名が派遣されることが多い。これら委員が、本人、主治医（病院管理者）、家族等から事情および意見を聴取する。

代理人としては、できる限り本人に対する聴取の際に立ち会うようにする。本人は、その障害特性や緊張等のために、うまく意見や事情を述べることができないこともある。また、精神医療審査会の委員が請求を認容するための積極的事情に関する質問をしないこともある。そのような場合に、補充して本人に質問し、あるいは意見を述べなければならない。

意見聴取への立会い後には、あらためて主張すべき事項または補充すべき事項について検討し、必要があれば補充意見書を提出するとよい。

また、精神医療審査会は、病院管理者、入院に同意した家族に対しても書面による意見聴取をするため、これに対する意見書をできる限り閲覧するようにし、それらの内容によってはさらに補充意見書の提出を検討する。

C O L U M N

判決後に本人の気が変わったら

判決後になって、本人が「やっぱり更生支援計画どおりの支援は受けたくない」と言い出したときは、どうすればよいだろうか。

本人と話ができる状況であるのであれば、まずはなぜ支援を受けたくないのかについてゆっくり話を聴いてみるべきである。理由を聴く中で、支援についての本人の誤解があることがわかったり、支援に対する不安を抱えていることがわかったりすることもある。その際には、再度支援の内容を丁寧に説明することが必要となる。

それでもやはり更生支援計画の支援は嫌だ、ということになれば、再度支援の内容を検討することになるだろう。本人と話をしながら、どんな生活をしたいのか、あらためて一緒に考えていく。

重要なのは、弁護人自身が更生支援計画の内容に固執して、それを本人に無理に押しつけることは避けるべきということである。更生支援計画は、そのときにその場にいる本人のためのものであり、絶対的なものではない。そのときの状況に応じて、変化していくものである。柔軟に、しかし必要な支援は途切れないようにすることを考えて、本人と接していくことが必要となる。

⑽　精神医療審査会における意見陳述

審査会には出頭して意見を述べることができるので、その要否を検討する。

審査会の開催日は事前に決まっているので、出席の有無にかかわらず、できるだけ早期に（遅くとも意見聴取日までに）、審査会事務局に日程を確認しておくとよい。

審査会では、今までの活動および意見聴取で明らかになった事情を踏まえて本人の希望に沿った意見を述べる。審査委員の疑問にその場で答えるためにも、できる限り出席したほうがいいだろう。また、自治体によっては審査会の運用が医療委員の医療的意見のみによって決せられている場合もあるので、法的観点（法律要件）を踏まえた検討が十分にできていないと思われる場合には、その点を意識して意見を述べる。

⑾　審査の結果通知

審査会の開催日から数日内で関係者に審査の結果通知が送付される。

退院請求に対する審査会の結果としては、「現形態での入院継続が適当」「他の入院形態へ移行することが適当」および「退院（入院継続が不適当）」があり、他の入院形態への移行に関しては、一定の期間を付すことができるとされている（例：3カ月を目処に任意入院に変更するのが相当）。この際、病院宛ての通知と本人宛ての通知について、それぞれ個別に参考意見が付されることもある[33]。

処遇改善請求に対する審査の結果としては、本人が審査を請求する処遇についての適否が判断される。

審査結果を受けた場合には、本人に会いに行ってその内容を説明するようにする。

本人の要望が認められず、「現形態入院継続適当」という結果になった場合の不服申立てに関する手続等については法定されておらず、実務上も認められないとされている（この不服申立てを認めるべき根拠として、行政不服審査法に基づく審査請求、義務付訴訟等の方法が提唱されているが、実際にこのような方法を用いた不服申立てが行われた事例は見当たらない）。そうなると、審査結果に不服がある場合には再度審査請求を申し立てるしかない。しかし、審査会は一定期間内の同様の審査請求に対しては書面審査のみで前の審査結果と同様の結論を出すことが通例であり、状況が変わらないままに審査請求することについては消極に考えざるをえない場合が多いであろう。

患者の退院要望が認められる場合のうち、一定の期限を付して入院形態を変更するという結果の場合は、審査会が付した期間内に病院が退院調整をすることになる。

5　その他の手続

措置入院決定に対して、行政不服審査法に基づく審査請求や、行政事件訴訟法に基づく取消訴訟を提起することも考えられる。もっとも、これらの手続については、判断までに時間を要することから、精神保健福祉法に基づく退院請求と同時並行で行うこととなろう。

6　刑事手続後

本節では、刑事手続の後、弁護人がどのように関わっていくことができるのかについて述べる。

弁護人の選任の効力は、実務上、上訴期間満了・上訴申立てにより消滅すると考えられている。しかし、本人の生活はそこで終わるわけではない。むしろ、裁判の終了後から被告人の生活はスタートしていく。

そこで、弁護人としても、その職務の範囲ではないとしても、刑事手続の後に一定の関わりをもつことはできるし、そうすべき場面も多い。

さらに、刑事事件に関わる当事者の中には、経済的な基盤を有しない、多額の債務を抱えている、親族や反社会的勢力から金銭搾取を受けている等の法的トラブルを抱え、それが事件に密接に関わっている場合もある。こうしたケースでは、弁護士の本

33　「精神保健及び精神障害者福祉に関する法律第12条に規定する精神医療審査会について　別添　精神医療審査会運営マニュアル」（平成12年3月28日障第209号厚生省大臣官房障害保健福祉部長通知）参照。

来的な職務として援助できることは多く存在する。

1　罰金・執行猶予判決の場合

罰金・執行猶予判決等で判決日に釈放される場合には、即日、支援が開始されることになる。

基本的には、このような判決が出る場合には、すでに釈放されることを前提とした更生支援計画を立てているものと考えられる。そのため、その更生支援計画に従って、生活保護の申請同行などの弁護人の役割を果たしていくことになる。逆にいえば、このような判決後の動きについて、事前にしっかりと更生支援計画の中で決めておくことが重要だろう。

また、釈放日には、弁護人だけではなく、ソーシャルワーカーに同行支援をお願いすることも多いだろう。この場合には、ソーシャルワーカーとの間で、事前に判決言渡し期日の予定を調整しておく必要がある。

さらに、必要となる支援によっては、釈放の時間帯が重要になることもある。たとえば、生活保護の申請をして、そのまま簡易宿泊所に行くことを想定している場合などは、なるべく早い時間に行政の窓口に着かなければならない。一方で、地域によっては、執行猶予判決を受けた後、一度拘置所に荷物を取りに戻らなければならない場合などもあり、午前中に判決が言い渡されなければスムーズに移動ができないことがある。そのため、釈放後の動きを見込んで、必要な場合には、当初から判決期日の時間を午前中にしてもらうなどの工夫をする必要があるだろう。

あわせて、執行猶予判決のうち、保護観察に付されたり、更生緊急保護を利用したりする場合などは、保護観察所との連携も必要となってくる。判決後、近い時期に保護観察所に出頭するよう求められることが多いので、その際にはできる限り同行をしたうえで、更生支援計画書を保護観察官とも共有し、今後の支援体制について話をしていくことも必要だろう。

2　実刑の場合

実刑となって確定した場合には、実刑中にどのような支援をしていくかが問題となる。

当初から実刑を想定していた場合には、更生支援計画の中で、実刑中の本人との関わりについても決めている場合が多いだろう。本人との面会を継続したり、手紙等のやりとりをしたりなど、関わりの方法は多様に考えられる。

一方で、執行猶予判決を前提とした更生支援計画を立てていたにもかかわらず実刑判決となってしまった場合には、更生支援計画を立て直すことが

C O L U M N

寄り添い弁護士制度

刑事弁護人としての活動は、原則として判決言渡しをもって終了する。しかし、依頼者が実刑判決を受けた後でも、その人の社会復帰のためにできること、やれることがあるのではないか。これまで、そのような思いに基づき、弁護人の職責とは関係なしに、依頼者の社会復帰を支援する活動を続けてきた弁護士はいる。しかし、それは、完全なボランティア活動であったため、広がりに欠けるのが実情であった。

そこで、そのような活動に対して、弁護士会として一定の費用を負担しようというのが、「寄り添い弁護士制度」である。現在、兵庫県弁護士会、愛知県弁護士会で実施されている。

愛知県弁護士会における制度は、障害者であることや高齢者であることを要件とせず、身体拘束されていた人、現に刑事施設、少年施設に収容されている人を広く対象とし、支援の内容も問わず広く利用できる点に特色があるといえよう。相談の内容としては、社会復帰後の居住、就労、生活保護、医療、福祉、依存症治療、家族関係等の調整等が想定されている。

寄り添い弁護士制度は、弁護士の活動に対して、弁護士会が正当な報酬を支払う性質のものではなく、その社会的意義に鑑み、一部を負担するというもので、相談については1件X万円、支援活動は時間に基づいて1時間あたりX万円、などと定められている。

予算措置、地方自治体の事業との棲み分け等、検討すべき点もあるが、刑事裁判、矯正施設、社会復帰の隙間を埋める取組みとして、制度の深化や他の地域での展開にも注目していきたい。

必要となる。実刑中に何ができるのか、その後の支援につなげるにはどうしたらよいか、ソーシャルワーカーとともに再度検討することが求められる。

実刑中の支援は、費用の問題（とくに遠方の刑務所に収容されてしまった場合には面会の際の交通費だけでも多額となってしまう）、期間の問題（長期の実刑となった場合には弁護人や支援者の年齢との兼ね合いでも問題が出てくる）など、多くの問題がある。そのような問題も含め、どのような支援ができるのか、本人を含めて話をしておくべきである。

また、現状、本人の収容される刑務所がどこになるかは、本人からの手紙でしか知ることができない。このことを本人に事前に伝え、移送後に手紙を送ってもらうように話をしておくことも重要である。

ソーシャルワーカーや弁護人が関わり続けるということだけではなく、作成した更生支援計画の内容を、刑務所や保護観察所、その他出口支援に携わる機関等と共有していくことも必要である。この点、従前は、弁護人が本人の収容先の刑務所や担当の保護観察所にそれぞれ更生支援計画書を送付する、という活動が行われていた（更生支援計画書を送付することで、ソーシャルワーカーと本人との関係が明らかとなり、面会等の実現がスムーズに行われるようになるという側面もあった）。そうしたところ、2018年4月から、東京地裁（立川支部を含む）において判決が出された事案については、東京拘置所ないし立川拘置所宛てに更生支援計画書を送付することにより、その後の処遇等にもその内容が引き継がれるという運用が開始された。同様に、保護観察所においても、更生支援計画書の引継ぎについて試行が開始されている（2019年度からは、大阪にも対象が拡大された）。今後は、このような運用が全国に広がり、よりスムーズに更生支援計画書を引き継ぐことができるようになることが期待される。

さらに、兵庫県弁護士会では、2016年度から「寄り添い弁護士制度（収容中並びに出口支援パイロット事業）」を開始している[34]。この制度は、弁護士が刑事事件の不起訴処分・判決後に被疑者・被告人であった人に対して刑事施設収容中の支援や社会復帰支援等の活動を行う場合に、弁護士会が所属弁護士に対して、支援対象者1人当たり15万円を限度として実費・手数料を積算して支弁する制度である。このような制度が各地で広がることで、より実刑中の支援を手厚く行っていくことができるようになるだろう。

なお、出所後へつなげる作業だけではなく、受刑中の処遇に対して、合理的配慮を求める申入れをすることなども積極的に行っていくべきだろう。

3　弁護士としての関わり方

弁護士としての関わりは、①支援者の一人として事実上関わっていくことのほかに、②何らかの事件（生活保護の同行申請、債務整理、本人へ搾取していた対象との交渉など）を受任し、その代理人として関わっていく方法、③後見制度を利用し、後見人等として本人と関わっていく方法などが考えられるだろう（これらの援助においては、民事法律扶助〔法テラス〕や、日弁連の委託援助等を利用することで、援助の資力を確保できる場合が多い。なお、対価受領の際の注意点について、**第2章❾1⑷**参照）。

ただし、後見制度については、権利制限があることや、費用負担の問題があることに注意が必要である。刑事事件になってしまう人の多くは、それまで自分で社会生活を送ることができていたのであり、後見制度を利用することが本当に必要な状態にあるのかについては慎重に判断すべきである。

また、仮に後見等の申立てをするとしても、保佐や補助類型での申立てができないか、積極的に検討し、可能な限り本人の権利を制限しない方法を検討すべきである。

34　日弁連刑事拘禁制度改革実現本部「刑事拘禁制度改革実現本部ニュース」41号（2017年）。

特別寄稿　ソーシャルワーカーの立場から❶

ソーシャルワーカーとの連携において弁護士に必要な知識

武蔵野大学人間科学部　木下大生

1　はじめに

日頃弁護活動に携わられている弁護士の皆さんの間で、「ソーシャルワーカー」という職業を耳にする機会が増えているのではないだろうか。その理由のひとつとして、法務省や厚生労働省（以下、「厚労省」）において、連携が進められてきていることがあげられる。たとえば法務省は、刑事施設に社会福祉士や精神保健福祉士（以下、合わせて「ソーシャルワーカー」という）を配置したり、福祉専門官という職種を新たに設置している。また、地方検察庁にもソーシャルワーカーの配置を進めており、厚労省は2009年に各都道府県に地域生活定着支援センターを創設した。さらに、刑事施設入所の前段階の「入口支援」、出所の際の「出口支援」といった用語も弁護士、ソーシャルワーカー両業界で定着しつつあることからも、すでに連携して弁護活動等を展開されている人も少なくないだろう。

しかし、筆者の肌感覚に過ぎないが、ソーシャルワーカーについては、「福祉の仕事をする人」という漠然としたイメージはあるものの、具体的にどのような職業であるか、どのように要支援者を捉えているのか、そもそもソーシャルワーカーが展開する「ソーシャルワーク」とは何かということは、あまり知られていないのではないかと考えている。なぜならば、ソーシャルワーカーをめざしている学生やソーシャルワーカー自身が「他者にソーシャルワークが何か、ソーシャルワーカーが何者かを端的に説明することが難しい」と話している声を頻繁に耳にするからである。ソーシャルワーカー自身がそうなのであれば、その内容や像は世の中にうまく伝わっていないのではなかろうか。

そこで本稿では、ソーシャルワーク、ソーシャルワーカーの理解を促進することを目的として、その起源、専門職としての支援の価値観と専門性、相談者に向けるまなざしと態度およびソーシャルワークの展開プロセスについて解説する。これにより、ソーシャルワーカー、ソーシャルワークの理解が促進し、今後弁護士とソーシャルワーカーの協働がより深まることが期待される。

2　ソーシャルワークとは――その価値、専門性および態度

(1)　ソーシャルワークの起源

まず、どのような必要性からソーシャルワークが発祥したかについて簡単に触れたい。ソーシャルワークは1800年代後半のイギリスにおいて発祥し、すぐにアメリカでも展開されるようになった。その起源をたどってみると、大別して2つの取組みがある。

1つがイギリス、アメリカにおいて、慈善組織協会というボランティア団体が、貧困状態にある人に対して生活状況改善の助言や手助けをした「友愛訪問」と呼ばれる活動である。もう1つがセツルメント運動といい、やはり貧困状態にある人々の生活状況の改善・向上を目的として、大学教員などが貧困地域に住み込み、その地域の人々と一緒に生活をしながら、貧困脱却のための知識などを伝達し、また本人たちを力づけることで自立をめざした活動である。

前者においては、活動に携わっている相談員の技量の不均衡が問題視され、貧困状態にある人の支援の基盤となる価値観、知識・技術を伝達可能にし、効率化・効果の増大化を図るため、アメリカにおいてその方法の体系化が試みられた。これがソーシャルワークの起源である。つまりは、個人が貧困状態を脱却するための支援の汎化をめざしたことが現在のソーシャルワークの源流になっており、「友愛訪問」は支援方法論の汎化という意味において重要であっ

たといえる。一方のセツルメント運動は、本人たちを力づけ、勇気づけ（エンパワメントと呼ばれる）、「貧困状態に陥るのは個人の責任ではない」という解釈を啓発的に社会に発信していったことが意味深い。

これらの活動から、貧困状態に陥った個人が身を置く環境に働きかけることの視点が生まれた。そして個人と環境に意識的に働きかける、というソーシャルワークの原型が、ソーシャルワークの母と呼ばれる、アメリカのメアリー・リッチモンドによって体系化された。

彼女はソーシャルワークを、「ソーシャル・ケース・ワークは人間と社会環境との間を個別に、意識的に調整することを通してパーソナリティを発達させる諸過程からなり立っている」（M・リッチモンド：1922）[1]と定義し、知識・技術の伝達のための研修制度を構築した。この内容が職能団体や大学の研修課程に取り入れられるようになり普及していった。そして普及するにつれ、対象が貧困状態にある人から、高齢や障害、児童やマイノリティなど、生活に何かしら課題が生じやすい人や実際に生じている人全般へと支援の対象が広がっていった。

⑵　ソーシャルワークの価値と範囲

現在では多くの国々にソーシャルワーカーが存在し、ソーシャルワーカーの国際職能団体である国際ソーシャルワーカー連盟（International Federation of Social Workers: IFSW）が発足するに至っている。IFSWでは「ソーシャルワーク専門職のグローバル定義」（以下、グローバル定義）を定めている。このグローバル定義からソーシャルワーカーの価値と専門性を知ることができるので紹介したい。

ソーシャルワーク専門職のグローバル定義[2]

ソーシャルワークは、社会変革と社会開発、社会的結束、および人々のエンパワメントと解放を促進する、実践に基づいた専門職であり学問である。社会正義、人権、集団的責任、および多様性尊重の諸原理は、ソーシャルワークの中核をなす。ソーシャルワークの理論、社会科学、人文学、および地域・民族固有の知を基盤として、ソーシャルワークは、生活課題に取り組みウェルビーイング[3]を高めるよう、人々やさまざまな構造に働きかける（IFSW：2014）。

紙幅の都合上、定義の詳説は別に譲るが、グローバル定義では、ソーシャルワークにおける4つの価値、すなわち「社会正義」「人権」「集団的責任」「多様性の尊重」が価値基盤に据えられていることが確認できる。この4つの価値について筆者の解釈を敷衍すると、「社会正義」は公正・平等な社会の構築をめざすこと、「人権」は基本的人権の擁護・回復を図ること、「集団的責任」は極端化した個人主義と経済の増幅を第一義的目的に据えた経済活動およびそれに付随する環境破壊を是正していくこと、「多様性の尊重」は西洋の文化や価値が是とされ非西洋圏の文化や価値が抑圧されている世界的な潮流や少数民族や障害がある人などのマイノリティに対する差別・偏見が一向に改善されない状況に対するアンチテーゼを唱えること、である。

この4つの価値から、ソーシャルワーカーが対象とする生活課題の範囲が規定されてくる。まず、ソーシャルワーカーは人々の生活課題の緩和・解決を行う仕事であるが、生活課題は非常に広範であり、個々人において大なり小なり違いがある。また、同じ人でもその人自身のライフステージによっても異なってくる。人が生活する中においてさまざまな課題が生じるが、ソーシャルワーカーが拠り所とする4つの価値は、「人権」が基盤となっていると解釈できる。とすると、必然的に相談範囲の、基本的人権が脅かされ

1　メアリー・E・リッチモンド著／小松源助訳『ソーシャル・ケース・ワークとは何か』（中央法規、1991年）57頁。

2　ソーシャルワーク専門職のグローバル定義は、IFSWによって幾度か改訂されてきている。今回示したのは2014年に示されたもので最新のものであるが、それ以前は1982年、2000年に改訂されている。なお、現在の定義の詳説については、社会福祉専門職団体協議会と日本社会福祉教育学校連盟が公表している本定義の注釈を参照されたい（https://www.ifsw.org/wp-content/uploads/ifsw-cdn/assets/ifsw_64633-3.pdf）（最終閲覧日2019.6.26）。

3　グローバル定義中にある「ウェルビーイング」は、一般的には「よい（満足すべき）健康状態、安寧」と訳され、社会福祉の領域においては「個人の尊厳・自己実現」という意味で用いられる。社会福祉辞典編集委員会編『社会福祉辞典』（大月書店、2002年）33頁「ウェルビーイング」から引用。

る／されている状況にあるときにその獲得、回復の支援をしていくことが基本原則となる。以上を踏まえたうえで、次の節からソーシャルワーカーの専門性について説明する。

⑶ ソーシャルワーカーの専門性

どの専門職にも他の職業にはない職業価値や倫理、知識や技術、すなわち“専門性”がある。ソーシャルワーカーは人を対象にした専門職であることから対人援助職に位置づけられるが、他の対人援助職と支援対象者の捉え方が違うところにその専門性があるといえる。1つが生態学（エコロジカル）モデル、もう1つがミクロ・メゾ・マクロ視点である。以下にそれぞれについて解説したい。

ア 生態学（エコロジカル）モデル

代表的な対人援助職といえる、医師や看護師、理学・作業療法士、心理士などの医療・心理職は、まず心身の状況に異変（ここでは、疾患や障害を想定している）がある人に対して、その異変の治癒や元の状態にできるだけ近づけることを目標に対象者と関わる。この心身の状況の異変を軸に本人を捉えるため、その異変から派生して生じた生活課題を、治癒や元の状態にできるだけ近づけることをめざし、本人の心身に働きかけることでその緩和・解決を試みる。つまり本人自身の現状を変えることを試みる。これを医学モデル[4]という。

一方、ソーシャルワーカーは、人の生活課題の緩和・解決のために、人とその人を取り巻く環境の両者に目を向ける。そして、その課題の要因を見立て、緩和・解決のために人と環境を調整していく。言い換えると、ある人に生じている課題は、その人自身とその人を取り巻く環境との相互作用によって生じるものであると捉える。これを生態学（エコロジカル）モデルと呼び、これがソーシャルワーカーの特徴的視点、つまり専門性であるといえる。

このように、本人と本人を取り巻く環境の双方から本人に生じている課題の根源を見出そうとするため、必然的に働きかけるのは本人と環境ということになる。

イ ミクロ・メゾ・マクロ視点とそれぞれのレベルへの働きかけ

本人に働きかけるイメージはつきやすいかもしれないが、環境に働きかける、とはどういうことであろうか。エコロジカルモデルにみたように、ソーシャルワーカーが働きかけるのは本人のみではなく、必要に応じて、本人を取り巻く環境や本人が居住する地域、また制度・政策の構築に取り組んだり、啓蒙・啓発活動などを行うことで人々の意識や社会の価値観の変革をめざすこともある。ソーシャルワーク領域ではこれらを、ミクロ・メゾ・マクロの各レベルに整理している。すなわち、働きかけるのが、本人や家族の場合はミクロレベル、本人が居住する地域の場合はメゾレベル、制度・政策や社会全体の場合はマクロレベル、としている。

本人の生活課題を本人と環境の相互作用、と捉えるエコロジカルモデルからアプローチすると、本人のみに働きかけるのでは課題の根本解決に至らない、という考えに行きつく。このような視点と実践、またグローバル定義にあった「社会変革」の志向が“ソーシャル”ワーカーという名称の由縁であり、他の対人援助職にはみないソーシャルワーカーの専門性といえよう。

⑷ 支援対象者へのまなざし──ストレングス視点およびエンパワメント

相談者に対するソーシャルワーカーの特徴的な視点として紹介しておきたいのが、ストレングス視点とエンパワメントである。端的に説明すると、ストレングス視点は、相談者の強み（以下、「ストレングス」）に着目しようとする視点で、エンパワメントは本人のストレングスを共有し、それを課題の緩和・解決に活かせるように本人を力づけることである。

生活に課題がある人、というと、我々はとかくその人やその人を取り囲むネガティブな情報に目がいきがちである。もちろん課題の緩和・解決のためには、課題そのものやそれを引き起こしている原因となっている情報が必要となるが、同時に状況に変化をもたらすポジティヴな情報、すなわち本人や本人を取り

---

4 なお、個人に生じる生活課題の原因を社会の状態やあり方に見出そうとするのが社会モデルである。このモデルは医学モデルと対極に説明されることが多い。ソーシャルワークは、社会モデルに軸足を置いた、医学モデルとの折衷モデルであると筆者は解釈している。

巻く環境のストレングスについての情報も必要になる。また、ソーシャルワーカーの支援や助言によって一時的に課題が緩和・解決したとしても、本人が自身で課題を解決していく力が引き出されない限りは、自身の問題解決能力が高まらない。そのような考えから、ソーシャルワーカーは本人のストレングスに着目する。以下の事例からストレングスに着目するということが具体的にどういうことかを確認したい。

【事例】
　負債を抱えたAさんが相談に来た。相談の内容は、仕事上でとくに大きなストレスにさらされた際に、意思に反した浪費をやめることができない。そのために負債が100万円に達してしまった。この状況がまたストレスを生み、浪費を重ねてしまうので、負債を軽減する方法や浪費をしないように自己統制する方法を身につけ、平穏な生活に戻りたい。

　この事例からAさんのストレングスは何であるかを考えてみたい。先にも触れたように、負債がある、浪費癖がある、といったネガティヴな情報に気が向きがちであったのではないだろうか。ソーシャルワーカーは、Aさんのストレングスを少なくとも以下の6点に見出すであろう。

① 自身の状況が“よくない”状況であるということを認識している。
② “よくない”状況を改善したいと考えている。
③ そのために自身を積極的に変えようとしている。
④ 状況の改善を他者に相談しようという考えに至っている。
⑤ 課題の緩和・解決の助けとなる専門家を適切に選択することができる。
⑥ 専門家に相談に行くことができる。

　本人のストレングスを見出すことができたとしたら、今生じている課題の緩和・解決に大いに役に立つであろう。また今後、本人に生活上違う課題が生じたとしても、本人が自身のストレングスを覚知していれば、自身でそれを活用していくことにつながる。

　この循環は、本人が自身のストレングスを覚知していることが前提となるため、まずそのストレングスを本人に伝え、気づいてもらうことが必要となる。その気づきやそのストレングスの活かし方を知ることにより、はじめて本人が自身のストレングスを課題の緩和・解決や課題が生じる予防へと活かすことができる。そして本人のストレングスを見出し、引き出し、本人がそれを利用できるように促し励ましていく。この一連の働きかけをエンパワメント[5]と呼ぶ。

⑸ 支援対象者への態度――バイステックの7原則

　以上のような専門性とまなざしをもって、ソーシャルワーカーは生活課題のある人の課題の緩和・解決に取り組むが、ではソーシャルワーカーの援助はどのように展開されるのであろうか。以下では、クライエントと向き合う態度とソーシャルワーカーの支援の展開プロセスについて紹介する。

　ソーシャルワーカーが相談に応じる場合は、相談者との個別面談によって支援が開始されることが多い。この際、相談者が安心して自身の情報提供ができるよう工夫が必要であるが、ソーシャルワーカー養成教育において、伝統的に継承されている7つの原則（バイステックの7原則）がある。多くのソーシャルワーカーが面接の際の態度の下敷きにしているこの原則を知っておくことで、相談者と対峙している際のソーシャルワーカーの態度やその意図の根拠が透けて見えてくるのではないかと考える。

　この7原則とは、「個別化」「受容」「非審判的態度」「統制された情緒的関与」「自己決定」「意図的な感情表出」「秘密保持」である。それぞれの内容については、次頁の表を参照いただきたい。要約的にこの7原則に通底する価値を説明しておくと、相談者の尊厳を守るための面接態度であるといえる。すなわち、一人ひとり違う個人であることを念頭に置き、

5　エンパワメント（エンパワーメントともいう）とは、戦後のアメリカを中心に展開した公民権運動やフェミニズム運動などを契機として、社会福祉、発展途上国開発、医療・看護、教育、ビジネスなど多くの領域に拡大している概念である。ソーシャルワークの領域においては、1976年、ソロモン（Solomon, B.）が『黒人へのエンパワーメント―抑圧された地域社会におけるソーシャルワーク』において、抑圧されて無力化した人々が、その状況から脱却可能であることを認識し、問題解決の主体者となれるよう支援するアプローチの必要性を主張し、エンパワメントの概念を援用した。社会福祉辞典編集委員会編『社会福祉辞典』（大月書店、2002年）43～44頁「エンパワーメント」から要約して引用。

表　バイステックの７原則

原則名	内容
個別化	クライエント各自の固有性を認め、理解し、よりよい適応へ向かって各自を援助すること
意図的な感情表出	クライエントがその感情を自由に、とくに否定的感情を表出する必要のあることを認識すること
統制された情緒的関与	クライエントの感情に対するソーシャルワーカーの感受性と感情の意味することについての理解およびクライエントの感情に対する意図的な、適切な反応
受容	ソーシャルワーカーが、クライエントの生まれながら所有する人間としての尊厳と個人的真価の観念を終始尊重しつつ、彼の長所と短所、好感のもてる態度と好感のもてない態度、肯定的感情と否定的感情、建設的な態度と行動および破壊的な態度と行動を含んだ、現にあるがままのクライエントを把握し処遇するソーシャルワーカーの行動上の一原則
非審判的態度	ソーシャルワーク機能が問題やニード（欲求）発生に対して、クライエントが有罪であるか無罪であるか、クライエントにどの程度責任があるかと決めつけることを排除する
自己決定	ソーシャルワーク過程において、自ら選択と決定を行う自由についてのクライエントの権利と要求を認めること
秘密保持	ソーシャルワーカーとクライエントの間に結ばれる専門的関係において打ち明けられる、クライエントに関する秘密の情報を保持しておくこと

出典：F・P・バイステック著／田代不二男・村越芳男訳『ケースワークの原則―より良き援助を与えるために』（誠信書房、1965年）のそれぞれの原則を筆者が一部要約して作成。

個別性を大切にすること、またソーシャルワーカーの価値や倫理観を相談者に押しつけるのではなく、相談者の価値を大切にすること、したがって相談者の言うことを傾聴し、審判せず受け止める、という態度である。この７原則を遵守することで、対人援助職の大きな課題とされているパターナリズム的な態度を牽制することができる。

弁護士がソーシャルワーカーとともに相談者と面接する際に、ソーシャルワーカーが傾聴する態度や、否定せず受け止める姿勢に遭遇することが想定されるが、これは相談者に安心してもらい、信頼されることで、課題の緩和・解決のための情報を得ようとしている、という理解で間違いないだろう。

3　ソーシャルワーカーの支援プロセスとソーシャルワーカーが必要とする情報

ソーシャルワーク支援がどのように進むのか、そのプロセスを知ることは、支援の見通しを立てることにつながり、連携の参考になると考えるため、ソーシャルワークの支援プロセスを紹介したい。なお、今回は個別（ミクロ）支援のみを取り扱い、メゾ、マクロレベルについては立ち入らない。

ソーシャルワークの個別支援の要点を示すと、以下の５つの段階に分けられる。

①　課題の発見・特定と援助開始（インテーク）
②　情報収集と分析（アセスメント）
③　支援の計画作成（プランニング）
④　支援の実施と評価（モニタリング）
⑤　終結と結果評価（エバリュエーション）

紙幅の都合上、簡易な解説となるが、①は相談援助が開始される最も初期の段階でソーシャルワーカーと相談者が出会う段階、②は支援を行うために相談者についての情報を収集する段階、③は収集した情報から課題を明確化し課題の緩和・解決のための計画を作成する段階、④は立案した計画を実行しその実効性を評価する段階、⑤は課題の緩和・解決に達したと評価された場合に支援を終結する段階、である。

ソーシャルワークの個別支援は多くの場合このプロセスをたどる。ただし、ケースによっては各段階を行きつ戻りつすることもあるので、すべてがこのプロセスを直線的にたどるとは限らないことに留意が必要である。

4　連携するソーシャルワーカーとのつながり方と連携時の注意と配慮

⑴　ソーシャルワーカー資格と所属

ところでソーシャルワーカーは、よく「顔が見えない」と揶揄されることがある。さまざまな状況が重なって、ソーシャルワーカーはどこにいるのか、誰がソーシャルワーカーなのか、ということがわかりづらくなっているためと考えられる。話が煩雑化することをあらかじめお断りしたうえで、この「顔が見えない」問題の原因について以下に説明を試みたい。

まず結論を大まかに伝えると、日本では福祉の相談援助専門職の国家資格が2つあることにより、資格名と所属組織による名称が混在しており、名称が「ソーシャルワーカー」に統一されていないことが大きな要素と考える。これがソーシャルワーカーの像が浮かびにくい最大の原因といえよう。以下で、もう少し詳細に説明する。

日本におけるソーシャルワーカー資格には、「社会福祉士」と「精神保健福祉士」の2つの国家資格がある。前者が1987年、後者が1997年に創設された。医師や看護師は資格の名称が職業名となっているが、ソーシャルワーカーは、職業名と資格の名称が必ずしも合致していない。相談援助職の名称ではなく、「社会福祉士」や「精神保健福祉士」などの資格の名称と、職業名を重ねて使用している場合もある。これでさらにソーシャルワーカーの名称が分散することになる。また、両者とも資格の名称に「福祉士」と付くが、この2つの資格の他にも「福祉士」と付く「介護福祉士」がある。これは社会福祉士と同じ1987年に「社会福祉士及び介護福祉士法」によって創設された資格であるが、介護（ケア）の専門知識を備えた職業資格であり、相談援助等の専門知識を備えたソーシャルワーカーとは異なる。

社会福祉士と精神保健福祉士の違いについて誤解を恐れず端的に表現するとしたら、社会福祉士資格を取得するまでの学びは、広く浅く、精神保健福祉士の学びは、狭く深く、である。つまり、社会福祉士を取得するには高齢者、障害者、児童、といった福祉のいわゆる縦割りの各論や、「就労支援論」「更生保護論」などの領域を跨いだトピックを学ぶ。一方、精神保健福祉士は、精神保健に関連することや精神疾患・障害に関する特性や支援方法について、中心的に学ぶ。これだけ聞くと違う専門職と理解されるかもしれないが、この2つはソーシャルワークを基礎にしていることが共通している[6]。

また、所属する機関によって呼称が異なることがソーシャルワーカーという職業をわかりづらくしている。つまり、一般的に相談援助職の職業名は、その相談援助職が所属している組織によって異なる。たとえば児童相談所に勤務している人であれば児童福祉司、福祉事務所で生活保護を担当している人は査察指導員やケースワーカー、特別養護老人ホームの人は相談員、病院に勤める人は医療ソーシャルワーカーなどである。

さらに、社会福祉士の資格を所持している人で相談援助職に就いている人はソーシャルワーカーであるが、ソーシャルワーカーと名乗る人が皆社会福祉士であるかというとそうではない。その理由は、弁護士や医師が業務独占資格、すなわち、資格がイコール免許であるのと異なり、社会福祉士は、あくまでも名称独占資格であるからである。

以上に加えて、ソーシャルワーカーの多くは、公的機関や社会福祉法人、NPO法人などに所属している。独立型社会福祉士事務所等を立ち上げ、個人で活動をしているソーシャルワーカーもいるが、その数はまだ多いとはいえない。

組織に所属している場合であっても、組織内にさまざまなセクションがあり、一見するとどこにソーシャルワーカーがいるのか、そのソーシャルワーカーがどのような業務を担当しているのかわかりづらいことが多い。

では、弁護士がソーシャルワーカーと連携しようとした場合、どの資格者、あるいはどこに所属している人を訪ねればよいのであろうか。

⑵　ソーシャルワーカーとのつながり方

弁護士がソーシャルワーカーと連携するためには、連携可能なソーシャルワーカーと出会わなければな

6　2つの資格ができ、ソーシャルワーカーが分断された経緯は、井手英策ほか著『ソーシャルワーカー―「身近」を革命する人たち』（ちくま書房、2019年）に詳しい。

らない。もともと知り合いがいる場合は特段問題ないが、これから連携を、と考えており、かつ伝手がない場合は、どこにいけば司法領域を専門としているソーシャルワーカーに会えるのかについての情報はあまりないと考える。

その際の問合先として第一にあげられるのが、ソーシャルワーカー相当の国家資格である社会福祉士の職能団体である各都道府県の社会福祉士会である。名称は統一されていないが、「司法福祉委員会」「リーガルソーシャルワーク委員会」といった罪に問われた人に対するソーシャルワーク実践を担当する部局が設置されている場合が多い。各自治体単位で設置されている社会福祉士会に問い合わせてみるのが、連携するソーシャルワーカーとつながる近道であると考える 。

⑶ 連携の際に弁護士に求められる注意と配慮

最後に弁護士がソーシャルワーカーと連携しようとする際に是非想起していただきたいことが2点あるのでこの場を借りてお願いしたい。

第一に、ソーシャルワーカーはあくまでも相談者の課題の緩和・解決の支援をする専門家であるということである。

ソーシャルワーカーのミッションは生活課題のある人の課題の緩和・解決の支援とそれに付随して必要と見立てられた社会の変革である。したがって、ソーシャルワーカーが弁護士と連携する場合であっても、罪に問われている人の生活の再建をめざした支援が目的であり、弁護士業務の補助、すなわち刑の減軽や再犯防止を第一義的目的としない、ということである。これはソーシャルワーカー自身の自立と自律に関することで、本来は連携する弁護士に注意喚起することではないことと考える。しかし、ソーシャルワーカーは、罪に問われた人の支援に携わることへの社会からの要請がかかってから日がまだ浅いため、役割の整理が十分になされていない状況にあるといえる。したがって、ソーシャルワーカーが福祉現場から離れ、強固なアイデンティティを有する弁護士と連携した場合、そのミッションに引っ張られてしまうことが懸念されるのである。そこで、ソーシャルワーカーが本来の専門性を発揮できるような関係構築に留意が必要となる。

第二に、連携する場合において、ソーシャルワーカーに対する給与や実費が出ないことが多い、ということである。ケースに関わることで費用が支払われるか否かは、ソーシャルワーカーがどのような立場からケースに携わるかによる。つまり、所属組織が社会福祉法人などであり、かつその所属組織の職務としてケースに関わる場合は、業務の範囲になることが多いと考えられる。その場合、交通費等の実費はその組織から支給されることが想定できるので、連携を依頼する弁護士が配慮する必要はない。しかし、これは現段階ではかなり稀なケースであり、多くのケースにおいては、業務の範囲を超えてボランタリーな関わりをしていることが想定される。したがって、ソーシャルワーカーと連携する際は、費用や実費が確保できているか、確保できていなかったとしたらどのように確保するかの確認が必要である。費用や実費については、当面は、連携する弁護士とソーシャルワーカーで解決しなければならない問題であるが、通訳人の費用規定があるように、今後はソーシャルワーカーに対しても費用規定や体系が構築されることが望まれる。

5 おわりに

本稿では、像がつかみづらいソーシャルワーカーについて解説した。弁護士とソーシャルワーカーの連携は始まったばかりである。罪に問われた人の支援をするという同じ目標はあるものの、専門性やアプローチ、使用する用語の違いにより、即座に円滑な連携とはならないかもしれない。しばらくは互いに手探りの連携となると考えられるが、有機的な連携をしていくためには、まずは連携する専門職に対する理解を深めることが一見遠回りのようで一番の近道と考える。

紙幅の都合上、また筆者の力量不足のため十分な説明とはならなかったが、ここで示した内容が弁護士とソーシャルワーカーの有機的な連携の足がかりになれば幸甚である。

特別寄稿　ソーシャルワーカーの立場から❷

ソーシャルワーカーが弁護士と連携するうえで伝えたいこと

埼玉福祉保育医療専門学校　金子毅司

1　はじめに

筆者は現在、東京TSネットの更生支援コーディネーターに登録し、弁護士と協働し罪を犯した障害者の支援を行っている。また、過去に罪に問われた知的障害者支援のあり方についても調査・研究しており、入口支援における弁護士と福祉従事者との視点の差異についてインタビュー調査を行った。

ここでは、日頃の実践の経験と調査・研究の結果を踏まえ、罪を犯した障害者の支援を行うにあたり、ソーシャルワーカーの視点を伝えるとともに、弁護士と協働する際に感じていること（お願いごとと言ってもよい）について論じていきたい。

2　弁護士とソーシャルワーカーの視点の違い

そもそも、罪に問われた人に関わる際の弁護士とソーシャルワーカーの目的では、想定するゴールに違いがあることが想定される。一般的に弁護士は、依頼者の罪を少しでも軽くすること（無罪とすること）がその第一の使命であるのに対して、ソーシャルワーカーは相談者の生活の困りごとを解決することで、本人が望む生活の実現をめざし、その結果として生活の質の向上、つまりより豊かな生活となることを目的としている。また、その豊かな生活をめざすにあたって最も重視するのは、「本人の意思」である。ソーシャルワーカーが支援を行った結果、外から見て生活上課題があるようにみえなかったとしても、その生活が本人の意思を反映したものではなかったとすれば、それはソーシャルワーカーのめざす支援とはいえない。

昨今、罪を犯した者に対しては「再犯の防止」という声が多く聞かれており、政策にも組み込まれている。しかし、ソーシャルワーカーの視点は、あくまでも本人の意思に基づいた生活の質の向上である。

法務省が2012年1月1日から同年9月30日までに処遇施設に入所した者のうち、知的障害受刑者548人を対象に調査を実施した「知的障害受刑者調査」によると、罪名・犯行の手口では、「窃盗」が52.7%、「詐欺」が7.1%で全体の6割を占めている。「詐欺」については、そのうち53.8%が無銭飲食である。刑事施設入所前の居所では、「不定・浮浪」が27.0%を占め、就労については「無職」が75.6%であった。さらに、刑事施設入所前の主な収入源をみると、「なし」が20.7%、「生活保護・年金等扶助」が34.1%であるのに対し、「就労による収入」がある者は、23.4%にとどまっている。

この調査結果をみてもわかるとおり、知的障害があるとされる受刑者の背景には、住まいの問題、収入の問題等、貧困の問題が横たわっていると推測される。

これらの「住まいの問題」「収入の問題」「就労の問題」は、まさに福祉的な課題といえ、これらを解決していくことで、生活の質や満足度は高まり、結果として再犯の防止になるケースは少なくないのではないだろうか。

つまり、ソーシャルワーカーの視点からいえば、「生活の質、満足度をあげる」ことが重要であり、その結果として罪を犯す必要がなくなるという意味での再犯の防止はあれども、「再犯を防止するために生活を組み立てる」という視点ではないといえる。

このように、罪を犯した障害者を支援する際には、ソーシャルワーカーと弁護士が互いの果たすべき役割、価値とその差異を理解しておくことが重要である。その差異を理解したうえで、目の前にいる依頼者にとっての最善の支援をどのように行うべきかについて、十分なコミュニケーションが求められている。

3　弁護士に対するソーシャルワーカーの期待

ここからは具体的に例を挙げて、ソーシャルワーカーが弁護士に期待する点について述べていきたい。前提として、本稿では、「被疑者・被告人段階における障害者への司法および福祉に関する支援」を「入口支援」と定義する。また、「刑事施設等に入所中の者、もしくは退所した者に対する地域生活に向けた司法および福祉に関する支援」を「出口支援」と定義するが、本稿では「入口支援」を対象として論を進めることとする。

入口支援を行ううえでソーシャルワーカーが困難に感じる点は、情報収集の難しさである。入口支援において福祉の支援を行うソーシャルワーカーは、当事者の生活を支援するための情報を収集するのに困難さを感じている。

その理由のひとつは、時間的な制約である。前提として理解をしていただきたいのは、組織に所属をしているか否かは別として、触法障害者の入口支援だけをその業務としているソーシャルワーカーは極めて稀であるということである。なぜなら、現在、触法障害者の入口支援は全国的な制度として確立していない。ソーシャルワーカーが入口支援だけで経済的に自立することは困難なのである。つまり、入口支援を行っているソーシャルワーカーの多くは、他の業務との兼ね合いの中で入口支援を行っているということである。そのため、1週間のうち多くの日数を入口支援に割くことが難しいのが現状である。

しかし、拘置所等での面会は平日のみであり、土曜日や日曜日に行うことはできない。さらに、1回の面会時間は概ね15分程度であることが多く、担当の弁護士に延長の申入れをしたとしても、1日1回、1時間が限界である。

このことが支援を組み立てる前段階であるアセスメントに大きな困難をもたらしている。拘置所にいる障害者と入口支援を行うソーシャルワーカーは、多くのケースが初対面であり、「はじめまして」の段階から関係がスタートする。1回15分程度の面会で、信頼関係を築き、必要な情報を聴き取ることは極めて困難なことである。ここでまず弁護士にお願いしたいのは、面会時間の延長の申入れである。原則として申入れをしていただき、十分な面会時間を確保していただきたい。

これは本論とはやや外れるが、ソーシャルワーカーは面接を行う際、アクリル板を隔てて面接を行う経験に乏しい。さらに本人のプライベートな点について話を聴く際、隣に今後の支援に直接関係をもたない第三者が同席するということも原則的にありえないことである。社会福祉援助技術と呼ばれる援助技術の中には、これまで挙げたような時間的、物理的制約ゆえに行うことができないものもある。

そのため、ソーシャルワーカーとしては、弁護士に対して、ソーシャルワーク支援を展開していくために必要な本人の情報を得ることを期待している。先ほど面会時間の問題点について記したが、弁護士は面会時間、回数ともに制限がない。ソーシャルワーカーが必要とする情報について、連携して収集を行うようお願いをしたい。ここで注意をしたいのが、本稿の冒頭で記した「弁護士とソーシャルワーカーの視点の違い」である。当事者に対しての視点が違うということは、収集しようとする情報の内容にも違いが生じる可能性がある。弁護士が必要であると考え収集した内容と、ソーシャルワーカーが必要と考える情報には齟齬が生じることがありうる。

拘置所等に拘束されている当事者との関わりについては、弁護士、ソーシャルワーカーがおのおの動くことが多いと思われるが、面会等を行うにあたっては、ソーシャルワーカーと連携をとり、ソーシャルワーカーがどのような情報を必要としているのか等について、事前に打合せ等を行い、ソーシャルワーカーの情報収集に対する協力をお願いしたい。

これらの情報を踏まえて、多くの場合、ソーシャルワーカーは、本人が今後、地域で生活するうえで必要な支援をまとめた「更生支援計画書」を作成することになる。

4　更生支援計画書の位置づけについて

『更生支援計画をつくる』(現代人文社、2016年)によると、更生支援計画作成の目的は、「本人のレジリエンス(回復力)が正常に機能するような支援を行い、本人が同じような行為に及ばずに、安心して、その人らしい生活ができることを目指すこと」にあるとされる。また、その目的は「再犯の防止ではない」とも記されている。一方で、「刑事手続において、適切な支援が用意されており、これによって本人が同じような行為に及ぶ可能性が低くなるということを、検察官や裁判所に納得してもらうこと」もその目的のひとつとしている。すなわち、更生支援計画書には2つの目的がある。しかし、繰り返しになるが、ソーシャルワーカーが作成する場合は、あくまでも軸は本人の生活の再建にあり、再犯防止ではない。

更生支援計画書は、裁判で検察官や裁判所に納得してもらう資料であると同時に、本人の生活のための、もうすこし大きくいえば本人の今後の人生のためのものである。更生支援計画書は、今後の生活の道しるべとなるものであり、前記したとおり、それは本人の意思を反映したものでなければならない。

たとえ実刑判決を受け、刑務所等に収監されることとなった場合であったとしても、本人にこの更生支援計画書を手渡すことになるだろう。そうすることで、刑務所等を出所する際の資料となり、分断されがちな入口支援と出口支援に連続性をもたらすことができるためである。

ソーシャルワーカーは、裁判の証拠としての更生支援計画書の位置づけよりも、本人の今後の生活のための更生支援計画書であることに重きを置く。裁判の結果如何にかかわらず、本人の人生は続いていく。そういう意味では、ソーシャルワーカーは弁護士よりもより長いスパンで計画を捉えているともいえる。更生支援計画書の目標が、短期目標、中期目標、長期目標と分かれていることが多く、この点からも、長期的な視点でみていることがわかるだろう。

このように弁護士が依頼人の弁護をする際の戦略とソーシャルワーカーの支援方針は必ずしも一致するとは限らない。このように本人と関わるそれぞれの第一義的目的に齟齬が想定されるからこそ、支援をするうえでのそれぞれの立ち位置を確認し合い、目的、あるいはその齟齬を共有するための丁寧なコミュニケーションが求められる。

ソーシャルワークの領域では、多職種連携（チームアプローチ）の視点が重要とされており、対象者を医師や看護師、病院のソーシャルワーカーや介護福祉士などのさまざまな職種が連携し、それぞれが専門性を発揮し支えていく、非常に重要な支援方法である。これは、入口支援における触法障害者の支援についても同様のことがいえる。1つの目標に向かい、それぞれが専門性を発揮していく。その際に、「どのような状況や状態になることをめざしているのか」、「そのためにはどのような支援が必要なのか」といったように目的やそれに到達するための手段や方法を共有するため、支援検討会議などで意見交換を繰り返しながら、支援を方向づけていくことが非常に重要である。

時間的な制約がある中ではあるが、同じ独立した専門職として、丁寧なコミュニケーションをお願いしたい。

5　おわりに

本稿はソーシャルワーカーの視点で罪を犯した障害者の入口支援について書かせていただいた。ここまでお読みいただいておわかりいただいたと思うが、我々の支援はソーシャルワーカーだけで完結するものではなく、弁護士の協力なしに実現することは難しい。

今、世界の潮流は、障害のある者、罪を犯した者を排除する社会的排除（Social exclusion）ではなく、障害のある者、罪を犯した者も地域でともに暮らす社会的包摂（Social inclusion）の理念が求められている。しかし、現実は罪を犯した障害者が地域で暮らすことについては、まだまだハードルが高いといわざるをえない。

そのような人が再び地域社会に戻り、その人らしく、満たされた生活ができるよう、協働していただけたら幸いである。

第4章　事例紹介

この章では、実際の事例を紹介していく。なお、いずれの事例も、実際の事件をベースとしているが、個人情報保護のため、適宜内容を改変している。

1　精神障害のある人の窃盗事件

支援に関わってくれた人：生活保護の担当ケースワーカー、病院のケースワーカー

1　事案の概要

夕方のコンビニで、缶チューハイ3本をカバンに入れ、そのまま外に出ようとしたという窃盗事件。その場で店員に呼び止められ、カバンの中から缶チューハイが出てきたことから、逮捕に至った。なお、缶チューハイ3本については、店舗と交渉のうえ買取りをした。

本人は、40代の男性。事件時はアパートで1人暮らしをしていた。

20代の頃からお酒を大量に飲むようになり、30代前半でアルコール依存症と診断されたとのこと。もともとは結婚していたが、仕事もままならない状態となってしまい、離婚。その後は、日雇いの仕事などで生活費をやりくりしながら、1人で生活していた。ただ、アルコール依存症の診断を受けつつも、ほとんど治療はしておらず、そのまま以前と同じように飲み続けていたとのこと。この時期に窃盗罪で数回逮捕され、執行猶予付き判決を受けている。

30代後半には、体調を崩して倒れてしまい、病院へ搬送され、入院することとなった。そこで検査を受け、肝機能に障害が生じていることが発覚。また、脳萎縮がかなり進んでいることも確認された。退院後は生活保護を受けながら生活を開始した。

事件の1年ほど前から、通院先の病院で知り合った女性と交際を開始したが、事件の2カ月ほど前に交際相手と破局。それをきっかけに、飲酒を再開してしまい、金銭的にも困窮する状態となっていた。

勾留決定後に、国選事件として受任。

2　初回接見と弁護方針

当初の接見において、本人は、「事件についてはまったく覚えていない」と話していた。生活歴を聴き取ると前記**1**のような情報が出てきたため、アルコール依存症等が事件に関わっている可能性があるのではないかと考えた。

あわせて、執行猶予期間は徒過しているものの、5年ほど前に窃盗事件で有罪判決を受けていることもあり、起訴される可能性も十分にありうるのではないかと考えた。

一方で、早期の身柄釈放に向けて活動する必要も感じた。ただし、本人は非常に体調が悪い状態であり、「家には帰りたくない。今帰ったら酒を飲んで死んでしまう」「入院したい」と話していた。

そこで、責任能力の問題も踏まえて不起訴をめざしつつ、入院先を調整することで早期の釈放をめざす方針をとることとした。

3　具体的な活動

⑴　可視化、立会い、障害への配慮の申入れ

まず、本人の状態を捉えると、明らかに認知能力も低下しており、取調べでの被誘導性等も高い状態であると考えられた。

そこで、取調べについて、可視化、立会い、障害への配慮をするよう申し入れ、可視化については、申入れ翌日から実施されるようにはなった。

⑵　治療についての申入れ

また、本人が自らの体調への不安が強く、実際歩くのもつらそうな様子であったことから、留置係と担当検察官に対し、診察を行い、適切な治療を行うよう申し入れた。

これについては、申入れの翌日、外部医療機関（もともとの主治医）での診察が実施され、薬も処方さ

れることとなった。

後日、当該外部医療機関を訪問し、本人の病状について聴き取りをしたところ、緊急ではないが、入院治療が必要となる状態であるとの回答があった。そのため、この点については意見書を書いていただき、証拠化することとした。

⑶　簡易鑑定の申入れ

簡易鑑定をこちらから申し入れるべきか。この点については非常に悩むこととなった。前記のとおり、当初は「何も覚えていない」と話していた本人が、2日目3日目の接見になると、次第に当時の具体的な様子を語るようになったからである。その話を聴くと、犯行態様自体には、責任能力に疑義を生じさせる部分は少ないのではないかと感じた。また、本件では脳萎縮などが問題となりそうであるが、この点が簡易鑑定でしっかりと考慮されるかには疑問があった。一方で、本人の前後の記憶が混濁している部分があることなどからすれば、やはり何らかの問題があり、その点を簡易鑑定で明らかにすることにメリットがあるのではないかとも考えた。

そこで、本人とも話し合ったうえで、最終的には、メリットが上回ると判断し、申入れをすることとした。

その際、主治医から聴取した本人の病状、とくに脳萎縮の件についても具体的に伝える形をとった。

結果として、勾留7日目に簡易鑑定が実施された（しかし、判断の内容について問い合わせたものの、検察官は一切内容を明かさなかった）。

⑷　入院の調整

簡易鑑定と並行して、入院の調整を行った。

この調整にあたって、まずは検察官と面談して、交渉をすることにした。そうしたところ、当初は検察官も起訴含みで考えていたようであるが、本人が治療の必要な状態であること等を踏まえて、入院先を探すことができれば早期に不起訴処分とすることも考えうる、という回答を得ることができた。

そこで、本人が生活保護受給中であることから、まずは生活保護のケースワーカーに連絡をとり、協力を仰ぐこととした。しかし、生活保護のワーカーからは、逮捕勾留によって生活保護が停止されていることを理由に、「釈放されるまでは動きようがない。釈放された後本人が窓口に来てくれるしかない」と言われてしまった。そこで、あらためて別日に生活保護の窓口に直接赴いて、本人が入院の必要な状態であること、現時点から釈放後の支援を計画する必要性が高いことを説明した。最初は聞く耳をもってくれない様子であったが、1時間ほど話をしたことで、最終的には協力をしてくれることになった。

そして、担当ケースワーカーとともに入院先を調整することになった。もともとの通院先の病院には入院施設がなく、そこで入院することはできない。また、現状では精神科での治療も必要であるが、それよりも身体的な状態の問題が大きいだろうと考えられた。そこで、通院先の病院のワーカーとも相談をして、精神科も併設された大きな病院への入院を調整することとなった。

結果的には、勾留10日目には、入院についての調整ができることとなった（この進行については逐一検事にも報告していた）。そして、本人は勾留延長されずに、10日目で不起訴処分となり、釈放された。

4　釈放後の動き

釈放日、弁護人と生活保護の担当ケースワーカーで本人を出迎えた。そして、そのままタクシーで病院へと本人を送ることとなった。本人は当日に入院し、治療を受けることとなった。

その後は、定期的に本人と面会をして、状況を確認することとなった。あわせて、携帯電話料金の滞納や以前に消費者金融で借りた借金が残っていることが発覚したため、自己破産の手続をとることとなった。

現在は、体調も回復し、本人は退院。アパートで1人暮らしを再開している。また、それまでは障害福祉サービスを利用していなかったが、入院中に精神障害者保健福祉手帳を取得。退院にあわせて相談支援事業所に入ってもらい、日中にB型作業所に通うようになった。現在は、そこへ出かけて行って、いろんな人と関わるのが楽しいと話している。

5　ポイント

⑴　早期にケースセオリーを立てることの重要性

本件では、早期に弁護方針を立て動き出すことによって、延長がなされずに不起訴処分となったものと考えられる。捜査段階では、期間が限られていることもあり、早期に情報収集のうえで求める結論を見定め、それに向けた活動を開始することが重要である。

検察官や生活保護のケースワーカー等に対しても明確な方針を示すことができるという意味でも、早期に弁護方針を立てることのメリットは大きいだろう。

⑵ 従前からの社会資源等の活用

本人の環境調整や医療・福祉的な支援を考える際には、新たな支援者を探しがちであるが、とりわけ期間の限られた捜査段階等では、早期にそういった支援者を確保することが困難な事例も少なくない。加えて、従前から関わっている支援機関の中でも、より実質的な協力が期待できる場合等も存在する。本件でいえば、本人の生活保護の担当ケースワーカーや、通院先の医療ソーシャルワーカーなどがそれに当たる。

生活保護の担当者は、逮捕勾留等で停止・廃止されてしまっているような場合、非協力的なことも多い。しかし、事前調整の必要性を訴えることにより、最終的には協力体制を築くことができることがほとんどである。粘り強く話をしていくことが重要だろう。

2 知的障害のある人の強制わいせつ致傷事件

支援に関わってくれた人：就労継続支援B型事業所職員、相談支援専門員、転居予定のグループホーム職員

1 事案の概要

夜道で女性に対して乱暴を行ったという強制わいせつ致傷事件。

本人は、20代の青年で、中度の知的障害（愛の手帳3度を所持）と発達障害の疑いがあった。特別支援学校卒業後、B型事業所に通所しつつ、グループホームで生活をしていた。事件の当日は、夜間、事業所からグループホームへの帰り道に、前方を歩いていた女性の胸を触った後、その女性を突き飛ばした。転んだ女性は、全治不詳の打撲および擦過の傷害を負った。

逮捕後まもなく両親が弁護士に相談したため、逮捕翌日に私選受任し、活動を開始した。

2 初期の弁護活動

⑴ 申入れ等

本人は、捜査機関から「〜じゃないの？」と聞かれると覚えていないことも含めて迎合してしまうなど、誘導に乗ってしまう傾向が強かった。実際、弁護人が初回に接見した時点で、本来は、夜道で見かけて突発的に事件に及んだにもかかわらず、駅から後ろを長距離つけていたような内容の調書を作成されてしまっていた。

そこで、弁護人からは、警察と検察に対し、障害特性に十分な配慮をすること、取調べに際し弁護人および心理や福祉の専門家の立会いを実施すること、取調べの全過程をビデオ録画することを申し入れた。

それ以外にも、本人のアレルギーに応じた服薬ができていなかったり、就寝時の場所が照明の下でまぶしくて寝られないといった本人からの訴えがあった。こうした点についても、医師の診察を求め、本人の障害への配慮（本人は発達障害の特性上、視覚的な感覚過敏があり、必要以上に光がまぶしく感じること）の観点から就寝位置の変更の申入れを行った。

こうした申入れに応じて、捜査機関において改善がなされ、本人は無事に適切な服薬ができ、就寝位置も変更されて寝ることもできるようになった。

⑵ 初動段階での方針決定

受任直後に本人と接見した後、即時に家族との打合せを行い、本人情報の把握に努めた。その中で、本人は未成年の頃から女の子を追いかけるなど、女性との関係でのトラブルが複数あったことがわかった。その一方、今まで前科前歴や明確な非行歴等は存在しないことが判明した。

得られた情報をもとにすると、両親が協力的であり、かつ、もともとの支援環境がある程度存在していたこともあって、当初は、こうした環境を提示して、本人が勾留されないようにすることをめざすこととした。

(3) 勾留阻止のための活動

まず、家族との面談を行い、本人の父の陳述書を作成した。陳述書には、障害の特性や、現在の生活、両親による今後の監督について等を記載した。

また、本人は就労継続支援A型事業所に通っていたので、そこの職員に電話で聴き取りを行い、電話聴取書を作成した。職員の話では、「本人には知的障害だけでなく発達障害の傾向もあったので、先日、本人と母とで主治医に相談に行き、近く発達障害の専門機関に相談に行く予定も入れていた」という話があった。電話聴取書には、こうした経緯を記載した。さらに、本人の障害福祉サービスの計画を立てる役割の担当相談支援専門員からも電話で聴き取りをし、今後の支援について電話聴取書を作成した。

前記のような活動を踏まえて、裁判所に対して、勾留請求に対する意見書を提出した。その中では、支援体制が整っているから逃亡すると疑うに足りる相当な理由はない、ということや、勾留の必要性との観点で、障害特性上、本人が長期間の勾留等に耐えられないといった主張を行った。意見書には、父の陳述書、事業所のウェブサイト、事業所職員の電話聴取書、相談支援事業のウェブサイト、相談支援員の電話聴取書等を添付した。

しかし、最終的に勾留は認められてしまった。

3 福祉と連携して行った弁護活動——不起訴をめざした活動

(1) 支援体制等の見直し

勾留が認められた段階で、本人を取り巻く関係者で集まり、方針を再度検討することになった。

相談支援専門員からは、現在入所しているグループホームは比較的都市部にあり、本人にとって刺激が多く、とくに女性との関わりが多いことから心理的に安定しない状況にあった旨の指摘があった。そこで、ある程度環境を変えて落ち着いた生活をすることが必要ではないかという話がなされた。

加えて、本人の勾留が認められてしまったことの原因のひとつは、事件が本人の帰宅ルートで生じており、被害女性の住居も本人の生活するグループホームの近隣に所在していたことがあった。そのため、もともとのグループホームと本人との関係上も、また被害者との関係上も、転居は避けられない状況にあるものと考えられた。

接見の際に本人と話をしたときも、現状のグループホームでの生活を続けることが困難であることは理解しており、条件の合う住居であれば、転居についても前向きに考えたいとの意向であった。

こうしたことから、関係者の役割分担のうえ、本人の生活環境を変え、支援体制を見直していくことをめざすこととした。

(2) 新たなグループホームの調整

新たな居住地に関しては、相談支援専門員が調整を行ってくれた。比較的刺激の少ない落ち着いた地域に所在するグループホームに対して受入れを打診してもらい、内諾を得た。

そのうえで、本人にも意向を確認するため、転居の計画について相談した。本人は、グループホームの所在する地域に何度か遊びに行っていたこともあり、好意的な印象をもっていた。そのため、転居については本人も積極的に希望するようになった。

その後は、転居の時期、新たな地域で利用する障害福祉サービスの受給等の計画を立て始めた。具体的には、グループホームに日中活動の事業所が併設された形態であったことから、そこで日中の生活を送ること、相談支援専門員から、本人には発達障害の傾向もある旨の指摘があったため、医療的なケアに向けた受診等も進めることといった方針を定めた。

(3) 弁護人の活動

他方で、弁護人は、被害者との示談を行うことに注力した。

被害者の懸念であった住居の関係については、本人がグループホームを変え、被害者の生活圏とは異なる場所で生活するようになること等も説明し、また、被害者の希望もあり、「○町○丁目（被害者の居住地域）に付添いなしで立ち入らないことを約束する」といった条項を示談書に入れる等して、被害者の説得に努めた。

こうしたこともあって、最終的には、勾留満期直前に解決金50万円で宥恕文言ありの示談書を締結することができた。

弁護人は、示談の成立と、転居を実現して支援体制を再構築したことを中心として、検察官に不起訴を求めることとした。そこで、転居予定のグループホームの職員から、グループホームの概要について聴き取るとともに、受入れ意思があることを記載した電話聴取書を作成した。

そして、本人の転居後の支援体制については、関係者間で決めた支援の方針について、弁護人が報告書の形でまとめることとした。この中では、日中活動の場所、医療上のケアといったことに加えて、釈放時には転居先のグループホームの職員が迎えに来て、そのまま入居に至る予定であること、その際には相談支援専門員が立ち会うこと等についても記載した。

これらの内容をまとめ、不起訴意見を検察官に提出した結果、本人は不起訴となり釈放されるに至った。当日は、実際に本人は支援者の送迎のもと新しいグループホームへと入居し、現在も落ち着いて生活している。

4　報告書の具体例

⑴　本人を担当する相談支援専門員からの電話聴取報告書

被疑者　A

電話聴取書

○年○月○日

弁護士　B

前記被疑者に対する強制わいせつ致傷事件について、関係者より下記のとおり電話で事情聴取したので、報告する。

記

第1　聴取日時

○年○月○日　午後6時35分頃

第2　発信者

弁護士　B

電話番号　080-××××ー-××××

第3　受信者

社会福祉法人C会　相談支援専門員D氏

第4　聴取内容

私は、Aさんの計画相談を担当している相談専門員です。

計画相談というのは、本人との面会等を通して、本人に必要な支援を一緒に考えて、必要なサービス等の計画を行うものです。現在、Aさんは、グループホーム、就労継続支援B型事業所、そしてガイドヘルパーの利用を行っています。

今回の事件のことは、Aさんの弁護人から内容も含めて聞いています。私の立場としては、これで支援が終わるということは当然ありません。今後は、またこのようなトラブルが起きないためにどうすればよいか、あらためて支援の内容を考えていきたいと思います。

週明けには、E区にも今回の事件のことを相談して、今後利用可能なサービス等についてあらためて確認することになっています。

私としては、早くAさんに戻ってきてもらい、あらためて支援の内容について一緒に考えていきたいと思っています。

以上

⑵　本人の通所する就労継続支援B型事業所からの電話聴取報告書

※表題から第2までは、前記と同様

第3　受信者

NPO法人F　就労継続支援B型事業所G

支援員H氏

第4　聴取内容

現在、Aさんは、当事業所に通所しています。

昨年の○月から実習をして、今年の○月より正式に契約を締結して働いていただくようになりました。

当事業所では、機械部品や文房具などの組み立て等の仕事を請け負っています。Aさんも、真剣に仕事に取り組んでくれています。

今回の事件のことは、Aさんの弁護人から、内容も含めて聞いています。しかし、当事業所としては、引き続き、Aさんに働いてもらいたいと思っています。障害のある人が地域で暮らす以上、このようなトラブルがあることは、社会問題にもなっていますし、事業所としてもさまざまな勉強会等に参加して学んでいます。今後も、Aさんを支えながら、一緒に、今後のことを考えていきたいです。

Aさんについては、知的障害だけではなく、発達障害の傾向があるのではないかということで、いろんなところに相談をしているところでした。もし発達障害があるのであれば、とくに衝動性を抑えるために、○○○○という薬の服用をすることもありえます。この点については、○月上旬に、ご本人とお父さんと一緒に現在の主治医であるI病院の先生のところに訪問して、相談もしました。その結果、もう少し発達障害を専門的に診ることのできる機関に相談したほうがよいとのことで、○月○日にセンターに相談に行く予約をしていたところでした。その矢先にこんなことになってしまい、私自身ももっと早く対応していればと、後悔の気持ちでいっぱいです。

私としては、早くAさんに戻ってきてもらい、二度とこのようなことが起きないようにどうすればよいか、一緒に考えていきたいと思っています。

以上

5　ポイント

⑴　捜査弁護における早急な対応の必要性と活動上の工夫

捜査弁護の段階では、弁護人につながるケースの大半は身体拘束がなされているうえ、短期間かつ時間的制約のある中での対応が要求される。そのため、形式にこだわることなく、本人を取り巻く環境等を早急に証拠化して捜査機関や裁判所に提示する必要がある。このとき、証拠法則に縛られないという意味では、電話聴取内容の報告書化等、公判段階よりも柔軟な立証が考えられるところである。

本件でも、勾留阻止をめざした活動の場面では、通っていた事業所や相談支援専門員に電話聴取を行っている。さらに、可能な場合には、裁判所での面接時に家族等にも同席してもらうことや、裁判官との面接時に支援体制に関する疑問が投げかけられた際に、即時に支援者に連絡して確認するといったことも考えうる。

⑵　本人の意向確認の重要性

捜査段階でいかに早急な対応が必要だとしても、本人の意向を無視することはできない。とりわけ、捜査段階においては、今後の生活状況が処分と直結し、弁護人の考える生活環境と刑事処分の二者択一を迫るような状況（入院するか、あるいは裁判を受けるのか等）に陥りがちである。そのため、公判請求等の処分を避けるために、弁護人の側で本人の意向を強引に変えてしまったり、本人が真意ではないのに弁護人の提案する方針に応じてしまうといったことも考えられる。

そのため、本人意思の確認については、かなり意識的に行う必要がある。とりわけ、どこで生活するかという点については、本人の意向が非常に大きな問題であるため、本人の希望がまとまらない場合には、家族の住居をあたることや、中間施設（シェルター等）を介することも検討すべきである。

本件では、当初から本人自身が転居の必要性を理解していたこと、幸いにも転居先の候補となっていたグループホームの所在地のことを知っていて、むしろ転居を積極的に希望したことから、調整が可能だった。

仮に本人が転居を希望しなかった場合には、いったんは両親を説得して実家に戻ったうえで、釈放後に施設見学等を行って自身に合うグループホームを探すといった方向性が考えられる。

3　知的障害のある人の強制性交等未遂事件

支援に関わってくれた人：更生支援コーディネーター、ホームレス支援NPO

1　事案の概要

被告人国選での受任。24時間営業のコンビニ店内で目をつけた女性の後をつけていき、女性が自宅マンションに入る際、後ろから同時に室内に流れ込み、「おとなしくしろ」などと脅して服を脱がせ、胸や臀部、陰部を触ったが、陰茎を挿入しようと自らのズボンを下ろしているうちに被害者が逃げ出し、姦淫は未遂に終わった。

2　公判準備

⑴　接見時の状況等

接見の際、本人に経緯を確認すると、両親と近県のアパートで生活していたが、ある日、あてのないまま家出をし、原付バイクで行きついた先の店で急に思いついた事件だという。また、家出をすることになったのは、本人は解体工として働いていたが、その職場で仕事上のミスがあると親方からたびたび殴られる等の暴行を受けており、事件前日にも仕事上のミスがあったので仕事に行けば殴られると思い、それが嫌で、両親には朝、仕事に行くと言って家を出て、行くあてもないまま原付バイクでさまよっていたというものであった。

そして、深夜になって目についてたまたま入ったコンビニ店で、漫画を立ち読みして時間をつぶそうとしていたところ、たまたま被害女性を見かけて好みのタイプだったことから急に犯行を思いついた、今から思えば悪いことをしたと反省しているとのことであった。

⑵　障害に気づいたきっかけ

本件では、依頼者は手帳等を所持しているわけでもなく、また周囲から障害についての指摘を受けたこともなく、医療や福祉との関わりは一切なかった。

最初に気になったのは、本件は、強制性交等未遂というそれなりに重い罪名であるにもかかわらず、なぜ被告人国選からなのか、なぜ被疑者段階で当番弁護士を呼んだり被疑者国選の請求をしなかったのだろうか、という疑問である。家出をしてから、両親とは一度も連絡をとれていないというが、それについてもとくに気にかけている様子はなかった。本人にこの点を訪ねると、昔、自転車泥棒をして警察に捕まったことがあったが、その際、弁護人は何もしてくれなかったので、今回も弁護人を呼んでもそんなものだろうと思いわざわざ呼ばなかった、それでとくに不安を感じたことはない、とのことであった。

しかし、自転車泥棒とは違い、今回は、住居侵入、強制性交等未遂というそれなりに重い犯罪であり、流れに身を任せたまま不安を覚えないというのは、自分のしたことの社会的意味を理解することが難しく、この先、自分に待ち構えていることを予測することが苦手な面があることがみてとれた。

また、起訴日から逆算すると、逮捕は事件から2週間近く経過した後のことであった。そこで、事件後はどうしていたのか、余罪はないのか、取調べで追及を受けていないかを聞いたところ、事件後は再度自転車で行くあてもなくさまよい、公園等に寝泊まりする野宿生活だった、所持金が少なかったので、おにぎり1個で我慢したり、スーパーやコンビニで賞味期限切れの弁当をもらったりして凌いでいた、そのような生活を続ける中、夜間原付バイクで走行中に警察官に職務質問を受けたことがきっかけに逮捕に至った、余罪はなく、疑われているのも本件だけだということであった。

しかし、その後、実は余罪として、強制性交等未遂事件から逮捕までの間に無銭飲食の余罪があり、弁護人選任後も取調べを受けていたことが発覚した。弁護人は、追起訴状が届いて初めてそのことを知った。おそらく、弁護人の質問の仕方が、「性犯罪の余罪があるか」を中心に聞いていたため、本人としては、それはない、ということであったのであろう。確かに、性犯罪の余罪を念頭に置いた弁護人の質問の仕方にも問題がなかったとはいえないが、それにしても、余罪や取調べでの追及を話題にし、また、現に余罪の取調べを受けているにもかかわらず、性犯罪でないから言い出さないというのは、臨機応変な対応、文脈に即したやりとりが苦手な特性を表しているものと考えられた。

次に、開示された証拠を検討し、家族からも話を聞くと、本人は小学校時代から勉強にはついていけず、職場でも指示内容が理解できていない、仕事を覚えられないことでミスが多く、計算や金銭管理が苦手であったことなどが語られた。勤務先社長から、金銭管理の代行を名目に経済的に搾取されていたが、本人はそのことに対する認識も薄かったことも確認された。また、犯行態様について、コンビニ店内で被害者の後ろにぴったりとくっつき、スカートの下からのぞき込んだりしている様子や、そのまま被害者のすぐ後ろをとくに身を隠すでもなく尾行していたことが店内や街頭の防犯ビデオの様子からみてとれ、犯行は、大胆というより発覚の可能性に思いが至らない稚拙な面が大きいように思われた。

さらに、開示証拠等を踏まえて本人と接見で話をする中で、あてもなく家出をすればその後どうなるか不安はなかったのか、事件が発覚したらどのような処罰を受けることになるか考えなかったのか、裁判終了後どのような生活を望んでいるか等を確認したところ、本人は、事件前は自分の行為の結果を検討できていないまま実行に移していたり、事件後の生活についても、「元の生活には戻れないだろうから逮捕時と同じ野宿生活に戻ります」と答えるなど、将来の見通しをつけて行動を選択することが苦手な特性や、考えていることを言葉で説明することが難しく、それに対して自分自身がイライラすることが多い様子がうかがわれた。

⑶　更生支援コーディネーターへの依頼と支援方針

前記のエピソードから、弁護人は、本人に知的障害があるのではないかとの疑いをもった。ただし、障害について専門外である弁護人の判断だけで弁護方針を決定することは適切でないので、更生支援コーディネートを依頼し、コーディネーターの面会等を通じて、障害に対する見立てと、それを前提とした社会復帰後の支援体制の構築を依頼した。

更生支援コーディネーターは、本人・家族との面接、本人との手紙のやりとり、刑事記録の検討等を行った。弁護人は、拘置所への特別面会の申入れ（**書式20**）のほか、実家の両親や勤務先社長からの聴き取り、昔の通知表等の取寄せ等の情報収集で、更生支援コーディネーターの活動を側面からサポートした。

更生支援コーディネーターは、前記の検討を経て、やはり、本人には知的障害があるのではないかと見立てた。そして、障害特性として、金銭管理や複雑な仕事を遂行することに加え、人間関係等からもたらされるストレスをうまく解消することが苦手で、問題解決のために行動の結果を予測できないまま直近の欲求を満たすために唐突な行動をとることがあり、それが事件のきっかけになっていること等を指摘した。そのうえで、今後、安定した生活を送るためには、当面は搾取を受けない安定した住居と生活保護等によって収入を確保し、中長期的には本人の能力に見合った就労支援を行うこと、ストレスへの対応や人間関係の悩みを相談できる環境を整えるのが必要ではないかという意見を述べた。

そこで、帰住先について検討したところ、家族は、自身が経済的に困窮し、依頼者の勤務先社長に借金をしているといった事情があった。そのため、依頼者に対する暴力や経済的搾取を知ってもなお、勤務先社長と距離を置くのは難しいようであった。本人はこれまで福祉的支援を受けた経験がなく、支援を受けての生活をイメージすることには限界があって、雨露を凌げる場所がほしいということ以上には積極的な希望を述べなかったが、支援に対して拒否的ではなかった。そこで、一時的にシェルターのようなところに入って、その後、アパート独居をめざすことになった。

⑷　弁護方針

以上の検討を前提に、公判では、犯情として、障害の可能性とその特性が犯行に至る経緯に影響を与えており、強い責任非難は当てはまらないことについて具体的根拠をもとに述べること、一般情状として、今後の支援体制をできる限り具体的に整え、それにより再犯のおそれがないことを示すことを弁護方針とした。

3　公判

⑴　更生支援コーディネーターの証人尋問

前記**2⑷**の方針のもと、更生支援コーディネーターの証人尋問の中では、これまでの職歴の中で触法障害者の支援に関わった経験、本件で障害があると考える根拠を、注目したエピソードをもとにその評価とともに具体的に述べてもらった。

また、①仕事上のミスが続いて暴力を受けるきっかけとなった点、②金銭管理ができずに経済的搾取を招いた点、③職場での暴力のストレスに対応できず、過酷な環境から逃げるため、先の見通しをもてないまま家出をした点、④計画性もなく、自分の行為の結果を深く検討できないまま稚拙な態様で強姦未遂を起こした点、⑤その後さらに見通しないのまま放浪生活を続けたため食べるのに困って置き引き・無銭飲食に至った点、のそれぞれについて、障害特性が影響を与えていることを、影響の仕方を踏まえて証言してもらった。

そのうえで、更生支援コーディネーターによる調整の結果、受け入れることを約束してくれた機関（本件では、ホームレス支援を得意とするNPO法人のシェルター）の存在や、釈放後、誰がどのように生活保護申請や障害認定の検査を受けることを支援するのか、それらによってどのような効果が見込めるのかを説明してもらった。

⑵ 更生支援コーディネーターへの尋問

ア 経歴・経験

弁 まず、Yさんの経歴についてお聞きします。最終学歴を教えてください。

Y （略）

弁 Yさんが取得している福祉に関する国家資格を教えてください。

Y 社会福祉士と精神保健福祉士です。

弁 社会福祉士の資格を取得したのはいつですか？

Y ○年です。

弁 精神保健福祉士の資格を取得したのはいつですか？

Y ○年です。

弁 大学卒業後の経歴を簡単に説明してください。

Y 精神障害がある人のグループホームで勤務経験があります。

弁 精神障害のある人のグループホームでは、具体的にどんな仕事を担当されましたか？

Y （略）

弁 現在は、どんな活動をされていますか？

Y 東京TSネットの更生支援コーディネーターとして活動しています。

弁 東京TSネットとはどんな団体でしょうか？

Y 触法行為に及んでしまった障害のある人や高齢者の方の支援をするため、弁護士、福祉専門職、医師などが集まり活動をしている一般社団法人です。

弁 更生支援コーディネーターとはどんな役割の人ですか？

Y （略）

弁 Yさんが、罪に問われた障害がある人の更生支援計画を立てた経験は、何件くらいありますか？

Y ○件です。

弁 判決後の支援に関わった経験は何件くらいありますか？

Y ○件です。

弁 後で詳しく伺いますが、先に結論として、Aさんには、どんな障害があると見立てましたか？

Y 知的障害です。

弁 今までの経験の中で、知的障害がある人とどのように関わってきたか説明してください。

Y （略）

イ 関わり、情報収集

弁 今回、Aさんと関わるようになったきっかけはどのようなものでしたか？

Y 弁護人が依頼した東京TSネットの募集があり、私が立候補しました。

弁 Aさんの支援を検討するにあたって、本人には、何回くらい面会しましたか？

Y 拘置所で○回面会しました。

弁 それぞれの面会の時間の長さはどれくらいでしたか？

Y 弁護人から延長の申入れをしてもらい、それぞれ30分程度の面会ができました。

弁 ほかに支援を検討するうえで、面会した人がいれば教えてください。

Y Aさんのお母さんです。

弁 参照した書面の情報には、どんなものがありますか？

Y 刑事記録、小学校のときの通知表、本人からの手紙などを参照しました。

弁 Aさんに疑われる障害について、面会や書面の記録から、とくに注目したエピソード・言動はどんなものですか？

Y （略）

弁　そこから、どんな特徴を読み取りましたか？
Y　Aさんには、金銭管理や複雑な仕事をすることが難しい部分があるのではないかと考えました。
弁　Aさんの人間関係における特徴をどう評価しましたか？
Y　自分の気持ちをうまく相手に伝えることが苦手な側面があります。
弁　ストレスを感じた際の行動の特徴についてはどう分析されましたか？
Y　ストレスを解消することも、うまくできません。そこで、そのストレスを溜め込んでしまう傾向があります。そして、それが溜まっていったときに、他者から見ると唐突な行動に出てしまうという部分があると思います。
弁　ほかに、今後の支援を検討するにあたって、勾留中のAさんに証人自身はどんな調査をしましたか？
Y　「TAIS」という検査を実施しました。
弁　それはどんな検査ですか？
Y　主に仕事の適性を図るための検査です。
弁　同一性確認のために、弁○号証更生支援計画書添付のTAIS検査結果を示します。（検査結果を示しつつ）これが、証人が実施した検査ですね？
Y　はい。
弁　この検査は、どのように実施したのですか？
Y　私が、Aさんとの拘置所で面会の際に質問しました。そして、回答に応じた得点をつけたものになります。

ウ　アセスメント

弁　今まで説明したような調査や分析を踏まえて、Aさんには、軽度の知的障害があると見立てたということですね？
Y　はい。
弁　そう見立てた理由を説明してください。
Y　（略）
弁　知的障害かどうかは、どのような基準で判断するのですか？
Y　（略）
弁　正式な診断には医師による診断が必要だと思いますが、DSMの診断基準自体は、本になって公表されていますね？
Y　はい。
弁　そこでは、知的障害の判断に際して、どのようなことが書かれていますか？
Y　（略）
弁　社会福祉士として、また、これまで罪を犯した障害がある方の支援をされてきた専門的経験から、Aさんに疑われる軽度の知的障害が、今回の事件にどのように影響したと考えていますか？
Y　（略）
弁　今回、Aさんの障害やその特性、犯行に与えた影響を考える際、証人自身の経験や知識のほかに、参考にされたり、相談した人があれば教えてください。
Y　東京TSネットの、支援検討委員会を利用し、Aさんのケースを検討してもらいました。
弁　Aさんの支援を検討した支援検討委員会には、どのような人が参加していましたか？
Y　精神科医、特別支援教育の専門家、障害当事者の親などです。
弁　精神科医から言われたことで、あなたが参考にしたのは、どんな点ですか？
Y　（略）

エ　支援策

弁　それでは、Aさんが社会に復帰した後の支援についてお聞きします。今回立てた計画の前提ですが、弁護人からは、Aさんの社会復帰の時期について、どのように説明されていますか？
Y　今回については執行猶予付きの判決となって、判決日に社会復帰となる可能性もある、と聞いています。
弁　支援の大まかな方針として、Aさんが社会復帰後、地域で安定した生活をしていくうえで課題となるのは、どんなことでしょうか？
Y　（略）
弁　具体的な点をお聞きします。当面の生活の場所としては、どんなところが予定されていますか？

Y　NPO法人Bの運営する、シェルターへの入居を予定しています。

弁　そこがAさんに適しているのは、どんな点でしょうか？

Y　（略）

弁　NPO法人Bというのは、どんな団体ですか？

Y　（略）

弁　具体的には、どのような流れで入居に至りますか？

Y　（略）

弁　NPO法人Bの担当者とやりとりをしていれば、名前を教えてください。

Y　支援員のCさんです。

弁　当面の生活費については、どうする予定ですか？

Y　生活保護の申請を行う予定です。

弁　生活保護申請までの流れは、どのように計画していますか？

Y　（略）

弁　申請に同行するのは誰ですか？

Y　私と弁護人が同行します。

弁　当面の生活場所、生活費に関する支援について、Aさんが知的障害と認定されなかった場合に利用できないということはありますか？

Y　ありません。

弁　障害福祉サービスを受けるためには、どのような手続を踏むことが予定されていますか？

Y　（略）

弁　NPO法人Bのシェルターは、どのくらいの期間利用することを予定していますか？

Y　半年程度を予定しています。

弁　その後、中長期的には、どんなことをめざしていきますか？

Y　就労についても支援を行い、働くことができるようにと考えています。また、本人の余暇活動も充実させるため、レクリエーションの機会を得られるようにとも考えています。

弁　その段階で、障害の認定を受けていると、就労についてどんな支援が受けられますか？

Y　障害福祉サービスにおける就労支援が利用できるようになります。

弁　障害の認定が受けられなかった場合はどうなりますか？

Y　（略）

弁　Aさんの特徴にあった就労支援は、Aさんの立ち直りにとってどんな意味があると考えていますか？

Y　（略）

弁　レクリエーションについては、どんなことが考えられますか？

Y　（略）

弁　レクリエーションを検討することは、Aさんの立ち直りや支援にとってどんな意味がありますか？

Y　（略）

弁　今、話していただいた支援の方向性・内容について、Aさん本人とはどのような話をされましたか？

Y　（略）

弁　判決後、証人はどのようにAさんに関わりますか？

Y　（略）

弁　その際、証人に対して費用の支払いはどうなりますか？

Y　家族と別途契約して、今後は家族から費用をもらいます。

弁　その後の引き継ぎについて、今の時点で言えることを説明してください。

Y　（略）

⑶　被告人質問

更生支援コーディネーターの尋問を受けて、被告人質問においては、解体工の仕事の中でつらかったこと、指示どおりに仕事をこなせずに暴力を受けたこと、給与がきちんと支払われていなかったこと、被害者に伝えたかった謝罪の気持ち、今後予定している支援の内容を理解していること、支援を受けながら生活していくことに対する思いを本人なりの言葉で供述してもらった。

⑷　論告・弁論

検察官は、論告で、強制性交等未遂は自らの性欲を満たすため、置き引きや無銭飲食は自分の意思で放浪生活を続けた結果であって、動機に酌むべき点はないこと等を指摘して懲役３年を求刑した。

弁論では、障害福祉の専門家である更生支援コーディネーターの見立ては具体的根拠を伴うもので信用できること、障害が犯行に至る経緯、動機形成過程には大きな影響を与えており、強い責任非難は当てはまらないことを強調し、行為責任で示される量刑の大枠の中には、執行猶予も含まれていることを指摘した。そのうえで、本人の反省や謝罪、誰がどのように支援を行うかまで示した具体的で現実的な支援プランがあり、本人もそれを受けて更生していく意欲があるのであるから再犯可能性もないことを挙げて、行為責任から導かれる量刑の大枠の中から執行猶予を選択するのが妥当であることを論じた。

⑸　判決

判決では、犯情については、弁護人が指摘した、暴行脅迫の程度が低く、犯行時間が比較的短いこと、被害者が逃げた後は追撃等していないことは評価して、同種事案の中で執行猶予を選択することも許される部類に属するとしたものの、残念ながら、障害の可能性、それが犯行に与えた影響については特段言及がなかった。

それでも、一般情状においては、情状証人として出廷したソーシャルワーカーが本人に対する具体的な更生支援計画を立て、本人もこの計画に従って更生していくことを誓約していることなどから、本人の更生が相当程度期待できると評価して執行猶予が付され、懲役３年執行猶予５年の判決であった。

4　判決後

判決言渡し後は、元弁護人が本人と拘置所で待合せをして、受入先のシェルターまで同行した。また、受入先に更生支援計画書を渡して、その時点で把握している障害特性や課題、本人の希望等を伝えた。生活保護申請、障害認定のための検査の申込みについては、受入先NPOと弁護人・更生支援コーディネーターが分担して行った。

また、実家とは距離を置くことにしたが、本人が実家に残した荷物の引き取り等を間に入って行い、本人の新しい生活の開始時点で物理的に足りないものがなるべく少なくなるようにした。

検査の結果、やはり本人には知的障害があることがわかった。そのため、療育手帳等も取得し、得意なことや苦手なことを踏まえた就労支援を行い、作業所への通所が開始された。

その後、アパート独居も決まって、本人の生活も軌道に乗っていった。

5　ポイント

⑴　障害の可能性に気づく

本件は、判決をみるとギリギリで社会内に踏みとどまった事案であるといえる。その中で、更生支援コーディネーターが策定した具体的な更生支援計画の存在が評価されたことが、執行猶予につながっている。

本件では、障害の可能性に気づくところが、すべての出発点になっている。この点、本件では、これまで、医療や福祉とのつながりはまったくなく、本人も家族も、そのような可能性にまったく気づいていなかった。また、動機についても、性欲を満たすためという動機はそれ自体了解不能ではない。その中で、先の見通しのないまま唐突な行動をとっていることに対する小さな違和感、犯行発覚の可能性等を検討しない犯行態様に対する小さな違和感等を放置しなかったことが、その後の支援につながっている。

⑵　障害の本件犯行への影響の立証

他方で、障害が犯行に与えた影響が犯情レベルで評価されなかったことは残念であった。

確かに、本件では精神科医による判断はなされていない。しかし、他のケースでは、鑑定や確定診断を経ていないケースでも、社会福祉士資格がある情状証人が、本人との面接結果等、具体的根拠をもとに障害の可能性を指摘していることをもって、医師の資格がなく確定診断ができないとしても、軽度知的障害である合理的疑いを払拭できないなどとして、軽度知的障害であることを前提に障害が犯行に与えた影響を犯情レベルで評価している判決も経験している。

鑑定には、裁判所が採用するかどうかのほか、保釈保証金が用意できないなどの理由で保釈はできないが、判決では執行猶予が期待される事案における身体拘束の長期化等、超えるべきハードルが存在する。

そのような事案で、障害が犯行に与えた影響を、犯情レベルできちんと評価してもらうには、当該ケースで本人に障害があると考えた具体的根拠や、更生支援コーディネーターの障害がある人に関わった経験の豊富さをさらにわかりやすく示す工夫が求められているといえよう。

4 発達障害のある人の窃盗事件

支援に関わってくれた人：更生支援コーディネーター、NPO法人スタッフ

1 事案の概要

本人は、37歳の男性である。路上生活をしている中で持っていたお金を使い果たしてしまった。そこで、コンビニエンスストアに行き、ツナサンドと飲み物を手にとり、そのまま外に出たところで、店員に声をかけられ、窃盗が発覚した。その後、通報を受けて駆けつけた警察官に逮捕された。

捜査段階では、弁護人の選任に対して拒否的であったようで、弁護人を選任していなかった。

起訴後になり、国選弁護人として選任され、関わるようになった。

2 公判段階の活動

⑴ 本人との接見

選任されたことを受けて、本人に接見に行ったところ、当初は「会いたくない」とのことで接見を拒否されてしまった。

そこで、その場で手紙を書き、弁護人の役割を簡単に説明するとともに、今日の接見で聞きたい内容を箇条書きで記して差し入れた。そうしたところ、本人の気持ちも落ち着いたようで、会ってもらえることになった。

接見室で会った本人は、なかなか視線が合わず、やや下のほうを向いている状態だった。こちらが挨拶をして質問をしようとすると、警察への不満等をすごい勢いで話し始めた。その様子をみて、自閉スペクトラム症を抱えている可能性が高いのではないかと感じた。

少しずつ、本人の話を整理しつつ聞いていくと、以下の経緯が判明した。

・もともと他県で生活保護を受給して生活していた。しかし、自分で働きたいという気持ちがあって、上京してきた。東京に来れば仕事があると思っていた。

・東京に着いた後、どうやったら仕事を見つけられるのかわからず、○○駅付近で野宿しながら生活していた。1カ月くらいは持ってきたお金で生活できていたが、それもなくなってしまった。

・事件の2日くらい前から何も食べておらず、こうなったら仕方ないと思ってコンビニに入った。そして、サンドイッチなどを持ち去ろうとしたところ、そのまま捕まってしまった。

・食べるものに困って持ち去ったのだから、窃盗ではないと思う。

・家族は父が生きていると思うが、まったく連絡がとれない状況である。

本人は、1つ質問すると、関係するいろいろなことについて一気に話をしてくれた。初回接見だったこともあり、話の内容を否定したりすることはなく、ひとまず傾聴した。

また、ひととおり本人が話し終わった後、通院歴等がないかについても聞いてみた。前記のとおり、本人の様子からは自閉スペクトラム症の可能性があるのではないかと考え、その資料となるようなものがないかと思ったためである。その結果、本人は、精神科病院に措置入院になったことがあり、そこでいろいろな検査を受けたとのことであった。

さらに、前科前歴についても確認したが、本人はあまり覚えていないとのことだった。しかし、以前に一度、刑務所で受刑したことがあるということは覚えていた。

⑵ 接見後の活動

接見後、カルテ等を開示することを考えた。すぐに同意書を差し入れ、本人に署名をしてもらった。

そのうえで、病院に対してはカルテ開示、行政に対しては生活保護のケース記録の開示を依頼した。また、刑務所に対してもCAPASの結果や刑務所内での行動等について弁護士会照会を行った。

あわせて、請求証拠の謄写を行ったうえで、証拠の任意開示を請求した。具体的には、本人の供述調書や障害に関する書面（カルテや精神鑑定の結果等）を求めた。

その結果、以下のような情報を得ることができた。

・前刑の際に実施されたCAPASの結果は85であった。
・病院では、アスペルガー症候群の診断を受けていた。
・病院には、期間が空いてしまうこともあったものの、ある程度継続的に通院することができていた。
・本件では簡易鑑定が実施されていた。自閉スペクトラム症との診断はあるが、完全責任能力とされていた。
・本件は累犯ではないが、前刑執行後5年半での事件であった。

障害の存在がある程度明らかになった時点で、裁判所と検察庁に対して、公判手続において本人の障害に配慮するよう申入れを行った。

(3)　弁護方針

以上のような情報収集と並行して、本人と接見を重ねた。本人とのコミュニケーションはなかなか難しく、途中で激昂して席を立って出て行ってしまったり、実現不可能なお願いをされたりということも多かった。しかし、接見の最初に当日のメニューを示し、接見時間を明示することで、徐々に落ち着いて話ができるようになっていった。そして、さまざまな角度から事件について質問した結果、公訴事実には争いがないということが明らかとなった。そのうえで、弁護人としては、見通しとしては厳しいものの、執行猶予付き判決を求めることとした。

そのうえで、責任能力を争うか否かが問題となった。この点については、非常に悩ましい事案だった。本件では、本人に自閉スペクトラム症ないし何らかの精神障害があることは明らかである。そもそも、「上京すれば仕事ができる」というイメージのみで上京してしまったことなどには、この障害の影響があったと考えられる。そうなると、精神障害が事件に影響を与えていることは明らかであり、その程度を明らかにするためにも、責任能力を争い、精神鑑定をすることもひとつの方法ではないかと考えた。また、累犯ぎりぎりの事件であることからすれば、責任能力まで動かないと、執行猶予を獲得することは厳しいかもしれないとも考えた。

しかし、本件では、

①　本人から、責任能力を争うことについて強い拒否感が示されていたこと（この点については、本人の拒否感の原因などを聴取したり、説明を尽くすなどしたが、本人の希望は変わらなかった）
②　本人から、実刑でもよいのでなるべく早く手続を終わらせてほしいとの希望が出ていたこと
③　食べるものに困って盗ったという動機形成や行為自体には精神障害の影響がほとんどみられず、仮に責任能力を争っても、心神喪失という認定を得ることは難しい事件と考えられたこと
④　障害の影響を量刑事情として主張するのであれば、カルテ等で精神障害の存在を立証したうえで、ソーシャルワーカーにアセスメント結果を説明してもらうことによって十分に考慮してもらえると考えたこと

から、最終的には責任能力は争わない方針とした。

一方で、障害の影響を立証していくためには、前記のとおりソーシャルワーカーにアセスメントをしてもらうことは必要不可欠であると考えた。また、本人には医療や福祉の支援が必要であることは明らかであり、今後の生活について一緒に考えてもらいたいと伝えた。本人としても、今後の生活については一定の不安があり、相談をすることについては前向きな回答をもらえた。

(4)　ソーシャルワーカーとの連携

そこで、東京TSネットに支援依頼をして、社会福祉士資格を有する更生支援コーディネーターが関わってくれることとなった。

更生支援コーディネーターは、本人との面会を重ねて、福祉サービスのことや今後の生活のことなどについて丁寧に説明をしてくれた。本人は、今まで生活保護以外の制度を利用したことはなく、障害福祉サービスを利用することなどに対しては当初は不安を示していた。しかし、更生支援コーディネーターが、説明の際に、毎回視覚資料を用意し、図式などを用いて説明してくれたことで、本人にも内容が伝

○○地方裁判所御中

○○年（○）第○号　窃盗被告事件

A氏更生支援計画書

○○年○月○日　作成

作成者　氏名　X　㊞
所属　一般社団法人東京TSネット
資格　社会福祉士

第1　はじめに（作成の経過）

1　依頼の経緯

○○年○月○日被告人国選弁護人であるY弁護士が東京TSネットに支援を申し込んだことによる。弁護人は○○年○月○日の逮捕後、被支援者であるA氏（以下「本人」という）と面会した際に福祉的支援の必要性を感じ、東京TSネットへの支援依頼を行った。

東京TSネットとは、罪に問われた障害者の支援に関する調査研究や、福祉的な支援が必要と思われる被疑者・被告人に対して更生支援コーディネーターを派遣し、個別のケースの支援を行っている団体である。2015年4月より一般社団法人として、法人格を有する。

本件事案につき弁護人から支援の要請を受けた東京TSネットでは、事案の内容等を鑑み、所属メンバーの中から社会福祉士Xを更生支援コーディネーター（以下「支援者」という）として派遣することを決定した。

本更生支援計画は、支援者が、本人、本人の関係者等と面会し参考資料を集め、それらを分析し、分析の結果得られたアセスメント結果を踏まえて、本人に適した福祉的支援を策定したものである。そして、同計画の目的は本人に対する福祉的支援の枠組みをつくることで、再発を防ぐ環境を形成し、もって本人の社会での自立を促進させる点になる。

2　行った活動

⑴　本人・家族・関係者との面談日時、回数

・本人との面会　4回

○○年○月○日　○○拘置所
○○年○月○日　○○拘置所
○○年○月○日　○○拘置所
○○年○月○日　○○拘置所

・関係者・関係機関との面会　2回

○○年○月○日　支援検討委員会

（支援検討委員会とは、東京TSネットにおいて、専門的知見を擁する委員が、ケース支援の支援内容を検討する会をいう。委員には精神科医、臨床心理士、大学教員などが参加している）

○○年○月○日　受入先NPO法人の担当者を含めた会議

⑵　収集した資料

・弁護人による本人接見メモ
・刑事訴訟記録
・照会回答書（○○刑務所）
・○○病院のカルテ一式
・NPO法人○○のホームページ写し

第2　本人について

<table>
<tr><td rowspan="2">1
本人</td><td>氏名</td><td>A</td><td>性別</td><td>男</td></tr>
<tr><td>生年月日（年齢）</td><td colspan="3">○○年○月○日生まれ（○歳）</td></tr>
<tr><td>2
障害程度・診断</td><td colspan="4">広汎性発達障害（アスペルガー症候群）
WAIS－Ⅲ全検査IQ=91（言語性IQ=105、動作性IQ=74）【○○年○月○日○○病院にて実施】</td></tr>
<tr><td>3
成育歴</td><td colspan="4">○○年○月○日○○県○○市で出生。長男、兄弟はいない。生花店を営む両親とともに生活。
小学校、中学校は普通級。○○年に○○高校に進学するが、自身には適応しないと思ったことから、1年生の1学期で自主退学。その後は、両親が営む生花店の手伝いを行う。その後、スーパーで友人とともにアルバイトを行ったが3日間で終了。その後も飲食店に勤務をしても半年で辞めてしまうなど、仕事は長続きしない状態だった。
○○年に母が亡くなり、父と2人暮らしとなる。○○年に脅迫罪により懲役1年の実刑。出所後、父のもとに戻ったものの、○○年、父と喧嘩し、その後父が失踪。父には、現在も連絡がとれない。
父の失踪後、生花店の経営が維持できず、店を畳む。
○○年○月より、○○県○○市にて生活保護受給を開始するが、○○年○月に窃盗罪で逮捕され不起訴。同年○月に住居侵入・窃盗罪で逮捕され懲役2年の判決。○○刑務所で服役。
○○年に○○刑務所を出所後、○○県○○市で生活保護を受給し、アパートで1人暮らしを開始。
○○年○月○日、○○市の○○病院（精神科）に措置入院。○月○日に医療保護入院に切り替え。○○年○月○日に同病院を退院し、その後も、予約日に受診しないなど不定期ではあるが、○○年○月末まで通院していた。
○○年に、仕事をしたいと思うようになり、仕事を探すため上京。生活保護費から交通費等を捻出したことから、家賃を滞納。なお、○○年○月分の窓口払いに来所しなかったことから失踪による生活保護廃止となっている。</td></tr>
<tr><td>4
事件時の生活環境</td><td colspan="4">【仕事および住居】
居所不明により、○○市からの生活保護が廃止になったことにより、収入なし。仕事をするため○○年○月頃に上京するが、職に就くことはできず、○○駅付近や○○駅周辺で野宿をしていた。本人によると10年前に消費者金融機関から生活費を借りたため、およそ200万円の借金がある。</td></tr>
<tr><td>5
アセスメント結果</td><td colspan="4">・○○年頃父が本人との喧嘩により失踪、連絡がとれない状況にあることから、家族による支援は困難である。
・○○年○月○日に○○病院で本人に実施されたWAIS-Ⅲ、樹木画テストの結果等により、アスペルガー症候群の診断が出される。テストの結果により、長期記憶や短期記憶が強いため、暗記やパターンによる理解はできるが、獲得した知識や情報をもとに新しい出来事に取り組むこと、柔軟性が求められる場面での対応が難しい。言語、非言語にかかわらず、提示された情報のつながりを推理することが難しく、処理速度もゆっくりである。全体的にエネルギーはあるが、コントロールが悪く、思い込むと考え方が変えられず、感情をコントロールできなくなり、刺激に対し敏感に反応し、衝動的に行動してしまいやすい傾向があることがわかる。支援者が本人と面談する中でも、支援者が発した言葉にこだわり、感情的になり、本人が一方的に面談を打ち切ることがあった。
・就労意欲があり、就職活動のためにハローワークに登録する、インターネットを利用しアルバイト先を探すなど、就職への努力はしているが、情報の整理がうまくできないため、自身に適した職業を探すことは困難と思われる。また、新たな作業を覚えることや作業速度もゆっくりであることが推測されるため、健常者枠での就労は難しいと思われる。
・音などの刺激に対し敏感で、アパート、病院、刑務所で隣室との壁を蹴る、大声を出すなどのトラブルが何度かあるため、集団生活は困難。
・不定期ではあるが、○○年○月から○○年○月まで、自身で通院し、医師に症状を訴え、服薬することができていた。</td></tr>
</table>

第3　支援について

1 支援方針	・○○県にあるNPO法人○○のシェルターへの入所調整をしており、釈放後は同法人内のシェルターに居住し、○○市に生活保護申請を行う。将来的には、障害者総合支援法上のグループホームに入居し、生活の安定を図る。 ・アスペルガー症候群による特性や衝動性があるため、病院へ定期的に通院し、本人の不安や症状の軽減を図る。 ・本人が安心して居住し続けられるよう人との関係性や環境を構築する。
2 具体的 支援	短期 ・○○市にて生活保護を申請し、NPO法人○○内のシェルターに居住する。 ・精神科への受診。定期的な通院・服薬ができるよう支援。 ・精神障害者保健福祉手帳の申請。
	中期 ・相談支援事業所の利用を開始。 ・グループホームへの入所調整（すでに候補となるグループホームについては調整ができており、体験入所などを経て利用開始となる予定である）。 ・医師の判断により、精神科のデイケアの利用を検討。 ・NPO法人○○のサロン活動や交流会を通し、本人が安心できる環境や居場所を構築する。 ・弁護士が本人の借金の債務整理にあたる。 ・障害年金の申請。
	長期 ・福祉就労の利用検討。 ・地域の障害者就労支援センターに登録し、就労に向けた準備を行う。 ・就職した場合、障害者就労支援センターのサポートを受ける。
3 支援体制	短期的な、生活保護受給申請、シェルターへの入居、グループホームへの入所調整は更生支援コーディネーターが中心となって支援を行う。 中期以降はNPO法人○○の相談員および、相談支援事業所の相談支援専門員が中心となり行う。 当面は支援者が1カ月に1回程度本人が入居するシェルターに訪問し、面談を行う。
4 まとめ	本人はアスペルガー症候群の特性により、思い込みが激しく、他者の意見を受け入れられずに衝動的に行動する傾向が強い。今回の事件も障害特性による見通しの立たなさと衝動性から起こしたものと考えられる。ただし、時間が経てば冷静になり、誤った言動に対し素直に反省し、支援者へ支援を求めることもできる。 　今後は本人が望む支援付きのグループホームに入居し、定期的に医療を受診することで、安定した生活環境を構築し、本人が安心して地域生活が送れる体制づくりを進める。

支援コーディネーター	氏名：○○○○ 資格：社会福祉士 所属：一般社団法人東京TSネット ※緊急連絡先　○○○－○○○○－○○○○

添付資料
・NPO法人○○のホームページ写し
・東京TSネットパンフレット

わり、安心した様子だった。

そのうえで、更生支援コーディネーターは、具体的な支援計画を考えてくれた。

⑸　公判

本人の早く公判を終わらせたいという希望も反映して、第1回公判で結審する方針とした。一方で、本人のコミュニケーションの特性から被告人質問にはかなり時間を要すると考えたこと、更生支援コーディネーターの尋問にも十分な時間を割きたいと考えたことから、公判は2時間枠を確保した。

公判では、本人の障害特性をわかってもらうように考えた。たとえば、被告人質問では、

・質問を始めるにあたって、まず、どのように質問されると答えやすいですか→ゆっくり質問してもらいたいです

・早口で質問されるとどうなりますか→パニックになってちゃんと答えられなくなります

などと説明してもらうようにした。実際の質問では、本人のコミュニケーションの難しさなどが裁判官にも伝わったのではないかと思う。

そのうえで、更生支援計画を書面として証拠調べ請求し、あわせて更生支援コーディネーターの尋問を行った。

尋問では、アセスメントの内容についてあらためて説明してもらうと同時に、仮に判決日に釈放されたら、誰がどのような動きをする予定か等について具体的な話をしてもらった。

これを受けて、弁論では、犯情として、①結果が小さいこと、②本人の障害特性が事件の背景にあることを述べ、さらに、一般情状として、今後の福祉的支援が整っていることを重視すべきであると主張した。

3　判決

判決は、残念ながら10月の実刑判決であった（求刑は1年6月）。判決では、事件の背景に本人のアスペルガー症候群の特性があることを一定の酌むべき事情としつつも、窃盗の前科前歴が複数あること、前刑執行後約5年半での犯行であること等から実刑判決が相当であるとされた。

判決後、すぐに本人と接見したが、本人は控訴はせずこのまま受刑したいとの希望であった。

そこで、更生支援コーディネーターと打合せをして、実刑後にどのように支援をしていくのかを検討した。本件では、本人の状況から考えれば地域生活定着支援センターの関与が見込まれるが、本人が十分に理解できずに拒否してしまうこともありうると考えた。そこで、地域生活定着支援センターに頼るだけでなく、現状のメンバーにおいても可能な限りの支援をしていこうという方向にまとまった。その後、更生支援コーディネーターが、受入れ予定だったNPO法人に問合せをしてくれ、NPO法人も、出所後の受入れも可能と回答してくれた。

そこで、受刑後を前提とした内容に更生支援計画書を修正したうえで、本人の同意をとって、それを拘置所に送付した。これによって刑務所や地域生活定着支援センターとのつながりができればと考えた。

現在、本人は受刑中となっている。

4　ポイント

⑴　接見拒否の場合

本人がパニックの状態だったり、状況をあまり把握できていない場合に、接見を拒否されてしまうこともある。その場合に、すぐに接見をあきらめる必要はない。

この件では、本人に手紙を差し入れて、弁護人が何をしようと思っているのか等について見通しをもってもらうことで接見を実現することができた。ほかにも、落ち着いている時間帯に接見を行う等、時間的な工夫を行うことも考えられる。これらの方法が万能というわけではないが、ケースにあわせて、どんな理由で本人が接見を拒否しているのかを想像し、それに合わせた対応をしていくことも必要だろう。

⑵　接見における視覚資料の活用等の工夫

本件では、更生支援コーディネーターが視覚資料を用いて本人に説明をしてくれたことが、本人の理解にとって非常に大きかった。これによって、本人は今後の生活に対してイメージをもつことができるようになり、更生支援コーディネーターとの信頼関係も築かれた。

弁護人も、手続などを説明する際に、視覚資料を活用することが必要だろう。本人の話を整理する際

に、一緒にマインドマップを書いていくことなども有用である。

また、本人の話を遮らずに丁寧に聞くことは重要であるが、本人の説明が冗長だったり散漫だったりする場合、弁護上必要な情報を聴き取れなかったり、伝えるべきことが伝えられないのを防ぐことも必要となる。そのための工夫として、本件のように、接見が始まる際に当日行うことや接見に使える時間を明示することで、適切な枠組みが設定できることもある。

⑶ 実刑となってしまった場合の支援

実刑となってしまった場合にどのような支援をしていくのか、そもそも支援を継続できるのかは大きな課題である。本件では、短期の実刑であったこと、受入先のNPO法人が協力的であったことから、実刑後の支援を組み立てることができた。基本的には、判決後すぐに更生支援コーディネーターなどと打合せをして、どのような支援をしていくのか、実刑判決によって従前の支援計画から修正すべき点はないか、といったことを検討するのがよいだろう。

本件では、本人には障害があり福祉サービスを必要としていること、帰住先がないこと等からすれば、特別調整（**第3章❷3**⑷参照）の対象となる可能性もある。しかし、本人は拘置所や刑務所などに対して強い不信感があることや、支援についての十分な理解ができない可能性があることを考えると、支援を希望しないことも十分に考えられた。そうなると、地域生活定着支援センターの支援等につながらないこともありうることとなる。そこで、支援体制を維持しつつ、仮に地域生活定着支援センターにつながった場合には一緒に連携していける体制をめざすこととした。

このように、支援を継続していく場合、刑務所への更生支援計画の引継ぎ（**第3章❻2**参照）を活用することができる。

❺ 発達障害のある人の監禁・傷害事件

支援に関わってくれた人：両親、障害福祉行政、地域生活定着支援センター、生活困窮者自立支援法上の相談機関

1 事案の概要

無料低額宿泊所にて、相談員や施設長らに凶器を用いて暴行した事件（複数の傷害事件）。

2 捜査

⑴ 接見等の状況

接見等を通じて、以下のような事情を聴取した。

本人は、施設の相談員を信頼して相談を繰り返していた。しかし、徐々にお互いの関係が近くなりすぎて、かえって関係性が悪化していった。このことに伴い、相談員は、施設の指示により本人との関わりをやめることとなった。そのため、本人は、自分のことを見捨てられたと思い、施設や相談員への憎しみをもつようになった。

その後、施設関係者らは、本人の今後のことについて話し合う場をもつため、施設に集まることになった。本人は、この話合いの場に木刀を持って現れ、そこにいた施設関係者複数名を木刀で殴りつけて、それぞれに全治1カ月程度のけがを負わせた。相談員にはさらに木刀で暴力を振るい続け、施設内にあった刃物で切りつけるなどして、全治3カ月のけがを負わせた。

本人は、過去にも何度か傷害事件等を起こしていたが、いずれも罰金ないし起訴猶予となっていた。また、覚せい剤を常用していた時期もあったことから、10年ほど前には執行猶予判決を受けたこともあった。こうしたことがあって、家族は本人と距離をとるようになり、収入のない本人は無料低額宿泊所に入所することとなった。

その後、本人は、比較的安定したかのようにみえていた。しかし、相談員との関係や他の施設利用者との関係性から、徐々に不安定な様子を示していた中で起きた事件だった。

⑵ 弁護人による情報収集等

このような中で、比較的早期の段階で鑑定留置に入ったことから、この期間中に本人の情報収集に努めることとした。本人は、周辺の人や機関から話を聞くことについては拒まなかったため、過去の通院先や相談していた行政に対する自己情報開示に関する承諾書を取得し、照会を行った。照会の結果、複数の病院から回答があったものの、覚せい剤精神病、統合失調症、発達障害（アスペルガー障害・注意欠陥・多動性障害）等複数の病名や障害が挙げられており、いずれに該当するかはっきりしなかった。

その後、行政に照会を行った際、行政職員から、過去に本人の就労支援の相談に乗っていた福祉の支援者を紹介された。この支援者は、生活困窮者自立支援法上の相談支援を行う相談員であり、主に障害を抱えた人の就労支援等を行っていた。支援者から話を聴く中で、「支援していた当時から、本人には、発達障害を抱える当事者の典型的な特性がみられていた」といった情報を得た。

他方で、本人の家族からも聴取を行うとともに、幼少期のエピソードや学生時代の通知表等を確認させてもらい、本人の成育歴の把握に努めた。

⑶　支援方針

ある程度、情報収集ができた段階で、本人に対しても福祉的な支援を受けることの提案を行った。

本人は、社会に戻った際には就労したいとの意向を有していたため、弁護人から就労支援や今後の生活支援の相談を受けないか打診した。それを希望する旨の発言がみられるようになったことから、支援者へも接見への同行を打診し、支援者と本人との面会を行うことになった。

この際には、就労支援を過去に行っていた支援者に加え、地域定着支援センター職員に同行してもらった。

面会の中で、本人は家族と再び生活したいこと、無理のない仕事からでもよいので、再度働いていきたいという希望を話すようになっていた。そのため、こうした本人のニーズをいかにして実現していくかが、その後の支援検討の方向性として定まっていった。

その後、公判直前には、弁護人、両親、地域定着支援センター相談員、生活困窮相談員、行政職員が集まり、ケース会議を実施した。この中では、本人が執行猶予になった場合と実刑になった場合のそれぞれの支援の方向性と役割分担を決めた。

具体的には、①家族が住居を提供し、共に生活していくこと、②生活困窮者相談員が主に福祉就労等の調整を行うこと、③地域定着支援センター職員が本人や家族の生活支援、仮に本人が自宅での生活が困難になった際の居住支援、さらに発達障害に専門性を有する病院の紹介等を担うこと、④弁護人が本人の福祉サービスや社会保障の受給（主に障害年金の受給）に関する援助を行うこと、といった形である。

⑷　起訴前本鑑定と鑑定医からの聴取内容

本件では、起訴前に本鑑定が実施され、2カ月間の鑑定留置期間を経た。鑑定医からは、本人の有する障害は過去の覚せい剤使用に起因するもの（覚せい剤精神病）との診断がなされた。

一方で、過去に通院していた病院の医師や前記の支援者らからは、本人は発達障害だと思われる旨の意見が述べられていた。加えて、本人の覚せい剤使用による前科は10年以上前であり、その後は使用がみられず、覚せい剤依存からも脱していた。

そこで、弁護人は、覚せい剤精神病や発達障害に関する診断基準、典型的な障害特性等を調査した。そのうえで、発達障害という診断を行う余地がないのかという点の目的意識のもと、鑑定医に面談を行った。面談では、どうして覚せい剤精神病と判断したのか、発達障害を排除した理由は何か、事件発生に至った背景には何があるのか、といったことを確認した。

鑑定医からは、発達障害を積極的に排除しているものではなく、幼少期における特徴的なエピソードに乏しいことから、消去法的に排除したに過ぎないことが述べられた。そして、本人は、確定できないものの何らかの障害によって、精神的に不安定となりストレス耐性が低いこと、ストレスがたまったときに衝動的な行動に出てしまう場合もあることが述べられた。

さらに、本件の背景として、本人の障害特性を理解しておらず、専門性をもたない施設職員らが支援を行ったことが、かえって本人の精神的負担を増やし、ストレスを募らせる原因にもなっていたこと等が語られた。この点については、鑑定書上は記載されていない内容だった。

これらの事情を裁判でも反映させるため、弁護人は、前記の事情を盛り込んだ鑑定内容の聴取書面を証拠化した。加えて、過去に発達障害と診断を行った主治医の意見書や、そこで実施した発達障害の検査結果等も証拠請求した。

(5) 主治医の診断に関する報告書の内容

○○年(○)第○号　傷害被告事件
被告人　A

主治医の診断所見に関する報告書

○○年○月○日

○○地方裁判所刑事部　御中

弁護人　B

被告人の主治医から診断所見を聴取した経緯およびその内容について、以下のとおり報告いたします。

1　被告人は、○○年○月より本件直前の○○年○月にかけて、C市内に所在し精神科医療を専門とするDクリニックにて通院を行っていた。Dクリニックでは、発達障害の外来を専門としており(資料1)、かつ、従前より、被告人に対して発達障害の一種である注意欠陥・多動性障害との診断を行ったこともあった。

2　そこで、○○年○月○日、弁護人から、Dクリニックにて被告人の主治医であったE医師に対して、被告人の入通院時における精神障害の内容や程度、過去に注意欠陥・多動性障害と診断した根拠等に関して、文書にて照会を行った(資料2)。

3　同月○日、弁護人からの照会に対し、E医師より文書にて回答がなされた(資料3)。同回答書によれば、被告人を注意欠陥・多動性障害と診断したのは、被告人への問診での回答内容に加え、○○年○月○日に被告人に対して実施された「WURS」という心理検査において、注意欠陥・多動性障害との評価に価する高値を示したことが根拠とされた(資料4)。

4　以上から、被告人の主治医としては、問診および○○年○月○日の検査を契機として、被告人を注意欠陥・多動性障害と診断し、それを前提にして事件直前まで薬物療法や心理療法を続けてきていたものである。

添付資料
1　Dクリニックホームページ写し
2　診断所見聴取に関する依頼書
3　依頼書への回答書(E医師)
4　カルテおよび検査結果(抜粋)

以上

3 公判

(1) 弁護側立証

公判では、前記のような書証の取調べとともに、本人の父親に証人として立ってもらった。そして、今後は再度本人と共に生活する意向をもっていること、本人を監督する意向をもっていること等を述べてもらった。

相談機関の職員は、従前に更生支援計画書を作成したことはなかったこと等もあり、本件では計画書は提出せず、事前にケース会議を行ったうえで、尋問内容を職員と検討する方法によることとした。尋問では、本人の障害に配慮した無理のない就労の方向性が存在すること、家族も含めた支援を行うことが可能であること等を述べてもらった。そして、前記のケース会議の内容を語ってもらい、今後も本人の支援を各人が分担・協力して行っていくこと、本人には福祉サービスを利用してもらう予定であることなども述べてもらった。支援者からみた本人の今までの状況と、それについての見立てを述べてもらい、本人は、ソーシャルワーカーによる専門的な支援が必要な人であることを立証するよう意識した。他方で、本人がストレスを募らせた原因については、鑑定を担当した精神科医の聴き取り内容の中で述べてくれていたため、その点の見立てはあまり述べなかった。

被告人質問においては、本人からも、今まで施設での生活で感じていたストレスや悩みを語ってもらうとともに、今後は福祉サービスの利用を得つつ、家族のもとで生活していきたいという意向などを述べてもらった。

⑵　生活困窮者自立支援法上の相談機関職員への尋問

ア　支援者自身の紹介

弁　まず、Zさん自身のことを聞きます。職業を教えてください。

Z　C市の、生活困窮者支援事業の相談員をしています。行政からの委託を受けて行っている事業になります。

弁　どのような援助を行うところですか？

Z　生活に困窮している相談者の就労支援を行っています。私自身は、以前は障害のある方の就労支援の仕事を行っていましたので、障害のある方の支援についても行っています。具体的には、ハローワークへの同行、面接の同行、履歴書の添削などをしています。

弁　今までの、障害のある方への援助の経験を教えてください。

Z　知的障害の方の生活支援を5年間行いました。その後は、障害のある方の就労支援は現在までで6年行っています。

弁　どのような専門資格を持っていますか？

Z　社会福祉士という国家資格を持っています。

イ　Aさんとの関わり、Aさんの特性について

弁　Aさんとの関係について聞きます。Aさんと最初に関わったのはいつのことですか？

Z　○年○月からです。Aさんが市役所に相談に行った際に就労を希望していたことから、私のところを紹介されたようでした。

弁　Aさんに関わり始める際、障害についての説明はどのようなものでしたか？

Z　相談を受けた際に、発達障害であると引き継ぎを受けました。

弁　そのような見立てについて、Zさんはどう思いましたか？

Z　関わり始めるようになってからも、Aさんは、約束の時間を守れなかったり、数字が苦手だったり、聴覚過敏だったりということがありました。こうした特徴は、発達障害の典型的な特徴ですので、違和感はありませんでした。

弁　支援に関わるようになったとき、Aさんからはどのような希望がありましたか？

Z　働いて自立したいという希望を話されていました。そのため、仕事の適性を測るための検査をしました。

弁　それで、どのような適正検査をしたのですか？

Z　軽作業をしてもらい、その時間を計ったり、指示が通っているかを確認しました。ほかにも、仕分けや書き写しなどの単純作業も行ってもらいました。

弁　検査の結果はどうでしたか？

Z　作業の指示の通り方、手の器用さから、十分に障害者雇用が可能と判断しました。

弁　その際、気になったことはありましたか？

Z　指先をこすって刺激し続けていました。

弁　主にどのような障害の人がやる動作なのでしょうか？

Z　発達障害の人が、自分の動揺を抑えたり、集中力を切らさないために行う動作だといわれています。

弁　Aさんへのその後の支援内容はどのようなものでしたか？

Z　障害者を対象にした、就職合同面接会に参加してもらい、同行しました。また、私たちのセンターで、障害理解のある企業へ資料提供などを行っていました。

弁　本人の就職はどうなりましたか？

Z　C市内の公共施設での清掃業に内定していました。

弁　その仕事はどうなりましたか？

Z　その後、Aさんが不安定な状態になり、就職は保留となっていました。

弁　どうして不安定な状態になっていたのでしょうか？

Z　Aさんは、ストレスのないときには非常に穏やかで、作業等も問題なくできていました。Aさんは自分のことを多くは語りませんが、このとき

はAさんを取り巻く周辺の環境へのストレスがあったのだと思います。

弁　最終的に、内定していた仕事はどうなったのでしょうか？

Z　今回の事件により、事実上内定取消しとなっています。

ウ　事件後の関わり

弁　事件後のことを聞きます。今回の事件の後、弁護士からどのような相談を受けましたか？

Z　Aさんの社会復帰後のことについて相談を受けました。障害枠での就労が可能か、どういった働き方が可能かといった内容です。

弁　それで、Zさんはどうしましたか？

Z　本人が希望するのであれば、協力したいと思い、援助を約束しました。本人への面会や関係者間での会議を行ったりしました。

弁　本人への面会は、誰が行いましたか？

Z　Fさん（地域生活定着支援センター職員）、弁護士が同席しました。

弁　Fさんはどのような人でしょうか？

Z　地域生活定着支援センターの職員さんです。

弁　地域生活定着支援センターとは、どういったものでしょうか？

Z　罪に問われた障害のある人や高齢の人が、出所した際や社会に戻った際に福祉サービスの調整を行ったりする機関です。

弁　なぜ地域生活定着支援センターも関わっていたのでしょうか？

Z　刑事手続に関わることにもなりましたので、協力をお願いすることになりました。

弁　面会ではどのような話をしましたか？

Z　今後、どこに住みたいのか、どうやって生計を立てるのかといったことです。

弁　Aさんの回答はどうでしたか？

Z　本人は、実家で暮らしながら働きたいという希望でした。

弁　どんなことがしたいと言っていましたか？

Z　体を動かす仕事がいいということでしたが、業種はとくに選ばないと話していました。

弁　Fさんのほうからはどんな話がありましたか？

Z　まずはどこに住むのか、生活の本拠のことについて聞いていました。

弁　その後、Zさんたちはどうしましたか？

Z　関係者会議を行うことにしました。弁護士と行政の職員、両親も加えて、今後のことを話すことになりました。

弁　行政の職員は誰でしょうか？

Z　C市の障害福祉課のGさんという人です。

弁　なぜ、その方になったのでしょうか？

Z　もともと、Aさんから窓口で相談を受けた市の職員さんだったからです。

エ　今後の支援方針についての具体的検討と分担

弁　会議のことについて聞きます。いつ話合いを行いましたか？

Z　今月の○日です。

弁　どのようなことを話しましたか？

Z　まず、Aさんがどこに住むのかということです。両親は、今までのAさんの住環境のことも考え、一緒に住むということを決めたようでした。

また、Aさんの働き方についてです。事件を起こしてしまったこともあり、障害者雇用での一般企業での就労は難しいかもしれないと考えました。それに、これまでのAさんの状況からしても、ストレスが少なく、Aさんの障害理解がある環境で働くことが気持ちの安定につながるとも考えました。そのため、まずは福祉的就労が一番合っているのではという話になっています。

弁　福祉的就労とは、どのようなものですか？

Z　就労継続支援A型やB型といわれているものがあります。A型というのは、障害者手帳を持った人が働く施設です。雇用契約を結ぶため最低賃金が保証されますし、障害の配慮もなされます。B型は、作業を通して訓練し、先ほど話したA型や一般企業での障害者雇用などをめざす施設です。最低賃金が保証されない代わりに、楽な働き方ができます。

Aさんの場合には、両方を視野に入れることになります。そのうえで、いずれは一般企業での就労の援助も可能かもしれないと考えています。
弁　A型やB型で働く場合、月の収入では、どれくらいになるのでしょうか？
Z　A型なら月８万円前後くらいです。B型だと月２万円前後くらいになると思います。
弁　福祉的就労をする場合に、必要な手続は何でしょうか？
Z　障害福祉課に利用の申請を行う必要があります。
弁　その点について、誰が協力することになりましたか？
Z　市役所の職員であるGさんが、手続を進めてくれることになりました。
弁　Zさんとしてできる援助はどのようなものになりますか？
Z　A型はC市やその付近に複数あります。本人が通いやすいところ等、本人に会うところを探す支援を行うことができます。
弁　Fさんができることは何でしょうか？
Z　両親が高齢なので、家族の生活面で相談したいことがあれば相談を受けることになっています。家族がAさんとの関係で悩みがあるとき、家族支援の中心になる役割です。
弁　Aさんが家に住めなくなったときには、どうしますか？
Z　Aさんの意向との相談になりますが、Fさんとの相談のもと、障害者のグループホーム等への入居を検討することになると思います。
弁　弁護士のほうでは、何をするという話になりましたか？
Z　福祉的就労だと収入が少ないですので、障害年金の申請を援助することになっています。
弁　最終的に、どのような話になりましたか？
Z　こうした役割分担を決めたうえで、Aさんの社会復帰後の支援を準備することになりました。
弁　今後は、どのようなときに集まることになりましたか？
Z　まずは判決後、また一度集まることになっています。

オ　終わりに

弁　最後に、Zさんから、何か言いたいことがあればお願いします。
Z　発達障害は、外から見えづらい障害です。誤解を生んだり、つらい思いをしているケースを今まで見てきました。Aさんにとっては、専門的な支援が必要だと思います。

⑶　論告・弁論

論告では、犯行態様の悪質性、結果の重大性とともに、これまで施設が献身的に支援していたにもかかわらず、その支援の手が離れたことで身勝手に怒りを強めたとして、動機に酌量の余地がないことが主張された。さらに、障害に関しては、一定の精神症状の存在や、それが事件に影響を与えたことについては認めたものの、薬物を使用したことが精神症状が生じた発端であるから、過度に考慮されるべきではないとして、懲役８年の求刑がなされた。

他方、弁論では、本人が発達障害を抱えており、生来的な生きづらさと、それに起因するストレスを抱えていたことを述べた。そして、本人の特性からすれば、ソーシャルワーカーによる専門的な支援を要する状態にあったにもかかわらず、これまで支援が行われていなかったこと、それが本人のストレスを強め、事件に向かわせる原因のひとつとなったことを指摘した。この点は、本人が事件に及んだ経緯や、その中での障害を抱えた原因は本人に帰責できないものであるため、量刑上も重視すべき事情であることを述べた。一般情状としても、今後はソーシャルワーカーによる適切な支援が行われることから、ストレスを募らせることもなく、同じトラブルを繰り返すこともないとして、再犯可能性が大幅に低減したことを述べた。こうした支援を本人に提供するためにも、社会でのやり直しを認めるべきとして、執行猶予を求める意見を述べた。

4　判決

判決では、本人の精神状態が不安定であり、ストレス耐性が低いこと、専門性をもたない支援者の関与によってさらに精神状態を悪化させ、事件を引き起こした側面があることが認定された。

他方、弁護人が主張していた、本人の抱えている障害は発達障害であるという障害の内容については言及されなかった（障害を一定程度考慮している内容であったことから、覚せい剤精神病ではない生来的な障害を前提としていることがうかがわれた。薬物精神病の場合、自己責任的な側面から障害を情状に反映させることに消極な判断になりがちなためである）。

そのうえで、本人の家族や支援者の証言等を引用し、今後は本人に家族・医療・福祉の支援が期待されることなどを有利な情状として考慮して、懲役5年の判決が下された。

5　ポイント

⑴　精神鑑定への対応

精神鑑定が行われた場合、鑑定書の記載内容を批判的な視点で検討することが必要になる。弁護人としては、鑑定書を確認した後、診断された障害以外にも、可能性が疑われる障害等について専門的な文献等にあたる必要がある。そのうえで、鑑定医にも公判の前に会って話を聞くべきである。そこで医師に疑問を投げかけ、鑑定書の内容について説明を受けることで、問題点がより浮き彫りになり、本人にとって有利な情報が新たに出てくることも少なくない。

弁護人が鑑定医から話を聞く際には、その前提として最低限の知識を得ておくことは必要だが、通常、弁護人は、精神障害や精神科医療に関する専門性は有していないことが多い。そこで、鑑定書の把握や本人の障害の理解の点では、福祉や医療の専門家の助力が必要となり、ここでも連携が必要になる。

本件でも、本人にみられる発達障害の典型的な特性については、本人の従前からの支援者に話を聞くことに加え、発達障害の検査を実施した過去の主治医にも、その診断の根拠や検査の内容等に関して聴取を行った。それによって、発達障害の可能性や、本人に適切な支援が行われていなかったのではないかという問題点について、鑑定医の意見を確認するという目的意識をもって、鑑定医との面談を実施することができた。

精神鑑定の内容をより活かす事情や、鑑定結果と異なる視点の情報を得た場合に、これらを公判で立証する方法を考えなければならない。

本件では、父親や過去の支援者に情状証人として出廷してもらった際には、本件の根底には発達障害に基づく精神的な不安定さやストレス耐性の低さがあることを立証のターゲットとして、本人の幼少期のエピソードや発達障害の障害特性と考えられる行動等を語ってもらった。加えて、当時の施設でのトラブルの内容や、障害に関する専門性をもたない職員による適切とはいえない支援内容等を立証するため、施設職員の調書も一部は証拠請求した。これによって、障害に関する専門性をもたない職員による適切とはいえない支援が、本人のストレスをさらに強めた面があるという立証に努めた。

⑵　福祉的支援を組み込んだケースセオリーの構築

ソーシャルワーカーに更生支援計画を立ててもらったり、法廷で支援の内容を証言してもらったりした場合、弁護人としては、それを弁論にどのように反映させるか（つまり、福祉的支援をどのようにケースセオリーに組み込むか）が重要になる。

福祉的支援が存在することを裁判所に示すだけでは、弁護として十分ではない。一歩進んで、事件の背景や経緯に本人の障害が影響していること（＝犯情）、今後期待される福祉的支援を通して、本人の障害ゆえの問題が改善され、同じような事件を繰り返すことはなくなるということ（＝一般情状）を、弁論の中で具体的に述べる必要がある。

本件では、発達障害の特性ゆえに本人が抱えていたストレスが、施設の適切とはいえない支援によって増幅されて事件へ至ったことを指摘した。このことは、本人に帰責できない生来的な障害や外部的な事情が事件に及んだ意思決定に影響しているという点で、犯情面で考慮すべき事情として主張している。

そのうえで、こうしたストレスを適切な福祉的支援によって軽減させる環境を準備したことによって、具体的に再犯可能性が低減したことを指摘し、一般情状としても大きく考慮すべきことを述べた。

⑶　服役中に期待される支援

本件は、比較的長期の実刑判決を受けることとなった。この点は、関係者間でも覚悟をしていたものであり、判決を踏まえ、実際に会議において検討した課題をおのおのが実現していくことを確認した。

しかし、その後、本人が収監されている刑務所がわからない状況が続いている。本人には収監後に手紙を出すように依頼していたものの、弁護人や関係者には届いていない。家族に対して手紙が届いていないか確認する等の方法もあるが、それでもわからない場合、本人がどこに収監されているか把握することは困難である。この点では、宛先まで書いたはがきを差し入れておく等、本人が手紙を送りやすい工夫をする必要があったと反省している。

また、本人の出所が近づいた段階で、障害年金の取得等についての援助を再開する必要がある。今後は両親もさらに高齢になっていくため、出所した段階では両親が受け入れることが困難な可能性もある。出所後の本人をいかにして支えていくのか、高齢の家族も含めた支援の方向性を考えていくことが必要になる。その際には、新たな生活の場として、福祉サービスの利用等を含めて検討していく必要がある。

6 精神障害のある人の現住建造物等放火事件

支援に関わってくれた人：更生支援コーディネーター、精神科医

1　事案の概要

本人は、25歳の女性。家の中にあった段ボールに火をつけ、自宅に延焼させ、結果的に全焼させてしまったという現住建造物等放火の被疑事実で逮捕された。

逮捕後、国選弁護人に選任され、本人と接見をした。

初回接見では、以下のように、コミュニケーションをうまくとれない状態であった。

・弁護士であると名乗ったとたん、「弁護士はいらない。お金がかかるから」と言って、国選弁護であり基本的に負担がないことを伝えても意見が変わらない。
・事件について聴こうとしても、「けっこうです」と言って、答えてもらえない。
・接見中、突然「あっ」と言い、「どうしたんですか？」と尋ねると、「馬鹿」「ブス」という声が聞こえたとのこと。
・話をしている最中に、急に笑い出す。

このように、本人との初回接見では、ほとんど事件について話を聴くことはできなかった。しかし、本人の言動等からみると、精神障害を抱えている可能性が非常に高いことは明らかであった。そのため、接見開始後すぐにその場で持っていたICレコーダーを出し、接見の様子を録音して本人の状況を保全した。また、供述方針については黙秘すべきであることを説明し、数度の取調べのシュミレーション（実際に弁護人が取調官役を行う）を実施した。

接見後、すぐに警察署と検察官に対し、①可視化をすること、②心理士等の専門家を立ち会わせること、③取調べ等において障害についての合理的配慮を提供すること、を内容とする申入れを行った。

2　捜査段階の活動

その後、連日面会をしたが、本人の精神状態に変化はなかった。一方で、事件については徐々に話をしてくれるようになり、「事件についてはあまり覚えていない」、「家の外から覗いてくる人がいるから、見えなくなるように線香に火を点けたが、それが燃え広がったのがなぜかはわからない」とのことであった。また、今まで精神科などに通院したことはないとのこと（ただし、直接的に「精神科に通院したことはありますか？」と聞くのは避け、他の通院歴から詳細に聴き取り、「○○科はありますか？」と複数聞く中で精神科の質問をした）。そして、今後の見通しの中で精神鑑定の可能性についても話をしたところ、早く家に帰りたいが、鑑定を受けること自体は嫌ではないとのことであった。

弁護人としては、本人の状況も踏まえ、犯行態様や故意について争いが生じる可能性が高いのと同時に、責任能力が大きな問題になる事件であると考えた。しかし、本件においては、従前の通院歴がないことや、裁判員裁判対象事件であること、生じた結果が大きいことなどからすれば、起訴前鑑定を経なければ不起訴の判断がなされる可能性は低い。そこで検察官に電話をし、起訴前鑑定の可能性について問い合わせた。そうしたところ、検察官としても起訴前鑑定を行う方向で考えていきたいとのことであった。

そして、数日後、本人は鑑定留置され、起訴前鑑定が開始されることとなった。

起訴前鑑定に入ってからも、本人とはこまめに接見を重ねた。そうすることで、少しずつではあるが、本人から生活歴などを聴くことができるようになった。生活歴については、聞き漏らしのないよう、1年ごとにエクセルに埋めていく形式をとった（のちに支援依頼をする際にも、情報を引き継ぐのに便利であった）。また、同時に、家族とも数回にわたって面談をし、本人の生活歴を聴取した。

その他、①出身の小中学校に対し、成績や学校での様子について23条照会、②留置施設における本人の様子が記載された書面一式（留置簿冊等）の内容について23条照会をして、その内容を確認した。

そうしたところ、本人の生活歴が概ね以下のように明らかになった。

・２人姉弟の１人目として出生。
・小学校１年生のときに両親が離婚し、以後３人暮らしに。
・高校生までは部活動をしたり、アルバイトをしたりと活発であった。
・高校３年生の頃から不登校になった。
・高校卒業後、いったんは就職をしたものの、２カ月で退職し、その後は単発のアルバイトなどをときどきしていた。
・22歳頃から、「自殺しろ」「ブス」などの声が聞こえるようになり、同時期より電磁波で攻撃されていると感じるようになった。また、怒りっぽくなる／独り言が多くなる／他人と会話することが難しいなどの状況になった。
・23歳頃、弟が家を出る。
・24歳頃、母親と住んでいた家で失火を起こし、家を出て１人暮らしをするようになった。
・１人暮らしを始めてから、外で大きな声を出してしまったり、失禁をしてしまうことがあった。
・１人暮らしを始めて１年で本件事件が発生した。

このような経緯から、遅くとも22歳頃からは、何らかの精神障害を抱えるようになったのであろうと考えた。

また、家族（母親と弟）とも面談を行った。家族としては、精神的には本人を支えたいと考えているものの、それぞれ経済的な余裕もなく、一緒に暮らしていくのは難しいとのことであった。そのため、今後の本人の生活のためには、医療のほかにも福祉的な支援が必要であると考えた。

もし起訴前鑑定で心神喪失の判断がなされれば、間違いなく医療観察法審判の申立てがなされる。そこで、早い段階から社会復帰に向けた準備を開始することは、医療観察法審判において通院処遇をめざすためにも必要不可欠なことであると考えた。

3　更生支援コーディネーターへの依頼

そこで、東京TSネットに依頼をして、本人に対する支援をお願いすることにした。当然ではあるが、本人には事前に話をして、福祉的支援を依頼することについて同意をしてもらった。最初は、「よくわからない」などと話していたが、丁寧に支援の内容を伝えることで、本人としても「今後の生活などについて相談してみたい」と話すようになり、依頼へとつながった。

東京TSネットへの依頼の結果、社会福祉士・精神保健福祉士である更生支援コーディネーターが本件の支援をしてくれることとなった。

まず、更生支援コーディネーターとともに、本人と面会をして、アパートには帰れないことから居住先などについて更生支援コーディネーターが一緒に考えてくれることなどを伝えた。この際、弁護人からは、弁護人と更生支援コーディネーターの役割の違いについて説明を行った。

その後は、更生支援コーディネーターに、現在までに集めた情報を伝えたうえで、定期的に本人と面談してもらうこととなった。

そして、一定期間の間、本人と面談してもらったうえで、弁護人と更生支援コーディネーターで今後の見通しについて会議を行った。その結果、①不起訴となり医療観察法の申立てがなされた場合、②起訴となり公判となった場合、いずれの場合にも、本人には医療的な治療が必要不可欠な状態にあり、当初は入院が必要であろうということ、しかし、退院後の生活については現時点から考えていく必要があること、が確認された。

ただし、本件においては、この時点までに本人の診断名等を聴取することもできず（事前に鑑定人から診断名についてだけでも聴きたいと検事に対して話をしたものの、拒否されてしまった）、具体的な調整までには至らなかった。

4　医療観察法当初審判

2カ月の鑑定の結果、本人には妄想型統合失調症があり、これが事件に大きな影響を与えているとの鑑定結果が出た。そして、検事は、心神喪失を理由として、本人を不起訴処分とし、即日、医療観察法審判の申立てを行った。

付添人としては、本人の言い分も踏まえ、①医療観察法審判の対象行為の態様については、本人の言い分と異なる点があり、本人の言い分のとおりであれば失火罪しか成立せず、医療観察法の対象行為とならないこと、②仮に対象行為についての主張が認められない場合にも、入院処遇は必要なく、通院処遇とされるべきであること、を主張していきたいと考えた。

②の点については、審判における社会復帰阻害要因の判断が非常に大きく作用することになる。

そこで、鑑定入院後、2週間が経った頃、更生支援コーディネーターとともに鑑定医と面談を行った。鑑定医からは、起訴前鑑定同様に本人には妄想型統合失調症があると考えられること、鑑定入院後の治療状況から薬物治療が有効に作用していることなどを聴き取ることができた。実際、本人は鑑定入院後に表情などが大きく変わり、コミュニケーションも円滑にとれるようになっていた。あわせて、鑑定医の意見としては、鑑定後も2～3カ月程度の入院治療は必要であろうとのことであった。そのため、付添人から、活動の方針について話したうえで、鑑定医の所属する病院を通院処遇の実施先とし、2～3カ月程度の任意入院を経て、退院後は更生支援コーディネーターがグループホーム等を調整する計画を立てることにした。

その後、カンファレンスが開かれた。カンファレンス前には、付添人からの意見を意見書の形で提出した。カンファレンスにおいては、入院処遇を前提とした意見もみられたが、鑑定医が通院も十分にありうる状態であることを具体的に述べてくれたことなどから、通院処遇も検討の余地があるとの印象を残すことができた。

その後は、通院処遇の実施先の調整について、社会復帰調整官と協議を重ねた。社会復帰調整官も、当初は、入院処遇の意見も検討しているとのことであったが、本人の状態を丁寧に説明し、実際に本人との面談を実施してもらったところ、通院処遇も十分にありうるとの印象をもってくれ、調整にも積極的に協力してくれるようになった。その後は、更生支援コーディネーターと社会復帰調整官が直接連絡をとりあい、本人が利用可能なグループホーム等を一緒に探してくれるなどした。

このような活動を受け、更生支援コーディネーターは、本人が通院処遇となり任意入院を経た後の生活について、更生支援計画を立ててくれた。その内容は、居住先として候補となるグループホームの具体的な調整状況が記載され、その他日中生活としてデイケアや福祉サービスをどのように利用していくかについて、また経済的な基盤を整えるために障害年金の申請をすることなど、非常に具体的なものであった。

付添人は、この更生支援計画を事実取調べ請求したうえで、審判当日、通院処遇が相当であるとの意見を述べた。その結果、失火の主張は認められなかったものの、通院処遇の決定がなされることとなった。

5　決定後の関わり

決定後、本人と面会をした。本人としては、通院処遇となったことには安心をしていたが、やはり犯行態様について自らの意見が容れられなかったことには不服があるとのことであった。そのため、付添人としては、抗告の手続を行った（ただし、抗告は棄却されてしまった）。

これと並行して、本人の退院後を見据え、病院、更生支援コーディネーター、付添人でそれぞれの役割分担を行った。付添人は、基本的には少し引いた立ち位置から、本人と面会を継続しながら、様子をみていくことになった。また、本人は通院処遇中であり、定期的にケア会議が開かれるため、そこに付添人として参加をすることになった。

現在も、その関係は継続している。また、本人は、借金を抱えていたこともあり、その点についても相談に乗り、債務整理を行った。

6 ポイント

⑴ 本人が意思疎通困難なときの情報収集の手段

本人自身の意向や成育歴が本人から聴取できないときや、本人に病識がなく、正しい病状に関する情報が取得できない場合には、その他の方法を検討することになる。

たとえば、本人に過去の通院歴を確認したり、手帳や年金受給の有無を確認したりすることで、障害等の存在について把握する手がかりになる場合がある。通院先等が判明した場合には、本人に説明のうえで自己情報の提供に関する承諾書を取得する。そのうえで、病院に情報提供や診療録の開示を依頼することで、本人の障害や病状がより詳細に把握できることがある。また、本人が過去に障害福祉のサービス等を利用していた場合には、管轄する自治体の障害福祉課等、行政に照会を行うことで新たな情報が入手できるケースもある。

それ以外にも、家族や懇意にしている知人、就労していた人であれば就労先、若年の場合は本人の通っていた学校等、本人の生活圏で深く関わっている人たちから確認を行う方法もありうる。

ソーシャルワーカーへの連携・協力を打診する際にも、ある程度本人の情報を提供する必要が生じる。また、支援の協力を得る場合にも、支援者の面会は時間等の制約がある。そのため、弁護人が率先してさまざまな方法を用い、本人の情報を得ることが重要である。

⑵ 起訴前本鑑定の期間における弁護活動や福祉・医療との連携

起訴前鑑定は、2～3カ月程度の時間をかけて行われる。この時間は本人にとっては身体拘束が長引くという点で重大な不利益であり、事案によっては鑑定留置決定に対する準抗告等を検討すべきだろう。

ただ、鑑定自体はやむをえないと考える場合には、この期間を有効に活用していくことを考えなければならない。本件では、この期間を利用して、早期にソーシャルワーカーにも関わってもらい、その後の医療観察法審判まで見据えて活動することを考えた。

なお、ソーシャルワーカーと連携する場合には、丸投げをしないという意味でも、両者で話をしてある程度の役割分担を決めておくことが大切である。また、その役割を本人に伝えることで、本人もどちらにどんな話をすればいいかが明確になり、安心することができる。

⑶ 医療観察法審判における付添人活動のポイント

医療観察法の手続段階においては、鑑定医や社会復帰調整官と早めに連絡をとりあい、付添人としての方針を伝えることが重要である。また、書類もいつでも提出できるため、可能であれば早期の段階で意見書を裁判所に出すのもよい。

このように早期に動き出すことにより、付添人の方針を明確にし、場合によってはそれぞれの立場から協力をしてもらえる可能性が出てくる。

⑷ 刑事事件限りではない支援の必要

本件では、刑事事件の終了後も医療観察に関する関わりを要したことに加えて、通院処遇となった後にも、債務等の問題が残されていた。福祉の支援や医療が関わることが約束されただけで、本人の安定した生活が獲得できるわけではない。本人が刑事事件に関わる前から抱えていたトラブル、その後のトラブル等についても、弁護士が関わることのできる場面は少なくない。これらの点をソーシャルワーカーに丸投げすることなく行っていくことで、連携が進み、ソーシャルワーカーからの信頼も深まることにもなる。

他方で、本人にとって適切な福祉サービスの調整や就労支援等、弁護士に専門性がない部分もある。このような支援については、福祉や行政等の分野の支援者に役割を分担してもらうべき部分といえる。

また、この事例のように、本人にとっての課題は常に変わっていく。このケースでは、現在は、障害福祉に関する援助もさることながら、金銭管理や就労等のより経済生活的な面での支援者が必要にもなってきている。そのため、その時点で必要になった分野の支援者を新たに巻き込む等しながら、本人の支援を継続していくべきである。

知的障害のある少年の強盗事件

1　事案の概要

17歳の男子少年が、友人らと複数人で、中学生からお金をとろうと暴力を振るった強盗事件。

本人は、SNSで知り合った友人2人（年上のAと同年代のB）とゲームセンターで遊んでいたところ、所持金がなくなってしまった。Aから、カツアゲをしようという提案があり、同じゲームセンター内で遊んでいた、小柄な中学生を標的にすることにした。そこで、中学生が店を出た後を3人で追いかけることになった。

本人は、今までカツアゲをしたことはなかったが、Aに誘われ、断れずについていくこととなった。中学生が裏路地に入っていったところで、Aが急いで相手を捕まえるよう本人とBに指示し、2人で相手の進路をふさいだ。そして、中学生に対して、「俺たち金がねーんだよ。痛い思いしたくなかったら、ちょっと貸してくれや」、「お前、○○中学だろ？　こんな昼間にゲーセン居ていいのかよ。学校に連絡するぞ」などと言ったところ、中学生が道をふさぐ本人らを振り切って逃げようとしたため、Aは、とっさに中学生の背中を足で蹴った。そのうえで、Aから、「お前ら、見てるだけじゃなくて協力しろよ。このままじゃ警察来て捕まるぞ！」と言われ、言われるがまま、本人も中学生の背中や足を蹴った。その間にBが中学生のカバンから財布を抜き取り、中身を確認していたところ、警ら中だった警察官に発見され、現行犯逮捕となった。

2　本人の成育歴等

本人は、10歳のときに軽度知的障害と診断され、小学校5年生から特別支援学級に通い始めた。中学校からは特別支援学校に通うようになり、現在は特別支援学校高等部の2年生である。

本人はもともと両親と共に生活していたが、事件の前年に父親が亡くなり、以降は母親との2人暮らしになった。母親はもともとうつ病を抱えていたが、父親が亡くなったことで症状が悪化し、本人が外出することを強く拒否するようになった。そのため、本人も次第に学校に通わなくなっていた。その後、学校の担任や児童相談所の職員が家庭訪問に行き、母の相談を受けるなどするようになり、一時的に母の状態も落ち着いてきていた。

しかし、事件の3カ月ほど前から、担任が母に断りなく本人を学校に連れて行ったことを契機に、母の態度が一気に硬化し、学校の担任も児童相談所の職員も自宅に入れなくなってしまった。本人は、外出ができないため、スマホで動画視聴やゲームをすることで気を紛らわせていたものの、次第に、SNSでの交流に熱中するようになった。さらに、母が寝ている隙に外出し、SNSで出会った友人とゲームセンターやカラオケに行くようになった。

うつ病の悪化により、母が家事をほとんどできなくなってしまってからは、母からお金をもらってコンビニで食事を買う生活であった。また、本人には、掃除や洗濯をする習慣はなかったため、家の中が荒れてしまい、同じ服を何度も着るような状況だった。また、母が本人に対して暴力を振るうこともあった。

なお、父方の親族とは疎遠で、健在である母方の祖母は遠方の老人ホームで生活をしており、本人や母親に関わることは難しいようであった。

本人は、特別支援学校を卒業して、就労することを望んでいた。また、家での状況を考え、母親と2人での生活をすることは大きな不安を感じている様子であった。

3　事件発生からの経緯

限られた時間での活動のため、以下のような時系列で記載した。

8月3日	事件発生・逮捕 当番派遣、援助制度を利用して受任 母に架電、本人や家族の状況について聴き取り 本人が知的障害を抱えていることを知る
8月5日	勾留決定、国選切替手続、勾留に対する準抗告
8月6日	本人の自宅に赴き、母と面会

更生支援コーディネーターに入ってもらうことの確認
社会福祉士へ更生支援コーディネートを依頼

8月8日　更生支援コーディネーター同行のもと、本人と面会
学校の担任と連絡をとり、学校での状況を聞く
母親の状況（うつ病で家事等を行えないこと）の情報を得る
母親との関わり方について、更生支援コーディネーターと協議

8月13日　勾留延長決定、勾留延長に対する準抗告

8月20日　家裁送致日確認
付添人選任申入書・要望書提出

8月23日　家裁送致・観護措置決定
観護措置決定に対する異議申立て

8月25日　法律記録閲覧
調査官との初回カンファレンスを実施
更生支援コーディネーターにも同席してもらう
自宅にすぐ戻すことは困難との調査官の意向を把握

8月27日　グループホームが確保できる見込みを得る
調査官に情報提供

9月1日　調査官と電話で面談
グループホーム利用までの居場所について相談・検討
付添人から子どもシェルターに打診

9月3日　調査官と電話面談
シェルターを経由すること等について情報提供

9月7日　社会記録閲覧、付添人意見書①を提出
証拠として更生支援計画書を提出

9月9日　調査官とカンファレンス（更生支援コーディネーター同席）
母と本人の関係性に対する懸念が調査官から伝えられる

9月14日　調査票閲覧、付添人意見書②提出
更生支援コーディネーターの意見書を提出
裁判官とカンファレンス

9月15日　審判期日
保護観察処分となる

4　活動のポイント

(1)　要保護性判断を考慮した獲得目標の設定

成人の刑事事件の場合も獲得目標を設定することが重要なのはもちろんだが、少年事件の場合には、情報を早期に収集したうえ、付添人活動を行ううえでの方針決定や獲得目標を確定していくことが必要である。その際には、要保護性に関する判断がどのようになるかを検討することが必須といえる。

本件の場合、強盗保護事件であり、重大事犯ではあるものの、本人が従属的な立場であったことを考えると、少年院送致にも保護観察処分にもなりうる事案だと考えられた。

他方、現在の本人を取り巻く養育環境に問題があることは明らかであり、これらの事情は調査官による児童相談所や学校に対する照会によって、家庭裁判所も知るところとなる可能性が高い。また、母親の養育力の低下はうつ病の悪化によるものであることからすると、短期間で劇的な変化は望めないことが考えられた。そうだとすれば、一定期間の母子分離が必要だという判断を調査官や裁判官が行い、そのための居場所がなければ、結果として少年院送致の判断がなされてしまう可能性も十分にあった。

そして、なにより本人も母親と2人の生活に大きな不安を感じ、できれば別々に暮らしたいと話していた。

こうした事情に鑑みて、付添人としては、本人が家族と一時的には距離を置いたうえで、安心して学校に通うことができる状況を整え、在宅処遇（具体的には保護観察処分）をめざすこととした。

(2)　早期の段階からの支援者との連携

少年審判手続は、成人の刑事手続と比べて期間の制約が大きい。そのため、家庭裁判所に送致される前、捜査弁護の段階から、更生支援コーディネーター等の支援者に関わってもらうことが望ましい。また、少年事件の場合、環境調整において家族との関係性に立ち入らないことは通常考えにくい。その

ため、家族とも協力的な関係が築けるよう、支援に関わってもらう際には親にも相談を行い、支援に理解を得るよう努めるべきである。

本件では、逮捕当初から家族と話をすることによって、本人の知的障害を把握することができ、また、母親の状況等から母親自身にも支援が必要なことを早期に把握することができた。そのため、国選弁護人に選任された翌日に更生支援コーディネーターを依頼し、そこから数日で派遣を受けることが決まった。

⑶　家庭裁判所調査官等への働きかけ、協働の重要性

ソーシャルワーカーには、成人の場合と同様、非行の原因や少年自身の障害特性や、それが非行に与えた影響等について、アセスメントしてもらう必要がある。

しかし、少年審判の場合、調査官も専門家の立場として、非行原因や少年の資質等についてアセスメントを行う。そして、基本的には、調査官の分析結果が、裁判官の判断の前提となっている。

したがって、付添人・ソーシャルワーカーの考えと調査官の考えとに齟齬がないか、早い段階で意見交換をする必要がある。そのためには、家裁送致から数日以内に、調査官とのカンファレンスの機会を設けるよう求めるべきであろう。その際には、ソーシャルワーカーも同席できるよう調整する必要がある。

カンファレンスの場では、原因分析にとどまらず、「少年のためにどのような支援が必要か」という点について、率直に意見を交わす必要がある。この点で意見に大きな違いがなければ、具体的な支援体制の構築に向けて動いていき、調査官にもソーシャルワーカーの行った環境調整結果を踏まえた意見を作成してもらうことが期待できる。他方、調査官と意見が割れるようであれば、ソーシャルワーカーに意見書や更生支援計画書を書いてもらい、それを証拠として提出することも考えられる。

本件では、現時点では母子分離は必要であるというところで、付添人側と調査官との見解が一致した。そのため、一時的に母子分離を行ううえで、どのように環境を整えていくかが、付添人および調査官の共通の課題となった。

⑷　カンファレンスを踏まえた環境調整

調査官が、自身の見立てとして母子分離が必要と判断した場合、補導委託先を探してくれることもある。しかし、補導委託先が減少している家庭裁判所も多く、障害のある少年を引き受けてくれ、かつ、学校にも通わせてくれるところとなると、調査官の側でも探すのが困難であることが少なくない。児童相談所も、非行をした障害のある児童の行き場についてはなかなか調整できないことが多い。その場合には、付添人と支援者とで協力して、本人の住居等を確保することも検討する必要がある。グループホーム等の利用を検討する場合には、成人と同様、釈放後に即時入居することが難しいこともある。その際には中間施設を経由することになるが、子どもシェルターや一時的な補導委託先等、少年特有の施設や制度を活用することも考えられるだろう。

本件では、更生支援コーディネーターが入居可能なグループホームを探すこととなり、初回カンファレンスの数日後には具体的に受入れを検討してくれるグループホームの名前を調査官に伝えることができた。あわせて、グループホーム入居までの間の居場所としては、子どもシェルターを利用することとなった。こうした環境調整の結果を含め、付添人意見書を提出し、保護観察処分を求めることとした。

なお、調査官とのカンファレンスでは、調査官の懸念を早期に把握し、その点の手当を行うことも重要である。その際にも、支援者と連携することで、より充実した対応を行うことが期待できる。

本件では、今後の母親から本人に対する関わり方等に関して、調査官から懸念が出された。そこで、更生支援コーディネーターに、家族支援の方向性についても意見を述べてもらい、そうした内容を補充した付添人意見書を追加で提出した。

用語解説

26条通報 「精神保健福祉法」に定められた、精神障害者またはその疑いのある者を収容あるいは退所（退院）させようとするときに、矯正施設長が本人の帰住地、釈放・退所年月日等を都道府県知事に通報させるように定めたもの。都道府県知事等は通報に基づき調査のうえ、必要があると認めるときは精神保健指定医に診察させ、自傷他害のため指定病院等に強制入院が必要であると認めたときは措置入院を行うことができる。

AA［Alcoholics Anonymous］ アルコール依存症の当事者による自助グループ。病院や施設において、「ミーティング」（問題飲酒者の集い）を活用して、アルコール依存症からの回復をめざす。家族のためのグループに「AL-ANON（アラノン）」がある。

ACT［Assertive Community Treatment: 包括型地域生活支援プログラム］ 多職種の専門家から構成されるチームが、積極的な訪問等を用いた支援を提供するプログラム。重い精神障害を抱えた人も、住み慣れた地域で安心して生活してもらうことを目標としている。

ADD→注意欠如障害

ADHD→注意欠如・多動症

ADL［Activity of Daily Living: 日常生活動作］ 食事・更衣・移動・排泄・整容・入浴等生活を営むうえで不可欠な基本的行動を指す。それぞれについて「自立／一部介助／全介助」のいずれであるか評価することで、障害者や高齢者の生活自立度を表現する。
参考→IADL

DSM［Diagnostic and Statistical Manual of Mental Disorders］ 精神疾患に関するガイドライン。精神科医が患者の精神医学的問題を診断する際の指針を示すためにアメリカ精神医学会が定めたもので、WHOによる疾病および関連保健問題の国際統計分類とともに、世界各国で用いられている。現在の最新版はDSM-5となっている。

IADL［Instrumental Activity of daily living: 手段的日常動作］ 電話の使い方、買い物、家事、移動、外出、服薬の管理、金銭の管理など、ADLでは捉えられない高次の生活機能の水準を測定するもの。在宅生活の可能性を検討する場合は、ADLの評価だけでは不十分であり、IADLが重要な指標になるとされている。
参考→ADL

ICD［International Classification of Disease: 国際疾病分類］ WHOによって公表された死因や疾病の国際的な統計基準。死因や疾病の統計などに関する情報の国際的な比較や、医療機関における診療記録の管理などに活用される。1900年に第1回国際死因分類として国際統計協会により制定され、以降10年ごとに見直しがされている。第7版からは死因だけでなく疾病の分類が加えられ、医療機関における医療記録の管理に使用されるようになった。現在の最新版は第11版。

ICF［International Classification of Functioning, Disability and Health: 国際生活機能分類］ 2001年に「国際障害分類（ICIDH）」を改訂した、人間の生活機能と障害の分類法。「心身機能・身体構造（生物レベル）」「活動（生活レベル）」「参加（社会レベル）」の3つの次元と、それらに影響を与える「環境因子」「個人因子」等も含めた総合的な視点から捉えることを目的としている。「障害（疾患）」に着目するマイナス面の分類から「生活機能」というプラス面に着目する分類への転換が図られるとともに、環境因子の視点が加わった。
参考→ICIDH、社会モデル

ICIDH［International Classification of Impairments, Disabilities and Handicaps: 国際障害分類］ 1980年にWHOが発表した国際的な障害の分類法。障害を「機能障害（impairment）」「能力障害（disability）」「社会的不利（handicap）」の3つのレベルに分類。疾患・変調が原因となって機能・形態障害が起こり、能力障害が生じ、それが社会的不利を起こすと考えられる。マイナス面を分類するという考え方が中心であり、2001年に「国際生活機能分類（ICF）」に改訂された。
参考→医療（学）モデル、ICF

LD→学習障害

MSW［Medical Social Worker: 医療ソーシャルワーカー］ 病院等において管理者の監督の下に、①療養中の心理的・社会的問題の解決および調整援助、②退院援助、③社会復帰援助、④受診・受療援助、⑤経済的問題の解決および調整援助、⑥地域活動などの業務を行う。

OT→作業療法士

PSW→精神保健福祉士

PT→理学療法士

ST→言語聴覚士

SST［Social Skills Training: 社会生活技能訓練］ 認知行動療法に基づくリハビリテーションのひとつ。精神疾患等によって低下した社会技能や生活技能を回復するための訓練で、グループによるロールプレイ形式で行われることが多い。円滑な対人コミュニケーションのため、相手の話を理解し、自分の考えを相手に適切に伝えるための訓練や、思い込みやこだわりのために視野が狭まりがちな場合に考え方やものの見方を広げ、最適な選択ができるための訓練等を行う。

QOL［Quality Of Life］ 「人生の質」または「生活の質」と訳される。さまざまな生活場面を質的に捉え、サービス提供者の生活を向上させることで、患者の人間性や主体性を取り戻そうという考え方を指す。

あ

アウトリーチ　支援者が利用者の求める場所へ出向いて支援を行うこと。

アスペルガー症候群　発達障害の一種であり、コミュニケーションの（質的）障害はあっても、言語発達の遅れを伴わないものを指す。DSM-5、ICD-11においては、この診断名は削除され、自閉スペクトラム症の中に位置づけられている。

参考→自閉症（スペクトラム）

アセスメント　「評価」または「査定」などを意味し、平易な言葉では「見立て」ともいう。事前の情報収集や、事後あるいは途中での再情報収集により、障害のある人を取り巻く状況を把握し、分析・整理し、支援方針（見直し方針）を立てる段階をいう。

参考→ケア・マネジメント

アドボカシー　「代弁」「弁護」「権利擁護」等と訳される。社会的に弱い立場に置かれた人々の利益・権利を守るために、それらの人々の身近で直接希望を聞き、本人に代わって主張することをいう。

アルツハイマー型認知症　初老期に発症することがある若年性アルツハイマー病と、老年期に発症するアルツハイマー型老人認知症の総称。脳の神経細胞が変性や減少していく原因不明の病気。主な症状としては記憶障害、人格の変化、見当識障害、妄想や徘徊などの行動障害が認められる。

参考→認知症

入口支援　逮捕・勾留段階や公判段階において、被疑者・被告人となった高齢者や障害のある（疑われる）人に対し、司法と福祉が連携して行う支援。刑務所や少年院等の矯正施設からの出所時の支援が「出口支援」といわれるのに対比して、矯正施設への「入口」に位置づけられる段階の支援であることから、このように呼ばれる。

医療扶助→生活保護（法）

医療保護施設　生活保護法による保護施設のうち、医療を必要とする要保護者に対して、医療の給付を行うことを目的とする施設。

参考→保護施設

医療保護入院　精神保健福祉法に定められている入院形態のひとつ。精神障害があり、医療および保護のために入院を要すると精神保健指定医によって診断された場合、精神科病院の管理者が、本人の同意がなくても、保護者または扶養義務者（4週間以内に家庭裁判所が選任）の同意により、入院させることができる制度。入院期間に制限はない。

参考→応急入院、措置入院、精神保健指定医

医療（学）モデル［medical model］　「障害」について、疾病や外傷が身体の機能障害を招いて、日常生活の能力を阻害し、社会生活上の不利益を招くと捉える概念。このモデルにおいて「障害」は、医師などの専門家による医療やリハビリによって治癒・改善する対象とされている。また障害のある人個人の努力によって直面する困難を軽減することが求められていることから「障害の個人モデル」ともいわれる。社会福祉においては長年伝統的な概念であったが、障害のある人の被る不利益を個人の問題に留めていることや、さまざまな社会的・環境的要因を無視している等の批判が加えられ、「社会モデル」への転換が行われた。

参考→社会モデル、ICIDH、ICF

インターベンション（介入）　ケースワークのプロセスのひとつ。アセスメントとプランニングの結果に基づいて、本人やその取り巻く環境に働きかけること。

インテーク　ケースワークの最初に行われるプロセス。相談者の問題を把握し、その機関で援助を受けることが適切かどうかを判断し、援助関係を形成する。インテークのための面接を「インテーク面接」と呼ぶ。

うつ病　気分障害の一種。広範な気分の落ち込み（抑うつ気分）を基本的特徴とし、精神運動制止（注意が集中できない、簡単な決断ができない等）、不安焦燥感（落ち着きがなくなる、焦り等）、自律神経症状（睡眠困難、食欲不振等）などの症状を伴うことがある。

参考→気分障害、双極性障害

エバリュエーション（評価）とターミネーション（終結）　ケースワークのプロセスのひとつ。これまでの支援経過を評価し、援助を終結することであり、これをもってケースワークを終了する。「エバリュエーション（評価）」と「ターミネーション（終結）」を別々のプロセスと捉える考え方もある。

援護の実施者　障害者総合支援法により福祉サービスを提供する市町村を指す。福祉サービスの実施主体は市町村であり、サービスの提供にあたっては、援護の実施者になる市町村を確定する必要がある。同様に生活保護の実施市町村を「保護の実施者」、介護保険の場合は「保険者」と表現する。

エンパワメント　その人が潜在的にもっている力や個性を引き出し、活用して、自分自身の力で問題や課題を解決していくことができる能力を獲得すること。またそれらを促す支援方法。

応急入院　精神保健福祉法に定められている入院形態のひとつ。急速を要し、保護者の同意を得られない状態である場合に、精神保健指定医の診療によって72時間を限度に入院させる制度。

参考→医療入院、精神保健指定医、措置入院

か

介護給付（サービス）　介護保険法で要介護の認定を受けた者が利用できるサービスの総称。①居宅サービス、②施設サービス、③地域密着型サービスからなる。また、「障害者総合支援法」における介護の支援（居宅介護、重度訪問介護、同行援護等）についても、介護給付と総称される。

参考→予防給付（サービス）、要介護

介護サービス計画→ケアプラン

介護支援専門員（ケアマネージャー）　「介護保険法」に基づいて定められたケアマネージメントの専門職。要介護者・要支援者の相談に応じ、その心身の状況等に応じた適切なサービスを受けられるように、ケアプランを作成したり、自治体・各種サービス事業者・介護保険施設との間で連絡調整を行う。居宅介護支援事業所・介護保険施設・地域包括支援センターなどに勤務する。
参考→ケアプラン

介護福祉士　厚生労働省の登録を受け、介護福祉士の名称を用いて、専門的知識および技術をもって、身体上もしくは精神上の障害があることにより日常生活を営むのに支障がある者につき心身の状況に応じた介護を行い、ならびにその者および介護者に対して介護に関する指導を行うことを業とする者（社会福祉士及び介護福祉士法2条2項）。

介護扶助→生活保護（法）

介護保険法　介護を必要とする高齢者等に、自立した日常生活を営むことができるために必要な保健医療サービスおよび福祉サービスの給付を行うことを規定した法律。1997年に制定され、2000年より施行された。保険者は市町村および特別区、被保険者は第1号被保険者（65歳以上の者）、第2号被保険者（40歳以上65歳未満の医療保険加入者）となっている。

介護予防ケアマネジメント　高齢者が要介護状態になることを予防するため、介護予防事業その他の適切な事業が包括的かつ効率的に実施されるよう必要な援助を行うことを目的として、対象者のもつニーズに対して適切な社会資源やサービスを結びつける援助機能のこと。主に地域包括支援センターが中心となって実施する。

介護予防支援　居宅要支援者が指定介護予防サービス等の適切な利用等をすることができるように、地域包括支援センターの職員のうち厚生労働省令で定める者が、当該要支援者の依頼を受けて、その心身の状況、その置かれている環境、当該居宅要支援者およびその家族の希望等を勘案し、利用する指定介護予防サービス等の種類および内容、これを担当する者等の事項を定めた介護予防サービス計画（ケアプラン）を作成するとともに、当該介護予防サービス計画に基づく指定介護予防サービス等の提供が確保されるよう、指定介護予防サービス事業者、指定地域密着型介護予防サービス事業者その他の者との連絡調整その他の便宜の提供を行うこと。なお、介護予防とは、要介護状態の発生をできる限り防ぐ（遅らせる）こと、そして要介護状態にあってもその悪化をできる限り防ぐこと、さらには軽減をめざすことを目的としたものである（介護保険法8条の2第18項）。

介護老人保健施設（老人保健施設）　要介護者に対し、施設サービス計画に基づいて、看護、医学的管理の下における介護、機能訓練、その他必要な医療、日常生活上の世話などを行うことを目的とする施設（介護保険法8条27項）。基本的には、医学的管理の下で、看護・介護といったケアだけでなく、理学療法士等によるリハビリテーション、栄養管理・食事・入浴などの日常サービスが提供される。在宅生活に復帰することを目的とした中間施設として利用されることが多い。通称、「老健（ろうけん）」などといわれている。

学習障害［LD: Learning Disabilities］　発達障害の一種。学習環境の不備等とは関わりなく、一般知能は標準またはそれ以上のレベルにある者が、計算ができない、文章を読めない、推論できない等の特定の能力の修得と使用に著しい困難を示す。

間接援助技術　ソーシャルワークのうち、主として個人を取り巻く環境的側面への関わりや働きかけを行うことで、人々の生活を支えていこうとするもの。地域援助技術（コミュニティーワーク）、社会福祉調査法（ソーシャルワークリサーチ）、社会福祉運営管理（ソーシャルアドミニストレーション）、社会計画（ソーシャルプランニング）等を指す。

カンファレンス　専門家の連携作業として、現場で行われる種々の会議のこと。①施設・機関内において、各部門担当者が集まり、担当事例について今後の方針を決めたり、協働作業の工程および援助段階の具体的な計画を話し合うもの、②地域の各施設や機関から代表者が出席し、特定の利用者のサービス利用の調整・提供について話し合い、それぞれの分担責務と具体的な援助計画を決めるものに大別される。「ケースカンファレンス」「カンファ」などとも呼ばれる。

気分障害　うつ病・双極性障害または薬物誘発性・アルコール誘発性等、気分の変調が持続することによって、苦痛を感じ、日常生活に支障が生じる精神疾患の総称。ただし、DSM-5においては、気分障害という分類はなくなり、うつ病と双極性障害は別カテゴリーに位置づけられている。
参考→うつ病、双極性障害

キャパス（CAPAS）　Correctional Association Psychological Assessment Seriesの略。刑務所に収容された人に対して行われる能力検査。IQに類似する能力検査値が統計的に算出される。

救護施設　生活保護法による保護施設のうち、身体上または精神上著しい障害があるために日常生活を営むことが困難な要保護者を入所させて、生活扶助を行うことを目的とする施設。
参考→保護施設

教育扶助→生活保護（法）

共済年金　国家公務員や地方公務員・私立学校教職員が加入する公的年金。給付に必要な費用は、公費負担部分を除くと、事業主にあたる国や地方公共団体と組合員が折半する。他の被用者年金と同じく、老齢年金（退職年金）、障害年金、遺族年金等が給付される。
参考→厚生年金保険、国民年金、年金のしくみ

共同生活援助（グループホーム）　介護を必要としない人の共同生活の場。食事、日常生活上の相談支援が利用できる。

共同生活介護（ケアホーム）　介護の必要な人の共同生活

の場。日常生活を送るうえで必要となる食事、排泄、入浴などの介護が提供される。

居住サポート→住宅入居等支援事業

居宅介護　介護保険制度上、利用者が可能な限り自宅で自立した日常生活を送ることができるよう、ケアマネジャーが、利用者の心身の状況や置かれている環境に応じた介護サービスを利用するためのケアプランを作成し、そのプランに基づいて適切なサービスが提供されるよう、事業者や関係機関との連絡調整を行うこと。居宅介護支援は、特定のサービスや事業者に偏ることがないよう、公正中立に行うこととされている。一般的に「ケアマネジメント」といわれている。

金銭給付→現金給付

グループホーム→共同生活援助、認知症対応型共同生活介護

グループワーク　集団援助技術。集団のもっている特性や力を利用して、問題の解決や個人の成長を図ること。グループのメンバーは、討議やレクリエーション等のプログラムを通じて、ソーシャルワーカーやメンバーから相互に影響を受け、成長し、社会生活能力が強化され、問題を解決することができるようになる。参加メンバーは、このグループワークを通じて、自分と同じ悩みをもっている人がいることを知り、気持ちが楽になることが多い。たとえば、被虐待児の親のグループ、高齢者のデイケアのグループ、身体障害のある人のデイサービスのグループ、認知症の高齢者の家族の会など、多くのグループがある。

ケアハウス→在宅介護対応型軽費老人ホーム

ケアプラン　介護保険サービス等の利用についての方針を定めた計画のこと。要介護認定された後、一般的にはケアマネージャーと相談しながら、「どのような介護保険サービスを、いつ、どれだけ利用するか」の計画を定め、これに基づいてサービスを利用することになる。ケアマネージャーに依頼せず、自分で計画を定めることもできる。この計画を記した「介護サービス計画書」の書類のことを「ケアプラン」と呼ぶこともある。

ケアホーム→共同生活介護

ケアマネジメント　ケースマネジメントとも呼ばれる。利用者の自立生活支援に必要な各種社会資源の調整（コーディネーション）機能であり、ニーズの充足、生活の維持や向上が図られる。①ケースの発見、②アセスメント、③ケース目標の設定とケアプランの作成、④ケアプランの実施、⑤モニタリング、⑥再アセスメント、⑦終結をたどる。

参考→アセスメント、ケアプラン、モニタリング

ケアマネージャー→介護支援専門員

ケアワーカー　一般的には、介護職員を指す。介護助手のことをケアワーカーと呼ぶ例もある。

傾聴　相手が自分の考えを整理し、自ら判断して結論を出していけるように受容的・共感的な態度で聴いていくこと。面談者の経験やパーソナリティのみに依拠するものではなく、視線・表情・姿勢・応答の仕方等を技術的・意図的に行うことも現場では必要である。

軽費老人ホーム　無料または低額な料金で、高齢者を入所させ、食事の提供その他日常生活上必要な便宜を供与することを目的とする施設（老人福祉法20条の6）。

ケースカンファレンス→カンファレンス

ケースワーカー　ケースワークをする人。弁護士が関わる中では、一般的に、福祉事務所において生活保護を担当する社会福祉主事等を意味することが多いかもしれないが、それ以外の分野（高齢者、障害のある人、児童などの各分野）でも、ケースワークをする人は、「ケースワーカー」と呼ばれる。

ケースワーク　個別援助技術。ソーシャルワークの中のひとつの方法であり、個人や家族を対象として、そのニーズに合った社会福祉サービスを提供していく援助の方法。

現金給付　社会福祉サービスの給付の形態のひとつ。公的医療保険における傷病手当金などのように、金銭を給付すること。金銭給付とも呼ばれる。対義語は「現物給付」である。弁護士業務の中で出てくるものとしては、たとえば、生活保護の生活扶助などが現金給付の典型例である。

言語聴覚士［ST: Speech Therapist］　言語機能または聴覚に障害のある人に対し、その機能の維持・向上を図ること、言語訓練に必要な検査および助言、指導その他の援助を行う専門職。医療機関、教育機関・保健福祉機関等に勤務する。

現物（サービス）給付　社会福祉サービスの給付の形態のひとつ。利用者に金銭を給付するのではなく、医療等のサービスそれ自体を給付すること。対義語は「現金給付」である。弁護士業務の中で出てくるものとしては、たとえば、生活保護の医療扶助などが現物給付の典型例である。

行為障害　反復して持続的な、反社会的、攻撃的、また反抗的な行動パターンを特徴とし、年齢相応の社会規範や規則を大きく逸脱している状態が6カ月間継続していること。DSM–5からは、素行障害（素行症）と訳されるようになっている。

高額医療・高額介護合算療養費制度　世帯内の同一の医療保険の加入者について、毎年8月から1年間にかかった医療保険と介護保険の自己負担額を合計し、これが基準額を超えた場合に、その超えた金額を支給する制度。支給を受けるためには、申請する必要がある。

高額介護（介護予防）サービス費支給制度　介護保険を利用し、同じ月に利用したサービスの自己負担額が一定の金額（世帯の所得に応じて区分された上限額）を超えた場合、その超えた金額を支給する制度。支給を受けるためには、市区町村に申請する必要がある。

高額療養費制度　公的医療保険における制度のひとつで、医療機関や薬局の窓口で支払った額が、暦月（月の初めから終わりまで）で一定額を超えた場合に、その超えた金額を支給する制度。年齢や所得に応じて、本人が支払う医療費の上限が定められており、またいくつかの

条件を満たすことにより、さらに負担を軽減するしくみも設けられている。74歳以下の人が支給を受けるためには、申請する必要がある。

後期高齢者医療制度　75歳（一定の障害のある人は65歳）以上の人が加入する医療制度。後期高齢者医療制度に加入することとなった場合、国民健康保険や全国健康保険協会などの被用者保険からは脱退することとなる。

高次脳機能障害　交通事故や頭部のけが（外傷性脳障害）や脳血管障害、低酸素性脳症などにより、脳の一部が損傷を受けることで、記憶・意思・感情などの機能に障害が起きた状態をいう。

高次脳機能障害支援センター　高次脳機能障害の患者とその家族への支援を行う専門機関。精神科医や支援相談員、作業療法士等が配置され、生活・就労等の支援、関係機関とのネットワークの充実、研修、普及啓発活動等を実施する。

更生施設　生活保護法による保護施設のうち、身体上または精神上の理由により養護および生活指導を必要とする要保護者を入所させて、生活扶助を行うことを目的とする施設。

参考→保護施設

厚生年金保険　サラリーマンら民間企業の労働者を対象とした、公的年金制度のひとつ。全国民共通の基礎年金に上乗せした形で管理運営される。被保険者は年収の一定割合の保険料を雇用主と折半し、原則として25年以上加入、満60歳などの条件を満たした場合に受給資格が得られる。加入者やその遺族のために支給される老齢年金、障害年金、遺族年金がある。

参考→国民年金、共済年金、年金のしくみ

公的扶助　生活困窮者に対して全額公費負担で保護・救済を図る制度。大きくは、貧困者対策（生活保護制度等）と、低所得者対策（社会手当制度、生活福祉資金貸付制度、公営住宅制度等）の2つがあるとされる。社会保障の分野のひとつである。

行動援護　知的障害または精神障害により行動上著しい困難があり、常に介護を必要とする障害のある人に対し、行動する際に生じうる危険を回避するために必要な援護、外出時における移動中の介護、排泄および食事の介護その他必要な支援を行うもの。

参考→同行援護

広汎性発達障害［PDD: Pervasive Development Disorder］　自閉症、アスペルガー症候群、レット症候群、小児期崩壊性障害、特定不能の広汎性発達障害を含む総称。知的障害を併せもつもの、もたないもの（高機能群）、すべて含む。現在では自閉スペクトラム症という概念へと移行している。

参考→自閉症、アスペルガー症候群

国民年金　すべての国民を対象とし、その老齢・障害・死亡に関して給付を行う公的年金制度のひとつ。20歳以上60歳未満の国民は加入が義務づけられている。定額の基礎年金が給付されることから基礎年金ともいう。給付には原則65歳以上への老齢基礎年金、障害者への障害基礎年金、死亡した場合に遺族に支給される遺族基礎年金のほか、付加年金・寡婦年金および死亡一時金がある。

参考→共済年金、厚生年金保険、年金のしくみ

個別援助技術→ケースワーク

個別支援計画　障害者総合支援法に基づいて、福祉サービスの提供をするにあたり事業者が作成する、福祉サービスの種類、期間、目的等を記したもの。

コミュニケーション支援事業　手話通訳者、要筆記者の派遣事業、意思疎通に支援が必要な障害のある人の意思疎通を仲介するサービス。

コミュニティワーク　地域に存在する課題を明らかにし、その解決のために社会資源の開発や関係機関の調整等を行い、総合的にその解決を進める援助技術。ソーシャルワークの中の間接援助技術に位置づけられる。

混合診療　明確な定義はないが、一般的には、医療において、保険診療と保険外診療の併用をすることを指す。厚生労働省は基本的な考え方として、混合診療を原則的に禁止している。

さ

在宅介護対応型軽費老人ホーム（ケアハウス）　家庭環境、住宅事情などの理由により、居宅において生活することが困難な高齢者（高齢者夫婦）を対象とした老人福祉施設。原則個室で食事と入浴サービスが付き、要支援・要介護者は在宅サービスが利用できる。また、「特定施設入居者生活介護」の指定を受けている「介護型」と呼ばれる施設も増えている。

在宅福祉サービス　家庭や地域社会での生活を支援する社会福祉サービス。各種ホームヘルプサービス等のほか、見守りサービス、配食サービスなど、さまざまなものがある。

作業療法士［OT: Occupational Therapist］　作業療法を行う専門職。医師の指示の下に、工芸、手芸、園芸、絵画、玩具操作等の作業技法を通して、機能回復、生活動作の維持、社会復帰に不可欠な適応能力の回復を図る。理学療法士が基本的な動きのリハビリを行うのに対して、応用的な訓練で生活が送れるようにするという違いがあり、動作能力だけでなく精神的・心理的な安定も目的としている。

参考→理学療法士

里親制度　要保護児童（保護者のない児童または保護者に監護させることが不適当であると認められる児童）の養育を、一定の要件を満たして登録されている者（里親）に委託して、家庭での生活を通じて子どもの健全な育成を図る制度。①養育里親、②専門里親、③養子縁組希望里親、④親族里親の4つの類型がある。

暫定支給期間　障害者総合支援法において、訓練等給付の対象サービスのうち、そのサービスが本人にとって適切かどうかを判断するため、暫定的に支給決定を行い、

一定期間サービスを利用し、サービスの効果や本人の意思を確認する期間。暫定支給決定期間は2カ月とされており、その間にアセスメント等の結果、改善効果が見込まれないと判断された場合は、期間内に支給決定が取り消される。

施設入所支援　平日の日中は通所事業である生活介護、自立訓練（生活訓練・機能訓練）、就労移行支援、就労継続支援等を利用している人が生活するケア付き住宅。

指定介護療養型医療施設　症状は安定しているものの、長期間にわたり療養が必要な人の施設。介護体制の整った療養病床や老人性認知症疾患療養病棟で日常生活上の介護や機能訓練、レクリエーション等の余暇活動を受けることができる。介護保険施設の中で一番手厚い医療が受けられる。

（地域密着型）指定介護老人福祉施設（特別養護老人ホーム）　常に介護が必要で、家庭での生活が困難な人が入所する小規模な特別養護老人ホーム（定員30名未満）。食事、排泄、入浴等の日常生活上の介護を受けることができる。

児童委員　地域の子どもたちが元気に安心して暮らせるように、子どもたちを見守り、子育ての不安や妊娠中の心配ごとなどの相談・支援等を行う。社会福祉に対する理解と熱意があり、地域の実情に精通しているとして推薦された者について、厚生労働大臣が委嘱する。児童福祉法16条2項に基づき、民生委員は、児童委員を兼ねることとされている。

児童家庭支援センター　児童福祉施設のひとつ。児童に関する家庭その他からの相談のうち、専門的な知識および技術を必要とするものに応じるとともに、児童相談所からの委託を受けた児童およびその家庭への指導、その他の援助を総合的に行う機関（児童福祉法44条の2）。具体的には、児童虐待、不登校の相談・援助のほか、近年は、発達障害児のケアなどの相談・援助も行っている。多くは児童養護施設等の施設に設置されている。

児童指導員　家庭の事情や障害などの理由から、児童福祉施設で生活する0歳から19歳までの児童について、親などの保護者に代わって、健全に成長するように生活指導する。児童福祉施設の設備及び運営に関する基準（厚生労働省令）42条、43条に規定がある。児童に対する生活指導計画の立案や会議の運営、内外の連絡調整や折衝、ケースワーク等を通じての家庭的な援助、児童相談所や学校との連絡調整を行うとともに、児童の引き取りをめぐって保護者や周囲との面接や調整などを行うのが一般的である。

児童自立支援施設　児童福祉施設のひとつ。不良行為をなし、またはなすおそれのある児童、および家庭環境その他の環境上の理由により生活指導等を要する児童を入所させ、または保護者のもとから通わせて、個々の児童の状況に応じて必要な指導を行い、その自立を支援し、あわせて退所した者について相談その他の援助を行うことを目的とする施設（児童福祉法44条）。また、地域の住民に対して、児童の養育に関する相談に応じ、助言を行うよう努める役割ももつ。

児童自立生活援助事業　義務教育修了後、児童養護施設、児童自立支援施設等を退所し、就職する児童等について、社会的自立の促進に寄与することを目的とする事業。これらの児童等に対し、共同生活を営むべき住居（自立援助ホーム）において、相談その他の日常生活上の援助および生活指導ならびに就業の支援（援助の実施）を行い、あわせて援助の実施を解除された者に対しても相談その他の援助を行っている（児童福祉法6条の3第1項）。

児童相談所　児童福祉法に基づき、各都道府県および政令指定都市に設けられた児童福祉の専門機関。「児相」とも略称される。児童に関するさまざまな問題について、家庭や学校などからの相談、児童およびその家庭の必要な調査ならびに医学的、心理学的、教育学的、社会学的および精神保健上の判定、児童およびその保護者に対しての必要な指導、児童の一時保護等を行う。

児童手当　家庭等における生活の安定に寄与するとともに、次代の社会を担う児童の健やかな成長に資することを目的として、児童を養育している者に支給される手当（児童手当法1条）。現在、その支給対象は、「国内に住所を有する中学校修了まで（15歳に到達後の最初の年度末まで）の児童」となっている（同法4条1項1号）。児童手当の金額は、児童の年齢、養護者の所得金額、児童の人数によって異なる。

児童福祉司　児童福祉法13条に基づいて児童相談所に配置される職員の一種。児童の保護その他児童の福祉に関する事項について、相談に応じ、専門的技術に基づいて必要な指導を行う等、児童の福祉増進に努めることとされている。

児童扶養手当　父母の離婚などで、父または母と生計を同じくしていない子どもが育成される家庭（ひとり親家庭等）の生活の安定と自立の促進に寄与し、子どもの福祉の増進を図ることを目的として、支給される手当（児童扶養手当法1条）。離婚家庭だけでなく、父または母に一定程度の障害がある場合や、ドメスティック・バイオレンス（DV）で裁判所からの保護命令を受けた場合なども対象となる（同法4条参照）。

児童養護施設　児童福祉施設のひとつ。保護者のない児童や、虐待を受けるなどして保護者に監護させることが適当でない児童に対し、安定した生活環境を提供するとともに、生活指導、学習指導、家庭環境の調整等を行いつつ養育を行うことで、児童の心身の成長と自立を支援する施設。加えて、施設退所後の相談や援助も行っている（児童福祉法41条）。

自閉症（スペクトラム）　幼児期に明らかになる発達障害の一種。「社会性」「コミュニケーション」「想像力」に障害を示す。脳の中枢神経の機能障害を原因とすると考えられている。特性や状態像がさまざまで、目に見える症状には幅があるため、近年では“スペクトラム（連続体）”として捉えるようになってきた。

参考→アスペルガー症候群、発達障害

社会資源 人間の社会生活を支える制度やサービス、機関や人材、知識、情報、技術等、社会福祉分野で人の援助のために活用されるすべてのもの。「専門家による援助」や「社会福祉サービス」のようなフォーマルなものと、「家族や近隣、ボランティアなどの援助」のようなインフォーマルなものとに大別される。

社会福祉 児童福祉、高齢者福祉、障害福祉など、生活に困難がある人の福祉を向上させるもの。社会保障分野のひとつとされている。

社会福祉基礎構造改革 2000年から実施された社会福祉施策に関する制度改革。急速な少子高齢化、核家族化の進展に伴い、社会福祉への需要が多様化したことを受け、新しい社会福祉の共通基盤と制度をつくることを目的とする。サービス利用者と提供者の対等な関係の確立、民間の福祉サービスへの参入、増大する費用の公平かつ公正な負担等を主な特徴としている。

社会福祉協議会 民間の社会福祉活動を推進することを目的とした営利を目的としない民間組織。社会福祉法に基づき、都道府県、市区町村単位で設置されている。各種福祉サービスや相談活動、ボランティアや市民活動の支援、共同募金運動への協力など、地域の特性に応じた「福祉のまちづくり」の実現をめざした活動を行っている。

社会福祉士 高齢者・障害者・児童などすべての領域を対象とした相談援助の福祉専門職。
参考→精神保健福祉士

社会福祉事業 社会福祉を目的とする事業のうち、社会福祉法をはじめとする行政関与のしくみ（規制）の対象となる事業。経営安定を通じた利用者保護の観点から、経営主体等に規制のある「第1種社会福祉事業」（主として施設入所サービス）と、公的規制の必要性が低い「第2種社会福祉事業」の2つに分かれる。

社会福祉施設 高齢者、障害者、児童、生活困窮者等が自立してその能力を発揮できるよう、必要な日常生活の支援、技術の指導などを行うことを目的として、福祉サービスを提供する施設。老人福祉施設、障害者支援施設、保護施設、婦人保護施設、児童福祉施設、その他の施設に大別される。

社会福祉主事 福祉事務所の現業員として任用される者に要求される資格（任用資格）であり、ほかにも、社会福祉施設職員等の一定の役職においても要求されている資格である。社会福祉主事の資格は、一定の大学卒業や科目履修、講習会の受講等により取得できるほか、社会福祉士や精神保健福祉士の資格による準用も認められている（社会福祉法19条）。社会福祉各法に定める援護または更生の措置に関する事務を行うため、福祉事務所には必ず置かなければならないとされている（同法18条）。

社会福祉法人 社会福祉事業（障害者支援施設、重症心身障害児施設、養護老人ホーム等の第1種社会福祉事業と、保育所の経営、ホームヘルプ、デイサービス、相談事業等の第2種社会福祉事業）を行うことを目的として、社会福祉法22条の規定により設立される法人。社会福祉法人となった場合、税法上の優遇がある一方で、行政による監査や指導を受けることになる。

社会福祉六法 社会福祉関連の「生活保護法」「児童福祉法」「身体障害者福祉法」「知的障害者福祉法」「老人福祉法」「母子及び寡婦福祉法」の6つの法律の総称。

社会保険 相互扶助の精神のもと、強制加入の保険のしくみを使いながら、疾病、老齢、介護、失業、労働災害等のリスクに備えるもの。医療保険、年金保険、介護保険、雇用保険、労災保険などがある。社会保障の分野のひとつとされている。

社会保障 国民の生活の安定が損なわれた場合に、国民にすこやかで安心できる生活を保障することを目的として、公的責任で生活を支える給付を行うもの（平成5年総理府社会保障制度審議会「社会保障将来像委員会第一次報告」）。1950年の社会保障制度審議会勧告に基づき、伝統的に、①公的扶助、②社会保険、③公衆衛生（および医療）、④社会福祉の4つに分類することが多い。

社会モデル［social model］ 障害者が受ける社会生活上の不利益は、社会の環境によって招かれたものと捉える概念。このモデルにおいて「障害者」とは、社会の障壁によって、能力を発揮する機会を奪われた人であり、その問題の解決は「障害」を招いている社会全体の変革によって行われるとされている。個人のもつ障害によって社会的不利益がもたらされたとする「医療モデル」を批判対象としている。
参考→医療（学）モデル、ICIDH、ICF

住宅入居等支援事業 賃貸契約による一般住宅への入居にあたって支援が必要な障害者について、不動産業者に対する一般住宅のあっせん依頼、障害者と家主等との入居契約手続にかかる支援、保証人が必要となる場合における調整、家主等に対する相談・助言、入居後の緊急時における対応等を行う事業。

住宅扶助 生活保護法が定める扶助のひとつ。困窮のため最低限度の生活を維持することのできない人に対して、住居費等を支給するもの（生活保護法14条）。原則として金銭給付するものとされている（同法33条1項）。

集団援助技術→グループワーク

就労移行支援 一般就労等を希望し、知識・能力の向上、実習、職場探し等を通じて、適性にあった職場への就労が見込まれる知的・身体・精神障害者に就労に必要な知識や能力の向上のための訓練や職場実習等を行う（総合支援法5条13項、同施行規則6条の9）。

就労継続支援A型 一般企業等で雇用されることは困難だが雇用契約に基づく就労が可能な知的・身体・精神障害者を対象に働く場を提供するとともに、知識および能力の向上のために必要な訓練やその他の必要な支援を行う。ただし、雇用によらずに施設を利用できる特例制度での利用も可能である（総合支援法5条14項、同施行規則6条の10）。

就労継続支援Ｂ型　就労移行支援事業等を利用したが、一般就労等に結びつかない者や、50歳に達している者等で、就労の機会を通じ、生産活動にかかる知識および能力の向上や維持が期待される者に働く場を提供するとともに、知識および能力の向上のために必要な訓練やその他の必要な支援を行う（総合支援法５条14項、同施行規則６条の10）。

受給者証　障害者総合支援法による福祉サービスを利用する場合に必要となる証書。障害者総合支援法では、公平なサービス利用のため、手続や基準が透明化・明確化されている。全国統一基準の認定調査と医師意見書からなるアセスメントによって、障害程度区分の認定審査などが行われる。その結果、市町村より障害程度区分やサービスの支給量等の必要事項が記載された「障害福祉サービス受給者証」が交付され、福祉サービスを利用することになる。

参考→障害支援区分

宿所提供施設　生活保護法による保護施設のうち、住居のない要保護者の世帯に対して住居扶助を行うことを目的とする施設。

参考→保護施設

宿泊型自立訓練　地域生活を営むうえで、生活能力の維持・向上等の一定の支援が必要な知的・精神障害者を対象に、一定期間施設に入所し、自立した日常生活または社会生活を営むことができるための訓練を行う。

授産施設　生活保護法による保護施設のうち、身体上もしくは精神上の理由または世帯の事情により就業能力の限られている要保護者に対して、就労または技能の修得のために必要な機会および便宜を与えて、その自立を助長することを目的とする施設。

参考→保護施設

出産扶助→生活保護（法）

ショートステイ→短期入所、（介護予防）短期入所生活介護、（介護予防）短期入所療養介護

障害基礎年金　心身に障害を受け、一定の受給要件を満たした人に給付される国民年金。障害の程度により１級と２級とがある。知的障害者等の国民年金加入前の20歳未満で障害を受け、その状態が続いている人へは、20歳になった日から支給される。被用者年金制度（厚生年金保険、各種共済年金）に加入している人には、障害厚生年金または障害共済年金が併せて支給される。

参考→国民年金、障害年金

障害者基本法　1993年に制定された障害者施策の基本理念を定めた法律。1970年の「心身障害者対策基本法」を改正し成立した。改正法ではその理念にノーマライゼーションの考え方を導入し、障害者は社会、経済、文化その他あらゆる分野の活動に参加する機会を与えられるものとするという趣旨が加えられた。

参考→ノーマライゼーション

障害者試行雇用事業→トライアル雇用

障害者就業・生活支援センター　就労とそれに伴う生活上の支援を必要としている障害者を対象に、職業的自立を実現するための、就職と生活の支援を一体的に行う機関。各機関と連携して就職までの斡旋および生活の支援を実施する。

障害者職業センター　知的・身体・精神障害者から仕事についての相談を受け、助言等を行う機関。①職業相談および職業指導、②職業評価、③事業所にて指導を行うジョブコーチ支援等を行う。

障害者職業能力開発校　障害のある人を対象に、障害の程度や能力に適応した職業訓練を行うための公共職業能力開発施設。職業能力開発促進法に基づいて国および都道府県が設置するもので、全国に19校ある。

障害者総合支援法　正式名称は「障害者の日常生活及び社会生活を総合的に支援するための法律」。障害のある人もない人も地域で共に生活するために、日常生活や社会生活の総合的な支援を目的とした法律。2012年に障害者自立支援法から名称変更された。

障害者手帳　障害を有する人に対して発行される手帳の総称。障害種別に基づき、「身体障害者手帳」、「療育手帳」（知的障害者）、「精神障害者保健福祉手帳」に分かれ、それぞれの手帳には障害種別や等級が明記されている。

参考→身体障害者手帳、精神障害者保健福祉手帳、療育手帳

障害者法定雇用率　障害者の雇用の促進等に関する法律に基づき、民間企業、国、地方公共団体に対して定められた障害者の雇用率。民間企業、国、地方公共団体は、一定割合（法定雇用率）以上の障害者を雇用しなければならないとされている。法定雇用率は、国、地方公共団体、一定の特殊法人は2.5％、都道府県等の教育委員会は2.4％、民間企業は2.2％とされている（2019年4月現在）。

障害程度区分　障害者総合支援法で用いられる障害者の心身の状態を総合的に示す区分。「認定区分」ともいう。障害程度の軽いほうから順に、区分１から区分６までの６段階に区分されており、その区分に応じて利用できるサービス種別やサービス量が異なってくる。障害者自立支援法の施行に伴い、支給決定の透明化・明確化のために、支援の必要度を示す客観的な尺度として導入された。

参考→受給者証

障害等級　「身体障害者手帳」や「精神障害者保健福祉手帳」で用いられる障害程度の基準となる区分方法。「身体障害者手帳」は障害の重い順から１～６級に区分され、さらに障害部位により視覚、聴覚、音声言語、肢体不自由等、細かく分けられている。「精神障害者保健福祉手帳」は、障害の重い順に１～３級の3段階がある。

参考→身体障害者手帳、精神障害者保健福祉手帳

障害認定日　障害年金の申請要件には、「障害認定日」を確定することが必要となる。「障害認定日」とは、障害の程度の認定を行うべき日を指し、認定の結果、障害等級に該当した場合は、「障害認定日」が障害年金の受給権取得日となる。具体的には、①障害の原因となる

傷病について最初に医師の診察を受けた日（初診日）から1年6カ月経った日、②①の日までの傷病が治った（障害、症状が固定した）日のいずれかを指す。
参考→障害年金

障害年金 公的年金（国民年金、厚生年金保険、共済年金）に加入中、心身に障害を受け、一定の受給要件を満たした人に給付される年金。受給資格のある全国民に給付される障害基礎年金（1～2級）と、会社員が対象の障害厚生年金、公務員が対象の障害共済年金（1～3級）の二階建て方式からなる。
参考→障害基礎年金

（介護予防）小規模多機能型居宅介護 主に通いサービスによる食事や入浴、職業訓練等を行い、必要に応じて同じ事業所での泊まりや訪問サービスが利用できる地域密着型のサービス。それらのサービスを同じ事業所で提供することで、介護が必要になっても安心して自宅や地域での生活を維持できるよう支援する。

職場適応援助者（ジョブコーチ） 障害者が円滑に職場に対応できるように、地域の障害者職業センター等から援助者が一定期間職場に出向いて支援を行う制度。

職場適応訓練制度 障害者が、職場の仕事の環境に慣れるために行う、就職を前提とした実地訓練を行う事業。

ジョブコーチ→職場適応援助者

自立援助ホーム 義務教育を修了した20歳未満の家庭がない児童や、家庭にいることができない児童が入所して、相談その他の日常生活上の援助、生活指導、就業の支援等を行う家。児童自立生活援助事業として運営されている。

自立支援医療 心身の障害を除去・軽減するための医療について、医療費の自己負担額を軽減する公費負担医療制度。身体に障害のある児童に対する育成医療、身体障害者に対する更生医療、および精神障害者に対する精神通院医療の3種類からなる。

自立支援協議会 障害者総合支援法で定められた、障害のある人が障害のない人と共に暮らせる地域をつくるための、情報共有と、課題解決に向け協議を行うための会議。各市町村に設置されている。構成メンバーは、相談支援事業者をはじめ、地域で中核的な活動をしている関係者からなり、相談支援事業所の評価、困難事例の協議、障害福祉関係機関のネットワークづくり等を行う。

自立準備ホーム あらかじめ保護観察所に登録したNPO法人・社会福祉法人などの事業者が提供する宿泊場所。事業者ごとに特徴を活かして自立に向けた生活指導を行っている。保護観察に付されている人や更生緊急保護の対象となっている人等が利用可能であり、宿泊費用等は国が負担する。

シルバー人材センター 就職は望まないが働く機会を得たい、何らかの収入を得たいという健康で働く意欲のある高齢者が、臨時的かつ短期的な軽作業や特別な知識や技術を要する等の就労やボランティア活動を行い、健康で生きがいのある生活の実現と地域社会へ貢献することを目的とした組織。

身体障害者 先天的あるいは後天的な理由で、身体機能の一部に障害を生じている人。①視覚障害、②聴覚または平衡機能の障害、③音声機能、言語機能、咀嚼機能の障害、④肢体不自由、⑤心臓、腎臓、呼吸器、膀胱、直腸、小腸、肝臓またはヒト免疫不全ウィルスによる免疫の機能障害等の種類がある。

身体障害者更生相談所 身体障害者福祉法に基づき、各都道府県および政令指定都市に設けられた身体障害者の専門機関。①相談業務（専門・技術的相談、補装具申請、巡回相談）、②身体障害者手帳の交付、③更生医療の相談および支給の適否の判定などを行う。

身体障害者手帳 身体障害者福祉法に基づいて認定された身体障害者に都道府県知事が交付する手帳。障害の程度を表す等級は1～6級まであり、数字が小さいほど重症である。障害を複数もつ場合は、個別に等級がつき、その合計で手帳等級が決定される。これを示すことで、補装具・義肢の交付、交通機関の費用割引、税金（所得税・住民税・相続税・自動車税）の控除等の各種福祉サービスが受けられる。
参考→身体障害者、障害等級

身体障害者福祉法 身体障害者の更生（自立）と社会経済活動への参加を促進すべく、必要な援助と保護を行うために、1949年に制定された法律。身体障害者の自立への努力を提唱し、そのうえで自立および社会経済活動への参加の機会確保について、国、地方公共団体および国民の責務を明らかにしている。

鈴木・ビネー式知能検査→ビネー式知能検査

ストレングス 利用者の病理や欠陥ではなく、その人のもつ「強み」に焦点を当てた援助方法のこと。長所や特性、潜在的能力、また人間関係や実績などの資源も含まれる。

生活介護 常時介護等の支援が必要な人に提供する、昼間の食事や入浴等の介護、創作・生産活動等の日中活動支援サービス。

生活サポート ホームヘルパーを派遣し必要な生活支援・家事支援を行う。

生活相談員・生活指導員 一般的には、福祉施設などに勤めるソーシャルワーカーをいう。具体例としては、①日常生活自立支援事業において、専門員が作成した支援計画に基づいて福祉サービスの利用援助、日常金銭管理などの具体的援助を提供する者（生活支援員）、②生活保護法に基づく保護施設に配置され、入所者の生活指導を行う職員（生活指導員）、③特別養護老人ホーム、養護老人ホーム、指定介護老人福祉施設、通所介護事業所などに配置され、利用者の相談援助等を行う者（生活相談員）、④5人以上の障害者を雇用する事業所において、雇用する労働者の中から事業主により選任され、障害者の職業生活に関する相談および指導を行う者（障害者職業生活相談員）などが挙げられる。

生活扶助→生活保護（法）

生活保護（法） 生活に困窮している国民に、困窮の程度に応じた保護を行って最低限度の生活を保障するとともに、その自立を助けるための制度。①生活扶助、②教育扶助、③住宅扶助、④医療扶助、⑤介護扶助、⑥出産扶助、⑦生業扶助、⑧葬祭扶助の8種類から構成される。自治体の福祉事務所に保護申請を行い、預金・不動産などの資産調査、年金や就労収入の調査、就労の可能性の調査、親族の援助調査などを経た後、保護の要否が判定される。また、居宅において生活を営むことが困難な者を入所させ、保護を行う「保護施設」もある。

精神科ショートケア　精神科専門療法の一種で、精神障害者の地域への復帰を支援するために、社会生活機能の回復を目的として行われる通院医療の一形態。1日3時間を標準に、個々の患者に応じたプログラムに従ってグループごとに治療が行われる。

生業扶助　生活保護法が定める扶助のひとつ。困窮のため最低限度の生活を維持することのできない人、またはそのおそれのある人に対して、①生業に必要な資金、器具または資料、②生業に必要な技能の修得、③就労のために必要なものについて行われる（生活保護法17条）。原則として金銭給付によって実施される（同法36条）。

精神障害　統合失調症、精神作用物質による急性中毒またはその依存症、知的障害、精神病質その他の精神疾患を有すること（精神保健福祉法5条）。なお、障害者総合支援法4条では、精神障害について、「この法律において『障害者』とは、……精神保健及び精神障害者福祉に関する法律第5条に規定する精神障害者（発達障害者支援法第2条第2項に規定する発達障害者を含み、知的障害福祉法にいう知的障害者を除く。以下「精神障害者」という。）のうち18歳以上である者……をいう」として、「精神障害」の概念に発達障害を含ませる一方、知的障害を除いている。このように法律によって精神障害の指す範囲が異なるので、注意が必要である。

精神障害者職場適応訓練事業（職親制度）　障害者が、職場の仕事や環境に慣れるために行う、就職を前提とした実地訓練を行う事業（期間は原則6カ月）。知的・身体・精神障害者で職業安定所から紹介された者を対象とする。

精神障害者ステップアップ雇用　精神障害者を試験的に雇用し、徐々に就業時間を延長していくことで、一定期間をかけて職場への適応を図る事業（期間は3～12カ月）。就労をめざす精神障害者で、職業安定所から紹介された者を対象とする。

精神障害者保健福祉手帳　一定の精神障害の状態にあることを証明するもので、各種福祉サービスを受けやすくし、精神障害者の自立と社会参加の促進を図ることを目的に交付された手帳。障害の程度に応じて1～3級までの等級があり、数字が小さいほど障害が重い。有効期限は2年間。福祉サービスとしては、住民税等の控除、生活保護の「障害者加算」、公共交通機関の運賃の割引等がある。なお、知的障害者は療育手帳の対象となるため、対象とはならない。

参考→障害等級

精神保健指定医　精神保健福祉法に基づいて、精神障害者の措置入院、医療保護入院、行動制限の要否判断などの職務を行う精神科医。臨床経験・研修など所定の要件を満たす医師の申請、その後審査され合格した医師を厚生労働大臣が指定する。

参考→医療保護入院、措置入院

精神保健福祉士［PSW: Psychiatric Social Worker］　精神障害者の抱える生活問題や社会問題の解決のための援助、社会参加に向けての支援活動を通して、その人らしいライフスタイルの獲得を行う福祉専門職。

参考→社会福祉士

精神保健福祉センター　精神保健福祉法に基づき、都道府県および政令指定都市に設けられた、地域精神保健福祉活動の中核的な役割を担う専門機関。精神科医、ソーシャルワーカー、臨床心理士、保健師、看護師等が配置され、精神保健福祉についての普及啓発、調査研究、複雑困難な相談および指導等を行う。

精神保健福祉法　正式名称は「精神保健及び精神障害者福祉に関する法律」。精神障害者の医療・保護、社会復帰の促進、自立への援助、発生の予防等を行い、精神障害者の福祉の増進と国民の精神保健の向上を図ることを目的とする法律。1950年に「精神衛生法」として制定され、1995年の改正で現在の名称に改められた。

成年後見制度　認知症、知的障害、精神障害などによって物事を判断する能力が十分ではない人について、その財産管理、遺産分割の協議、各種の契約、福祉サービスや施設利用の支援など、本人の権利を守る援助者（成年後見人）を選ぶことで、本人を法律的に支援する制度。2000年に旧来の「禁治産・準禁治産制度」に代わって設けられた。裁判所の審判による「法定後見」と、本人の断能力が十分なうちに候補者と契約をしておく「任意後見」とがある。「法定後見」は本人の判断能力に応じて「後見」「保佐」「補助」の種類があり、援助者も「後見人」「保佐人」「補助人」に分かれる。

双極性障害　気分障害のひとつ。そううつ病と呼ばれていた。快活な気分が支配的となる躁状態と、その逆に憂鬱な気分が支配的となるうつ状態とが単独に、あるいは交代して周期的に現れる。躁状態では気分の高揚を基本とし、多弁、多動、誇大的な言動、興奮等の精神状態を生じる。

参考→うつ病、気分障害

葬祭扶助→生活保護（法）

ソーシャルインクルージョン　「社会的包容力」「社会的包摂」と訳される。人種や宗教的・文化的背景、経済状況（貧困）、身体的・精神的状況（障害者）等の理由から、社会から隔離排除するのではなく、すべての人々を社会の構成員として包み込む（inclusion）という理念。

ソーシャルワーカー　ソーシャルワークを行う人全般のこと。

措置制度　社会福祉サービスの利用や施設入所、金品・サービスの給付などを、利用者ではなく行政がその権限に基づいて決定する制度。過去においては、措置制度に基づいて多くの社会福祉サービスが提供されていたが、「措置制度では利用者らの意向が尊重されにくい」との指摘がなされるようになり、社会福祉の多くの分野で措置制度から契約制度へと切り替えられてきている（いわゆる「措置から契約へ」の流れ）。現在でも措置制度がとられているのは、乳児院、児童養護施設、児童自立支援施設、養護老人ホームなどである。

措置入院　「精神保健福祉法」で定められている精神障害者の入院形態のひとつ。直ちに入院させなければ、「精神障害のために自身を傷つけ、又は他人に害を及ぼすおそれがある」と、２名以上の精神保健指定医の診察が一致した場合、都道府県知事または政令指定都市市長の命令により、当該精神障害者を指定病院等に入院させることができる制度。
参考→医療保護入院、応急入院、精神保健指定医

た

退院支援施設　精神科病院に長期入院している患者の社会復帰策として、医療機関が病棟を改装して生活訓練を行うことができる施設。精神障害者が入所し、２～３年かけて生活訓練、職業訓練を実施し地域での自立をめざす。

第１号被保険者　国民年金法における第１号被保険者とは20～60歳未満の自営業者や農業者・学生であり、介護保険で使う第１号保険者は「介護保険（法）」参照。

第１種社会福祉事業→社会福祉事業

第２号被保険者　国民年金法での第２号被保険者とは、厚生年金や共済年金に加入している者で、介護保険で使う第２号被保険者は「介護保険（法）」参照。

第２種社会福祉事業→社会福祉事業

タイムライン［TL: Time Line］　ケアマネジメントにおいて使用される、「教育歴」「職歴」等、任意の時間軸上でわかりやすく一目で一覧表示できるもの。

宅老所　自宅やアパートを改修し、その部屋ごとに入居希望者を入居させ、食事、居室、介護の提供を行う施設。介護保険制度が始まる前から存在していた。介護保険サービスではないため、原則として要介護認定等による利用の制限はない。

田中・ビネー式知能検査→ビネー式知能検査

ダルク［DARC: Drug Addiction Rehabilitation Center］
覚せい剤、有機溶剤（シンナー等）、市販薬、その他の薬物から開放されるためのプログラムをもつ民間の薬物依存症リハビリ施設。スタッフ全員が元薬物依存症であり、同じ悩み（病気）をもつ仲間との中で新しい生き方を探る。全国で59団体、94施設がある（2019年現在）。

短期入所（ショートステイ）　自立支援給付の受給者証を持っている人を対象として、居宅で介護を行う人の疾病等何らかの理由によって、障害者支援施設等への短期間の入所を必要とする場合に、食事、排泄、入浴の介護等を提供する。

（介護予防）短期入所生活介護（ショートステイ）　老人福祉施設等に短期間入所し、食事、排泄、入浴等の日常生活上の世話および機能訓練を受けるサービス。

（介護予防）短期入所療養介護（ショートステイ）　医療機関や老人保健施設等に短期間入所し、医師や看護師等からの医学的管理のもと、その他必要な医療および日常生活上の世話や介護、機能訓練を受けるサービス。

地域活動支援センター　障害者等の通所施設で、創作的活動または生産活動の機会の提供、社会との交流の促進等の便宜を供与する施設（障害者総合支援法５条27項）。なお、障害福祉サービスを受けるのに必要な障害程度区分認定を受けなくても利用は可能とされている。

地域生活支援事業　障害者自立支援法の施行に伴い、新たに創設された事業。都道府県および市町村が、地域の特性や利用者の状況に応じた柔軟な事業形態を効率的・効果的に実施できる。

地域生活定着支援センター　高齢または障害により自立が困難な矯正施設退所者に対し、退所後直ちに福祉サービスにつなげるなどして地域生活への定着を図るため、地域生活定着促進事業を推進する機関。保護観察所と協働する。具体的な業務内容としては、①入所中から帰住地調整を行うコーディネート業務、②社会福祉施設入所後の定着のためのフォローアップ業務、および③退所後の福祉サービス等についての相談支援業務があり、これらの業務を一体的に行うことにより、社会復帰と再犯防止に寄与するものとされている。

地域福祉権利擁護事業→日常生活自立支援事業

地域包括支援センター　介護保険法に基づき、包括的支援事業（①介護予防ケアマネジメント、②総合相談・支援、③権利擁護、④包括的・継続的ケアマネジメント支援）と、介護予防支援業務（指定介護予防支援事業所として、要支援者のケアマネジメントを実施）を行う機関（同法115条の46第１項）。2006年４月に創設された。市町村が責任主体となって設置するが、民間の社会福祉法人などに委託することも可能である。利用者の多くは高齢者となっている。ちなみに、地域包括支援センターには、原則として保健師、主任ケアマネジャー、社会福祉士がいなければならない。

地域密着型サービス　介護保険制度に基づくサービス類型の一種の名称。要介護者の住み慣れた地域での生活を支えるため、身近な市町村で提供されることが適当なサービスのことを指す。例としては、2005年度介護保険法改正により創設されたもの（小規模多機能型居宅介護など）がある。介護保険法上、地域密着型サービス以外のサービス類型としては、施設サービス、居宅（在宅）サービス、居宅介護支援（ケアマネジメント）、介護予防支援（介護予防ケアマネジメント）と呼ばれるものなどがある。

知的障害者更生相談所　知的障害者福祉法に基づき、都道府県に設けられた18歳以上の知的障害者に関する専門機関。①知的障害者に関する相談・指導、②医

学的・心理学的・職能的判定、③療育手帳の交付等を行う。

知的障害者福祉法　知的障害者（児）の福祉の向上を図るために、1960年に施行された法律。知的障害者の自立と社会経済活動への参加を促進し、知的障害者を援助するとともに必要な保護を行い、知的障害者の福祉を図ることを目的としている。1960年に「精神薄弱者福祉法」として制定され、1988年の改正で現在の名称に改められた。

注意欠如・多動症［ADHD: Attention-Deficit Hyperactivity Disorder］　幼児期に現れる発達障害の一種。「不注意、注意集中の難しさ」、年齢や発達段階に見合わない「多動性」、「衝動性」の3つの特性が同時にある。脳の機能的障害が原因とされる。「多動性」が顕著でなく、不注意優勢型の場合、「注意欠如障害（ADD）」といわれることがある。

注意欠如障害［ADD: Attention-Deficit Disorder］→注意欠如・多動症（ADHD）

直接援助技術　ソーシャルワークのうち、利用者に直接働きかけて問題解決を図ること。具体的には、個別援助技術（ケースワーク）や、集団援助技術（グループワーク）などを指す。これとは別に、間接援助技術と呼ばれるものがある。

通所介護（デイサービス）　利用者が可能な限り自宅で自立した日常生活を送ることができるよう、自宅にこもりきりの利用者の孤立感の解消や心身機能の維持、家族の介護の負担軽減などを目的とする。利用者が通所介護の施設（デイサービスセンターなど）に通い、施設では、食事や入浴などの日常生活上の支援や、生活機能向上のための機能訓練や口腔機能向上サービスなどを日帰りで提供する。生活機能向上グループなどの高齢者同士の交流もあり、施設は利用者の自宅から施設までの送迎も行う。通所介護（デイサービス）は、要支援1・2の人は利用できない。

通所施設　社会福祉制度で給付される施設サービス（対義語は「在宅サービス」）における「施設」のうちのひとつ。一般的な分類として、他に、入所施設と利用施設がある。通所施設は、自宅で生活しながら毎日または定期的に通所する施設で、施設の種類によって介護、訓練、作業、指導などが行われる。

通所リハビリテーション（デイケア）　利用者が可能な限り自宅で自立した日常生活を送ることができるよう、利用者が通所リハビリテーションの施設（老人保健施設、病院、診療所など）に通い、食事や入浴などの日常生活上の支援や、生活機能向上のための機能訓練や口腔機能向上サービスなどを日帰りで提供する。

統合失調症　脳がさまざまな情報や刺激に対応できなくなり、思考や感情などの精神機能のネットワークが働かない状態となり、脳内の情報を統合する機能が失調してしまう精神疾患。主な症状として、幻覚や妄想等の「陽性症状」、意欲の低下等の「陰性症状」、臨機応変に対応しにくい等の「認知機能障害」がある。

出口支援　刑事施設等に入所中の人もしくは退所した人のうち、とくに高齢や障害のある人に対して、地域生活に向けた支援をすること。

同行援護　視覚障害がある人に外出時の移動の補助、必要な情報の提供、排泄・食事等の介護のほか、代読、代筆などの支援をするサービス。

特別支援教育　2006年の「学校教育法」の改正により位置づけられた、障害のある幼児・児童・生徒の教育に関する制度。これによりすべての学校において、障害のある幼児・児童・生徒の支援をさらに充実していくこととなった。「盲学校」「聾学校」「養護学校」に区分されていた制度が、「特別支援学校」に一本化された。

特別障害給付金　国民年金が任意加入だった時代に未加入のまま障害を負ったため、障害基礎年金を受け取れない無年金障害者を救済するためのしくみ。2005年より制定された。

参考→国民年金、障害基礎年金

特別障害者手当　20歳以上の在宅で生活する、精神または身体に著しい重度の障害がある人を対象に支給される手当。本人や扶養義務者の所得に応じて支給制限がある。

特別養護老人ホーム　常に介護が必要な65歳以上の高齢者の入所を受け入れ、入浴や食事などの日常生活上の支援や、機能訓練、療養上の世話などを提供する施設。「特養（とくよう）」などと略して呼ばれることが多い。要介護の認定を受けた利用者が各施設と直接契約し、入所後は、原則として介護費用の1割と食費、部屋代を施設に払うことになる。都市部を中心に施設数の不足が指摘されており、介護の必要性が高い人の入所が優先される。2015年4月からは、原則、新規入所者が要介護3以上の高齢者に限定された（ただし、要介護1・2の人についても、やむをえない事情により居宅での生活が困難であると認められる場合には、市町村の適切な関与のもと、特例的に入所することが可能）。似た名称のもので、「養護老人ホーム」があるが、経済的状況が入所要件か否か、常時の介護が必要か否か、介護保険により費用が原則1割負担となるか否かといった点で特別養護老人ホームと異なる。入所要件や利用料について以上のような制限のないものは、「有料老人ホーム」と呼ばれている。そのほかにも、リハビリや医療が中心となる施設として、「介護老人保健施設」（「老健」などと呼ばれる）や「介護療養型医療施設」といったものもある。

トライアル雇用（障害者試行雇用事業）　職業安定所から紹介された人を対象に、障害者雇用に対する不安を軽減し、事業主と障害者相互の理解を深めることを目的に。3カ月間の試行雇用を行う事業。

な

二次（的）障害　障害特性から引き起こされるストレス、周囲との不適応に対して適切な対応がされないことで、他の精神疾患の合併や社会適応を困難にする行動の問題に至ってしまうこと。身体障害がある人が持続的に無理な姿勢をとったことで起こる関節の痛みや筋力の低下、発達障害がある人が理解を得られなかったり責められる経験を重ねるうちに反抗的になってしまったり、家出や非行・暴力等をしてしまうようになることがこれに当たる。

日常生活自立支援事業　社会福祉協議会によって実施される、認知症高齢者、知的障害者、精神障害者等のうち判断能力が不十分な人が地域において自立した生活が送れるよう、利用者との契約に基づき、福祉サービスの利用援助等を行う事業。旧「地域福祉権利擁護事業」。①福祉サービスの利用援助、②苦情解決制度の利用援助、③住宅改造、居住家屋の貸借、日常生活上の消費契約および住民票の届出等の行政手続に関する援助、④通帳や現金の保管、金銭管理についてのアドバイス、買い物同行等が主な内容。

日常生活用具給付　日常生活上の便宜を図るため、重度障害者に特殊寝台や特殊マット、入浴補助用具等を給付または貸与するサービス。

日中一時支援　日中ケアする人がいない等、一時的な見守りが必要と認められた障害者に対して、家族等の介護者の就労や休息を図るために、日中の一時的な活動場所を提供するもの。

任意入院　精神科病院への入院のうち、本人の同意に基づくもの。入院形態の中で最も多い。
参考→医療保護入院、応急入院、措置入院

認知行動療法　相談者の感情、思考パターン（認知）、行動が相互に影響を及ぼすという考え方に基づき、不適切な思考パターンや行動を変容させることで、治療ターゲットとなる行動（たとえば違法な行動）や感情（たとえばうつや怒り）を低減させようとする治療法。

認知症　いったん獲得した知的機能が、脳血管疾患や脳の萎縮等の気質的な変化により、日常生活に支障が生じる程度にまで記憶機能およびその他の認知機能が低下した状態。原因としては、アルツハイマー病が最も多く約半数を占め、次いで脳血管疾患等がある。高齢者だけでなく若年期や初老期の人でも発症することがある。主な症状としては、せん妄、妄想、抑うつ、興奮、徘徊、睡眠障害などである。
参考→アルツハイマー型認知症

（介護予防）認知症対応型共同生活介護（グループホーム）
認知症高齢者が5～9人の少人数で共同生活を送りながら、食事・排泄・入浴等の日常生活上の介護や、機能訓練のサービスを受けることのできる施設。

認定区分→障害程度区分

年金のしくみ　年金制度は管理・運用によって、公的年金、企業年金、個人年金に分かれる。このうち公的年金は、国が管理・運営をし、老齢・障害・死亡したときに年金を支給し、所得を保証する制度であり、国民年金、厚生年金保険、共済年金に大別される。年金制度は3段階の構造になっている。20歳以上60歳未満のものがすべて加入する「国民年金」があり（1階）、被用者（雇用されて働く人）の加入している年金（厚生年金保険、共済年金）があり（2階）、職場によってはさらに厚生年金基金等がある（3階）。
参考→共済年金、国民年金、厚生年金保険

ノーマライゼーション　障害者を特別視したり、特別扱いをするのでなく、健常者と同等に扱い、かつ一般の社会で普通の生活が送れることを趣旨とする考え方およびその取組み。1950年代にデンマークで提唱され、スウェーデンにより世界中へ広められた。現在のすべての社会福祉理念の源流となっている。

は

パーソナリティ障害　人格（認知の仕方、感情の出し方、人間関係のもち方等）に著しい偏りがあるもの。妄想性、境界性、演技性等の種類がある。

発達障害　脳の「機能」的な問題が原因で生じている障害。自閉スペクトラム症、注意欠如・多動症（ADHD）、学習障害（LD）などが代表的。「発達障害者支援法」では「自閉症、アスペルガー症候群その他の広汎性発達障害、学習障害、注意欠陥多動性障害、その他これに類する脳機能障害であってその症状が通常低年齢において発現するもの」と定義されている。
参考→アスペルガー症候群、学習障害、自閉症、ADD、ADHD

発達障害者支援センター　発達障害者への総合的支援を行うことを目的とした専門的機関。都道府県、指定都市に設置され、発達障害者およびその家族からのさまざまな相談に応じ、指導と助言を行っている。

発達障害者支援法　2005年に施行された、発達障害がある人の援助等について定めた法律。長年にわたって福祉の谷間で取り残されていた発達障害者の定義と社会福祉における位置づけを確立し、生活全般にわたる支援を図ることによって福祉の増進に寄与することを目的としている。

バリアフリー　障害をもつ人々が、生活環境において、普通に生活することを阻んでいる障壁（バリア）をなくすこと。①住宅・地域施設・交通施設における物理的バリア、②資格制限、大学など入試制度、就職等における制度的バリア、③点字や手話サービスなど情報保障の欠如による文化・情報面のバリア、④無理解、偏見、差別などの意識上のバリアがあるといわれている。

バリアフリー新法　正式には「高齢者、障害者等の移動等の円滑化の促進に関する法律」。高齢者・障害者等の日常生活および社会生活における利便性・安全性を向上させるために、公共交通機関・施設や広場・通路などのバリアフリー化を推進することを定めている。「ハートビル法」と「交通バリアフリー法」を統合・拡充させ、2006年に施行された。

ピアカウンセリング　何らかの共通点（同じような環境や悩み）をもつ（または経験した）グループ間で行われるカウ

ンセリング。「ピア（peer）」とは仲間を意味し、対等な立場の者が行うことで、効果的に援助し合ったり、悩みの解決につながる効果があるとされる。

ピアスペシャリスト　自らの体験を活かして、同じ境遇の人々へ支援をすることを職業としている者。「ピアサポートスペシャリスト」「リカバリーコーチ」等の名称がある。

ビネー式知能検査　知能判定（IQ測定）に使用される知能検査方法。個別式知能検査で、日本では「鈴木・ビネー式」と「田中・ビネー式」がよく使われている。（精神年齢÷生活年齢）×100で知能指数（IQ）を算出するが、知的障害が重くても算出できるメリットがあり、中年から高齢になっても同じ基準で算出できる。現在でも成人で精神年齢を測定し知能指数を算出する尺度となっている。

フェイスシート　サービス利用者本人および家族の状況がまとめられたもの。氏名、住所、年齢、職業、性別、交友関係、健康状態等が主な項目となっている。

福祉事務所　社会福祉法に基づき、都道府県・市（町村）・特別区に設けられた社会福祉行政機関。正式には「福祉に関する事務所」という。生活保護の支給をはじめ福祉六法に定める援護や育成、更生の措置に関する事務、老人福祉サービス、身体障害者・知的障害者福祉サービスに関する調整等の業務を行う。
参考→生活保護

（介護予防）福祉用具貸与　手すり、スロープ、歩行器、歩行補助つえ等、日常生活の自立を助ける福祉用具のレンタル。

ホームヘルプ→居宅介護

（介護予防）訪問介護　訪問介護員（ホームヘルパー等）が自宅を訪問し、食事・排泄・入浴等の日常生活上の介護や、調理・掃除・洗濯・買い物等の日常生活の支援を受けるサービス。介護予防給付としては、要介護の認定区分が1～2の人が対象となる。

（介護予防）訪問看護　看護師等が自宅を訪問し、①血圧・体温・脈拍測定等の健康チェック、②チューブ、カテーテル等の医療器具の管理、③医療器具の使用方法の説明、④じょくそう（床ずれ）防止、処置方法の説明、⑤介護援助等、療養上のケアまたは必要な診療の補助を行うサービス。

（介護予防）訪問リハビリテーション　理学療法士や作業療法士、言語聴覚士が自宅に訪問し、リハビリテーションを行うサービス。日常生活動作訓練等のほかに、介護負担を少なくするための移動の仕方や、生活の幅を広げるための外出訓練等も行う。

保険者→援護の実施者

保健所　地域保健法に基づく、地域住民の健康や衛生を支える行政機関。都道府県、政令指定都市、中核市、その他指定された市または特別区に設置されている。医師、保健師、助産婦、看護師等が配置され、①地域住民の健康増進、②疾病予防、③衛生上の試験・業務、④環境衛生等を実施する。

保護施設　生活保護法に基づき設置される施設の総称。生活保護は居宅での現金支給を原則としているが、それによって保護の効果が期待できない者を収容し保護を行う施設。利用は福祉サービスにおける「契約」ではなく「保護」によって行われる。他の障害者福祉施設と異なり、障害種別によって対象が規定されていない。
参考→救護施設、更生施設、医療保護施設、授産施設、宿泊提供施設

保佐人→成年後見制度

補助人→成年後見制度

補装具　義手、義足、歩行器、車いす等、身体障害者の職業や日常生活の利便の向上を図るための道具。身体障害者手帳を所持している者は、補装具の費用の交付を受けたり、補装具の修理をしてもらうことが可能な場合がある。

ま

民生・児童委員　民生委員法に基づき市町村の区域に配置されている民間の奉仕者。社会奉仕の精神をもって、住民の立場になって相談に応じ、必要な援助を行い、社会福祉の増進に努めることを任務としている。民生委員は児童委員を兼ねる。

無料低額宿泊所（無低）　社会福祉法に基づき、第二種社会福祉事業として行われる「生計困難者のために、無料又は低額な料金で、簡易住宅を貸し付け、又は宿泊所その他の施設を利用させる事業」のこと。ほかに行くところがない利用者の弱みにつけこんで、劣悪な住環境、粗末な食事しか提供せず、多額の利用料を徴収する「貧困ビジネス」を展開するところもあるので、注意が必要。

盲ろうあ児施設　児童福祉法に基づき設置される児童福祉施設の一種。盲児や強度の弱視児、ろうあ児や強度の難聴児を対象に、子どもたちを保護するとともに、独立自活に必要な指導などを行うことを目的としている。利用は原則18歳までであるが、満20歳まで期間を延長することができる。「盲児施設」「ろうあ児施設」「難聴幼児通園施設」の3つの施設がある。

モニタリング　ケアマネジメントの一過程であり、経過観察とも呼ばれる。支援開始後の経過を観察・評価することで、支援やサービス提供がきちんと行われているか、クライエントの取組みがどのように進んでいるのかの確認が行われる。
参考→ケアマネジメント

や

要介護　介護保険サービスの利用に際して行われる要介護認定において、日常生活を送るうえで必要な基本的な動作に介護を必要とすると判定された状態。介護が必要な状態に応じて「要介護1」から「要介護5」までの5段階で判定され、区分に応じて介護給付サービスの利用が可能。要介護状態にある65歳以上の者、40歳以

上65歳未満の者で特定疾病に該当する者を「要介護者」という。
参考→要介護認定、要支援

要介護認定　介護保険サービスの利用にあたり、市町村が行う判定作業。申請、訪問調査、判定、認定、通知の流れで行われ、要支援1～2、要介護1～5の7段階と非該当のいずれかの判定を受ける。

養護老人ホーム　身のまわりのことはできるが、家庭の事情（経済的、住居等）で自宅での生活が困難なときに利用できる老人福祉施設。生活相談員、毎日の生活をサポートする生活支援員、栄養士、調理員等の職員がいる。市町村の入所措置により、利用する。

養護学校→特別支援教育

要支援　介護保険サービスの利用に際して行われる要介護認定において、日常生活を送るうえで必要な基本的な動作に見守りや手助けなどを必要とすると判定された状態。支援が必要な状態に応じて、「要支援1」から「要支援2」までの2段階で判定され、区分に応じて予防給付サービスの利用が可能。要支援状態にある65歳以上の者、要支援状態にある40歳以上65歳未満の者であって、その要支援状態の原因が特定疾病によって生じたものであるものを「要支援者」という。
参考→予防給付（サービス）

予防給付（サービス）　介護保険法で要支援の認定を受けた者が利用できるサービスの総称。介護給付のサービスに準じた、居宅サービス、地域密着型サービスがあるが、施設サービスについては利用できない。
参考→要支援、介護給付サービス

ら

ラポール（ラポート）　心理学用語で、心理療法場面で面接者と相談者の間に、相互を信頼し合い、安心して自由にふるまい、感情の交流を行える関係が成立している状態。

理学療法士［PT: Physical therapist］　身体に障害のある人のリハビリテーションを受け持ち、理学療法を行う専門職。
参考→作業療法士

リカバリー　精神障害をもつ人が、症状や障害を抱えながらも自己実現や自分が求める生き方を主体的に追求することを指す概念。精神症状や社会機能等の客観的指標によって、疾患の兆候がなくなることをめざす「医療モデル」を批判対象としている。

療育手帳　児童相談所または知的障害者更生相談所において知的障害と認定を受けて交付される手帳。手帳には判定結果の障害の程度が表示されるが、等級・名称は自治体により異なる。一般的には「A1（最重度）」「A2（重度）」「B1（中度）」「B2（軽度）」の4段階で記載される。
参考→知的障害者、児童相談所、知的障害者更生相談所

老人福祉法　1963年に制定された、老人福祉活動の基幹的法律。老人に対し、心身の健康の保持および生活の安定のために必要な措置を講じ、老人の福祉を図ることを目的としている。
参考→老人ホーム

老人ホーム　一般的に高齢者が入居する施設を指す。日本の法律上、これに該当するのは有料老人ホームと老人福祉法における「養護老人ホーム」「軽費老人ホーム（ケアハウス）」である。

老人保健施設→介護老人保健施設

本文中で引用した書式一覧（小社ウェブサイトよりダウンロード可能。本書末尾参照）

【書式1】 接見時の説明カード
【書式2】 簡易版被疑者ノート
【書式3】 証拠保全請求書
【書式4】 取調べに対する抗議文
【書式5】 取調べに対する申入書
【書式6-1】 処遇についての申入書（診察実施・薬剤処方）
【書式6-2】 処遇についての申入書（就寝位置）
【書式7】 環境調整に関する報告書
【書式8】 更生支援計画書（簡易版）
【書式9】 不起訴意見書
【書式10-1】 弁護士会照会申出書（刑務所宛て）
【書式10-2】 弁護士会照会申出書（保健所宛て）
【書式11】 情報提供依頼書（学校宛て）
【書式12】 委任状（医療情報）
【書式13】 簡易鑑定申入書
【書式14】 意見書（不起訴および医療観察法審判の申立をしないことを求める）
【書式15】 本人の訴訟能力に関する報告書
【書式16】 任意開示請求書（鑑定資料）
【書式17】 鑑定留置状謄本交付請求書
【書式18】 鑑定留置に対する準抗告
【書式19-1】 鑑定請求書（起訴前鑑定なし）
【書式19-2】 鑑定請求書（起訴前鑑定あり）
【書式20-1】 特別面会依頼書（成人・留置施設）
【書式20-2】 特別面会依頼書（鑑定・心理検査等に伴うもの）
【書式21】 鑑定請求書（情状鑑定）
【書式22】 更生支援計画書（通常版）
【書式23】 更生支援計画書（本人向け）
【書式24】 特別弁護人選任許可申立書
【書式25】 勾留執行停止申立書
【書式26】 記録取寄せ請求書（少年事件の社会記録）
【書式27】 公務所等照会請求書
【書式28】 申入書（公判における障害に対する合理的配慮について）
【書式29】 付添人追加選任許可申立書
【書式30】 特別面会申入書（少年・鑑別所）
【書式31】 証人尋問申出書
【書式32】 審判在席許可申請書
【書式33】 退院許可申立書
【書式34】 処遇改善請求書
【書式35】 退院請求意見書
【書式36】 退院請求書

団体紹介

一般社団法人 東京TSネット

東京TSネットは、地域で暮らす障害のある人のまわりで起こるトラブルを、ネットワークで解決していこうとする団体です。2013年に、福祉・心理・医療の関係者（ソーシャルワーカーや医師など）・弁護士・教員等が参加して任意団体として立ち上がり、2015年に法人化しました。

TSとは、トラブルシューターの略です。障害のある人が地域で安心して暮らしていくために、司法・医療・行政・福祉・教育・家族などそれぞれの立場の方々が、その職種・役割にとらわれずに連携・協力するネットワークを構築していくのが、TS（トラブルシューター）の目的です。TSネットワーク自体は全国でさまざまな形で広がっていますが、東京TSネットでは、とくに罪に問われた障害のある人への支援に力を入れて取り組んでいます。

東京TSネットの柱となる活動は、「更生支援コーディネート」です。これは、被疑者・被告人となった障害のある人の支援として、ソーシャルワーカーが、本人と面会をしたり、地域での生活環境を調整したり、その結果を更生支援計画としてまとめたりします。つまり、本書でも取り上げた、ソーシャルワーカーとの連携を実践しています。弁護士からの依頼に応じて支援を行いますので、東京（隣接県については応相談）の事件で、被疑者・被告人に障害が疑われるという場合には、東京TSネットのウェブサイトから支援依頼をしていただければと思います。

また、この活動に関連した情報を発信していくためのセミナーや、それぞれの抱えているケースについて検討する事例検討会なども定期的に開催しています。いずれも、弁護士の弁護活動にも活かせるものになっていますので、興味のある方はぜひご参加ください。

tokyo-ts.net

Twitter

Facebook

全国トラブルシューター弁護士ネットワーク（トラ弁ネット）

トラ弁ネットは、障害のある人に立ちはだかるさまざまなトラブルを、ご本人や地域の人たちと一緒に解決していこうとする弁護士の集まりです。2019年から活動を開始しました。

以下のような活動を行っています。

① 定期セミナーの開催

障害のある人のトラブルに対応する弁護士として必要となる知識について、さまざまな講師を招いてセミナーを開催します。オンラインで全国からの参加が可能です。

② メーリングリスト

情報共有のため、メーリングリストを作っています。参加メンバーは全員弁護士ですので、事例の相談なども気軽にできます。

③ ケース相談会の実施

受任中の障害のある人の事件について、守秘義務が確保された状況での相談会を行っています。

④ ソーシャルアクション

法テラス等、私たちが障害がある人を支援するうえで関わる団体や機関等に、合理的配慮の提供を申し入れるなどしています。

⑤ LINE無料法律相談

障害のある人を対象としたLINE無料法律相談を実施しています。

⑥ やさしいコラム

障害のある人にも「やさしい」、わかりやすいコラムを随時更新しています。

toraben.net/

Twitter

Facebook

入会希望の方はこちらから→

執筆者

中田雅久（なかた・まさひさ）	第二東京弁護士会	59期
野原郭利（のはら・ひろとし）	東京弁護士会	65期
山田恵太（やまだ・けいた）	東京弁護士会	65期
長谷川翼（はせがわ・つばさ）	東京弁護士会	69期
鵜飼裕未（うかい・ひろみ）	東京弁護士会	70期
戸塚史也（とつか・ふみや）	東京弁護士会	70期

障害者弁護ビギナーズ

第1版第1刷　2021年3月20日

編　者／一般社団法人 東京TSネット
発行人／成澤壽信
編集人／西村吉世江
発行元／株式会社 現代人文社
〒160-0004 東京都新宿区四谷2-10 八ッ橋ビル7階
電話 03-5379-0307（代表）　FAX 03-5379-5388
メール henshu@genjin.jp（編集部）／hanbai@genjin.jp（販売部）
ウェブ http://www.genjin.jp
発売元／株式会社 大学図書
〒101-0062 東京都千代田区神田駿河台3-7
電話 03-3295-6861（代表）　FAX 03-3219-5158
装　丁／加藤英一郎
印　刷／シナノ書籍印刷 株式会社

ISBN978-4-87798-776-3 C2032

書式データのダウンロードはこちらから

下のシールを剥がして、
QR コードをスマートフォン等で読み取るか、
URL をブラウザに直接入力してください。
現代人文社ウェブサイト内の
ダウンロードページにアクセスできます。